THE NEW ENGLISH-GAELIC DICTIONARY

(AM FACLAIR UR BEURLA-GAIDHLIG)

Derick S. Thomson MA., B.A., D.Litt., F.R.S.E., F.B.A.

GAIRM: Glasgow 1994

THE NEW ENGLISH-GAELIC DICTIONARY

Compiled and edited by
DERICK S. THOMSON MA., B.A., D.Litt.,
F.R.S.E., F.B.A.
formerly Professor of Celtic, University of Glasgow

GAIRM PUBLICATIONS
Glasgow
1994

Published by
GAIRM
29 Waterloo Street, Glasgow G2 6BZ, Scotland

First Impression   1981
Second Impression (with Errata page)   1986
Third Impression   1990
Fourth Impression (New edition)   1994

Typeset by EMS Phototypesetting,
Berwick upon Tweed

Printed by
Martin's The Printers,
Berwick upon Tweed

ISBN 1 871901 29 4 (Limp)

PREFACE

The need for an up-to-date English-Gaelic Dictionary has been a pressing one for a long time. Those currently in use are Mackenzie's, dating from 1845, and Maclennan's, dating from 1925, both recently reprinted without alteration or addition. Neither has been adequate for a long time, and both miss entirely the explosive expansion of new concepts and terms that are characteristic of the last fifty years. Just as importantly, both fail to distinguish adequately between the separate senses that many English words have, and this lack of close definition has proved a pitfall for many learners of Gaelic. A recent pocket dictionary, *Abair*, has a selection of up-to-date words and usages, but the range of items is restricted by the size.

In another sense, *The New English-Gaelic Dictionary* comes at an opportune time. The Examination Board, through its Gaelic Panel and a specialist Sub-committee on Orthography, has recently approved new recommendations for Gaelic spelling: the new orthography will come into use in the Board's examination papers in 1985, and has already been adopted by such organisations as the Historical Dictionary of Scottish Gaelic, the National Bible Society of Scotland (in the new translation of *Mark*) and Gairm Publications, including the influential quarterly *Gairm*. This new system is used in the present Dictionary, which thus uses only the grave accent as a mark of length, signals the class of the consonant by the class of the adjacent vowel, introduces some simplification of consonant groups, uses clearly defined conventions for vowel represent- ations, makes greater use of the hyphen to signal non-initial stress, restricts the use of the apostrophe, and tidies up the spelling conventions for borrowed words. (For example, we use *fèin* rather than *féin*, *togte* rather than *togta* and *taigh* rather than *tigh*, *coithional* rather than *coimhthional* and *buaghallan* rather than *buadhghallan* (occasionally two forms are featured, as *bliadhna* and *blianna* for 'year'), *boireann* rather than *boirionn* and *turas* rather than *turus, a-mach* and *a-nis* rather than *a mach* and *a nis, chan eil* and *nuair* rather than *chan 'eil/cha n-eil* and *'n uair*, and we write borrowed words such as *dioro, nàidhlean, tacsaidh, soircas, poileasaidh* (giro, nylon, taxi, circus, policy) according to Gaelic conventions). Both *à/às* and *á/ás* survive in this work, for 'out, out of, ex-, dis-' etc.

Each head-word is followed by an abbreviation indicating the part of speech involved, and the Gaelic equivalent(s), nouns being followed by an indication of their gender (when variable this is indicated also). Semantic categories are separated by the use of a semi-colon, while both [/] and [,] indicate closer alternatives or synonyms. Illustrative phrases are some- times given at the end of the article. Thus 'ham *n* (meat) hama *f*; sliasaid *f*, ceathramh *m* deiridh', where the items after the semi-colon do not refer to meat, and *sliasaid* and *ceathramh deiridh* both refer to a part of the anatomy (human or animal). Although, by using these conventions of the semi-colon, comma and oblique, and on occasion further explanatory English glosses, the Gaelic equivalents of different senses of English words are set out, it will sometimes be advisable to follow up different Gaelic words in more detail than can be given here; in such cases *Dwelly's Illustrated Gaelic Dictionary* should be consulted, and its wealth of examples considered.

Both literature and speech have been freely drawn on for the purposes of this dictionary, and various dialect forms feature e.g. *bocsa* and *bucas* (box), *muidhe/crannag* (churn), *leòbag/lèabag* (flounder), *ciont*(a) (blame). Alternative stresses may be indicated e.g. *ion-mholta, ionmholta*. Gaelic equivalents for modern, technical and abstract terms have been culled from writing, speech and imagination, and adaptations of various kinds (*cainb-lus* 'cannabis', *caisgeas* 'impedance') are used as well as borrowings (*siolandair* 'cylinder', *taidhr* 'tyre', *cuango* 'quango'); various international scientific terms are adapted lightly or not at all (*quantum*, *Freudail* 'Freudian'). A considerable number of commoner proper names (personal, place, institutional) is included. Existing dictionaries have been used, and Tomás de Bhaldraithe's *English Irish Dictionary* (1959) has often been a source of stimulation and guidance. A few word lists have been consulted e.g. John Paterson's *The Gaels have a Word for it* (1964), the Examination Board's 'List of Linguistic and Literary Terms', the 'Business Vocabulary' produced by the Gaelic Educational Materials Unit, Nicolson Institute, Mackie's list of musical terms (*Gairm* No. 78, 1972) and the Glossary in *Bith-eòlas* (1976).

A significant number of new words and usages came into currency through the pages of *Gairm* since 1952, and so it is particularly appropriate that Gairm Publications should be publishing this Dictionary. I wish to thank my colleagues Donald J. Maclean and Robert Ferguson and Mary Mackenzie for their help in launching and distributing the book, and the many contributors to *Gairm* over the last thirty years for the stimulation they have contributed.

August, 1981, Aberfeldy   Derick S. Thomson

Postscript 1994

This new edition of the English-Gaelic Dictionary has been quite extensively updated, incorporating small corrections and adding over a thousand new entries or glosses. The text has been re-set, matching the typography of our recently-published *Modern Gaelic-English Dictionary*, which Robert C. Owen edited as a companion to the *New English-Gaelic Dictionary*. Already these two dictionaries have been chosen (in 1993) by the Education Authorities in Scotland as the standard dictionaries for school use, and it is anticipated that their popularity and usefulness will continue for a good number of years, as no other dictionaries give equally concise and discriminating choices of entries.

Guma fada beò sibh, a luchd-leughaidh, is Gàidhlig às ur bilean.

ABBREVIATIONS

a	– adjective	*med*	– medical
abstr	– abstract	*metaph*	– metaphorical
adv	– adverb	*mil*	– military
anat	– anatomical	*mus*	– musical
biol	– biological	*n*	– noun
c	– case	*naut*	– nautical
coll	– collective	*past part*	– past participle
comm	– commercial	*phot*	– photographic
concr	– concrete	*phr*	– phrase
conj	– conjunction	*phys*	– physical
eccles	– ecclesiastical	*pl*	– plural
exclam	– exclamation	*pol*	– political
f	– feminine	*poss a*	– possessive adjective
fig	– figurative	*pr*	– pronoun
fin	– financial	*pref*	– prefix
foll	– followed	*prep*	– preposition
gen	– genitive	*pres part*	– present participle
gram	– grammatical	*pron*	– pronoun
indep	– independent	*psych*	– psychological
int	– interjection	*punct*	– punctuation
intrans	– intransitive	*rel*	– religious
leg	– legal	*sing*	– singular
ling	– linguistic	*temp*	– temporal
lit	– literary	*trans*	– transitive
m	– masculine	*v*	– verb

A

a *indef art* No Gaelic equivalent. A single noun, when not preceded by the *def art*, is indefinite.

ab initio bho thùs.

abandon *v* trèig, fàg.

abandoned *a* trèigte.

abashed *a* air a/mo *etc.* nàrachadh; fo iongnadh.

abate lùghdaich.

abatement *n* lùghdachadh *m*.

abbey *n* abaid *f*.

abbreviate *v* giorraich.

abbreviation *n* giorrachadh *m*.

abdicate leig dhe; *the king a. the crown*, leig an rìgh dheth an crùn.

abdication *n* leigeil *m* dhe.

abdomen *n* balg *m*.

abduction *n* toirt *m* air falbh.

abed *adv* anns an leabaidh.

Aberdeen *n* Obar-Dheadhain.

aberration *n* mearachadh *m*.

abet *v* cuidich, brosnaich.

abeyance *n* stad *m* dàil *f*; *the matter is in a.*, tha a' chùis 'na stad.

abhor *v* is lugha air; *I a. him*, is lugha orm e; tha gràin agam air.

abhorrence *n* gràin *f*.

abhorrent *a* gràineil.

abide *v* fuirich, stad.

abiding *a*, *pres part* leantainneach (*a*); a' fuireach (*pres part*).

abject *a* truagh; dìblidh.

ability *n* comas *m*; *mental a.*, comas inntinn.

able *a* comasach; *I am a. to*, is urrainn dhomh; *are you a. to (can you)?* an urrainn dhut?, an tèid agad air?

able-bodied *a* fallain; corp-làidir.

abnormal *a* mì-nàdurra, mì-ghnàthach; às a' chumantas; meangach.

abnormality *n* mì-ghnàthas *m*; meang *f*.

aboard *adv* air bòrd.

abode *n* àite còmhnaidh *m*.

abolish *v* cuir às.

abolition *n* cur *m* às.

abominable *a* gràineil.

abomination *n* cùis-ghràin *f*.

aborigine *n* prìomh neach-àiteachaidh *m*, prìomh luchd-àiteachaidh *pl*.

abortion *n* breith an-abaich *f*.

abortive *a* an-abaich.

abound *v* is/tha – – – lìonmhor.

about *prep* mu; mu dheidhinn; mu thimcheall; mun cuairt air; timcheall air; *about me, you, him, her etc.*, umam, umad, uime, uimpe, umainn, umaibh, umpa.

about *adv* timcheall; mun cuairt; (*on the point of*) gus.

above *prep* os cionn; *above all*, gu h-àraidh.

above *adv* shuas; gu h-àrd.

above-board *a* onorach.

abrasive *a* sgrìobach.

abreast *adv* ri taobh a chèile.

abridge *v* giorraich.

abridged *a* giorraichte.

abroad *adv* thall thairis, an cèin (=*overseas*); ma sgaoil.

abrogate *v* ais-ghoir.

abrogation *n* ais-ghairm *f*.

abrupt *a* cas; aithghearr.

abruptness *n* caise *f*.

abscess *n* niosgaid *f*.

abscond *v* teich, teich air falbh.

absence *n* neo-làthaireachd *f*; *in the a. of*, ás eugmhais; *a. of mind*, dearmad inntinne.

absent *a* nach eil an làthair, gun a bhith an làthair.

absent-minded *a* cian-aireachail.

absolve *v* saor (o); sgaoil (o).

absolute *a* iomlan, làn (*before nouns*); *a. power*, làn chumhachd.

absolutely *adv* gu tur, gu h-iomlan.

absolution *n* saoradh *m*, fuasgladh *m*.

absorb v sùgh, deoghail, thoir a-steach.

absorbent a sùghach.

absorption n sùghadh m a-steach; (mental a.) dian-ùidh f.

abstain v na buin (ri).

abstemious a stuama.

abstemiousness n stuaim f.

abstinence n stuamachd f, measarrachd f.

abstract n ás-tharraing f.

abstract v ás-tharraing, tarraing á, thoir á.

abstract a beachdail.

abstraction n cùis-bheachd f.

absurd a gòrach, amaideach.

absurdity n gòraiche f amaideas f.

abundance n pailteas m.

abundant n pailt.

abuse n mì-ghnàthachadh m; (verbal a.) càineadh m, ana-cainnt f.

abuse v mì-ghnàthaich; (verbally) càin, dèan ana-cainnt; a. trust etc., meall.

abyss n àibheis f.

academic n and a oilthigheach m.

academic a sgoileireach.

academy n àrd-sgoil f; (national A.) Acadamh f.

accelerate v luathaich, greas.

acceleration n luathachadh m, greasad m.

accelerator n inneal-luathachaidh m.

accent n (linguistic) blas m; (stress) buille f; (diacritic) stràc m.

accept v gabh; (intrans) gabh ri.

acceptable a furasda gabhail ri/ris etc.

access n (physical) rathad m, bealach m; (mental) taom m.

accessible a so-ruighinn, fosgailte.

accessory n (person) fear-cuideachaidh m; (thing) treallaich f.

accident n sgiorradh m, tubaist f.

accidental a tubaisteach.

accommodate v gabh; the house will a. four, gabhaidh an taigh ceathrar; they will a. themselves to these views, gabhaidh iad ris na beachdan sin.

accommodation n (physical) rùm m,

àite-fuirich m; còrdadh m; they made an a., thàinig iad gu còrdadh.

accompaniment n leasachadh m; (musical) compàirt f; piano a. piàno-chompàirt.

accompanist n compàirtiche m.

accompany v rach/theirig còmhla ri; (musical) compàirtich, dèan compàirt do.

accomplish v coimhlion, thoir gu buil.

accomplished a coimhlionta, deas.

accord n aonta m, co-chòrdadh m, rèite f.

accordeon n bocsa-ciùil m.

according (to) adv, prep phr a-rèir.

accordingly adv mar sin.

accost v còmhlaich.

account n cùnntas m; of a. (e.g. of a person) urramach, inbheil; (story, description) cùnntas m, tuairisgeul m; a. book, leabhar cùnntais m; accounts, cùnntasan; current a., ruith-chùnntas m; deposit a., cùnntas taisgte.

account v thoir cùnntas air; a. for, explain, mìnich.

accountancy n cùnntasachd f.

accountant n cùnntasair m.

account-book n leabhar-cùnntais m.

accrue v tàrmaich, fàs; a. to, fàs ri, thig gu.

accumulate v cruinnich.

accumulation n co-chruinneachadh m.

accuracy n cruinneas m, grinneachd f.

accurate a cruinn, grinn, neo-mhearachdach.

accusation n casaid f.

accusative a cuspaireach.

accuse v dèan casaid.

accustomed a gnàthach; àbhaist; I am a. to do this, is àbhaist dhomh seo a dhèanamh.

ace n an t-aon m.

acerbity n goirte f.

ache n goirteas m, pian f, cràdh m.

ache v tha pian/cràdh ann.

achieve v coimhlion, thoir gu buil.

achievement *n* euchd *m*, toirt *m* gu buil.

acid *n* searbhag *f.*

acid *a* searbh, geur.

acidity *n* searbhachd *f.*

acknowledge *v* aidich.

acknowledgement *n* aideachadh *m*; (*reply*) freagairt *f.*

acoustic *a* fuaimneach.

acquaintance *n* fear-eòlais *m*; *pl* luchd-e.

acquainted *a* eòlach; *I am a.* *with him*, tha mi eòlach air/tha eòlas agam air.

acquiesce *v* aontaich.

acquire *v* faigh, buannaich.

acquit *v* fuasgail.

acre *n* acaire *f.*

across *adv* tarsainn, thairis.

across *prep* tarsainn air, thairis air, thar.

acrylic *a* acriolaic.

act *n* gnìomh *m*; cleas *m*; (*of a play*) earrann *f*; (*legal*) achd *f.*

act *v* obraich, dèan gnìomh; (*conduct oneself*) giùlain; (*in a play*) cluich.

action *n* gnìomh *m*; *man of a*, fear gnìomha; (*legal*) cùis *f.*

activation *n* cur-thuige *m.*

active *a* deas, èasgaidh, gnìomhach; (*gram*) spreigeach.

activity *n* gnìomhachd *f*; obair *f.*

actor *n* cleasaiche *m*, actair *m.*

actress *n* bana-chleasaiche *f*, bana-actair *f.*

actual *a* dearbh, fìor.

acute *a* geur, dian.

Adam's apple *n* meall-an-sgòrnain *m* cìoch-shlugain *f.*

adapt *v* fàs suas ri, dèan freagarrach.

adaptable *a* freagarrach; so-ghluaiste.

add *v* cuir ri, meudaich, leasaich.

adder *n* nathair *f.*

addict *n* tràill *f.*

addict *v* tha fo bhuaidh; *he is a. to tobacco*, tha e fo bhuaidh an tombaca.

addicted *a* fo bhuaidh.

addiction *n* tràilleachd *f.*

addition *n* meudachadh *m*, leasachadh *m*; (*sum*) suimeadh *m*; *in a. to*, a bharrachd/thuilleadh air.

additional *a* a bharrachd, a thuilleadh; *an a. one*, fear a bharrachd.

address *n* (*on letter*) seòladh *m*; (*talk*) òraid *f.*

address *v* (*letter*) cuir seòladh air; (*talk*) dèan òraid ri, labhair ri.

adenine *n* adenin *m.*

adequate *a* leòr, freagarrach.

adhere *v* lean (ri).

adherent *n* fear leanmhainn *m.*

adhesive *n* stuth leanmhainn *m.*

adhesive tape *n* teip *f* tàthaidh.

adjacent *a* fagas, dlùth.

adieu *int* soraidh, slàn, soraidh slàn.

adjective *n* buadhair *m*; *demonstrative a.*, buadhair sònrachaidh; *numeral a.*, cunntair *m*; *poss a.*, buadhair seilbheach.

adjournment *n* dàil *f.*

adjudication *n* breitheamhnas *m.*

adjust *v* ceartaich, rèitich.

adjustment *n* ceartachadh *m*, rèiteachadh *m.*

administer *v* riaghlaich.

administration *n* riaghladh *m.*

administrative *a* riaghlach.

administrator *n* fear-riaghlaidh *m.*

admirable *a* ionmholta.

admiration *n* meas *m.*

admire *v* tha meas air; *I a. it*, tha meas agam air; saoil mòran dha; *I admire her*, tha mi saoilsinn mòran dhi.

admissible *a* ceadaichte.

admission *n* (*physical*) cead *m* tighinn a-steach; (*mental*) aideachadh *m.*

admit *v* (*let in*) leig a-steach; (*confess*) aidich.

admix *v* measgaich.

admixture *n* co-mheasgadh *m.*

ado *n* othail *f.*

adolescence *n* òigeachd *f.*

adolescent *n* òigear *m.*

adopt *v* uchd-mhacaich; (*e.g. a policy*) gabh ri.

adoption *n* uchd-mhacachd *f*.

adore *v* trom-ghràdhaich.

adorn *v* sgeadaich.

adrift *adv* leis an t-sruth.

adroit *a* deas, ealanta.

adulation *n* sodal *m*.

adult *n* and *a* inbheach *m*.

adulterate *v* truaill.

adulteration *n* truailleadh *m*; (*sexual*) adhaltranas *m*.

adulterer *n* adhaltraiche *m*.

adultery *n* adhaltranas *m*, truailleadh *m*.

advance *n* dol *m* air adhart; ceum *m* air thoiseach; (*of money*) eàrlas *m*; *he made an a. to her*, thug e ionnsaigh *m*, *f* oirre.

advance *v* rach air thoiseach, rach air adhart; (*of money*) thoir eàrlas; (*of rank*) àrdaich.

advanced *a* adhartach.

advancement *n* àrdachadh *m*.

advantage *n* tairbhe *f*, buannachd *f*, leas *m*; *he got the a. of me*, fhuair e làmh-an-uachdair *f* orm; *he took a. of me*, ghabh e fàth *m* orm.

advantageous *a* tairbheach, buannach-ail.

adventure *n* tachartas *m*.

adventurous *a* dàna, deuchainneach.

adverb *n* co-ghnìomhair *m*.

adverse *a* an aghaidh, nàimhdeil.

adversity *n* cruaidh-chàs *m*, teinn *f*.

advertise *v* thoir/cuir sanas.

advertisement *n* sanas, sanas-reic *m*.

advice *n* comhairle *f*.

advise *v* comhairlich, earalaich; *be advised*, gabh comhairle.

adviser *n* comhairleach *m*.

advocacy *n* tagradh *m*.

advocate *n* fear-tagraidh *m*.

advocate *v* tagair.

adze *n* tàl *m*.

aegis *in phr*, *under the a. of*, fo chùmhnant *m*.

aerial *n* aer-ghath *m*.

aeronaut *n* speur-sheòladair *m*.

aeroplane *n* pleuna *f*, itealan *m*.

affable *a* suairce, ceanalta.

affair *n* gnothach *m*, cùis *f*.

affect *v* drùidh air; leig air, *e.g. he affected to be blind*, leig e air gu robh e dall; thoir buaidh air.

affection *n* gaol *m*, spèis *f*, càil *f*; (*of illness*) galar *m*, eucail *f*.

affectionate *a* gaolach, teò-chridheach.

affinity *n* dàimh, *m*, *f*.

affirm *v* dearbh, daingnich.

affirmative *a* aontach.

affix *n* iar-leasachan *m*.

afflict *v* goirtich, sàraich.

affliction *n* doilgheas *m*; sàrachadh *m*.

affluence *n* beairteas *m*, saidhbhreas *m*.

affluent *a* beairteach, saidhbhir.

afford *v* ruig air; *I couldn't a. a car*, cha ruiginn air càr; faod; *you could a. to say that*, dh'fhaodadh tu sin a ràdh.

affront *n* masladh *m*, maslachadh *m*.

afloat *adv* air bhog, air fleòdradh.

afoot *adv* air chois, air bhonn.

aforesaid *a* roimh-ainmichte.

afraid *a* fo eagal, eagalach. It is worth noting that *eagalach* can also be used as equivalent to English 'very, terribly'.

afresh *adv* ás ùr, rithist.

Africa *n* Afraga *f*.

African *n*, *a* Afraganach *m*.

after *prep* an dèidh.

after *adv* an dèidh làimhe; *a. all*, an dèidh a h-uile càil, an dèidh sin 's 'na dhèidh.

afternoon *n* feasgar *m*; tràth-nòin *m*.

after-thought *n* ath-smuain *f*.

afterwards *adv* an dèidh sin.

again *adv* a-rithist; uair eile.

against *prep* an aghaidh; fa chomhair.

age *n* aois *f*; (*time*) ùine *f*; (*period*) linn *m*; *one equal in age*, comhaois *m*.

age *v* fàs aosda.

aged *a* sean, aosda.

agency *n* cead *m* reic; (*body*) buidheann *f*; (*through the a. of ——*) tre oibreachadh *m*.

agenda n clàr-gnothaich, clàr m.

agent n fear-ionaid m; (means) dòigh f; a. noun, ainmear-obraiche m.

aggravate v antromaich.

aggregate n an t-iomlan m; meall m.

aggression n ionnsaigh, m, f; (psych.) miann m, f còmhraig.

aggressive a ionnsaigheach.

agile a lùthmhor, fuasgailte.

agitate v. gluais, cuir troimh-a-chèile.

agitation n gluasad m, luasgadh m.

ago adv o chian; five years a., o chionn còig bliadhna; long a., o chionn fhada; a short time a., o chionn ghoirid.

agog adv air bhiod.

agony n dòrainn f.

agrarian a fearainn.

agree v aontaich; còrd; they agreed about the price, dh'aontaich iad mun phrìs; (= they found each other agreeable) chòrd iad ri chèile.

agreeable a taitneach, ciatach.

agreed a aontaichte, suidhichte.

agreement n còrdadh m, rèite f, cùmhnant m.

agricultural a àiteachail.

agriculture n àiteachd f, tuathanachas m.

aground adv an sàs.

ah! int A, Och.

ahead adv air thoiseach.

aid n cuideachadh m, còmhnadh m.

aid v cuidich.

ailment n tinneas m, galar m.

ailing a tinn, euslainteach.

aim n (with gun etc.) cuimse f; (mental) rùn m; (intention) amas m.

aim v cuimsich, amais.

air n àile m; (mus) fonn m; (of appearance) aogas m.

air v leig an àile gu.

airborne a air sgèith.

airfield n raon-adhair m.

airmail n post-adhair m.

airport n port-adhair m.

airwave n tonn-adhair m.

aisle n trannsa f.

ajar adv leth-fhosgailte.

akin a càirdeach, an càirdeas.

alacrity n sùrd m, sùnnd m.

alarm n caismeachd f, rabhadh m.

alarming a eagalach.

alas int Och; mo thuaighe.

albinism n ailbineachd f.

album n leabhar-chuimhneachan m.

alcohol n alcol m.

alcoholic n alcolach m.

alcoholism n alcolachd f.

alder n feàrna f.

ale n leann m.

alert a furachail, deas.

algal a algach.

algebra n ailgeabra f.

alias adv air mhodh eile, fo ainm eile.

alien n Gall m, coigreach m.

alien a Gallda, coigreach.

alienate v fuadaich, sgar.

alight v teirinn.

alight a laiste.

alike adv co-ionnan, coltach ri chèile.

alimony n airgead m sgaraidh.

alive a beò; beothail; (surviving) maireann.

alkali n salann-na-groide m.

all a uile, na h-uile, iomlan, gu h-iomlan, gu lèir, an t-iomlan; all/ everyone came, thàinig a h-uile duine, thàinig na daoine gu lèir, thàinig na h-uile, thàinig iad gu h-iomlan; a. who were at home, na h-uile a bha aig an taigh, gach duine a bha etc.

all-powerful a uile-chumhachdach.

All Fools Day n Là m na Gocaireachd.

allay v caisg, ciùinich.

allegation n cur m ás leth; he made an a., chuir e ás leth.

allegiance n ùmhlachd f.

allegorical a samhlachail.

allegory n samhla m.

alleviate v aotromaich, lùghdaich.

alleviation n aotromachadh m, lùghdachadh m.

alliance *n* càirdeas *m*.

alligator *n* ailigeutair *m*.

alliteration *n* uaim *f*.

allotment *n* (*croft*) lot *f*; roinn *f*, cuid *f*.

allow *v* leig le, ceadaich.

allowable *a* ceadaichte.

allowance *n* cuibhreann *f*.

allusion *n* iomradh *m* (air); *he made an a. to the rain*, rinn e iomradh air an uisge.

ally *n* caraid *m*; (*military*) co-chòmhragaiche *m*.

almighty *a* uile-chumhachdach.

Almighty *n* An t-Uile-chumhachdach *m*.

almost *adv*. gu ìre bhig; *he a. lost his voice*, chaill e a ghuth gu ìre bhig, cha mhòr nach do chaill e a ghuth; *I am a. ready*, tha mi gu bhith deiseil; *he a. died*, theab e bàsachadh.

alms *n* (*abstr*) dèirce *f*; (*concr*) dèircean *pl*.

aloft *adv* gu h-àrd, shuas.

alone *a* aonarach, aonaranach; 'na aonar, *e.g. he was a.*, bha e 'na aonar; *she was a.*, bha i 'na h-aonar.

along *adv* air fad; *a. with*, maille ri, còmhla ri, cuide ri, an cois, le.

alongside *adv* ri taobh.

aloud *adv* gu h-àrd-ghuthach.

alphabet *n* aibidil *f*.

alphabetical *a* aibidileach.

already *adv* mar thà, mu thràth, cheana.

also *adv* cuideachd, mar an ceudna.

altar *n* altair *f*.

alter *v* atharraich, mùth.

alteration *n* atharrachadh *m*.

alternative *a* eile.

alternative *n* roghainn *m* eile.

although *conj*. See **though**.

altitude *n* àirde *f* (os cionn fairge).

altogether *adv* gu lèir, uile gu lèir, gu h-iomlan; *sing a.*, seinnibh còmhla ri chèile.

aluminium *n* almain *m*.

always *adv* an còmhnaidh, daonnan;

(*ref. to past*) riamh, a-riamh.

am *See* **be**.

amalgamate *v* cuir le chèile; measgaich.

amateur *a* neo-dhreuchdail.

amaze *v* cuir iongnadh air.

amazement *n* iongantas *m*, iongnadh *m*.

amazing *a* iongantach.

ambassador *n* tosgaire *m*.

amber *n* òmar *m*.

ambidextrous *a* co-dheaslamhach.

ambiguity *n* dà-sheaghachas *m*.

ambiguous *a* dà-sheaghach.

ambit *n* cuairt *f*.

ambition *n* glòir-mhiann *m*, *f*; strì *f*.

ambitious *a* glòir-mhiannach.

ambulance *n* carbad-eiridinn *m*, ambaileans *f*.

ambush *n* feallfhalach *m*.

ameliorate *v* dèan nas fheàrr.

amen *int* amen, guma h-amhlaidh (bhitheas).

amenable *a* fosgailte (ri, do).

amend *v* leasaich, atharraich.

amendment *n* leasachadh *m*.

amenity *n* goireas *m*.

America *n* Ameireagaidh *f*.

American *a* Ameireaganach.

amiable *a* coibhneil, càirdeil.

amicable *a* càirdeil.

amid, amidst *prep* a-measg, a meadhan.

amiss *adv* gu h-olc.

ammunition *n* connadh làmhaich *m*.

amnesty *n* mathanas *m* coitcheann.

among(st) *prep* a-measg, air feadh.

amorous *a* gaolach, leannanach.

amount *n* suim *f*, meud *m*, uimhir *f*; *What amount of money did you have?*, dè 'n t-suim de airgead a bh'agad?; *they showed the same amount of kindness*, sheall iad a cheart uimhir de choibhneas.

amphibian *n* muir-thìreach *m*.

amphibious *a* dà-bhitheach, muir-thìreach.

ample *a* mòr, tomadach.

amplification *n* meudachadh *m*.

6

amplify v meudaich.

amputate v geàrr air falbh, teasg.

amputation n gearradh m air falbh, teasgadh m.

amuse v toilich; (move to laughter) thoir gàire air.

amusement n greannmhorachd f; (concr) caitheamh-aimsire m.

amusing a greannmhor, èibhinn.

anachronism n ás-aimsireachd f.

anaemia n cion-fala m.

anaesthetic n an-fhaireachdair m.

anagram n anagram m.

analogous a co-fhreagarrach.

analogy n co-fhreagarrachd f.

analyse v mion-sgrùdaich, mìnich; (gram) bris sìos, eadar-sgaraich.

analysis n mion-sgrùdadh m, anailis f.

analyst n mion-sgrùdaire m.

anarchy n ainn-riaghailt f.

anatomical a bodhaigeach, anatomach.

anatomy n (science of) eòlas m bodhaig; (bodily structure) bodhaig f.

ancestor n sinnsear m.

ancestry n sinnsearachd f.

anchor n acair f (luinge).

anchorage n acarsaid f.

anchored a air acair.

ancient a àrsaidh.

and conj agus, is, 's.

anecdote n naidheachd f.

anew adv ás ùr, a-rithist.

angel n aingeal m.

angelic a mar aingeal.

anger n fearg f.

anger v cuir fearg air; it angered me, chuir e fearg orm.

angina n grèim m cridhe.

angle n uilinn f.

angle v iasgaich (le slait).

angler n iasgair m (slaite).

angling n iasgachd f (slaite).

angry a feargach.

anguish n dòrainn f, àmhghar m.

animal n ainmhidh m, beathach m, brùid f.

animate v beothaich.

animated a beothaichte; (lively) beothail.

animation n beothachadh m; (liveliness) beothalachd f.

animosity n gamhlas m.

ankle n adhbrann f.

annex n ath-thaigh m.

annihilate v dìthich, cuir ás.

annihilation n lèirsgrios m.

anniversary n cuimhneachan m bliadhnach.

annotate v notaich.

annotation n notachadh m.

announce v cuir an cèill.

annoy v cuir dragh air, buair.

annoyance n dragh m, buaireas m.

annoyed a diombach.

annoying a leamh, buaireil.

annual a bliadhnail, bliannail; a. report, iomradh m bliadhnail.

annually adv gach bliadhna/blianna.

annuity n suim f bhliadhnail/bhliannail.

annul v cuir ás, dubh a-mach.

anoint v ung.

anointing n ungadh m.

anon adv a dh'aithghearr.

anonymous a neo-ainmichte, gun ainm, gun urrainn.

anorak n anarag f.

another pron fear/duine eile; taking one thing with a., eadar gach rud a bh'ann; love one a., biodh gràdh agaibh da chèile.

another a eile.

answer n freagairt f, freagradh m.

answer v freagair, thoir freagairt; (be suitable, 'do the trick'), dèan an gnothach.

answerable a fo smachd.

ant n seangan m.

antagonist n nàmhaid m; cèile m còmhraig.

antecedent n roimh-fhacal m.

antediluvian a roimh 'n Tuil.

anthem n laoidh m.

anthology n (*of verse*) duanaire m; taghadh m.

anthropology n daonn-eòlas m.

antibiotic n antibiotaic f.

antibody n anticorp m.

anticipate v sùilich.

anticipation n sùileachadh m.

antidote n urchasg m.

antipathy n fuath m.

antiquary n àrsair m.

antique n seann-rud m.

antique a seann-saoghlach.

antiseptic n loit-leigheas m.

antler n cabar (fèidh) m.

anvil n innean m.

anxiety n iomagain m, imcheist f.

anxious a iomagaineach, fo imcheist.

any a and *pron* (a) sam bith, air bith, idir; (*pron*) aon/fear sam bith; aon; gin; *anyone*, neach sam bith; *anything*, rud sam bith; *anywhere*, àite sam bith.

anything n càil m, dad m.

apace adv gu luath, an cabhaig.

apart adv air leth; o chèile.

apartheid n sgaradh m cinnidh.

apartment n seòmar m; taigh m.

apathy n cion m ùidhe.

ape n apa f.

ape v dèan atharrais air.

aperture n toll m, fosgladh m.

apex n binnean m, bàrr m.

apiece adv an t-aon, gach aon.

apologise v dèan/thoir leisgeul.

apology n leisgeul m.

apostle n abstol m.

apostrophe n ascair m.

appal v cuir uabhas air.

apparatus n uidheam m, acainn f.

apparel n aodach m, trusgan m.

apparent a soilleir, faicsinneach.

apparition n taibhse f.

appeal n tarraing f: (*leg*) ath-agairt m.

appeal v tarraing; (*leg*) ath-agair.

appear v nochd; thig am fianais/fradharc; *he appeared to be an old*
man, bha e, a-rèir coltais, 'na sheann duine.

appearance n taisbeanadh m; teachd m an làthair; *according to appearances*, a-rèir coltais; (*phys*) dreach m, aogas m.

appease v rèitich, sìthich.

append v cuir ri.

appendage n sgòdan m.

appendix n ath-sgrìobhadh m eàrr-ràdh m; (*body organ*) aipeandaig f.

appetite n càil f, càil bidhe; miann m, f.

applause n àrd-mholadh m, basbhualadh m.

apple n ubhal m.

apple-tree n craobh-ubhail f.

appliance n goireas m.

applicable a freagarrach.

applicant n tagraiche m.

application n cur m an sàs; (*written or verbal a.*) iarratas m, tagradh m.

apply v cuir a-steach, cuir; a. *your mind to it*, leag d'inntinn air.

appoint v suidhich.

appointment n suidheachadh m.

apportion v dèan roinn air.

apposite a iomchaidh, freagarrach.

appraise v meas.

appreciate v cuir luach air, luachaich, tuig gu math; (*financial*) àrdaich (an luach).

appreciation n luachachadh m.

apprehend v thoir fa-near; (*catch*) glac.

apprehensive a eagalach.

apprentice n preantas m.

approach n modh-gabhail f.

approach v dlùthaich.

approbation n deagh bharail f.

appropriate v gabh seilbh air.

appropriate a cubhaidh, dòigheil.

approval n sàsachadh m, toileachadh m.

approve v gabh beachd math air.

approximation n dlùthachadh m.

apricot n apracot m.

April n An Giblean m.

apron n aparan m.

apropos *adv* a thaobh.
apt *a* deas, ealamh; (*inclined*) buailtcach.
aptitude *n* sgil *m*; buailteachd *f*.
Arabic *a* Arabach; *A. numerals*, figearan Arabach.
arable *a* àitich; *a. land*, talamh àitich.
arbitrary *a* neo-riaghailteach.
arbitration *n* eadar-bhreith *f*.
arch *n* stuagh *f*.
archaeologist *n* àrsair *m*.
archaeology *n* àrsaidheachd *f*.
archaic *a* àrsaidh.
archbishop *n* àrd-easbaig *m*.
archetype *n* prìomh-shamhla *m*.
architect *n* ailtire *m*.
architecture *n* ailtireachd *f*.
archive(s) *n* tasg-lann *f*.
ardent *a* dian, bras.
arduous *a* dian, deacair.
are *See* **be**.
area *n* farsaingeachd *f*; lann *f*.
argue *v* connsaich, dearbh.
argument *n* connsachadh *m*, argamaid *f*.
argumentative *a* connsachail, argamaideach.
arid *a* loisgte, ro-thioram.
aright *adv* gu ceart.
arise *v* èirich suas.
arithmetic *n* cùnntas *m*, àireamhachd *f*.
ark *n* àirc *f*.
arm *n* gàirdean *m*.
arm *v* armaich.
armchair *n* cathair-ghàirdeanach *f*.
armed *a* armaichte.
armful *n* achlasan *m*, ultach *m*.
arming *n* armachadh *m*.
armour *n* armachd *f*.
armpit *n* achlais *f*, lag na h-achlaise.
army *n* arm *m*, armailt *m*, feachd *f*.
around *adv and prep* (*prep foll. by gen.*) timcheall, mu chuairt; (*adv*) mun cuairt.
arouse *v* dùisg, mosgail.
arrange *v* rèitich, còirich.

arrangement *n* rèiteachadh *m*; (*mus*) rian *m*.
array *v* cuir an òrdugh, sgeadaich.
arrear(s) *n* fiachan *m* gun dìoladh.
arrest *v* cuir an làimh, cuir an sàs.
arrival *n* teachd *m*.
arrive *v* ruig, thig.
arrogance *n* dànadas *m*, ladarnas *m*.
arrogant *a* dàna, ladarna.
arrow *n* saighead *f*.
arsenal *n* arm-lann *f*.
art *n* ealdhain, ealain *f*; alt *m*, dòigh *f*; (*cunning*) seòltachd *f*.
artery *n* cuisle *f*.
artful *a* (*resourceful*) innleachdach; (*crafty*) seòlta, carach.
arthritis *n* tinneas *m* nan alt.
article *n* alt *m*; *a. of clothing*, ball *m* aodaich; (*in regulations*) bonn *m*.
articulate *a* pongail.
artificial *a* brèige.
artisan *n* fear-ceàirde *m*.
artist *n* fear-ealain *m*.
artistic *a* ealdhanta.
Arts Council *n* Comhairle *f* nan Ealain.
as *conj* mar; ceart mar; (*temp*) nuair.
as *adv* cho — ri, cho — is; *as tall as he*, cho àrd ris; *as long as you like*, cho fada is a thogras tu; *the same — as*, an aon — ri.
ascend *v* dìrich, streap.
ascent *n* dìreadh *m*, dol *m* suas.
ascertain *v* lorg; faigh fios.
ascribe *v* cuir ás leth.
ascription *n* cur *m* ás leth.
ash, ashes *n* luath *f*, luaithre *f*.
ash (tree) *n* uinnseann *m*.
ashame *v* nàraich.
ashamed *a* nàraichte.
ashore *adv* air tìr.
ashtray *n* soitheach-luaithre *m, f*.
Asia *n* An Aisia *f*.
Asian *a* Aisianach.
aside *adv* a thaobh, a leth-taobh, air leth.
ask *v* (*ask for*) iarr; (*ask about*) faighnich, feòraich.

asking n faighneachd f, feòrachadh m.

askew adv càm, claon, air fhiaradh.

asleep adv an cadal; *he was a.*, bha e 'na chadal, *they were a.*, bha iad 'nan cadal.

asparagus n creamh m na muice fiadhaich.

aspect n snuadh m, aogas m, sealladh m.

aspen n critheann m.

asperity n gairbhe f, geurachd f.

aspirate v analaich.

aspiration n (*ling*) analachadh m; (*ambition*) dèidh f.

aspire v iarr, bi an dèidh air.

ass n asal f.

assail v thoir ionnsaigh air.

assailant n fear-ionnsaigh m, fear a thug ionnsaigh.

assassin n mortair, murtair m.

assassinate v moirt, muirt, dèan mort/murt.

assassination n mort, murt m.

assault n ionnsaigh m, f.

assemble v cruinnich.

assembly n mòrdhail m, mòr-chruinneachadh m; (*of Presbyterian Church*) àrd-sheanadh m.

assent n aonta m, aontachadh m.

assert v tagair.

assertion n tagradh m.

assertive a tagrach; dian-bhriathrach.

assess v meas; (*for rating*) meas a thaobh cìs.

assessment n meas m, breith f; (*for rating*) meas a thaobh cìs.

assessor n measadair m.

asset n taic f; maoin f; (*assets*) maoin, so-mhaoin f.

assiduity n dùrachd f.

assiduous a dùrachdach, leanmhainneach.

assign v cuir air leth, sònraich.

assignation n cur m air leth, sònrachadh m; (*of lovers*) coinneamh-leannan f.

assignment n obair f shònraichte, dleasdanas m sònraichte.

assimilate v gabh a-steach; (*make like*) dèan cosmhail ri.

assist v cuidich.

assistance n cuideachadh m, cobhair f.

assistant n fear-cuideachaidh m.

associate n companach m.

associate v theirig am pàirt (*of ideas*) cuir ás leth, ceangail.

association n comann m, co-chuideachd f, caidreabh m; ceangal m.

assonance n fuaimreagadh m.

assortment n measgachadh m.

assuage v caisg, lùghdaich.

assuagement n lùghdachadh m, faothachadh m.

assume v gabh air; (*take possession of*) glac sealbh air; *he assumed a new name*, thug e ainm ùr air fhèin.

assumption n (*of office*) gabhail m (air); *unproven a.*, barail f gun dearbhadh.

assurance n dearbhachd f; (*insurance*) urras m; (*self-a.*) dànachd f.

assure v dearbh; dèan cinnteach do.

assuredly adv gun teagamh.

asterisk n reul f.

astern adv an/gu deireadh na luinge/a' bhàta.

asthma n a' chuing f.

astonish v cuir (mòr) iongnadh air.

astonishment n (mòr) iongnadh m.

astray adv air seachran.

astride adv casa-gobhlach.

astringent a ceangailteach; (*of taste*) geur is tioram.

astrologer n speuradair m.

astrology f speuradaireachd f.

astronaut n speur-sheòladair m.

astronomer n reuladair m.

astronomical a reul-eòlasach; (*very large etc.*) thar àireamh.

astronomy n reul-eòlas m.

asunder adv air leth, ás a chèile.

asylum n (*lunatic a.*) taigh-chaoich m; àite-dìon m.

at prep aig; *a. me etc.*, agam etc.; *a. all*, idir.

atheism n neo-dhiadhachd f.

atheist n neo-dhiadhaire m.

atheistical a neo-dhiadhach.

athletic a (of person) lùthmhor; (of game, feat) lùthchleasach.

athwart adv trasd.

Atlantic, The n An Cuan m Siar.

atlas n atlas m, leabhar m chlàrdùthcha.

atmosphere n àile m.

atom n dadam m, smùirnean m.

atomical a dadamach, smùirneanach.

atone v dèan/thoir èirig.

atonement n rèite f.

atrocious a uabhasach, eagalach.

atrocity n buirbe f.

attach v ceangail, greimich.

attached a an lùib, ceangailte.

attachment n dàimh m, f; gràdh m.

attack n ionnsaigh m, f.

attack v thoir ionnsaigh.

attain v ruig, buannaich, faigh.

attainable a so-ruighinn.

attainment n ruigsinn m; (ability, skill etc.) sgil m.

attempt n oidhirp f.

attempt v dèan oidhirp, feuch/fiach.

attend v fritheil, freasdail, a. to, thoir (an) aire.

attendance n frithealadh m, freasdal m.

attendant n fear-frithealaidh m.

attention n aire f; frithealadh m; pay a. to, thoir an aire do.

attentive a furachail.

attenuate v tanaich, lùghdaich.

attest v thoir fianais, tog fianais.

attestation n teisteas m.

attire n aodach m, trusgan m.

attitude n seasamh m, beachd m.

attract v tarraing, tàlaidh.

attraction n adhbhar m/comas m tàlaidh.

attractive a tarraingeach, tàlaidheach.

attribute v cuir ás leth.

attrition n caitheamh m, bleith f.

attune v gleus.

attuned a a' freagairt (ri).

auburn a buidhe-ruadh.

auction n reic-tairgse f.

audible a àrd-ghuthach, ri chluinntinn.

audience n luchd-èisdeachd m; èisdeachd f.

audio- a, pref clàistinn; a.-typist, clò-sgrìobhaiche clàistinn.

audit n sgrùdadh m.

audit v sgrùd.

auditor n sgrùdaire m.

augment v meudaich.

augury n tuar m.

August n Lùnasdal m.

aunt n piuthar athar/màthar f, antaidh f.

aurora borealis n Na Fir Chlis.

auspicious a fàbharach, rathail.

austere a teann, cruaidh.

austerity n teanntachd f.

Australia n Astràilia f.

Austria n An Ostair f.

authentic a fìor, cinnteach.

authenticity n fìrinn f dearbhachd f, cinnteachd f.

author n ùghdar m.

authorise v thoir ùghdarras, ceadaich.

authoritative a ùghdarrasail.

authority n ùghdarras m. barrantas m, smachd m.

autobiography n fèin-eachdraidh f.

automatic a fèin-ghluasadach.

autumn n (Am) Foghar m.

auxiliary n fear-cuideachaidh m.

auxiliary a taiceil.

avail v dèan feum, foghainn.

available a ri fhaotainn, mu choinneamh; there are chairs a. for all, tha cathraichean (ann) mu choinneamh gach neach.

avarice n sannt m.

avaricious a sanntach.

avenge v dìol.

average n meadhan m.

average a gnàthach.

aversion n fuath m, gràin f.

avid a gionach.

avoid *v* seachainn.
await *v* fuirich ri.
awake *v* dùisg, mosgail.
award *n* duais *f*; (*leg*) binn *f*.
award *v* thoir duais.
aware *a* fiosrach, mothachail.
away *adv* air falbh.
awful *a* eagalach, uabhasach.
awhile *adv* tacan.

awkward *a* cearbach, slaodach, leibideach.
awl *n* minidh *m*.
awry *a* càm, claon.
axe *n* tuagh *f*, làmhthuagh *f*.
axiom *n* fìrinn *f* shoilleir.
axle *n* aiseal *f*.
ay *int* seadh.
aye *adv* gu bràth.

B

babble, babbling *n* glagais *f*, gagaireachd *f*.

babe *n* naoidhean *m*.

baby *n* leanabh *m*.

bachelor *n* fleasgach *m*, seana-ghille *m*.

back *n* cùl *m*, cùlaibh; (*b. of a person*) druim *m*.

back *adv* air ais, an coinneamh a chùil *etc.*; (*command to a horse*) peig (< 'back').

back *v* theirig air ais; (*support*) seas, cuidich; (*b. a horse*) cuir airgead air each.

backbiting *n* cùl-chàineadh *m*.

backbone *n* cnàmh-droma *m*.

backgammon *n* tàileasg *m*.

backside *n* tòn *f*, màs *m*.

backsliding *n* cùl-sleamhnachadh *m*.

backward(s) *adv* an coinneamh a chùil *etc.*

backward *a* (*unprogressive*) fad air ais; (*shy*) diùid.

bacon *n* muicfheòil *f*.

bacteria *n* bacteria (*pl only*).

bacterial *a* bacteridheach.

bad *a* dona; olc.

bad-tempered *a* greannach.

badge *n* suaicheantas *m*.

badger *n* broc *m*.

badness *n* donas *m*.

baffle *v* fairtlich air; (*trans*) dèan a' chùis air, cuir an teagamh.

bag *n* poca *m*, baga *m*; (*suitcase, brief-case*) màileid *f*.

baggage *n* treallaichean *f pl*.

bagpipe *n* pìob *f* (Ghaidhealach), a' phìob (mhòr).

bail *n* fuasgladh *m* air urras; (= *the sum paid as bail*) urras *m*.

bail *v* thoir urras air.

bailiff *n* bàillidh *m*.

baillie *n* bàillidh *m*.

bait *n* maghar *m*; biadhadh *m*; baoit *f*.

bait *v* biadh, cuir biadhadh/maghar air; (*annoy*) sàraich.

bake *v* (*of bread*) fuin; bruich ann an àmhainn.

bakehouse *n* taigh-fuine *m*.

baker *n* fuineadair *m*, bèicear *m*.

baking *n* bèiceireachd *f*.

balance *n* (*the article*) meidh *f*; (*abstract*) cothrom *m* (*financial*) còrr *m*, fuidheall *m*; *b. of payments* cothromachadh *m* malairt.

balance *v* cothromaich; cuir air mheidh; *the account balanced*, bha dà thaobh a' chùnntais cothrom.

balcony *n* for-uinneag *f*.

bald *a* maol, le sgall.

balderdash *n* treamsgal *m*.

baldness *n* maoile *f*, sgailc *f*.

bale *n* bèile *f*; bathar *m* truiste.

ball *n* ball *m*; cèise-ball *m*; (*b. of wool*) ceirsle *f*; (*dance*) bàl *m*.

ballad *n* bailead *m*.

ballast *n* balaiste *f*.

balloon *n* bailiùn *m*.

ballot *n* tilgeadh *m* chrann; bhòtadh *m*.

balm *n* ìocshlaint *f*.

bamboo *n* cuilc *f* Innseanach.

bamboozle *v* cuir an imcheist.

ban *n* toirmeasg *m*, bacadh *m*.

ban *v* toirmisg, bac.

banana *n* banàna *m*.

band *n* bann *m*; (*of people*) còmhlan *m*; (*mus*) còmhlan (ciùil) *m*.

bandage *n* bann *m*, stìom-cheangail *f*.

bandy *v* malairt; tilg a-null 's a-nall.

bandy-legged *a* camachasach.

baneful *a* nimheil, puinnseanta.

bang *n* cnag *f*; bualadh *m*.

bang *v* buail; cnag.

banish *v* fògair, fuadaich.

banishment *n* fògradh *m*, fuadach(adh) *m*.

banjo *n* bainsio *m.*

bank *n* (*of river etc.*) bruach *f*; (*peat-b.*) poll *m* (mònach), bac *m*; (*money*) banca *m*; *B. of Scotland*, Banca na h-Alba; *Royal B. of S.*, Banca Rìoghail na h-Alba; *Clydesdale B.*, Banca Srath-Chluaidh.

bank *v.* cuir sa' bhanca; (*b. on*) theirig an urras air.

bank-draft *n* tarraing-banca *f.*

bank-rate *n* riadh *m* a' bhanca.

banker *n* bancair *m*; (*in gaming*) fear *m* a' bhanca.

banker's order *n* òrdugh *m* banca.

banking *n* bancaireachd *f.*

bankrupt *n* fear *m* a bhris.

bankrupt *a* briste; (*go b.*) bris.

bankruptcy *n* briseadh *m.*

banner *n* bratach *f.*

bannock *n* bonnach *m*, breacag *f.*

banquet *n* fèisd *f*, fleadh *m.*

banqueting *n* fleadhachas *m.*

banter *n* tarraing-ás *f.*

baptism *n* baisteadh *m.*

Baptist *n* Baisteach *m.*

baptize *v* baist.

bar *n* crann *m*, crann-tarsainn *m*; (*hindrance*) starradh *m*; (*harbour b.*) sgeir-bhàite *f*; (*leg, hotel b.*) bàr *m.*

bar *v* crann, bac.

barb *n* gath *m*, frioghan *m.*

barbarian *n* duine *m* borb.

barbaric *a* borb.

barbarism *n* buirbe *f.*

barbed *a* gathach.

barber *n* borbair *m*, bearradair *m.*

bard *n* bàrd *m.*

bardic *a* bàrdail, na bàrdachd.

bare *a* lom, rùisgte, ris.

barefaced *a* ladarna.

barefooted *a* casruisgte.

bareheaded *a* ceannruisgte.

bargain *n* cùmhnant *m*, bargan *m*, *f.*

bargain *v* dèan cùmhnant/bargan.

bark *n* rùsg *m*; (*boat*) bàrca *f*; (*of dog*) comhart *m.*

bark *v* (*of dog*) dèan comhart; (*of nets*) cairt; (*of shin etc.*) rùisg.

barking *n* comhartaich *f.*

barley *n* eòrna *m.*

barm *n* beirm *f*, deasgainn *f.*

barn *n* sabhal *m.*

barn-yard *n* iodhlann *f.*

barnacle *n* bàirneach *f.*

barometer *n* gloinne *f* (sìde).

barrack *n* taigh-feachd *m.*

barrel *n* baraille *m.*

barren *a* seasg, fàs.

barrenness *n* seasgachd *f.*

barricade *n* balla-bacaidh *m.*

barrier *n* bacadh *m*, cnap-starraidh *m.*

barrow *n* bara *m.*

barter *n* malairt *f.*

barter *v* malairtich, dèan malairt.

base *n* stèidh *f*, bonn *m*, bun *m*, bunait *m*, *f.*

base *a* suarach, neo-luachmhor.

bashful *a* nàrach, diùid.

bashfulness *n* nàire *f*, diùide *f.*

basic *a* bunasach.

basin *n* (*utensil*) mias *f.*

basis *n* bun *m*, bunait *f.*

bask *v* blian.

basket *n* bascaid *f.*

basketball *n* ball-basgaid *m.*

bass *a* beus.

bastard *n* duine *m* dìolain.

bastard *a* dìolan; (*met*) truaillidh.

bat *n* (*creature*) ialtag *f*; (*stick etc.*) bata *m.*

batch *n* grùnn *m*, dòrlach *m.*

bath *n* amar-ionnlaid *m.*

bathe *v* ionnlaid, failc.

bathroom *n* seòmar-ionnlaid *m.*

baton *n* batan *m.*

battalion *n* cath-bhuidheann *f.*

batter *v* pronn, slac/slaic.

battery *n* bataraidh *m.*

battle *n* cath *m*, blàr *m*, batail *m.*

bawdy *a* drabasda.

bawl *v* glaodh.

bay *n* bàgh *m*, camas *m*, òb *m.*

bayonet *n* beugaileid *f.*

be v bi; bi beò. *The verb 'to be' is used both as a copula (e.g. that is good*, is math sin, *it was a great pity*, bu mhòr am beud, John is his name, is e Iain an t-ainm a th'air) *and as a substantive verb (e.g. he is here*, tha e ann a seo, *God exists*, tha Dia ann, *it is big*, tha e mòr). *It is also used widely as an auxiliary v. (e.g. I was going*, bha mi a' dol, *will you sell it?* am bi thu ga reic?).

beach n tràigh f, cladach m, mol m.

bead n grìogag f; (*prayer b.*) paidirean m.

beak n gob m.

beaker n bìocar m.

beam n (*of house*) sail f; (*of loom*) gàrmainn f; (*of light*) gath m, boillsgeadh m.

beam v deàlraich; (*of smiling*) faitich.

bean n pònair f (*normally used as coll.*).

bear n mathan m.

bear v beir; giùlain; (*e.g. of pain*) fuiling.

beard n feusag f; (*of grain-crop*) calg m.

bearer n fear-giùlain m.

bearing n giùlan m.

beast n beathach m, biast f, ainmhidh m.

beat n buille f.

beat v thoir buille; (*be victorious over*) faigh buaidh, dèan a' chùis air.

beating n gabhail m, f air.

beautiful a bòidheach, rìomhach.

beauty n maise f, bòidhchead f.

beauty-spot n ball-seirce m.

because conj do bhrìgh, a chionn, airson; (*b. of*) air tàillibh; (*with indep. form of v*) oir.

beckon v smèid air.

become v fàs, cinn.

bed n leabaidh f.

bed-clothes n aodach leapa m.

bed-room n seòmar m leapa/cadail.

bee n seillean m, beach m.

beech n faidhbhile f.

beef n mairtfheoil f.

beer n leann m.

beet n biotais m.

beetle n daolag f; (*for washing*) fairche m.

befit v freagair.

before prep roimh, air beulaibh, am fianais; *b. me etc.*, romham *etc.*; *adv.* (*of time*) roimhe; *the day b. that*, an là roimhe sin; (*of space*) air thoiseach; *conj.* mus, mas, gus(a): *I spoke to him b. he left*, bhruidhinn mi ris mus do dh'fhalbh e; *it will be some time b. we see him*, bithidh ùine ann gusa faic/gus am faic sinn e.

beforehand adv roimh làimh.

befriend v bi càirdeach ri; gabh mar charaid.

beg v iarr; guidh; (*for alms*) dèan faoighe.

beget v gin.

beggar n dèirceach m.

begging n faoighe f.

begin v tòisich.

beginning n toiseach m, tòiseachadh m, tùs m.

beguile v meall.

behalf in phr, on behalf of ás leth.

behave v giùlain.

behaviour n giùlan m; modh f.

behead v thoir an ceann dhe, dìcheannaich.

behind adv air chùl, an dèidh, air deireadh, air cùlaibh; prep air c(h)ùl (*foll. by gen.*), an dèidh.

behind-hand adv an dèidh làimhe.

being n bith f; (*person*) creutair m, neach m.

belch n brùchd m.

belch v brùchd (a-mach).

Belgium n A' Bheilg f.

belie v breugaich, breugnaich.

belief n creideamh m.

believe v creid, thoir creideas do.

believer n creidmheach m.

bell n clag m.

bellow n beuc m, geum m.

bellow v dèan beuc/geum.

bellowing n beucaich f, geumnaich f, bùirich f, langanaich f.

bellows n balg-sèididh m.

belly n brù f, broinn f.

belong v buin.

beloved a gràdhach, gràdhaichte.

below adv (of rest) shìos, a-bhos; (of motion) sìos; prep, fo, nas ìsle na.

belt n crios m.

bench n being f.

bend n lùb(adh) m, fiaradh m.

bend v lùb, crom, aom, fiaraich.

beneath prep fo.

benediction n beannachadh m.

benefaction n tabhartas m; deagh-ghnìomh m.

benefactor n taibheartach m.

beneficent a deagh-ghnìomhach.

beneficial a tairbheach; luachmhor.

benefit n sochair f, leas m.

benevolence n deagh-ghean m.

benevolent a coibhneil, làn deagh-ghean.

benign a suairc; (med) neo-aillseach.

bent a lùbte, fiar.

bent n rùn-suidhichte m, togradh m.

benumb v meilich.

bequeath v tiomnaich, fàg mar dhìleab.

bequest n dìleab f, tiomnadh m.

bereave v thoir air falbh, rùisg.

Bernera n Beàrnaraigh f.

berry n dearc f, dearcag f, subh m.

beseech v dèan guidhe.

beside prep ri taobh, làmh ri.

besides adv a bhàrr air, a bharrachd air, a thuilleadh air; co-dhiù.

besiege v dèan sèisd air.

besmear v smeur, salaich.

best n rogha m, tagha m.

best a and adv (as) f(h)eàrr.

bestial a brùideil.

bestir v gluais, mosgail.

bestow v builich.

bet v cuir geall.

betray v brath, dèan feall.

betrayer n brathadair m, mealltair m.

betraying n brathadh m.

betroth v rèitich.

better a nas/na bu f(h)eàrr.

between prep eadar; adv eadar; b. them, eatorra; san eadraiginn.

bewail v caoidh, dèan tuireadh.

beware v thoir an aire, bi air t'fhaiceall.

bewilder v cuir iomrall.

bewitch v cuir fo gheasaibh.

beyond prep air taobh thall, thar; (of time) seachad air; (surpassing) os cionn; (except) a thuilleadh air; ach; adv thall.

bias n leathtrom m; claonadh m.

bib n brèid-uchd m; uchdan m.

bible n bìoball m.

biblical a sgriobturail.

bibliography n leabhar-chlàr m.

bicycle n bàidhsagal m, rothair m.

bid n tairgse f.

bid v thoir tairgse.

bidden a air mo chuireadh/do chuireadh etc.

bidding n tairgse f; (invitation) cuireadh m.

bide v fuirich; gabh còmhnaidh.

biding n fuireachd f.

bi-ennial a dà-bhliannach.

bier n carbad m, giùlan m, eileatrom m.

big a mòr, tomadach; (pregnant) torrach.

bigamy n dà-chèileachas m.

bigot n dalm-bheachdaiche m.

bigotry n dalm-bheachd m.

bilateral a dà-thaobhach.

bile n domblas m.

bilingual a dà-chànanach.

bill n (of a bird) gob m; (account) bileag f; cùnntas m; (Parl) bile m.

billet-doux n litir-leannanachd f.

billion n billean m.

billow n tonn m, f, sumainn f.

bin n biona f.

binary a càraideach.

bind v ceangail, cuibhrich, naisg.

binding n ceangal m, cuibhreachadh m, nasgadh m.

16

biochemical *a* bith-cheimiceach.

biochemist *n* bith-cheimicear *m*.

biochemistry *n* bith-cheimiceachd *f*.

biographer *n* beath-eachdraiche *m*.

biography *n* beath-eachdraidh *f*.

biological *a* bith-eòlasach.

biology *n* bith-eòlas *m*.

biped *n* dà-chasach *m*.

birch *n* beithe *f*.

bird *n* eun *m*; birds *coll*. eunlaith *f*.

birth *n* breith *f*; sinnsireachd *f*.

birthday *n* là-breith *m*, co-là-breith *m*.

birth certificate *n* teisteanas *m* breith.

birthright *n* còir-bhreith *f*.

biscuit *n* briosgaid *f*.

bisect *v* geàrr sa' mheadhan.

bishop *n* easbaig *m*.

bit *n* mìr *m*, pìos *m*, criomag *f*, bìdeag *f*; (*horse's b.*) cabstair *m*.

bitch *n* galla *f*, soigh *f*.

bite *n* bìdeadh *m*; (*of food*) grèim *m*.

bite *b* bìd, thoir grèim á.

biting *n* bìdeadh *m*, teumadh *m*.

bitter *a* geur, searbh; (*of speech, mental attitude*) guineach, nimheil.

bitterness *n* searbhachd *f*, nimh *f*.

black *a* dubh, dorch; (*of mood*) gruamach.

blackbird *n* lon-dubh *m*.

blackboard *n* bòrd-dubh *m*.

blackguard *n* blaigeard *m*.

blacken *v* dubh, dèan dubh; (*of reputation*) mill cliù.

blackness *n* duibhead *m*.

blacksmith *n* gobha *m*.

bladder *n* (organ) aotroman *m*; (*man-made*) balg *m*.

blade *n* (*of grass etc.*) bileag *f*; (*of weapon*) lann *f*, iarunn *m*; (*of a person*) lasgaire *m*.

blamable *a* coireach, ciontach.

blame *n* coire *f*.

blame *v* coirich, faigh cron do.

blameless *a* neo-choireach, neo-chiontach.

blanch *v* gealaich, fàs bàn.

bland *a* caoin, mìn.

blank *a* bàn.

blanket *n* plaide *f*, plangaid *f*.

blasphemy *n* toibheum *m*.

blast *n* sgal *m*.

blast *v* sgrios, mill.

blate *a* diùid.

blaze *n* teine *m* lasrach, caoir *f*.

blaze *v* las.

bleach *v* todhair, gealaich.

bleak *a* lom, fuar, gruamach.

blear-eyed *a* prab-shuileach.

bleat *v* dèan mèilich, dèan miogadaich.

bleed *v* leig fuil, caill fuil.

blemish *n* gaoid *f*.

blend *n* coimeasgadh *m*.

blend *v* coimeasgaich.

bless *v* beannaich.

blessed *a* beannaichte, naomha.

blessing *n* beannachd *f*, beannachadh *m*.

blight *n* fuar-dhealt *m, f*; seargadh *m*.

blind *n* sgàil(e) *f*.

blind *a* dall; b. man, dallaran *m*.

blindness *n* doille *f*.

blink *v* caog, priob.

bliss *n* aoibhneas *m*.

blissful *a* aoibhneach.

blister *n* leus *m*, bolg/balg *m*.

blister *v* (*trans*) thoir leus air; (*intrans*) thig leus air.

blithe *a* aoibhinn, ait.

bloat *v* bòc, sèid suas.

block *n* ploc *m*, cnap *m*, sgonn *m*, ceap *m*.

block *v* caisg, dùin.

blockhead *n* bumailear *m*, ùmaidh *m*.

blonde *n* te *f* bhàn.

blood *n* fuil *f*.

blood-feud *n* folachd *f*.

blood-group *n* seòrsa *m* fala.

blood-pressure *n* bruthadh *m* fala.

blood-transfusion *n* leasachadh-fala *m*.

bloodshed *n* dòrtadh *m* fala.

bloody *a* fuileach, fuilteach.

bloom *n* blàth *m*, ùr-fhàs *m*.

17

blossom n blàth m.
blot n dubhadh m.
blot v dubh a-mach.
blotting-paper n pàipear m sùghaidh.
blouse n blobhsa f.
blow n buille f, bualadh m, beum m.
blow v sèid.
blubber n saill f muice-mara.
blue a gorm, liath.
blueness n guirme f, guirmead m.
bluff v meall.
blunder n iomrall m.
blunt a maol.
blunt v maolaich.
bluntness n maoilead m.
blur v dèan doilleir.
blush n rudhadh (gruaidhe) m.
bluster v bagair.
boar n torc m, cullach m.
board n bòrd m. clàr m, dèile f.
board v rach air bòrd.
boarding-house n taigh-aoigheachd m.
boast n bòsd m.
boast v dèan bòsd.
boaster n bòsdair m.
boastful a bòsdail.
boat n bàta m; (small b., rowing b.) eathar m; fishing b. bàta-iasgaich m; sailing b. bàta-siùil m; steam b. bàta-smùid m.
bobbin n iteachan m, boban m.
bodiless a neo-chorporra.
body n corp m, bodhaig f; (person) neach m, creutair m; (of men etc.) buidheann f, còmhlan m, cuideachd f.
bog n boglach f, fèithe f.
bog-cotton n canach m.
boggle v bi an teagamh.
boil n neasgaid f.
boil v (of liquid) goil; (of food) bruich.
boiled a bruich.
boiler n goileadair m.
boisterous a stoirmeil; (of a person) iorghaileach.
bold a dàna, ladarna; fearail.

boldness n dànadas m, tapachd f.
bolster n babhstair m.
bolster v cùm taice ri, misnich.
bolt n crann m; babht m.
bolt v glais, cuir crann air; (of vegetable growth) laom.
bomb n bom m, boma m.
bomb v leag bom air.
bombast n earraghlòir f.
bombastic a earraghlòireach.
bond n ceangal m, bann m; gealladh m.
bondage n braighdeanas m, daorsa f.
bone n cnàmh m.
boneless a gun chnàimh.
bonfire n tein-aighear m, tein-èibhinn m.
bonnet n bonaid m, f.
bonny a maiseach.
bonus n còrr m.
bony a cnàmhach.
book n leabhar m.
book-binder n fear m còmhdach leabhraichean.
book-keeper n fear m chumail leabhraichean.
book-keeping n leabhar-chùnntas m.
bookcase n lann f leabhraichean.
bookseller n leabhar-reiceadair m.
bookshop n bùth-leabhraichean m.
boon n tiodhlac m.
boor n amhasg m.
boorish a amhasgail.
boorishness n amhasgachd f.
boot n bròg f.
booth n bùth f bothan m.
bootless a (unprofitable) neo-thairbheach.
booty n cobhartach m, f.
booze n stuth m òil.
booze v rach air mhisg, òl.
border n crìoch f; oir m, bruach f, iomall m.
borderer n fear m àiteach nan crìoch.
bore v cladhaich, dèan toll, toll; leamhaich.
bore n (instrument) inneal-tollaidh m.

boring *a* doirbh-labhrach.

born *past part* air a bhreith.

borne *past part* air a ghiùlan.

borrow *v* faigh/iarr/gabh iasad.

borrower *n* fear *m* gabhail iasaid.

bosom *n* uchd *m*, broilleach *m*.

boss *n* cnap m; (*person in charge*) ceann *m*.

botanist *n* luibh-eòlaiche *m*.

botany *n* luibh-eòlas *m*.

botch *v* dèan obair gun snas.

both *a* and *pron* araon, le chèile, an dà; *he caught the rope with b. hands*, rug e air an ròp le a dhà làimh; (*of people*) an dithis.

both *adv* le chèile; *b. you and I*, mise agus tusa le chèile; *both — and*, eadar — agus/is.

bother *n* sàrachadh *m*, bodraigeadh *m*.

bother *v* sàraich, cuir dragh air.

bottle *n* botal *m*, buideal *m*, searrag *f*.

bottom *n* ìochdar *m*, bonn *m*; (*of sea*) grùnnd *m*; (*of person*) màs *m*.

bottomless *a* gun ghrùnnd.

bough *n* geug *f*, meanglan *m*.

bought *past part* ceannaichte, air a cheannach.

bound *n* sìnteag *f*.

bound *v* cuir crìoch ri; (*jump*) thoir leum.

bound *past part* ceangailte.

boundary *n* crìoch *f*.

bountiful *a* fialaidh.

bourgeois *a* bùirdeasach.

bow *n* bogha *m*; (*archery*) bogha-saighde; (*rainbow*) bogha-frois; (*of ship*) toiseach *m*; (*bending in salutation*) ùmhlachd *f*.

bow *v* crom, lùb.

bowel(s) *n* innidh *f*.

bowl *n* cuach *f*, bòbhla *m*.

bowlegged *a* camachasach.

bowsprit *n* crann-spreòid *m*.

bowstring *n* taifeid *m*.

box *n* bocsa *m*, bucas *m*, ciste *f*; (*blow*) buille *f*.

box *v* cuir am bocsa *etc*.; (*fight*) dèan sabaid, bocsaig.

boxer *n* fear-sabaid *m*, bocsair *m*.

boy *n* balach *m*, gille *m*.

brace *n* ceangal *m*, teannachadh *m*; (*pair*) dithis *m*, càraid *f*.

brace *v* teannaich, daingnich.

braces *n* galars *pl*.

bracken *n* raineach *f*.

bracket *n* camag *f*; *square brackets*, camagan ceàrnach.

brae *n* bruthach *f*, leathad *m*.

brag *n* bòsd *m*, spaglainn *f*.

brag *v* dèan bòsd.

braid *v* dualaich, cuir an duail.

brain *n* eanchainn *f*.

brain *v* cuir an eanchainn á.

brake *n* casgan *m*, breic *f*.

bramble *n* (*berry*) smeur *f*; (*bush*) dris *f*.

bran *n* garbhan *m*, bran *m*.

branch *n* meangan *m*, meur *f*, geug *f*; earrann *f*, sliochd *m*.

branch *v* sgaoil.

brand *n* (*of fire*) aithinne *m*; seòrsa *m*.

brand *v* loisg, fàg lorg.

brandish *v* beartaich, crath.

brandy *n* branndaidh *f*.

brass *n* pràis *f*.

brat *n* isean *m*, droch isean!.

brave *a* gaisgeil, calma.

bravery *n* misneachd *f*, gaisge *f*, gaisgeachd *f*.

brawl *n* còmhstri *f*, stairirich *f*.

brawl *v* dèan còmhstri/stairirich.

brawny *a* tomaltach.

bray *n* sitir *f*, beuc *m*.

braze *v* tàth le pràis.

brazen *a* pràiseach; (*metaph*) ladarna.

breach *n* briseadh *m*, bealach *m*, beàrn *f*.

breach *v* dèan briseadh/bealach/beàrn.

bread *n* aran *m*.

breadcrumb *n* criomag *f* arain.

breadth *n* leud *m*, farsaingeachd *f*.

break *n* briseadh *m*; sgaradh *m*.

break *v* bris; sgar.

breakfast *n* biadh-maidne *m*, bracaist *f*.

breast n uchd m, broilleach m; (*individual b.*) cìoch f.

breath n anail f, deò f.

breathalyser n analadair m.

breathe v (*b. out*) leig anail, (*b. in*) tarraing anail.

breather n analachadh m.

breathless a goirid san anail, plosgartach.

breeches n briogais f, triubhas m.

breed n seòrsa m, gnè f, sìol m.

breed v tarmaich, gin, briod.

breeding n oilean m, ionnsachadh m; modh f.

breeze n tlàth-ghaoth f, oiteag f, soirbheas m.

brethren n bràithrean pl.

brevity n giorrad m.

brew v (*of beer etc.*) tog, dèan grùdaireachd; (*of tea*) tarraing (*intrans*); dèan.

brewer n grùdaire m.

brewery n taigh-grùide m.

bribe n and v brìb f; brìb.

bribery n brìbeireachd f.

brick n breice f.

bricklayer n breicire m.

bridal a pòsda.

bride n bean-bainnse f, bean-na-bainnse f, bean nuadh-phòsda f.

bridegroom n fear-bainnse m, fear-na-bainnse m.

bridesmaid n maighdean-phòsaidh f.

bridge n drochaid f.

bridle n srian f.

bridle v cùm srian air, ceannsaich.

brief n (*leg*) geàrr-sgrìobhadh m (cùise).

brief a goirid, geàrr; (*of time esp.*) aithghearr.

briefness n giorrad m, aithghearrachd f.

brier n dris f.

brigand n spùinneadair m.

bright a soilleir; (*clean*) glan; (*of intellect*) geur, tuigseach.

brighten v soillsich.

brightness n soilleireachd f.

brilliant a boillsgeach, lainnireach; (*of intellect*) air leth geur.

brim n oir m, bile f.

brimstone n pronnasg m.

brine n sàl m.

bring v thoir, beir.

brink n oir m, bruach f.

brisk a beothail, sùnndach, sgairteil.

brisket n mìr-uchd m.

briskness n beothalachd f, sùnndachd f, smioralachd f.

bristle n calg m, frioghan m.

bristle v cuir calg air, tog frioghan air.

bristly a calgach, frioghanach.

Britain n Breatainn f.

British a Breatannach.

Briton n Breatannach m.

brittle a brisg.

brittleness n brisgealachd f.

broach v toll, leig ruith le; (*b. a topic*) tog, cuir an cèill.

broad a leathann, farsaing; (*of stories etc.*) mì-stuama.

broadcast v craobh-sgaoil.

broadcaster n craobh-sgaoileadair m, craoladair m.

broadness n leud m, farsaingeachd f.

brochure n leabhran m.

brogue n bròg f èille; (*of language*) dual-chainnt f.

broil n sabaid f, caonnag f.

broil v bruich.

broken past part briste.

broker n fear-gnothaich m.

brokerage n duais f fir-gnothaich.

bronchial a sgòrnanach.

bronchitis n at m sgòrnain.

bronze n umha m.

bronzed a (*of complexion*) lachdann.

brooch n bràiste f, broidse m.

brood n àl m, sìol m, sliochd m, linn f.

brood v àlaich, guir.

brook n alltan m, sruthan m.

broom n (*bush*) bealaidh m; (*brush*) sguab f.

broth n eanraich f, brot m.

brothel n taigh-siùrsachd m.
brother n bràthair m.
brotherhood n bràithreachas m.
brotherly a bràithreil.
brow n (eyebrow) mala f; bathais f, maoil f.
browbeat v co-èignich.
brown a donn.
brownness n duinne f.
browse v criom; (among books) thoir ruith air.
bruise n pronnadh m, bruthadh m, pat m.
bruise v pronn, brùth.
brunette n te f dhonn.
brunette a donn.
brunt n (an) ceann m trom.
brush n sguab f; clothes b., sguab/bruis f aodaich.
brush v sguab, bruisig.
brusque a goirid.
Brussles n A' Bhruiseal f.
Brussles sprout n buinneag f Bhruisealach.
brutal a brùideil, garg.
brutality n brùidealachd f.
brute n brùid m, beathach m.
brutish a brùideil, borb.
bubble n builgean m, gucag f.
bubble v It is bubbling, tha builgeanan a' tighinn air.
bubbly a builgeanach.
buck n boc m.
bucket n cuinneag f, bucaid f.
buckle n bucall m.
buckram n bucram m.
buckskin n leathar m fèidh.
bud n gucag f.
budge v caraich, gluais.
budget n màileid f; (fin) càin-aisneis f.
buffet n (of food) clàr m bìdh.
buffoon n glaoic f.
buffoonery n glaoiceireachd f.
bug n (med. slang) galar m; (of person) big b., urra m mòr.
bugle n dùdach f.

build v tog; (b. up) neartaich, cuir ri chèile.
builder n fear-togail m.
building n togalach m, aitreabh m.
building society n comann m thogalach.
bulb n bolgan m.
bulge n dèan bolg.
bulk n meudachd f, tomad m.
bulky a mòr, tomadach.
bull n tarbh m.
bulldog n tarbh-chù m.
bulldozer n tarbh-chrann m.
bullet n peilear m.
bulletin n cùirt-iomradh m.
bullock n tarbh m òg.
bully n pulaidh m.
bum n màs m.
bump n (protuberance) meall m; (impact) bualadh m, slaic f.
bumper n (of car) bumpair m.
bun n buna m, bonnach m, aran m milis.
bunch n bagaid f.
bunchy a bagaideach.
bundle n pasgan m, ultach m.
bung n àrc f, àrcan m, tùc m.
bungalo n bungalo m.
bungle v dèan gu cearbach.
bungler n cearbaire m.
buoy n put m.
buoy v cùm an uachdar.
buoyancy n aotromachd f, fleodradh m.
buoyant a aotrom, fleodrach.
burden n eallach m, f, uallach m.
burden v uallaich, luchdaich.
burdensome a doilgheasach, cudthromach.
bureau n biùro m.
bureaucracy n biùrocrasaidh m.
burgess n bùirdeasach m.
burgh n borgh m.
burgher n borgh-fhear m.
burglar n gadaiche-taighe m.
burglary n gadachd-taighe f.
burial n adhlacadh m, tiodhlacadh m.
burlesque n sgeigeireachd f.

burly *a* tapaidh, dòmhail.
burn *n* losgadh *m*; (*stream*) alltan *m*.
burn *v* loisg, bi a' losgadh; *b. into*, fàg lorg air; *b. down*, loisg gu talamh.
burnish *v* lìomh, lainnrich.
burrow *v* cladhaich.
bursary *n* bursaraidh *m*.
burst *v* spreadh (ás a chèile); sgàin.
bury *v* adhlaic, tiodhlaic.
bus *n* bus/baos *m*.
bus-stop *n* stad-bhus *m*.
bush *n* preas *m*, dos *m*, bad *m*.
bushy *a* preasach, dosach.
business *n* gnothach *m*, obair *f*, malairt *f*; *he is in b. for himself*, tha e ag obair air a cheann fhèin; *b. hours*, uairean obrach.
businessman *n* fear-gnothaich *m*.
bust *n* broilleach *m*; (*sculpture*) ceann is guaillean.
bustle *n* othail *f*, drip *f*.
busy *a* trang, dèanadach, dripeil.
busybody *n* gobaire *m*.
but *conj, adv, prep* ach; *I never go there b. I think of you*, cha teid mi uair a sin nach smaoinich mi ort/gun smaoineachadh ort; *but for that*, mura b'e sin; (*however*) gidheadh.
butcher *n* feòladair *m*, bùidsear *m*.
butcher *v* casgair; dèan bùidsearachd.
butchery *n* feòladaireachd *f*, bùidsearachd *f*.
Bute *n* Bòid.
butler *n* buidealair *m*.
butt *n* (*cask*) baraill(e) *m*, togsaid *f*; (*in archery etc.*) targaid *f*; (*of ridicule etc.*) cùis-bhùirt *f*; (*of gun*) stoc *m*; *b.-end*, bun *m*.
butt *v* sàth.

butter *n* ìm *m*.
butter *v* cuir ìm air.
buttercup *n* buidheag-an-t-samhraidh *f*.
butterfly *n* dealan-dè *m*.
buttermilk *n* blàthach *f*.
buttery *a* ìmeach.
buttock *n* màs *m*, tòn *f*.
button *n* putan *m*.
button *v* putanaich, dùin na putanan.
button-hole *n* toll-putain *m*.
buttress *n* balla-taice *m*; taice *f*.
buxom *a* tiugh.
buy *v* ceannaich.
buyer *n* ceannaiche *m*, fear-ceannachd *m*.
buzz *n* srann *f*, crònan *m*.
buzzard *n* clamhan *m*.
by *prep* (*near*) faisg air, ri taobh; (*with agent*) le; *b. himself*, leis fhèin; (*of authorship*) le; *e.g. go b. boat*, rach air a' bhàta; *b. the hour*, air an uair; *b. degrees*, uidh air n-uidh; *b. day*, troimh 'n là; *b. now*, thuige seo, roimhe seo; *b. sight*, ri fhaicinn.
by *adv* an dara taobh; seachad; *I put by £100*, chuir mi £100 an dara taobh; *he went b.*, chaidh e seachad.
by-way *n* frith-rathad *m*.
by and by *adv* a dh'aithghearr.
bye-law *n* lagh-baile *m*, *f*, fo-lagh *m*, *f*.
by-name *n* frith-ainm *m*, farainm *m*.
bystander *n* fear-amhairc *m*.
by-election *n* frith-thaghadh *m*.
by-pass *n* seach-rathad *m*.
by-product *n* far-stuth *m*.
by-word *n* frith-fhacal *m*.
byre *n* bàthach *f*.

C

cab *n* carbad *m*.

cabaret *n* cabaret *m*.

cabbage *n* càl *m*, ceirsle *f*.

caber *n* cabar *m*.

cabin *n* seòmar *m* luinge, cèaban *m*.

cabinet *n* cabanat *m*.

cable *n* càball *m*.

cackle *n* glocail *f*.

cacophany *n* searbh-ghlòr *m*.

cadaverous *a* cairbheach.

cadence *n* dùnadh *m*.

cadger *n* fear *m* faoighe.

café *n* cafaidh *m*.

cage *n* eun-lann *f*, cèidse *f*.

cairn *n* càrn *m*.

cajole *v* breug, meall.

cake *n* breacag *f*, bonnach *m*, aran-milis *m*, cèic *f*.

calamitous *a* dosgainneach.

calamity *n* dosgainn *f*, mòr-chall *m*.

calcareous *a* cailceach.

calculate *v* meas, tomhais.

calculation *n* meas *m*, tomhas *m*.

calculator *n* (*person*) fear-àireimh *m*; (*machine*) àireamhair *m*.

Calculus *n* Riaghailt-àireimh *f*.

Caledonian *a* Albannach.

calendar *n* mìosachan *m*

calf *n* laogh *m*; (*of leg*) calpa *m*.

calibre *n* (*of gun*) meudachd *f* baraille; (*of character etc*.) stuth *m*.

calk *v* calc.

calker *n* fear-calcaidh *m*.

call *v* goir, glaodh, gairm; (*of banns etc*.) èigh; (*visit*) theirig a chèilidh air; *call the doctor*, cuir fios air an doctair; *we'll c. it 10p*, canaidh sinn fichead sgillinn; *the train calls* ——, tha an trèana a' stad ——.

call-box *n* bocsa-fòn *m*.

calligraphy *n* làmh-sgrìobhaidh *f*; snas *m* sgrìobhaidh.

calling *n* èigheachd *f*; (*vocation etc*.)

dreuchd *f*, gairm *f*.

calliper *n* cailpear *m*.

callous *a* cruaidh-chridheach.

calm *a* ciùin, sèimh; (*of weather*) fèathach.

calm *n* (of weather) fèath *m*, *f*; ciùine *f*.

calm *v* ciùinich.

calorific *a* teasach.

calumniate *v* cùl-chàin.

calumniation *n* cùl-chàineadh *m*.

calumnious *a* cùl-chàineach.

Calvary *n* Calbharaigh.

calve *v* beir laogh.

calyx *n* cailis *f*.

camber *n* druim *m*.

camel *n* càmhal *m*.

camera *n* camara *f*.

camera-man *n* fear-camara *m*.

camouflage *n* breug-riochd *m*.

camouflage *v* cuir breug-riochd air.

camp *n* càmpa *m*.

camp *v* càmpaich.

campaign *n* còmhrag *f*, iomairt *f*.

can *n* canastair *m*.

can *v* faod, (an) urrainn; *can you come today?*, am faod thu thighinn an diugh?; *can you see that?*, an urrainn dhut sin fhaicinn?

Canada *n* Canada.

Canadian *a* Canèideanach.

canal *n* clais-uisge *f*, canàl *m*.

canary *n* canèiridh *f*.

cancel *v* dubh a-mach.

cancellation *n* dubhadh *m* a-mach.

cancer *n* aillse *f*.

cancerous *a* aillseach.

candid *a* neo-chealgach.

candidate *n* fear-iarraidh *m*, fear-tagraidh *m*.

candle *n* coinneal *f*.

Candlemas *n* Fèill *f* Brìghde.

candlestick *n* coinnleir *m*.

candour n neo-chealgachd f, fosgar-rachd f.
candy n candaidh m.
cane n bata m, cuilc f.
canine a conail.
canker n cnuimh f, cnàmhainn f.
cannabis n cainb-lus m.
cannibal n canabail m.
cannon n canan m, gunna m mòr.
canny a cùramach.
canoe n curach f Innseanach.
canon n riaghailt f, lagh m, f, reachd m eaglaise.
canonical a riaghailteach, laghail.
canonization n cur m an àireamh nan naomh.
canonize v cuir an àireamh nan naomh.
canopy n sgàil-bhrat m.
cant n dubh-chainnt f.
cantata n cantata f, òran-nan-car m.
canteen n can-tion m, biadhlann f.
canter n trotan m.
canto n earrann f.
canton n roinn f (dùthcha), canton m.
canvas n canabhas m.
canvass v beachd-rannsaich, iarr bhòtaichean.
canvasser n sireadair m.
cap n còmhdach m cinn, bonaid m, f, ceap m.
cap v còmhdaich; thoir bàrr air.
cap-à-pie o mhullach gu bonn.
capability n cumhachd m, comas m.
capable a comasach.
capacious a farsaing, luchdmhor.
capacity n comas m; na ghabhas (rud); what is its c.? dè na ghabhas e?
cape n rubha m, maol m; (cloak) cleòc m.
caper n leum m, f, sùrdag f.
caper v leum, geàrr sùrdag.
capital n ceanna-bhaile m, prìomh-bhaile m; (c. letter) corr-litir f; (fin) calpa m.
capital a prìomh.
capitalism n calpachas m.

capitalist n calpaire m.
capitation n cùnntas m cheann.
capitulate v strìochd.
capitulation n strìochdadh m.
capon n coileach m spothte.
caprice n neònachas m.
capricious a neònach.
capsule n capsal m.
capsulate v capsalaich.
captain n caiptean m, ceann-feachd m.
caption n tiotal m; fo-thiotal m.
captive n ciomach m, bràigh m, f.
captivity n ciomachas m, braighdeanas m.
capture n glacadh m.
capture v glac.
car n càr m, carbad m.
car-park n pàirc f chàraichean.
caramel n carra-mheille f.
carat n carat m.
caravan n carabhan m.
caraway n lus-Mhic-Chuimein m.
carbohydrate n gualaisg m.
carbon n gualan m; (paper) pàipear-gualain m; c. copy n lethbhreac m gualain.
carbon dioxide n carbon m dà-ocsaid.
carbuncle n (gem) carrmhogal m; guirean m.
carburettor n càrbradair m.
carcass n cairbh f, closach f.
card n cairt f; (for wool) càrd f.
card v càrd, cìr.
cardboard n cairt-bhòrd m.
cardiac a cridhe; c. illness, tinneas cridhe.
cardigan n càrdagan m.
cardinal a prìomh.
cardinal n(R.C. dignitary) càirdineal m.
card-index n clàr-amais m chairt.
care n cùran m, aire f, faiceall f, iom(a)gain f; take c., thoir an aire; be careful about it, gabh cùram dheth; he walked with c., choisich e le faiceall; she was full of c., bha i fo iomgain.
care v gabh cùram, gabh sùim; bi faiceallach.

24

career *n* rèis *f*, cùrsa *m*.

careful *a* cùramach, faiceallach, iomgaineach.

careless *a* mì-chùramach, mì-fhaiceallach, coma.

carelessness *n* mì-chùram *m*.

caress *v* cnèadaich, cionacraich.

care-taker *n* fear-aire *m*.

care-taker *a c. Government*, Riaghaltas sealadach.

cargo *n* luchd *m*, cargu *m*.

caricature *n* dealbh-magaidh *m*, *f*.

carnage *n* àr *m*, casgradh *m*.

carnal *a* feòlmhor, corporra.

carnality *n* feòlmhorachd *f*.

carnival *n* fèill *f*, càrnabhail *m*.

carnivorous *a* feòil-itheach.

carol *n* caroil *m*.

carousal *n* fleadh *m*.

carp *n* carbhanach *m*.

carp *v* coirich, bleid.

carpenter *n* saor *m*.

carpet *n* brat-ùrlair *m*.

carriage *n* giùlan *m*, carbad *m*.

carrier *m* fear-giùlain *m*.

carrion *n* ablach *m*.

carrot *n* curran *m*.

carry *v* giùlain, iomchair, thoir; *c. (e.g. pipes under road)* thoir; *c. into effect*, thoir gu buil; *he carried all before him*, sguab e leis gach nì; *c. a point*, buannaich puing.

cart *n* cairt *f*, càrn *m*.

cart *v* giùlain le cairt.

carter *n* cairtear *m*.

cartilage *n* maoth-chnàimh *m*.

cartoon *n* dealbh-èibhinn *m*, *f*.

cartridge *n* catraisde *f*; roidhleag-urchrach *f*.

carve *v (of meat)* geàrr; *(of wood)* snaigh.

carving *n* gearradh *m*; gràbhaladh *m*, snaigheadh *m*.

cascade *n* eas *m*, cas-shruth *m*.

case *n* còmhdach *m*; *(suitcase)* ceus *m*; *(abstr)* staid *f*, cor *m*; *(leg)* cùis *f*; *(gram)* tuiseal *m*; *e.g. Nominative c*, tuiseal ainmneach; *Acc. c.*, t. cuspaireach; *Gen. c.*, t. seilbheach; *Dat. c.*, t. tabhartach; *Voc. c.*, t. gairmeach; *if that is the c.*, mas ann mar sin a tha; *in any c.*, co-dhiù.

cash *n* airgead *m* ullamh.

cash-account *n* cùnntas-airgid *m*.

cash-book *n* leabhar-airgid *m*.

cash register *n* inneal-cùnntaidh *m* airgid.

cashier *n* gleidheadair *m* airgid.

cask *n* buideal *m.*, baraille *m*.

casserole *n* casaroil *m*.

cassette *n* cèiseag *f*.

cassock *n* casag *f*.

cast *n (of weapon)* urchar *f*, cur *m*; *(of mind)* seòrsa *m*; *(of eye)* fiaradh *m*, claonadh *m*.

cast *v* tilg (air falbh), cuir; *(of metal)* leagh-dhealbh; *c. loose*, sgaoil.

caste *n* dual-fhine *f*.

castigate *v* cronaich.

castigation *n* cronachadh *m*.

casting *a c. vote*, vòta rèitich.

castle *n* caisteal *m*.

castrate *v* spoth.

castration *n* spoth *m*, spothadh *m*.

casual *a* tuiteamach, tubaisteach.

casualty *n* leòinteach *m*.

cat *n* cat *m*.

cat's-eye *n* sùil-cait *f*.

catalogue *n* ainm-chlàr *m.*, catalog *m*.

catalyse *v* cruth-atharraich.

catalytic *(function) n* comas-saoraidh *m*.

catapult *n* tailm *f*, lungaid *f*.

cataract *n (of water)* eas *m*; *(of the eyes)* meamran *m* sùla.

catarrh *n* an galar *m* smugaideach.

catarrhal *a* smugaideach, ronnach.

catastrophe *n* droch thubaist *f*.

catch *n* glacadh *m*, grèim *m*; *(song)* luinneag *f*.

catch *v* glac, beir, greimich.

catching *n* glacadh *m* breith *f*.

catchment area *n* raon *m* tionail.

catcy *a* tarraingeach.

catechise v ceasnaich.

catechism n leabhar-cheist m, leabhar m nan ceist.

catechist n ceistear m.

categorical a làn-chinnteach.

category n gnè f, seòrsa m, dream m.

cater v faigh biadh, solair.

caterpillar n burras m, bratag f.

caterpillar a burrasach.

cathedral n cathair-eaglais f.

Catherine n Caitrìona, Cotrìona.

Catholic n and a Caitligeach, Pàpanach.

catholic a coitcheann.

Catholicism n an creideamh m Caitligeach.

cattle n sprèidh f, crodh m.

cattle-show n fèill f a' chruidh.

caught past part glacte.

cauldron n coire m mòr.

cauliflower n colag f, càl-colaig m, càl-gruthach m.

caulk v calc.

causal a adhbharach.

causation n adhbharachadh m.

cause n adhbhar m, fàth m; (leg) cùis f.

cause v dèan, thoir gu buil; causes, is adhbhar do.

causless a gun adhbhar.

causeway n cabhsair m.

caustic n a' chlach f loisgeach.

caustic a loisgeach; (of wit) geur, beur.

caution n cùram m, faiceall, faicill f, mòr-aire f; rabhadh m.

caution v thoir rabhadh, cuir air fhaicill.

cautious a cùramach, faiceallach.

cavalry n marc-shluagh m.

cave n uamh f.

caveat n rabhadh m.

cavern n talamh-toll m, uamh f.

cavity n lag m, f, sloc m.

cease v stad, caisg, sguir, cuir stad air.

cease-fire n stad-losgaidh m.

ceaseless a gun stad, gun allsadh.

cedar n seudar m.

cede v gèill, thoir suas.

ceilidh n cèilidh m, f.

ceiling n mullach m (an taighe etc).

celebrate v (observe) glèidh, cùm; (praise) mol; (carouse) bi subhach.

celebrity n neach m iomraiteach.

celery n soilire m.

celestial a nèamhaidh.

celibacy n aontamhachd f.

celibate a aontamhach.

cell n (church) cill f; (biol) cealla f; c. division, cealla-roinn f; (prison) prìosan m.

cellar n seilear m.

cello n beus-fhidheall f.

cellophane n ceallafan m.

cellular a ceallach.

celluloid n ceallaloid m.

cellulose n ceallalos m.

cellulose a ceallalosach.

Celt n Ceilteach m.

Celtic a Ceilteach.

cement n saimeant m.

cement v tàth, cuir ri chèile.

cemetery n cladh m.

censor n caisgire m.

censor v caisg, cronaich.

censorship n caisgireachd f.

censorious a cronachail, cànranach.

censure n coire f, achmhasan m.

censure v coirich, cronaich.

census n cùnntas-sluaigh m.

cent n seant m, ceudamh m.

centenary n ceud m, ceud blianna, cuimhneachan m (nan) ceud (blianna).

centennial a ceud-bhliannach.

centimetre n ciadameatair m.

central a anns a' mheadhan; he occupies a c. position, tha àite aige anns a' mheadhan; the Central Bank, Am Prìomh Bhanca.

centre n meadhan m.

centre v cuir sa' mheadhan.

centrifugal a meadhan-sheachnach.

centripetal a meadhan-aomachail.

century n ceud m, ceud blianna, linn m, f; he reached his c., ràinig a an ceud; the 18th c., an t-ochdamh linn deug.

cereal *n* gràn *m*.

cerebral *a* eanchainneach.

ceremonial *n* deas-ghnàth *m*.

ceremonious *a* deas-ghnàthach.

ceremony *n* deas-ghnàth *m*.

certain *a* cinnteach, dearbhta.

certainly *adv* gu cinnteach, gu deimhinn; dha-rìribh.

certainty *n* cinnt *f*, dearbhadh *m*.

certificate *n* teisteanas *m*, barantas *m*.

certify *v* teistich.

cessation *n* stad *m*, clos *m*.

cession *n* gèilleadh *m*.

cesspool *n* poll-caca *m*.

chaff *n* moll *m*, càth *f*.

chaffinch *n* breac-an-t-sìl *m*.

chagrin *n* mìghean *m*, droch-fhonn *m*.

chain *n* slabhraidh *f*, cuibhreach *m*.

chain *v* cuibhrich, cuir air slabhraidh.

chain-smoker *n* sìor-thoitear *m*.

chain-store *n* bùth-sreatha *f*.

chair *n* cathair *f*, suidheachan *m*, seuthar *m*; *armchair*, cathair ghàirdeanach.

chairman *n* fear-cathrach *m*, fear-na-cathrach *m*.

chalk *n* cailc *f*.

chalk *v* comharraich/sgrìobh le cailc.

chalky *a* cailceach.

challenge *n* dùbhshlan/dùlan *m*.

chamber *n* seòmar *m*.

chambered *a* seòmrach.

chamberlain *n* seumarlan *m*.

champ *v* cagainn, teum.

champagne *n* siaimpèan *m*.

champion *n* gaisgeach *m*, curaidh *m*.

championship *n* urram *m* gaisgeachd *f*; *they won the c.*, thug iad a-mach a' bhuaidh.

chance *n* tuiteamas *m*, cothrom *m*; *I had the c. of meeting him*, fhuair mi cothrom coinneachadh ris.

chancellor *n* seansailear *m*.

change *n* caochladh *m*, atharrachadh *m*; (*monetary*) iomlaid *f*.

change *v* mùth, atharraich, caochail.

changeable *a* caochlaideach, neo-sheasmhach.

changeless *a* neo-chaochlaideach.

channel *n* amar *m*, clais *f*, caolas *m*.

chant *v* sianns, seinn.

chanter *n* (of pipes) feadan *m*, sionnsair *m*.

chaos *n* eucruth *m*, mì-riaghailt *f*.

chapel *n* caibeal *m*.

chaplain *n* ministear-airm *m*.

chapter *n* caibideil *m, f*.

character *n* beus *f*, mèinn *f*, càileachd *f*, comharradh *m*; (*c. in story*) pearsa *m*; (*unusual person*) cinneach *m*; (*typographical*) litir *f*.

characteristic *n* feart *m*.

characteristic *a* coltach; *that was a c. thing for him to do*, bha e coltach ris a rud a dhèanadh e.

charcoal *n* gual-fiodha *m*.

charge *n* earbsa *f*; ionnsaigh *m, f*; prìs *f*, cosgais *f*. *See also sub* charge *v*.

charge *v* (*trust*) earb; (*in battle*) thoir ionnsaigh, theirig sìos; (*ask payment for*) cuir; (*c. battery*) dealan-neart-aich; *take c of*, gabh os làimh.

charitable *a* coibhneil; (*almsgiving*) dèirceach.

charity *a* gràdh *m*, seirc *f*, coibhneas *m*, carthannas *m*; (*alms*) dèirc *f*; (*abstr*) dèirceachd *f*.

Charles *n* Teàrlach.

Charlotte *n* Teàrlag.

charm *n* ortha *f*, seun *m*; (*personal c.*) mealladh *m*.

charm *v* seun, cuir fo dhraoidheachd; meall.

charming *a* taitneach, meallta.

chart *n* cairt-iùil *f*.

charter *n* (*leg.*) cairt *f*, còir-fearainn *f*; fasdadh *m*.

charter *v* fasdaidh, fasdaich.

chary *a* faiceallach.

chase *n* sealg *f*, faghaid *f*.

chase *v* ruith, ruaig, fuadaich.

chaste *a* geamnaidh, fìorghlan.

chastity *n* geanmnachd *f*.

chat n còmhradh m.
chat v dèan còmhradh.
chatter n cabaireachd f, cabadaich f.
chatter v dèan cabaireachd.
chauffeur n dràibhear m.
cheap a saor; air bheag prìs.
cheapen v lùghdaich prìs.
cheapness n saoiread m.
cheat fear-foille m, mealltair m.
cheat v meall, dèan foill air.
check v caisg, bac; lorg, faigh cinnt air.
check n casg(adh) m, bacadh m.
checkmate n tul-chasg(adh) m.
cheek n gruaidh f, lethcheann m.
cheeky a you are very c., 's ann ort tha
'n aghaidh.
cheer v brosnaich.
cheerful a ait, suilbhir.
cheerfulness n sùrd m, suigeart m.
cheerless a dubhach, trom.
cheery a ait, aoibhneach.
cheese n càise m; (round of c.) càbag f.
chef n còcaire m.
chemical n ceimic f.
chemical a ceimiceach.
chemist n ceimicear m; (pharmacist)
fear-chungaidhean m.
chemistry n ceimic f, ceimiceachd f.
cheque n seic f.
cheque-book n seic-leabhar m.
cherry n sirist f.
chess n tàileasg m, fidhcheall m.
chest n ciste f; (human) cliabh m,
broilleach m.
chest of drawers n ciste-dhrabhraichean
f.
chestnut n geanm-chnò f.
chew v cagainn, cnàmh.
chick, chicken n isean m, eireag f.
chickenpox n a' bhreac-òtraich f.
chide v cronaich, trod.
chief, chieftain n ceann-feadhna m,
ceann-cinnidh m.
chief a prìomh, àrd.
chilblain n cusp f.
child n leanabh m, pàisde m.

child-bed n leabaidh-shiùbhla f.
childhood n leanabas m.
childish a leanabail.
childishness n leanabachd f.
childless a gun sliochd.
children n clann f.
Chile n An t-Sile.
chill a fuar, fuaraidh.
chill v fuaraich.
chime n co-sheirm f, co-chòrdadh m.
chimney n luidhear m, similear m.
chimpanzee n siompansaidhe m.
chin n smig m, smiogaid m.
China n Sìna.
Chinaman, Chinese n Sìneach m.
Chinese a Sìneach.
chink n sgoltadh m, sgàineadh m.
chip n mìr m, sgealb f.
chip v sgealb, snaigh.
chirp n bìog f, bìogail f.
chirp v dèan bìogail.
chisel n sgeilb f, gilb f.
chittering n snagadaich f.
chlorine n clòirin m.
cholorform n cloroform m.
chlorophyll n clorofail m.
chocolate n teòclaid f.
choice n roghainn m, taghadh m.
choice a taghta.
choir n còisir-chiùil f.
choke v tachd, mùch.
choose v tagh, roghnaich.
chop n staoig f.
chop v sgud, geàrr le buille.
choral a co-sheirmeach.
chord n còrda f; teud m, f.
chore n obair f neo-inntinneach.
chorus n sèist f, co-sheirm f.
chosen past part taghta.
Christ n Crìosd.
christen v baist.
Christendom n a' Chrìosdachd f.
christening n baisteadh m.
Christian n Crìosdaidh m.

Christian *a* Crìosdail.

Christianity *n* Crìosdalachd *f*, an creideamh *m* Crìosdaidh.

Christian name *n* ainm *m* baistidh.

Christmas *n* Nollaig *f*.

Christmas Eve *n* Oidhche *f* Nollaig.

Christopher *n* Crìstean.

chromatic *a* dathach.

chromatid *n* cromataid *m*.

chromium *n* cròmium *m*.

chromosome *n* cromosom *m*.

chronic *a* leantalach.

chronicle *n* eachdraidh *f*.

chronological *a* eachdraidheach.

chum *n* companach *m*.

chunk *n* caob *m*.

church *n* eaglais *f*; *C. of Scotland*, Eaglais na h-Alba; *Free (Presbyterian) C.*, An Eaglais Shaor (Chlèireachail); *Catholic C.*, An Eaglais Chaitligeach; *Episcopal C.*, An Eaglais Easbaigeach.

churchman *n* pears-eaglais *m*, fear-clèir *m*.

churchyard *n* cladh *m*, cill *f*, rèilig *f*.

churlish *a* mùgach, iargalta.

churlishness *n* iargaltas *m*, gruaim *f*, doicheall *m*.

churn *n* muidhe *m*, crannag *f*.

cider *n* leann-ubhal *m*.

cigar *n* siogàr *m*.

cigarette *n* toitean *m*.

cinder *n* èibhleag *f* loisgte.

cinema *n* taigh-dhealbh *m*.

cine-projector *n* dealbh-thilgear *m*.

cinnamon *n* caineal *m*.

cipher *n* neoini *m*; sgrìobhadh *m* dìomhair.

circle *n* cearcall *m*, cuairt *f*, buaile *f*; (*group*) co-thional *m*, còmhlan *m*.

circle *v* iadh, cuairtich.

circuit *n* cuairt *f*.

circuitous *a* mòr-chuairteach.

circular *n* cuairt-litir *f*.

circular *a* cruinn, cuairteach.

circulate *v* cuir mun cuairt.

circulation *n* cuartachadh *m*.

circumcise *v* timcheall-gheàrr.

circumcision *n* timcheall-ghearradh *m*.

circumference *n* cuairt-thomhas *m*.

circumlocution *n* cuairt-chainnt *f*.

circumnavigate *v* seòl mun cuairt.

circumscribe *v* cuingealaich.

circumspect *a* faiceallach.

circumstance *n* cùis *f*, cor *m*, staid *f*.

circus *n* soircas *m*.

cirrhosis (*of liver*) *n* caitheamh *m* grùthain.

cistern *n* tanca *f*.

cite *v* gairm, òrdaich.

citizen *n* fear-àiteachaidh *m*.

city *n* cathair *f*, baile-mòr *m*.

civic *a* cathaireach.

civil *a* sìobhalta; rianail, modhail; *the Civil Service*, An t-Seirbheis *f* Shìobhalta, Seirbheis na Stàite.

civilian *n* sìobhaltair *m*, duine nach eil san Arm.

civility *n* sìobhaltachd *f*; modh *m*.

civilization *n* sìobhaltachd *f*.

civilize *v* sìobhail, teagaisg.

claim *n* tagairt *f*.

claim *v* tagair, agair.

claimant *n* fear-tagraidh *m*.

clam *n* feusgan *m*.

clamber *v* streap.

clamour *n* gàir *m*, gaoir *f*, gleadhraich *f*, gliongraich *f*.

clan *n* fine *f*, cinneadh *m*.

clang *n* gliong *m*.

clanship *n* cinneadas *m*, fineachas *m*.

clap *n* buille *f*, faram *m*, brag *m*; bas-bhualadh *m*.

clap *v* buail ri chèile, bas-bhuail.

claret *n* clàireat *m*.

clarify *v* soilleirich.

clarinet *n* clàirneid *f*.

clarity *n* soilleireachd *f*.

clash *v* dèan glagadaich; *their views clashed*, cha robh an smuaintean a' tighinn a-rèir a chèile.

clasp *n* cromag *f*, dubhan *m*.

class *n* buidheann *f*, clas *m*; seòrsa *m*; (= group) luchd *m* e.g. luchd-ciùil *m* musicians.

class *v* roinn, seòrsaich.

classic, classical *a* clasaiceach.

classification *n* seòrsachadh *m*.

classify *v* seòrsaich.

clatter *n* straighlich *f*, gleadhraich *f*.

clause *n* roinn *f*.

claw *n* iongna *f*, spuir *m*.

clay *n* crèadh *f*, crè *f*.

claymore *n* claidheamh-mòr *m*.

clean *v* glan.

clean *a* glan.

clean-shaven *a* air a bhearradh.

cleaner *n* glanadair *m*.

cleanness *n* gloinead *m*.

clear *a* soilleir, so-thuigsinn.

clear *v* soilleirich, soillsich; rèitich; (*free*) saor.

clearances *n* fuadaichean.

clearness *n* soilleireachd *f*.

clearing-bank *n* banca *m* rèitich.

cleave *v* sgoilt, spealg.

cleaver *n* sgian-sgoltaidh *f*.

cleft *n* sgoltadh *m*.

cleg *n* creithleag *f*.

clemency *n* iochd *f*, truas *m*.

clement *a* iochdmhor, caoin, tròcaireach.

clench *v* dùin.

clergy *n* clèir *f*.

clergyman *n* pears-eaglais *m*.

clerical *a* clèireachail.

clerk *n* clèireach *m*.

clerkship *n* clèirsneachd *f*.

clever *a* tapaidh, deas, clis.

cleverness *n* tapachd *f*, cliseachd *f*.

click *v* cnag; thig ri chèile.

client *n* fear-dèilig *m* (*pl* luchd-dèilig).

cliff *n* creag *f*, sgùrr *m*.

climate *n* clìomaid *f*.

climax *n* àirde *f*.

climb *v* dìrich, streap.

climber *n* streapaiche *m*, fear-streapaidh *m*.

climbing *n* dìreadh *m*, streap(adh) *m*.

clinch *v* daingnich, teannaich, dùin.

cling *v* slaod (ri), toinn mun cuairt.

clinic *n* clionaic *f*.

clinical *a* clionaiceil.

clink *v* thoir gliong.

clip *v* geàrr, beàrr, rùisg; giorraich.

clipper *n* gearradair *m*, bearradair *m*.

clipping *n* gearradh *m*, bearradh *m*, rùsgadh *m*.

cloak *n* falluinn *f*, brat *m*, cleòc *m*.

cloak *v* còmhdaich; cleith.

clock *n* uaireadair *m*, cleoc *m*.

clockwork *n* uidheam *f* uaireadair; *going like c.*, a' dol cho rèidh ri uaireadair.

clod *n* ploc *m*, fòd *f*, sgrath *f*.

clog *n* bròg-fhiodha *f*.

clog *v* tromaich, bac, tachd.

cloister *n* clabhstair *m*.

close *n* (*closure*) dùnadh *m*, crìoch *f*, ceann *m*; (*of tenement*) clobhsa *m*.

close *v* dùin; crìochnaich; *the days are closing in*, tha an là a' giorrachadh.

close *a* (*near*) faisg, teann, dlùth; (*of atmosphere*) dùmhail; (*ling.*) dùinte; *it was a c. result*, bha iad (etc.) glè fhaisg air a chèile.

close up *v* teann-dhealbh *m*, *f*.

close-fisted *a* spìocach.

closs-fitting *a* caol.

closeness *n* faisge *f*, giorrad *m*.

closet *n* seòmar-uaigneach *f*, clòsaid *f*.

closing *n* and *a* dùnadh *m*; *c. date*, ceann-latha *m*.

closure *n* dùnadh *m*, crìoch *f*, ceann *m*.

clot *n* meall *m*; (*of person*) ùmaidh *m*.

cloth *n* aodach *m*, clò *m*; *dish-c.*, tubhailt-shoithichean *f*; *table-c.*, tubhailt-bùird *f*.

clothe *v* còmhdaich, sgeadaich.

clothes, clothing *n* aodach *m*, trusgan *m*.

clothes-peg *n* cnag-aodaich *f*.

cloud *n* neul *m*, sgòth *f*.

cloud *v* neulaich, dorchnaich.

cloudburst *n* dìle *f* bhàite.

cloudy *a* neulach, sgòthach, doilleir.

clout n (cloth) clùd m, luideag f; (blow) sglais f.

clove n clòbha f.

cloven a sgoilte.

clover n clòbhar m, seamrag f.

clown n amadan m, cleasaiche m.

clownish a gòrach.

cloy v sàsaich, cuir gràin air.

club n (stick) cuaille m, lorg f; (for playing) caman m; (association of people) club m.

cluck v dèan gogail.

clue n boillsgeadh m.

clump n tom m, bad m.

clumsiness n cearbachd f, luidealachd f.

clumsy a cearbach, luideach.

cluster n bagaid f, cluigean m.

clutch n grèim m, glacadh m; (of car) put m.

clutch v greimich, glac.

clutter n gànrachadh m.

clutter v gànraich.

coach n coidse f.

coach v ionnsaich.

coadjutor n fear-cuidich m.

coagulate v binndich.

coagulation n binndeachadh m.

coal n gual m.

coal-fish n ucas, ucsa m.

coal-mine n mèinn(e) f guail.

coalesce v aonaich, tàthaich.

coalition n aonachadh m, tàthadh m; c. government, riaghaltas m aonaichte.

coarse a (of texture) garbh; (of manners etc.) garg, drabasda.

coast n oirthir f, costa m.

coast-guard n freiceadan-oirthire m.

coastline n iomall-fairge m.

coat n còta m; c. of mail, lùireach f.

coat v cuir brat air, cuir peant air.

coax v breug, tàlaidh.

co-axial a co-aisealach.

coeducation n co-fhoghlam m.

cobalt n còbalt m.

cobbler n greusaiche m.

cobweb n eige f, lìon m (an damhain-allaidh).

cochineal n càrnaid f.

cock n coileach m; haycock, goc m feòir.

cock v sgrog.

cock-crow n gairm f a' choilich.

cockle n coilleag f, srùban m.

Cockney n Lunnainneach m, Cocnaidh m.

cockpit n sloc m a' choilich.

cocksure a làn-chinnteach.

cocktail n earball m a' choilich (also used of drink).

cocoa n còco m.

cod n trosg m.

code n riaghailt f, còd m.

codicil n leasachadh m tiomnaidh.

coerce v ceannsaich.

coercion n ceannsachadh m, smachd m.

coeval a co-aimsireach.

coexist v bi beò le.

coexistence n co-bhith f.

coexistent a co-bhitheach.

coffee n cofaidh m.

coffer n ciste f.

coffin n ciste f, ciste-laighe f.

cog n fiacaill f (rotha).

cogency n cumhachd f.

cogent a làidir, cumhachdach.

cogitation n smuain f, beachdachadh m.

cognate a gaolmhor.

cognomen n leas-ainm m.

cog-wheel n roth m fiaclach, cuibhle f fhiaclach.

cohabitation n co-fhuireachd f.

cohere v lean (ri chèile).

coherent a so-leantainn, so-thuigse, pongail.

cohesion n co-leantainn m.

cohesive a so-leanta.

coif n beannag f.

coil n cuibhleachadh m, cuairteag f; (of hair) fàinne f.

coil v cuibhlich, còrnaich.

coin n bonn m (airgid).

coin v buail; (of wealth) càrn.

coinage n cùinneadh m.

coincide v co-aontaich, co-thuit.

coincidence n co-thuiteamas m.

coiner n fear-cùinnidh m.

coke n còc m.

cold n fuachd m; head c. etc., cnatan m; I have a c., tha an cnatan orm.

cold a fuar; to give a person the c. shoulder, uileann/uilinn a chur ann an duine.

cold chisel n sgeilb f chruaidh.

coldness n fuairead m.

colic n grèim-mionaich m.

collaborate v co-oibrich.

collapse v tuit am broinn a chèile; (of a person) leig roimhe.

collapsible a so-sheacaich.

collar n coilear m; horse-c., braighdean m.

collar-bone n ugan m, cnà(i)mh an uga.

collate v coimeas, cuir an coimeas.

collateral a co-thaobhach.

colleague n co-oibriche m, companach m.

collect v cruinnich, tionail) (of going round to collect money) tog.

collection n tional m, cruinneachadh m.

collective a co-choitcheann; c. noun, ainmear m trusaidh.

collector n fear-tionail m.

college n colaisde f.

collier n gualadair m.

collision n co-bhualadh m, brag m.

colloquial a (of speech) coitcheann.

collusion n co-rùn m.

colon n (anat.) caolan m mòr; (punct.) dà-phuing f.

colonel n còirnealair m, còirneal m.

colony n tìr-imrich f; (of group) luchd-imrich m.

colour n dath m; c. bar, dath-bhacadh m; c.-blind, dath-dhall; c.-vision, dath-fhradharc m; c.-blindness, dath-dhoille f; in its true colours, mar a tha e; (of complexion) lì f; (colours, i.e. flag etc.) bratach f; lend c. to a story,

cuir dreach na fìrinne air sgeul.

colour v dath, cuir dath air; (blush) rudhadh, e.g. he blushed, thàinig rudhadh 'na ghruaidh.

colt n searrach m.

Columba Colum Cille.

column n colbh m; the fifth c., an còigeamh colbh.

coma n trom-neul m.

comb n cìr f; tooth-c., cìr-mhìn f; (cock's c.) cìrean m; honeycomb, cìr-mheala f.

comb v cìr.

combat n còmhrag f.

combatant n fear-còmhraig m.

combination n co-aontachadh m; a c. of circumstances, grùnn rudan a' tighinn gu chèile.

combine v co-aontaich.

combustible a so-loisgeach.

combustion n gabhail m (teine).

come v thig, trobhad; where do you c. from?, co ás a thà thu?; come now!, ud, ud; a-nis, a-nis; a week c. Friday, seachdain Dihaoine seo tighinn; if it comes to the bit, ma thig e gu h-aon 's gu dhà; the life to c., a' bheatha ri teachd; c. about, tachair; the rain came down heavily, thuit an t-uisge gu trom, thainig an t-uisge 'na thuil; c. on, tugainn.

comedian n cleasaiche m.

comedy n cleas-chluich f.

comely a eireachdail.

comet n reul-chearbach f.

comfort n cofhurtachd f.

comfortable a cofhurtail, socrach.

comic a àbhachdach, coimic.

coming n teachd m, tighinn m.

comma n cromag f; inverted commas, cromagan turrach.

command n òrdugh m; ùghdarras m, ceannas m, àithne f.

command v thoir òrdugh (seachad); bi an ceann.

commander n ceannard m.

commandment n òrdugh m; (Bibl.) àithne f.

commemorate v cuimhnich.
commemoration n cuimhneachadh m, cuimhneachan m.
commence v tòisich.
commencement n tòiseachadh m.
commend v mol; c. to his care, cuir fo a chùram; it did not c. itself to me, cha do chòrd e rium.
commendable a ri a mholadh.
commendation n moladh m, cliù m.
commensurate a co-chuimseach, coltach.
comment n facal m, abairt f.
comment v thoir tarraing, dèan luaidh; c. on a text, mìnich.
commentary n running c., etc., cùnntas m; textual c., mìneachadh m.
commentator n fear-cùnntais m.
commerce n malairt f.
commercial a malairteach.
commiserate v co-bhàidhich.
commiseration n bàidh f, co-bhàidh f.
commissariat n biadh-roinn f.
commission n ùghdarras m; barantas m; (body) coimisean m; in c., air a chur an sàs, (monetary) roinn-phàigheadh m.
commit v earb; c. to prison, cuir an làimh.
committee n comataidh f; comhairle f.
commodious a luchdmhor.
commodity n badhar m.
common a coitcheann, cumanta.
commonly adv am bitheantas.
commonness n coitcheannas m.
Commons n House of C., Taigh m nan Cumantan.
Commonwealth n Co-fhlaitheas m.
commotion n ùbraid f, aimhreit f.
communicant n comanaiche m, fear/bean-comanachaidh/ch. m/f.
communicate v com-pàirtich, aithris, thoir seachad.
communication n com-pàirteachadh m; in c. with each other, a' còmhradh/sgrìobhadh gu chèile.
communications n eadar-cheangal m.
communion n comann m; (eccles.) comanachadh m; take c., v

comanaich.
communist n co-mhaoineach m.
communist a co-mhaoineach.
communism n co-mhaoineas m.
community n pobal m, sluagh m; co-chomann m.
commute v malairtich; (by car, train etc.) triall.
compact n co-chòrdadh m.
compact a teann, daingeann.
compact disc n meanbh-chlàr m.
companion n companach m.
companionable a cuideachdail.
companionship n companas m.
company n cuideachd f, comann m, companaidh f.
comparable a co-ionnan.
comparative a coimeasach.
compare v coimeas, dèan coimeas air/eadar.
comparison n coimeas m.
compartment n earrann f; seòmar m.
compass n (naut.) combaist f, cairt-iùil f; cuairt f, meud m/leud m.
compass v cuairtich.
compassion n truas m, iochd f.
compassionate a truacanta, iochdmhor.
compatible a co-fhulangach, co-chòrdail, freagarrach (do).
compatriot n co-fhear-dùthcha m.
compel v co-èignich.
compendious a geàrr-bhrìgheach.
compensate v dìol, ìoc, cuidhtich.
compensation n cuidhteachadh m.
compete v strì.
competence n comas m.
competent a comasach.
competition n co-fharpais f.
competitive a strìtheach.
competitor n farpaiseach m.
compilation n co-chruinneachadh m.
compile v cuir ri chèile, co-chruinnich.
compiler n fear-cruinneachaidh m.
complacency n somaltachd f.
complacent a somalta.
complain f gearain, dèan casaid.
complainer n fear-gearain m.
complaint n gearan m, casaid f; (med.) galar m.

complement *n* làn *m*, co-làn *m*.

complementary *a* coiliontach.

complete *a* iomlan, coilionta.

complete *v* dèan iomlan, lìon; *he had completed his century*, bha e air an ceud a ruighinn/air ceud blianna a dhùnadh.

completely *adv* buileach.

completeness *n* iomlanachd *f*.

completion *n* coilionadh *m*.

complex *n* iomadh-fillteachd *f*; *housing c.*, mòr-thogalach *f*.

complex *a* co-thoinnte, iomadh-fhillte, casta.

complexion *n* tuar *m*, neul *m*, dreach *m*.

complexity *n* camadh *m*, eadar-fhillteachd *f*.

compliance *n* gèilleadh *m*, strìochdadh *m*.

compliant *a* strìochdach, aontach.

complicate *v* cuir troimh-a-chèile, dèan nas dorra.

compliment *n* moladh *m*, beul-bòidheach *m*; *with compliments*, le deagh dhùrachd *f*.

compliment *v* dèan moladh air/beul-bòidheach ri.

complimentary *a* moltach.

comply *v* thig/dèan a-rèir, gèill ri.

component *n* co-phàirt *f*.

compose *v* cuir ri chèile, sgrìobh; *c. (oneself)*, socraich; *(typog.)* cuir clò an òrdugh.

composed *a* socraichte.

composer *n* *(mus.)* fear-sgrìobhaidh *m* ciùil; *(lit.)* ùghdar *m*.

composition *n* *(lit., mus.)* sgrìobhadh *m*; *(essay)* aiste *f*.

compositor *n* ceàrd-clò *m*.

compost *n* mathachadh *m* gàrraidh.

composure *n* suaimhneas *m*.

compound *n* co-thàth *m*.

compound *a* co-thàthach, co-phàirteach; fillte.

comprehend *v* tuig.

comprehensible *(mutually)* *a* co-thuigseil.

comprehension *n* tuigse *f*.

comprehensive *a* farsaing; *c. education*, foghlam *m* mòr-chuairteach/ioma-chuimseach.

compress *v* dlùthaich, teannaich.

compression *n* teannachadh *m*.

compromise *n* co-rèiteachadh *m*.

compromise *v* co-chòrd, thig gu co-rèiteachadh.

compulsion *n* èigneachadh *m*.

compulsory *a* èigeantach.

compunction *n* imcheist *f* (cogais).

computation *n* àireamh *f*, meas *m*.

compute *v* meas, dèan àireamh.

computer *n* coimpiutair *m*.

comrade *n* companach *m*.

concave *a* fo-chearclach.

conceal *v* ceil, cleith, falaich.

concealment *n* cleith *m*, *f*, falach *m*.

concede *v* gèill, aontaich, aidich.

conceit *n* beachd *m* (math), mòrchuis *f*.

conceited *a* mòrchuiseach.

conceivable *a* so-shaoilsinn.

conceive *v* saoil, tuig; *I cannot c. why* ——, chan eil mi a' tuigsinn carson; *(biol.)* fàs torrach.

concentrate *v* co-chruinnich.

conception *n* *(biol.)* gineamhainn *m*; *(of thought)* beachd *m*.

concentric *a* aon-mheadhanach.

concentration *n* co-chruinne *m*.

concept *n* bun-bheachd *m*.

concern *n* gnothach *m*; *(care)* cùram *m*.

concern *v* gabh gnothach; *(be anxious)* gabh cùram; *the letter is concerned with John's house*, tha an litir mu thaigh Iain.

concerning *prep* mu, mu thimcheall, mu dheidhinn.

concert *n* cuirm-chiùil *f*.

concert-grand *(piano)* *n* mòr-phiàno *m*.

concert-hall *n* talla-ciùil *m*.

concerto *n* concerto *f*.

concession *n* ceadachadh *m*; *(of argument)* gèilleadh *m*.

conciliate *v* rèitich.

conciliation *f* rèiteachadh *m*.

concise *a* pongail, geàrr.
conclude *v* co-dhùin.
conclusion *n* co-dhùnadh *m*.
conclusive *a* deimhinn.
concoct *v* dèan an-àird.
concoction *n* measgadh *m*.
concord *n* co-chòrdadh *m*.
concordance *n* co-chòrdachd *f*.
concrete *n* saimeant *m*.
concrete *a* de saimeant; (*opp. of 'abstract'*) rudail, nitheil.
concubine *n* coileapach *m*.
concur *v* aontaich.
concurrence *n* co-aontachd *f*.
concussion *n* co-thulgadh *m*.
condemn *v* dìt.
condemnation *n* dìteadh *m*.
condensation *n* co-dhlùthachadh *m*.
condense *v* co-dhlùthaich.
condenser *n* co-dhlùthaire *m*.
condescend *v* deònaich.
condescension *n* uasal-chàirdeas *m*.
condiment *n* annlan *m*.
condition *n* cùmhnant *m*; (*state*) cor *m*, staid *f*.
conditional *a* air chumha, air chùmhnant.
condole *v* dèan co-bhròn le.
condolence *n* co-bhròn *m*.
condom *n* casgan *m*.
condone *v* maith.
conduct *n* giùlan *m*, caithe-beatha *f*.
conduct *v* treòraich, stiùir, giùlain; (*conducting cells*, ceallan giùlain.
conductor *n* fear-iùil *m*; stuth-giùlain *m*.
conductress *n* bean-iùil *f*.
cone *n* còn *m*; (*pine c.*) durcan *m*.
confection *n* mìlsean *m*.
confederation *n* co-chaidreamh *m*.
confer *v* (*grant*) builich; (*take counsel etc.*) theirig an comhairle.
conference *n* còmhdhail *f*.
confess *v* aidich; faoisidich.
confession *n* aidmheil *f*, faoisid *f*.
confessor *n* fear-aidmheil *m*; athair/ sagart-faoisid *m*.

confidant *n* fear-rùin *m*.
confide *v* earb (ri).
confidence *n* earbsa *f*; dànadas *m*.
confident *a* earbsach, cinnteach; dàna, bragail.
confidential *a* fo rùn.
confine(s) *n* crìoch(an) *f*.
confine *v* cùb; cùm a-staigh.
confinement *n* cùbadh *m*, braighdeanas *m*; (*of pregnancy*) bhith air leabaidh-shiùbhla, bhith ri breith-cloinne.
confirm *v* daingnich.
confirmation *n* daingneachadh *m*.
confiscate *v* arfuntaich.
confiscation *n* arfuntachadh *m*.
conflagration *n* mòr-lasadh *m*.
conflict *n* strì *f*, còmhrag *f*.
confluence *n* comar *m*.
conform *v* co-aontaich, gèill, theirig a-rèir.
conformity *n* co-aontachadh *m*.
confound *v* cuir troimh chèile, faigh buaidh air.
confront *v* seas/thig mu choinneimh.
confuse *v* cuir troimh chèile.
confused *a* troimhe-chèile.
confusion *n* breisleach *m*.
confute *v* breugnaich.
congeal *v* reòdh.
congenial *a* co-ghnèitheach, còrdail; *we have c. tastes*, tha na h-aon rudan a' còrdadh ruinn.
congenital *a* bhon bhroinn.
conger *n* easgann-mhara *f*.
conglomeration *n* ceirtleachadh *m*.
congratulate *v* dèan co-ghàirdeachas ri.
congratulation(s) *n* co-ghàirdeachas *m*; c.! meal do naidheachd.
congratulatory *a* co-ghàirdeachail.
congregate *v* tionail.
congregation *n* coithional *m*.
congress *n* còmhdhail *f*.
congruent *a* co-fhreagarrach.
conical *a* cònach.
conifer *n* craobh-durcain *f*.
conjectural *a* baralach.

conjecture *n* barail *f*, tuairmeas *m*.

conjecture *v* thoir barail, dèan tuairmeas.

conjoin *v* aonaich.

conjestion *n* dùmhlachd *f*.

conjugal *a* pòsta.

conjugate *v* co-naisg.

conjugation *n* co-nasgadh *m*; *verbal c.*, clàr gnìomhair.

conjunction *n* co-nasg *m*, naisgear *m*.

conjure *v* cuir ìmpidh air; cuir fo gheasaibh.

connect *v* ceangail.

connected *a* ceangailte.

connection *n* ceangal *m*.

connive *v* dùin sùil air (rud), caog.

connoisseur *n* fear-eòlach *m*.

connotation *n* ciall *f*.

conquer *v* ceannsaich, cìosnaich.

conqueror *n* ceannsaiche *m*.

conquest *n* buaidh *f*, ceannsachadh *m*.

conscience *n* cogais *f*, cuinnseas *f*.

conscientious *a* cogaiseach.

conscious *a* mothachail.

consciously *adv* le mothachadh.

consciousness *n* mothachadh *m*.

conscript *v* co-sgrìobh.

conscription *n* co-sgrìobhadh (airm) *m*.

consecrate *v* coisrig.

consecrated *a* coisrigte.

consecration *n* coisrigeadh *m*.

consecutive *a* leanmhainneach.

consensus *n* co-aonta *m*.

consent *n* aonta *m*.

consent *v* aontaich.

consequence *n* toradh *m*, buaidh *f*, buil *f*; *it is of no c.*, chan eil diofar *m* ann.

consequently *adv* uime sin.

conservancy *n* glèidhteachas *m*.

conservation *n* gleidheadh *m*, dìon *m*.

Conservative *n* Tòraidh *m*.

conservative *a* caomhnach; *(pol.)* Tòraidh.

conserve *v* taisg, glèidh, dìon.

consider *v* smaoinich, beachdaich, cnuasaich.

considerable *a* math, cudromach.

considerate *a* tuigseach.

consideration *n* tuigse *f*; beachd-smaoineachadh *m*; *take into c.*, cuir san àireamh; *I will do it for a c.*, nì mi air duais e; *the question is under c.*, thathas a' beachdachadh air a' cheist.

consign *v* thoir seachad.

consignment *n* lìbhrigeadh *m*.

consist *v* *that is what it consists of*, 's e sin a th'ann.

consistency *n* seasmhachd *f*, co-chòrdadh *m*.

consistent *a* seasmhach, co-chòrdach.

consolation *n* sòlas *m*, furtachd *f*.

console *v* furtaich.

consolidate *v* daingnich, co-dhlùthaich.

consonance *n* co-sheirm *f* co-chòrdadh *m*.

consonant *n* co-fhoghar *m*, connrag *f*.

consort *n* cèile *m*, *f*.

conspicuous *a* faicsinneach.

conspiracy *n* co-fheall *f*.

conspirator *n* co-fhealltair *m*.

conspire *v* dèan co-fheall.

constable *n* conastapal *m*, maor-sìthe *m*.

constancy *n* seasmhachd *f*, neo-chaochlaidheachd *f*.

constant *a* seasmhach, daingeann.

constellation *n* reul-bhad *m*.

consternation *n* uabhas *m*.

constipation *n* teannachadh-innidh *m*.

constituency *n* roinn-taghaidh *f*.

constituent *n* co-phàirt *f*; *(electoral)* fear-taghaidh *m*.

constitution *n* dèanamh *m*, nàdar *m*; *(pol.)* bonn-stèidh *m*; *(hist.)* reachdan.

constitutional *a* laghail, reachdail.

constrain *v* co-èignich.

constriction *n* teannachadh *m*.

construct *v* tog, dèan, cuir ri chèile.

construction *n* togail *f* togalach *m*, cur-ri-chèile *m*; *(gram.)* gleus *m*, *f*; *under c.*, ga thogail, gan togail *etc.*; *put a good c. on*, meas gu math.

consul n consal m.

consular a consalach.

consult v theirig an comhairle le, gabh comhairle; *I consulted him about a house*, ghabh mi a chomhairle mu thaigh; *the doctor consults at 5-6 p.m.*, tha an dotair a' toirt seachad comhairle aig 5-6 p.m..

consultation n comhairle f.

consume v caith, dèan feum de; *he is consumed with anger*, tha e air a lìonadh le feirg.

consumer n fear-caitheamh m, pl luchd-c.

consummate v crìochnaich, coilion.

consummation n crìochnachadh m, coilionadh m.

consumption n caitheamh f; (med) a' chaitheamh f.

contact v suath ann; cuir fios gu.

contact-lens n gloinneachan-suathaidh.

contagious a gabhaltach.

contain v cùm; (hold in) caisg.

container n bocsa-stòraidh m; c. base, ionad m stòraidh.

contaminate v truaill.

contamination n truailleadh m.

contemplate v beachd-smuainich, meòmhraich.

contemplation n meomhrachadh m.

contemporary n co-aois m.

contemporary a co-aoiseach, co-aimsireil.

contempt n tàir f, tarcais f.

contemptible a tàireil, suarach.

contemptuous a tarcaiseach.

contend v cathaich, dèan strì.

content(ed) a toilichte, sàsaichte.

contention n strì f, connspaid f, aimhreit f.

contentious a connspaideach.

contentment n toileachas-inntinn m.

contents n na tha ann, na tha am broinn ——; (*of a book*) clàr-innse m, clàr m.

contest n strì f.

context n co-theacs m.

continence n smachd m; (sex) geanmnachd f.

Continent n Mòr-thìr f, Mòr-roinn f.

Continental a Mòr-thìreach, Mòr-roinneach.

contingent a tuiteamach.

continual a sìor, daonnan.

continually adv gu sìor, a-ghnàth, gun sgur.

continuation n leantainn m.

continue v lean (air).

continuity n leanailteachd f.

continuous a leanailteach.

contort v fiaraich, snìomh.

contour n loidhne f (àirde).

contra adv and n an aghaidh; *per c.*, air an taobh thall.

contraband n stuth m toirmisgte.

contraception, contraceptive n casg-gineamhainn m.

contraceptive a casg-gineamhainneach.

contract n cùnnradh m, cùmhnant m.

contract v teannaich; (*leg.*) rèitich, dèan ceangal.

contractile a seacach.

contraction n teannachadh m, giorrachadh m.

contractor n cùnnradhair m.

contractual a cùnnradhach.

contradict v cuir an aghaidh.

contradiction n cur m an aghaidh, breugnachadh m.

contradictory a neo-chòrdail.

contralto n contralto f.

contrary a an aghaidh.

contrast n eadar-dhealachadh m, iomsgaradh m.

contrast v cuir an aghaidh (a chèile), eadar-dhealaich, dèan iomsgaradh.

contravene v bris, thig an aghaidh.

contribute v cuir ri, cuidich le.

contribution n cuideachadh m, tabhart-as m.

contrite a aithreachail.

contrivance n innleachd f, beart f.

contrive v dèan innleachd.

control n (abstr.) smachd m, ùghdarras m; (concr.) uidheam-smachd f.

control *v* ceannsaich; stiùir.
controller *n* fear-riaghlaidh *m*.
controversial *a* connsachail.
controversy *n* connspaid *f*, strì *f*.
controvert *v* cuir an aghaidh.
contusion *n* bruthadh *m*, pronnadh *m*.
conundrum *n* tòimhseachan *m*.
convalescence *n* iar-shlànachadh *m*.
convalescent *a* iar-shlànach, iar-shlàinte.
convene *v* tionail, gairm.
convener *n* fear-gairm *m*.
conveniences *n* goireas *m*.
convenient *a* goireasach.
convent *n* clochar *m*.
convention *n* co-chruinneachadh *m*.
conventional *a* gnàthach.
converge *v* co-aom.
conversant *a* fiosrach (mu), mion-eòlach (air).
conversation *n* còmhradh *m*.
converse *n* (*opposite*) frith-bheachd *m*.
converse *v* dèan còmhradh.
conversion *n* (*rel.*) iompachadh *m*; (*of a building*) atharrachadh *m*.
convert *n* iompachan *m*.
convert *v* iompaich.
convertible *a* so-thionndaidh.
convex *a* os-chearclach.
convexity *n* os-chearclachd *f*.
convey *v* giùlain, iomchair.
conveyance *n* seòl-iomchair *m*, (*leg*) còir *f* sgrìobhte.
conveyancer *n* sgrìobhadair *m* chòirichean.
conveyer *n* fear-giùlain *m*.
convict *n* ciomach *m*.
convict *v* dearbh, dìt.
conviction *n* dearbhadh *m*, dìteadh *m*.
convince *v* dearbh (air, do).
convivial *a* cuideachdail.
convolution *n* co-fhilleadh *m*.
convoy *v* dìon air turas.
convulsion *n* criothnachadh *m*.
coo *v* dèan dùrdail.
cook *n* còcaire *m*, ban-chòcaire *f*.

cook *v* deasaich, bruich.
cooker *n* cucair *m*.
cookery *n* còcaireachd *f*.
cool *a* fionnar; (*of temperament*) measarra.
cool *v* fuaraich, fionnaraich.
coolness *n* fionnarachd *f*.
coop *v* dùin suas, cùb.
cooper *n* cùbair *m*.
co-operate *v* co-oibrich.
co-operation *n* co-oibreachadh *f*.
co-opt *v* co-thagh.
co-ordinate *a* co-inbheach.
co-ordinate *v* co-eagraich.
copartner *n* fear-compàirt *m*.
copartnership *n* compàirteachas *m*.
cope *v* dèan an gnothach.
coping *n* clach-mhullaich *f*.
copious *a* pailt, lìonmhor.
copper *n* copar *m*.
copper *a* copair.
coppersmith *n* ceàrd-copair *m*.
copula *n* copail *m*.
copulate *v* cuplaich.
copulation *n* cuplachadh *m*.
copy *n* lethbhreac *m*.
copy *v* ath-sgrìobh.
copyright *n* dlighe-sgrìobhaidh *f*.
coquette *n* gogaid *f*, guanag *f*.
coral *n* corail *m*.
cord *n* còrd *m*, ball *m*.
cordial *a* càirdeil, teò-chridheach.
cordiality *n* carthannas *m*, teò-chridheachd *f*.
corduroy *a* còrd; *c. trousers*, briogais chòrd.
core *n* cridhe *m*, eitean *m*.
cork *n* àrc *f*, corcais *f*.
cork *v* cuir àrc/corcais ann.
corkscrew *n* sgriubha *m* àrc.
cormorant *n* sgarbh *m*.
corn *n* coirce *m*; (*ripe c.*) arbhar *m*; (*on foot etc.*) còrn *m*.
corncrake *n* traon *m*.
cornea *n* còirne *f*.

corner *n* oisean *m*/oisinn *f*; cùil *f*; còrnair *m*.

cornflakes *n* bleideagan coirce.

cornice *n* bàrr-mhaise *m*.

Cornish *a* Còrnach.

cornucopia *n* adharc-shaidhbhreis *f*.

Cornwall *n* A' Chòrn *f*.

corollary *n* co-thoradh *m*.

coronary *a* coronach.

coronation *n* crùnadh *m*.

coroner *n* crùnair *m*.

corporal *n* corpailear *m*.

corporal *a* corporra.

corporation *n* comann *m*.

corps *n* buidheann *f* airm.

corpse *n* corp *m*, marbhan *m*.

corpulence *n* sultmhorachd *f*.

corpulent *a* sultmhor.

corpuscle *n* corpag *f*.

correct *v* ceartaich, cronaich.

correct *a* ceart.

correction *n* ceartachadh *m*, cronachadh *m*.

correctness *n* ceartachd *f*.

correlate *v* co-shamhlaich, co-cheangail.

correlation *n* co-shamhlachadh *m*, co-cheangal *m*.

correlative *n* co-dhàimhear *m*.

correspond *v* co-fhreagair.

correspondence *n* co-sgrìobhadh *m*; samhlachas *m*.

correspondent *n* co-sgrìobhair *m*.

corridor *n* trannsa *f*.

corrie *n* coire *m*.

corroborate *v* co-neartaich, co-dhearbh.

corroboration *n* co-dhearbhadh *m*.

corrode *v* meirgnich.

corrosion *n* meirg *f*, meirgeadh *m*.

corrosive *a* meirgeach.

corrugated *a* preasach; *c. iron*, iarann lurcach.

corrugation *n* preasadh *m*.

corrupt *a* grod, breun, truaillte.

corrupt *v* grodaich, truaill.

corruption *n* truailleachd *f*.

cosmetic *n* cungaidh *f* maise.

cosmonaut *n* cosmo-sheòladair *m*.

cosmopolitan *a* os-nàiseanta.

cost *n* cosgais *f*, luach *m*.

cost *v* cosg.

costive *a* teann, dùinte.

costly *a* cosgail, daor.

costume *n* culaidh *f*.

cosy *a* seasgair.

cot *n* lcabaidh *f* bheag, cot *f*.

coterie *n* pannal *m*.

cottage *n* bothan *m*.

cotton *n* cotan *m*, canach *m*.

cotton-wool *n* snàth-cotain *m*.

couch *n* uirigh *f*.

cough *n* casd *m*.

cough *v* dèan casd.

coughing *n* cas(a)daich *f*.

coulter *n* coltar *m*.

council *n* comhairle *f*.

councillor *n* comhairliche *m*.

counsellor *n* fear-comhairle *m*, bean-chomhairle *f*.

count *v* cùnnt, dèan àireamh.

countenance *n* gnùis *f*.

counter *n* clàr-malairt *m*, cuntair *m*.

counter *adv* an aghaidh.

counteract *v* cuir bacadh air.

counter-clockwise *a* tuathal.

counterfeit *n* feall-chùinneadh *m*.

counterfeit *a* feall-chùinneach.

counterfoil *n* co-dhuilleag *f*.

countermotion *n* frith-ghluasad *m*.

countersign *v* cuir ainm ri.

countess *n* ban-iarla *f*.

counting *n* cùnntas *m*.

countless *a* do-àireamh.

country *n* dùthaich *f*, tìr *f*.

countryman *n* fear-dùthcha *m*.

county *n* siorrachd *f*, siorramachd *f*.

couple *n* càraid *f*, dithis.

couplet *n* rann *f* dà-shreathach.

coupon *n* cùpon *m*.

courage *n* misneach(d) *f*, cruadal *m*.

courageous *a* misneachail.

courageousness *n* misneach(d) *f*.
courier *n* teachdaire *m*.
course *n* slighe *f*, seòl *m*.
court *n* cùirt *f*, mòd *m*.
court *v* dèan suirghe.
court-house *n* taigh-cùirte *m*.
courteous *a* cùirteil, suairce.
courteousness *n* cùirtealachd *f*, suairceas *m*.
courtesan *n* strìopach *f*, siùrsach *f*.
courtesy *n* modh *f*, modhalachd *f*.
courtly *a* cùirteil.
courtship *n* suirghe *f*, leannanachd *f*.
cousin *n* co-ogha *m*.
cove *n* bàgh *m*, camas *m*.
covenant *n* cùmhnant *m*.
Covenanter *n* Cùmhnantach *m*.
cover, covering *n* còmhdach *m*, brat *m*.
cover *v* còmhdaich.
coverlet *n* cuibhrig *f*, brat-uachdair *m*.
covet *v* sanntaich.
covetous *a* sanntach.
cow *n* bò *f*, mart *m*.
cow *v* cuir fo eagal.
coward *n* gealtaire *m*, cladhaire *m*.
cowardice *n* geilt *f*, cladhaireachd *f*.
cowardly *a* gealtach, meata.
cowherd *n* buachaille *m*.
cowl *n* currac *m*.
coy *a* nàrach, màlda.
crab *n* partan *m*, crùbag *f*.
crabbed *a* greannach, dranndanach.
crack *n* sgàineadh *m*.
crack *v* sgàin.
crackling *n* bragadaich *f*.
cradle *n* creathail *f*.
craft *n* ceàird *f*; (*cunning*) seòltachd *f*; (*boat*) bàta *m*.
craftsman *n* fear-ceàirde *m*.
crafty *a* carach.
crag *n* creag *f*, sgòrr *m*.
craggy *a* creagach.
cram *v* dìnn.
cran *n* (*of herring*) crann *m*.
crane *n* corra-mhonaidh *f*; (*for lifting*) crann *m*.

crank-shaft *n* crom-fhearsaid *f*.
crannog *n* crannag *f*.
cranny *n* cùil *f*, sgàineadh *m*.
crash *n* stàirn *f*, bualadh *m*.
crash *v* (*as a plane c etc*) rach 'na smàl.
crash-helmet *n* clogaid-bualaidh *f*.
crate *n* cliath-bhocsa *m*.
craving *n* miann *m*, *f*.
crawl *v* snàig, crùb.
crayon *n* cailc *f* dhathte, creidhean *m*.
craze *v* cuir ás a chiall.
crazy *a* ás a chiall.
creak *n* dìosgan *m*.
creak *v* dèan dìosgan.
cream *n* uachdar *m*, bàrr *m*, cè *m*.
crease *n* filleadh *m*, preasag *f*.
create *v* cruthaich; dèan de/á.
creation *n* cruthachadh *m*; *Creation*, An Cruthachadh, A' Chruitheachd *f*.
creative *a* cruthachail.
Creator *n* Cruthaighear *m*, Cruithear *m*.
creature *n* creutair *m*, dùil *f*, bith *f*.
credence *n* creideas *m*.
credentials *n* teisteas *m*, litrichean teisteis.
credibility *n* creideas *m*.
credible *a* creideasach.
credit *n* creideas *m*; (*good name, good opinions*) cliù *m*; *sell on c.*, reic air dhàil; *he took the c. for that*, chuir e sin ás a leth fhèin.
credit *v* creid.
creditable *a* teisteil, measail.
creditor *n* fear-fèich *m*.
credits *n* urras-thaing *f*.
credulity *n* ro-chreidmheachd *f*.
credulous *a* ro-chreidmheach.
creed *n* creud *f*; creideamh *m*.
creek *n* geodha *m*, camas *m*.
creel *n* cliabh *m*.
creep *v* snàig, èalaidh.
creeper *n* iadh-lus *m*.
cremate *v* loisg.
crematorium *n* taigh-losgaidh *m*.
crescent *n* corran-gealaich *m*, leth-

chearcall *m*.
cress *n* biolar *f*.
crest *n* cìrean *m*.
crested *a* cìreanach.
crest-fallen *a* fo sprochd, mì-mheanmnach.
crevice *n* sgoltadh *n*, sgàineadh *m*.
crew *n* sgioba *m*, *f*.
crib *n* prasach *f*.
crick *n* crapadh *m*.
crier *n* fear-èigheachd *m*.
crime *n* eucoir *f*.
criminal *n* and *a* eucoireach *m*.
crimson *n* and *a* crò-dhearg *m*.
cringe *v* crùb, strìochd.
cripple *n* crioplach *m*, bacach *m*.
crisis *n* gàbhadh *m*.
crisp *a* (*of edibles*) brisg; (*of weather, air*) fionnar.
crisps *n* (potato c.) brisgeanan (buntàta) *pl*.
criterion *n* slat-tomhais *f*.
critic *n* sgrùdair *m*.
critical *a* sgrùdach, breitheach.
criticism *n* sgrùdadh *m*, breithneachadh *m*; *adverse c.*, cronachadh *m*.
criticize *v* dèan sgrùdadh, thoir breithneachadh.
croak *v* dèan gràgail.
croaking *n* gràgail *f*.
crock *n* crogan *m*, soitheach-crèadha *m*.
crockery *n* soithichean-crèadha.
crocodile *n* crogall *m*.
croft *n* croit *f*, lota *m*.
crofter *n* croitear *m*.
crook *n* cromag *f*; (*of person*) cruc *m*.
crooked *a* cam, crom, fiar.
crookedness *n* caime *f*, fiarachd *f*.
Cromwell *n* Crombail.
croon *n* crònan *m*.
crop *n* (*of grain*) bàrr *m*; (*of a bird*) sgròban *m*; (*haircut*) bearradh *m*.
crop *v* beàrr, geàrr, buain.
cross *n* crois *f*; *c. of crucifixion*, crann *m* ceusaidh; *the Red Cross*, a' Chrois Dhearg; (*cross-breed*) cros *m*.

cross *a* (*irritable*) crosta, doirbh.
cross *v* rach tarsaing, cuir tarsaing; *c. (oneself)* dèan comharradh na croise; *c. a cheque*, cros seic.
cross-bar *n* babht-tarsaing *m*.
cross-bencher *n* cros-bheingire *m*.
cross-breed *n* cros *m*, tair-bhrid *m*.
cross-examine *v* ath-cheasnaich.
cross-eyed *a* fiarshuileach.
cross-fertilization *n* tair-thorrachadh *m*.
cross *n* crosadh *m*.
cross-legged *a* e.g. *they sat c.*, shuidh iad casa-gobhlachan.
crossness *n* crosdachd *f*.
cross-roads *n* crois *f* a' rothaid.
cross-section *n* tair-dhealbh *f*, *f*.
crossword (*puzzle*) *n* tòimhseachan-tarsainn *m*.
crotch *n* gobhal *m*.
crotchet *m* (*mus.*) dubh-nota *m*.
crouch *v* crom, crùb.
crow *n* (*bird*) feannag *f*; (*sound*) gairm *f*.
crowbar *n* geimhleag *f*.
crowd *n* sluagh *m*; (*pejorative*) gràisg *f*.
crowd *v* dòmhlaich, teannaich.
crowdy *n* gruth *m*.
crown *n* crùn *m*, coron *m*; (*of the head*) mullach *m*, bàrr *m*; (*coin*) bonn *m* chòig tasdain.
crown *v* crùn.
crozier *n* bachall *m*.
crucial *a* e.g. *the c. point was* ——, b'e cnag na cùise ——.
crucible *n* soitheach-leaghaidh *m*.
crucifix *n* crois *f*.
crucifixion *n* ceusadh *m*.
cruciform *a* crasgach.
crucify *v* ceus, croch ri crann.
crude *a* amh.
cruel *a* an-iochdmhor, neo-thruacanta.
cruelty *n* an-iochdmhorachd *f*, neo-thruacantachd *f*.
cruise *n* cùrsa *m* mara.
crumb *n* criomag *f*, sprùilleag *f*; *crumbs*, sprùilleach *m*.
crumble *v* rach 'na chriomagan.

crumple *v* rocaich.

crunch *v* cnag.

Crusade *n* Cogadh *m* na Croise; *crusade*, cogadh-croise *m*.

crush *v* pronn; (*fig.*) ceannsaich.

crust *n* plaosg *m*, rùsg *m*.

crustaceous *a* sligeach.

crutch *n* crasg *f*, croitse *f*.

crux *n* cnag (na cùise) *f*.

cry *n* èigh *f*, glaodh *m*, gairm *f*.

cry *v* èigh, glaodh, gairm; (*shed tears*) guil.

crying *n* èigheachd *f*; (*shedding tears*) gal, gul *m*.

crystal *n* criostal *m*.

cub *n* cuilean (*sometimes* isean) *m*.

cube *n* ciùb *m*.

cubic *a* ciùbach.

cuckoo *n* cuach *f*, cuthag *f*.

cucumber *n* cularan *m*.

cud *n* cìr *f*; *chewing the c.*, a' cnàmh na cìre.

cuddle *v* cionacraich; *c. down*, laigh sìos.

cudgel *n* bata *m*, cuaille *m*.

cue *n* feaman *m*; (*on stage*) sanas *m*.

cuff *n* sgailc *f*; (*of sleeve*) bun-dùirn *m*.

cufflink *n* lùb *f* bun-dùirn.

cuisine *n* seòl *m* còcaireachd.

cul-de-sac *n* bealach *m* caoch.

culinary *a* cidsineach; (*of plants*) ionchòcaireachd.

culpable *a* ciontach, coireach.

culprit *n* ciontach *m*.

cultivate *v* àitich.

cultivation *n* àiteach *m*.

cultural *a* culturach.

culture *n* saothrachadh *m*, togail *f*; (*mental etc.*) cultur *m*.

culvert *n* saibhear *m*.

cumbersome *a* trom, liobasda.

cunning *n* seòltachd *f*.

cunning *a* seòlta, carach.

cup *n* copan *m*, cupan *m*, cùp *m*.

cup-final *n* faidhneil *m* a' chopain.

cupboard *n* preas *m*.

cupidity *n* sannt *f*.

cur *n* madadh *m*.

curable *a* so-leigheas.

curator *n* fear-coimhead *m*.

curb *v* ceannsaich, bac.

curdle *v* binndich.

curds *n* slaman *m*.

cure *n* leigheas *m*; (*specific*) cungaidh-leigheis *f*.

cure *v* leigheis, slànaich; (*of meat etc.*) sàill, ciùraig.

curer *n* ciùrair *m*.

curious *a* fiosrach, faighneach; (*odd*) neònach.

curl *n* bachlag *f*, cam-lùb *f*.

curl *v* bachlaich, caisich.

curled *a* bachlach, camagach.

curlew *n* guilbneach *m*.

curly *a* bachlagach, dualach.

currant *n* dearc *f*, dearcag *f*.

currency *n* sgaoileadh *m*; (*of money*) airgead *m*.

current *n* sruth *m*, buinne *f*.

current *a* gnàthaichte, làithreach; *c. account*, ruith-chùnntas *m*.

curriculum *n* cùrsa *m*, clàr-oideachais *m*.

curry *n* coiridh *m*.

curse *n* mallachd *f*.

curse *v* mallaich; (*swear*) mionnaich.

cursed *a* mallaichte.

cursory *a* neo-chùramach.

curtail *v* giorraich.

curtain *n* cùrtair *m*, cùirtean *m*.

curtain-rod *n* slat-cùrtair *f*.

curtsy *n* beic *f*.

curvature *n* caime *f*.

curve *v* crom, lùb.

curvilinear *a* càm-sgrìobach.

cushion *n* pillean *m*.

custard ughagan *m*.

custody *n* cùram *m*; *he was put in c.*, chuireadh an làimh e.

custom *n* àbhaist *f*, gnàths *m*, nòs *m*; (*duty*) cusbainn *f*; *Customs House*, Taigh Chusbainn.

customary *a* àbhaisteach, gnàthach.

customer *n* gnàth-cheannaiche *m*; *he is an odd c.*, 's e cinneach neònach a th'ann.

cut *n* gearradh *m*, sgathadh *m*; (*wound*) leòn *m*; *short c.*, ath-ghoirid *f*; *a c. above*, beagan os cionn.

cut *v* geàrr, sgath; *c. hair* etc, beàrr; *c. and run*, dèan às; *c. wages*, ìslich tuarasdal; *his work is c. out for him*, tha a leòr aige ri dhèanamh.

cuticle *n* craiceann-uachdrach *m*; (*biol.*) cneas-fhilm *m*.

cutlass *n* claidheamh-cutach *m*.

cutlery *n* uidheam-ithe *f*, sgeanan is forcaichean is spàinean.

cutting *n* sliseag *f*, gearradh *m*.

cycle *n* cuairt *f*, cùrsa *m*; (*bicycle*) baidhsagal *m*.

cyclist *n* baidhsaglair *m*.

cygnet *n* isean *m* eala.

cylinder *n* siolandair *m*.

cylindrical *a* siolandrach, uile-chuairteach.

cymbal *n* tiompan *m*.

Cymric *a* Cuimreach.

cynical *a* searbhasach.

cynosure *n* sgàthan-sùla *m*.

cypress *n* cuipreas *f*.

cyst *n* ùthan *m*.

cytoplasm *n* citoplasm *m*.

cytosine *n* citosin *m*.

Czar *n* Sàr *m*.

Czech *a* Seiceach.

Czechoslovakia *n* An t-Seic *f*.

D

dab *n* cnapag *f*; (*touch*) suathadh *m*.
dab *v* suath.
dabble *v* crath uisge air; *he dabbles in* ——, tha làmh aige ann ——.
dad, daddy *n* dadaidh *m*, boban *n*.
daddy-longlegs *n* breabadair *m*.
daffodil *n* lus-a-chrom-chinn *m*.
daft *a* gòrach, baoghalta.
dagger *n* biodag *f*.
Dail (*Irish Parliament*) *n* Dàil Eireann *m*.
daily *adv* gach là, gu làitheil.
daily *a* làitheil.
dainty *a* mìn, ciatach.
dairy *n* taigh-bainne *m*.
dairy-farm *n* tuathanachas *m* bainne.
dairymaid *n* banarach *f*.
dais *n* àrd-ùrlair *m*.
daisy *n* neòinean *m*.
dale *n* dail *f*, gleann *m*.
dalliance *n* sùgradh *m*, beadradh *m*.
dam *n* dàm *m*.
damage *n* dochann *m*, beud *m*.
damage *v* dochainn, mill.
dame *n* baintighearna *f*.
damn *v* (*trans.*) dìt; (*intrans.*) dammit, daingit.
damnable *a* damaichte, mallaichte.
damnation *n* dìteadh *m* (*sìorraidh*).
damned *a* damaichte, mallaichte.
damning *n* damanadh *m*.
damp *a* tais.
damp *v* taisich.
damp-course *n* dìon-chùrsa *m* taiseachd.
damp-proof *a* taise-dhìonte.
dance, dancing *n* dannsa *m*.
dance *v* danns, dèan dannsa.
dancer *n* dannsair *m*.
dandelion *n* beàrnan-brìde *m*.
dandle *v* luaisg, caidrich.
dandruff *n* càrr *f*.

danger *n* cunnart *m*, gàbhadh *m*.
dangerous *a* cunnartach.
dangle *v* bi/cuir air bhogadan.
Danish *a* Danmhairceach.
dank *a* tungaidh.
dapper *a* speiseanta.
dappled *a* ball-bhreac.
dare *v* gabh air, dùraig; *don't d*, na gabh ort; (*challenge*) thoir dùlan.
daring *a* dàna, neo-sgàthach.
dark *a* dorch, doilleir; (*complexion, hair etc.*) ciar; *dark-blue*, dubhghorm; *the Dark Ages*, na Linntean Dorcha.
darken *v* (*trans.*) dorchaich, (*intrans.*) dorchnaich.
darkening *n* dorchadh *m*, dubhadh *m*.
darkness *n* dorchadas *m*, duibhre *f*.
darling *n* annsachd *f*, eudail *f*, luaidh *m*, *f*.
darling *a* gaolach, gràdhach.
darn *v* càirich.
dart *n* gath *m*, guin *m*; sitheadh *m*.
dash *n* suith *f*, leum *m*; (*punct.*) strìochag *f*, sgrìob *f*.
dash *v* spealg, buail air; *d. to pieces*, spealt; (*run*) ruith, leum.
data *n* dàta *m*.
date *n* (*temp.*) ceann-latha *m*; (*fruit, assignment*) deit *f*; *up-to-date*, nuadhaimsireach; *to d.*, gu ruige seo; *d. stamp*, seula *m* latha.
date *v* cuir là air, comharraich an là; (*grow old-fashioned*) fàs seanfhasanta.
dative *a* tabhairteach.
daub *v* smeur.
daughter *n* nighean *f*; *d. cell*, macchealla *f*.
daughter-in-law *n* ban-chliamhain *f*.
daunt *v* geiltich.
dauntless *a* neo-sgàthach.
David *n* Dàibhidh *m*.

dawn *n* camhanach *f*, briseadh-latha *m*.

day *n* là *m*; *the day after tomorrow*, an earar; *the day before yesterday*, a bhòn-dè.

daybreak *n* briseadh-latha *m*.

daylight *n* solas *m* an latha, là *m* geal.

daze *v* cuir bho mhothachadh.

dazzle *v* deàrrs, boillsgich.

de rigueur *a* do-sheachanta.

de trop *a* gun iarraidh.

deacon *n* deucon *m*.

dead *a* marbh; (*as noun, 'the dead'*) na mairbh; *d. centre*, ceart mheadhan.

dead-beat *a he is d.*, tha e gu leigeil thairis.

dead-lock *n* glasadh *m*.

deadly *a* marbhtach.

deaf *a* bodhar; *d.-mute*, balbh-bhodhar.

deafen *v* bodhair, dèan bodhar.

deafness *n* buidhre *f*.

deal *n* (*commercial*) cùnnradh *m*; *a square d.*, cùnnradh ceart; (*board*) dèile *f*; *whose d. is it?*, cò tha cur a-mach nan cairtean?; *a great d.*, tòrr *m* mòr, mòran.

deal *v* dèilig; dèan gnothach ri; (*cards etc.*) cuir a-mach, riaraich.

dealer *n* fear-malairt *m*; fear-roinn *m*.

dealing *n* gnothach *m*, dèiligeadh *m*.

dean *n* deadhan *m*.

dear *a* gaolach, gràdhach, ionmhainn, gràidh; (*expensive*) daor.

dearness *n* daoire *f*.

dearth *n* gainne *f*, dìth *m*.

death *n* bàs *m*, eug *m*, aog *m*, caochladh *m*.

death-bed *n* leabaidh *f* bhàis.

death-blow *n* buille *f* bàis.

death-duty *n* dligheachd *f* bàis.

death-warrant *n* barantas *m* bàis.

deathless *a* neo-bhàsmhor.

deathlike *a* aog-neulach.

debar *v* bac, cùm air ais.

debase *v* truaill, ìslich.

debate *n* deasbad *f*, deasbaireachd *f*, conspaid *f*, connsachadh *m*.

debate *v* deasbair, connsaich.

debauch *n* misg *f*, neo-mheasarrachd *f*.

debauch *v* truaill.

debauchery *n* mì-gheanmnachd *f*, geòcaireachd *f*.

debenture *n* bann-sgrìobhaidh *m*.

debilitate *v* fannaich, lagaich.

debility *n* laige *f*, anmhainneachd *f*.

debit *n* fiach-shuim *f*.

debit *v* cuir fiach-shuim (an aghaidh).

debris *n* sprùilleach *m*.

debt *n* fiachan *pl*; comain *f*.

debtor *n* fèichear *m*.

debunk *v* mì-chliùthaich, thoir beum sìos gu.

début *n* ciad theachd-a-mach *m*.

decade *n* deichead *m*.

decadence *n* claonadh *m*.

decadent *a* air claonadh.

decamp *v* dèan imrich.

decant *v* taom.

decanter *n* searrag *f* ghlainne.

decapitate *v* dì-cheannaich.

decapitation *n* dì-cheannadh *m*.

decarbonization *n* di-ghualanachadh *m*.

decarbonize *v* di-ghualanaich.

decay *n* crìonadh *m*, seargadh *m*, lobhadh *m*.

decay *v* caith, crìon, searg.

decease *n* bàs *m*, eug *m*, caochladh *m*.

deceit *n* cealg *f*, foill *f*.

deceitful *a* cealgach, foilleil.

deceive *v* meall, breug.

deceiver *n* mealltair *m*, cealgaire *m*.

December *n* An Dùbhlachd *f*, December.

decency *n* beusachd *f*, loinn *f*.

decennial *a* deich-bhliannail.

decent *a* ciatach, loinneil, còir, beusach.

decentralization *n* sgapadh *m*.

decentralize *v* sgap.

deception *n* mealladh *m*, foill *f*.

deceptive *a* meallta, cealgach.

decide *v* socraich (air); thoir breith, co-dhùin.

deciduous *a* seargach.

decimal *a* deicheach.

decimation n deachamh m.
decipher v mìnich, fuasgail.
decision n breith f, co-dhùnadh m.
decisive a dearbh, cinnteach.
deck n clàr-uachdair m, bòrd-luinge m, deic f.
deck v còmhdaich, sgiamhaich.
declaration n dearbhadh m, cur m an cèill.
declare v cuir an cèill, innis.
declension n cromadh m, teàrnadh m; (gram.) di-chlaonadh m, clàr-ainmeir m.
declinable a so-chlaonaidh.
decline n cromadh m, aomadh m, crìonadh m.
decline v crom, aom, crìon; (gram.) claoin.
declivity n teàrnadh m, leathad m.
declutch v di-phut.
decompose v lobh.
decompression n di-bhruthadh m.
decorate v sgeadaich, maisich; (d. with medal etc.) cuir suaicheantas air.
decoration n sgeadachadh m; suaicheantas m.
decorous a cubhaidh, beusach.
decorum n stuaim f, deagh-bheus f.
decoy n culaidh-thàlaidh f, beul-snaoisein m.
decoy v meall, tàlaidh.
decrease n lùghdachadh m.
decrease v lùghdaich, beagaich.
decree n òrdugh m, breith f.
decree v òrdaich, thoir breith.
decrepit a breòite, fann.
decrepitude n breòiteachd f.
decry v càin.
dedicate v coisrig; ainmich air.
deduce v dèan a-mach; tuig.
deduct v beagaich, thoir air falbh bho.
deduction n beagachadh m, toirt m air falbh.
deed n gnìomh m, euchd m; (leg.) gnìomhas m.
deem v meas, saoil.
deep n doimhne f.

deep a domhainn; (mental) domhainn, diamhair.
deepen v doimhnich.
deep-freeze n cruaidh-reodhadair m.
deer n fiadh m.
deer-forest n frìth f.
deerskin n craiceann/bian m fèidh.
deface v mill.
defamation n tuaileas m, mì-chliù m.
defamatory a tuaileasach.
defame v cùl-chàin.
default n dearmad m; cionta m.
defaulter n fear-dearmaid m; ciontach m.
defeat n call m, gabhail m air.
defeat v gabh air, faigh buaidh (air).
defeatism n diombuaidheachas m.
defect n easbhaidh f, uireasbhaidh f, gaoid f.
defective a easbhaidheach, ciorramach.
defence n dìon m, dìdean f; leisgeul m; d. mechanism, uidheam-dìon f.
defenceless a gun dìon, lom.
defend v dìon, seas.
defendant n fear-dìona m.
defender n fear-dìona m.
defensible a so-dhìonta.
defensive a dìona.
defer v cuir air dàil, dàilich.
deference n ùmhlachd f, urram m.
deferment n dàil f.
defiance n dùlan m.
deficiency n easbhaidh f, dìth m.
deficient a easbhaidheach.
deficit n easbhaidh f.
defile v salaich, truaill.
defilement n truailleadh m.
definable a sonnrachail.
define v sonnraich.
definite a comharraichte, deimhinne; the d. article, an t-alt m comharrachaidh.
definiteness n deimhinneachd f.
definition n comharrachadh m, sonnrachadh m; (optical) gèire f.
definitive a deimhinnte.

deflect v aom, claon.

deflection n aomadh m, claonadh m.

deflower v truaill.

deform v cuir á cumadh.

deformity n mì-chumadh m, mì-dhealbh m, f, eu-cruth m.

defraud v feallaich.

defray v ìoc, pàigh.

defreeze v di-reodh.

deft a ealamh, deas.

defunct a marbh.

defy v thoir dùlan do.

degeneracy n claonadh n, tuiteam m bhuaithe.

degenerate v tuit bhuaithe, meath.

degenerate a air tuiteam bhuaithe, meathaichte, mì-dhùthchasach.

degradation n truailleachd f.

degrade v ìslich, truaillich.

degree n inbhe f, àirde f, ìre f; (scholastic) ceum m; (of temperature) puing f; to some d, ann a seagh; by degrees, beag air bheag; (gram.) ceum m.

dehydration n sgreubhadh m.

dejection n smuairean m.

deification n dèanamh m dia de/dhe.

deify v dèan dia de/dhe.

deign v deònaich.

deity n Dia m, diadhachd f.

dejected a fo bhròn/phràmh.

delay n dàil f, maille f, fadal m.

delay v cuir dàil/maille ann/air; cùm air ais.

delectable a sòlasach.

delegate n fear-ionaid m, teachdaire m.

delegate v thoir ùghdarras do.

delegation n luchd m tagraidh.

delete v dubh ás/a-mach.

deleterious a dochannach.

deletion n dubhadh m ás/a-mach.

deliberate v meòraich.

deliberate a a dh'aon ghnothaich; mall.

deliberation n meòrachadh m.

deliberative a meòrachaidh; d. assembly, mòrdhail meòrachaidh.

delicacy n mìlseachd f; fìnealtas m.

delicate a fìnealta; lag, fann.

delicious a ana-bhlasta.

delight n aighear m, aoibhneas m.

delight v toilich, dèan aoibhneach.

delightful a aoibhneach, sòlasach.

delimit v cuir crìochan air.

delineate v dealbh, dealbhaich.

delineation n dealbh m, f, dealbhachadh m.

delinquency n coire f, ciontachd f.

delinquent n and a coireach m, ciontach m.

delirious a breisleachail.

delirium n breisleach f.

deliver v saor, fuasgail, teàrn; liubhair; (of childbirth) asaidich; d. a blow, thoir buille; (give up) thoir suas.

deliverance n saorsa f, fuasgladh m, teàrnadh m; liubhairt m; asaid f.

deliverer n fear-saoraidh m.

delivery n teàrnadh m; toirt m suas; lìbhrigeadh m; (of mail) post m; (childbirth) asaid f.

dell n lagan m.

delta m delta f.

delude v meall, dall.

deluge n tuil f, dìle f.

delusion n mealladh m, dalladh m.

delusive, delusory a mealltach.

delve v ruamhair, àitich.

demagnetize v di-tharraingich.

demagogue n ceannard-gràisge m.

demand n tagradh m, iarrtas m; d. notice, bileag f iarrtais.

demand v tagair, iarr; the matter demands an answer, tha a' chùis ag iarraidh freagairt.

demean v ìslich.

demeanour n giùlan m, beus f.

demented a air bhoile.

dementia n boile f, troimhe-chèile m.

demerit n lochd m.

demi- pref. leth-.

demingod n leth-dhia m.

demilitarize v di-mhìleantaich.

demise n bàs m, eug m.

demisemiquaver n letheach-lethchaman m.

demit v leig dhe.

demobilize v di-fheachdaich.

democracy n sluagh-fhlaitheas m.

democrat n sluagh-fhlaithear m.

democratic(al) a sluagh-fhlaitheach.

demolish v sgrios.

demolisher n sgriosadair m.

demolition n sgrios m, leagail f (gu làr).

demon n deamhan m.

demoniac a deamhnaidh.

demonstrable a so-dhearbhte.

demonstrate v seall, soilleirich.

demonstration n taisbeanadh m, soilleireachadh m; (public d.) sluagh-dhearbhadh m.

demoralization n do-mheanmnachadh m.

demoralize v do-mheanmnaich.

demote v ìslich, thoir ceum a-nuas.

demur v cuir teagamh ann.

demure a stuama.

den n saobhaidh m, garaidh m, faiche f, còs m; (room) seòmar m obrach.

denationalize v di-nàisinnich.

deniable a so-àicheadh.

denial n àicheadh m; (withholding) diùltadh m.

denigrate v dèan dìmeas air.

denim a denim.

denizen n bùirdeasach m.

Denmark n An Danmhairg f.

denominate v ainmich.

denomination n ainm m; (rel.) seòrsa m, buidheann f.

dénouement n crìoch f an sgeòil.

denounce v càin; rach an aghaidh.

dense a tiugh, dlùth, dùmhail; (of mental powers) maol.

density n dlùths m.

dent n lag m, f.

dent v dèan lag ann.

dental a fiaclach, deudach.

dentist n fiaclaire m, lèigh-fhiaclan m.

dentistry n fiaclaireachd f.

denture n deud m, deudach m, fiaclan fuadain.

denude v rùisg, lomair.

denunciation n càineadh m, cronachadh m.

deny v àicheidh; diùlt, cùm bho.

depart v imich, falbh, triall.

department n roinn f.

departure n falbh m, fàgail f.

depend v d. on (someone), cuir earbsa ann, earb á; that depends on what you do, tha sin an crochadh air dè nì thu; you can d. on it that — faodaidh tu bhith cinnteach gu(n) —.

dependence n eisimealachd f.

dependent a eisimealach, an eisimeil air, an crochadh air.

dependent(s) n fear- m/bean- f/luchd-eisimeil.

depict v dealbh, tarraing dealbh.

depletion n falmhachadh m.

deplorable a truagh, muladach.

deplore v caoidh; I d. what he did, tha e a' cur bròn orm an rud a rinn e.

depopulate v fàsaich, dèan bàn.

depopulation n fàsachadh m.

deport v fuadaich, cuir ás an tìr.

deportment n giùlan m, caitheamh-beatha f.

depose v cuir ás oifig, ìslich.

deposit n tasgadh m.

deposit v taisg.

depositor n taisgear m.

depository n taigh-tasgaidh m, àite-tasgaidh m.

depot n depot f.

depravation n truailleadh m.

deprave v truaill.

depraver n fear-truaillidh m.

depravity n truailleachd f.

deprecate v bi mì-thoilichte le.

depreciate v cuir an dìmeas; ìslich (luach).

depreciation n dìmeas m; ìsleachadh m, tuiteam m (ann an luach).

depredation n spùinneadh m.

depress *v* brùth sìos; ìslich; cuir fo sprochd.

depressant *n* ìocshlaint ìsleachaidh *f*.

depression *n* ìsleachadh *m*, ìsle *f*; sprochd *m*.

deprivation *n* easbhaidh *f*; toirt *m* air falbh.

deprive *v* thoir air falbh o.

depth *n* doimhneachd *f*, ìochdar *m*.

deputation *n* buidheann *f* tagraidh.

depute *v* sonnraich, sònraich.

deputy *n* fear-ionaid *m*.

deputy- *a* leas-.

derail *v* cuir bhàrr an rèile.

derangement *n* breisleach *f*, seachran *m* (-inntinn).

derate *v* di-ràtaich.

derelict *a* trèigte.

deride *v* dèan fanaid air.

derision *n* fanaid *f*, sgeig *f*.

derisive *a* sgeigeil.

derivation *n* sìolachadh *m*; (*ling.*) freumhachadh *m*, bun *m*.

derivative *a* sìolach; (*ling.*) freumhach.

derive *v* sìolaich; (*ling.*) freumhaich, bunaich.

dermatology *n* eòlas-craicinn *m*.

derogate *v* lagaich, lùghdaich.

derogatory *a* tarchuiseach, lùghdachail.

descant *n* fonn *m*.

descant *v* lean air.

descend *v* teirinn.

descendant *n* fear *m*/tè *f* de shliochd.

descent *n* tcàrnadh *m*, teachd *m* a-nuas.

describe *v* thoir tuairisgeul air.

description *n* tuairisgeul *m*.

desecration *n* mì-naomhachadh *m*.

desert *n* fàsach *m*, *f*, dìthreabh *f*.

desert *n* (*what is deserved*) toillteanas *m*.

desert *v* trèig, dìobair; (*from army etc.*) teich, ruith.

deserter *n* fear-teichidh *m*, fear *m* a theich.

desertion *n* trèigsinn *m*, teicheadh *m*.

deserve *v* toill, bi airidh air.

deserving *a* toillteanach.

dessicate *v* tiormaich, traogh.

desideratum *n* (rud *m*) ri mhiannachadh; *it is a d.*, tha e ri mh.

design *n* rùn *m*; (*art.*) deilbh *f*; *by d.*, a dh'aon ghnothaich; *he had designs on him*, bha e ag iarraidh thuige.

design *v* rùnaich, cuir roimh; (*art.*) deilbh.

designate *v* sonnraich, ainmich.

designation *n* sonnrachadh *m*, ainmeachadh *m*.

designedly *adv* a dh'aon rùn.

designer *n* fear-dealbhaidh *m*, fear-deilbh *m*.

desirable *a* ion-mhiannaichte.

desire *n* miann *m*, *f*, dèidh *f*.

desire *v* miannaich.

desirous *a* miannach, dèidheil (*of*, air).

desist *v* stad, sguir.

desk *n* deasg/dasg *m*.

desolate *a* (*of place*) fàsail; (*of persons*) trèigte.

despair *n* eu-dòchas *m*.

despair *v* leig thairis dòchas/a dhòchas etc.

despatch *n* (message) teachdaireachd *f*; (*haste*) cabhag *f*.

desperate *a* eu-dòchasach; *a d. character*, duine damainnte.

desperation *n* eu-dòchas *m*.

despicable *a* suarach.

despise *v* dèan tàir air; *I d. him*, chan eil mcas sam bith agam air, tha mi ga chur suarach.

despite *prep* a dh'aindeoin.

despoil *v* spùinn, creach.

despondency *n* mì-mhisneachd *f*, eu-dòchas *m*.

despondent *a* eu-dòchasach.

despot *n* aintighearna *m*.

despotism *n* aintighearnas *m*.

dessert *n* mìlsean *m*.

dessert-spoon *n* spàin-mìlsein *f*.

destination *n* ceann-uidhe *m*.

destiny *n* dàn *m*.

destitute *a* falamh, lom.

destitution n airc f.

destroy v mill, sgrios.

destroyer n sgriosadair m.

destructible a so-sgriosadh.

destruction n milleadh m, sgrios m, lèirsgrios m.

destructive a millteach, sgriosail.

desuetude n ana-cleachdadh m.

desultory a neo-leantainneach.

detach v dealaich, cuir air leth.

detachment n (*physical*) sgaradh m; (*mental*) neo-shuim f; (*mil.*) cuideachd (airm) f.

detail n mion-chùnntas m, mion-phuing f.

detail v thoir mion-chùnntas air.

detain v bac, cùm air ais.

detect v lorg, faigh a-mach; thoir an aire.

detection n lorg (a-mach) f.

detective n lorg-phoileas m.

detector n lorgaire m.

détente n di-theannachadh m.

detention n cumail m air ais; (*imprisonment*) cumail an làimh.

deter v bac, cùm air ais.

detergent n stuth-glanaidh m.

deterioration n dol m am miosad, tuiteam m bhuaithe.

determinate a suidhichte, sònraichte.

determination n diongbhaltas m, cruaidh-bharail f.

determine v socraich air, cuir roimh; *he determined to do it*, chuir e roimhe a dhèanamh.

determinism n cinnteachas m.

deterrent n casg m.

detest v fuathaich, gràinich.

detestable f fuathach, gràineil.

detestation n fuath m, gràin f, sgreamh m.

dethrone v cuir bhàrr cathair.

detonate v toirm-spreadh.

detonation n toirm-spreadhadh m.

detour n bealach m; *they made a d.*, ghabh iad bealach.

detract v thoir air falbh (bho); cùl-chàin.

detriment n dolaidh f.

detrimental a dolaidheil.

deuce n (*two*) dithis m; (*devil*) diabhal m; *what the d.*, dè 'n donas.

devalue v di-luachaich.

devaluation n di-luachadh m.

devastate v lèir-sgrios, dèan lèir-sgrios air.

devastation n lèir-sgrios m.

develop v (*trans.*) leasaich, thoir gu ìre; (*intrans.*) fàs, èirich.

development n leasachadh m, toirt m gu ìre; fàs m; leathnachadh m; *Development Board*, Bòrd m Leasachaidh.

deviate v claon.

deviation n claonadh m.

device n innleachd f, cleas m; *leave him to his own devices*, leig leis.

devil ndiabhal m, deamhan m, donas m.

devil-may-care a coma-co-dhiù.

devilish a diabhlaidh, deamhnaidh.

devious a seachranach, carach.

devise v innlich.

devoid a falamh, ás eugmhais.

devolve v cuir/thig fo chùram; thoir seachad cumhachd; *it was devolved on me*; thuit e ormsa.

devolution n sgaoileadh-cumhachd m.

devote v coisrig.

devotion n (*rel.*) cràbhadh m; ùrnaigh f; (*emotional*) teas-ghràdh m.

devour v sluig, ith gu glàmach.

devout a cràbhach.

dew n dealt m, f, drùchd m.

dewdrop n cùirnean m (drùchd).

dewlap n sprogaill f.

dewy a dealtach, drùchdach.

dexterity n deisealachd f, teòmachd f.

dexterous a deiseil, teòma.

diabetes n (an) ruith-fhual f.

diabetic n and a ruith-fhualach m.

diabolical a diabhlaidh.

diadem n mionn m, f, coron m, fleasg f.

diagnose v breithnich.

diagnosis n breithneachadh (-lèigh) m.

diagonal n trasdan m.

diagonal a trasd, trasdanach.

diagram n diagram m.

dial n aodann m; sun-d., uaireadair-grèine m.

dialect n dualchainnt f.

dial v d. a number, comharraich àireamh.

dialogue n còmhradh m (eadar dithis).

diameter n meadhan-thrasdan m.

diametrical a meadhan-thrasdanach.

diamond n daoimean m.

diaphragm n sgairt f.

diarrhoea n a' bhuinneach f, sgàird f.

diary n leabhar-latha m.

diatom n dà-dhadam m.

diatonic a diatònach.

dice n dìsnean pl; also sing m.

dictate n riaghailt f.

dictate v deachd; òrdaich.

dictation n deachdadh m, òrdachadh n; d. machine, inneal m deachdaidh.

dictator n deachdaire m.

dictatorial a ceannsalach.

dictatorship n deachdaireachd f.

diction n labhradh m, modh-cainnt f.

dictionary n faclair m.

dictum n breith-bhriathran (pl).

didactic a oideachail.

die n dìsne f.

die v bàsaich, eug, caochail.

diesel n dìosail m.

diet n riaghailt f bidhe.

differ v eadar-dhealaich; they d. greatly, tha iad glè ao-coltach ri chèile/(disagree) tha eas-aonta mòr eatorra.

difference n eadar-dhealachadh m, caochladh m.

different a eadar-dhealaichte; air leth.

differential a diofarail.

differentiate v diofaraich, eadar-atharraich.

differentiation n eadar-dhealachadh m.

difficult a duilich, doirbh.

difficulty n duilgheadas m, dorradas m.

diffidence n amharas m, eu-dànachd f.

diffident a amharasach, eu-dàna.

diffused a sgaoilte.

diffusion n sgaoileadh m.

dig v cladhaich, ruamhair; d. up, tog; d. in (trans.) sàth a-steach, (intrans.) daingnich; d. out (e.g. information) solaraich.

digest v cnàmh, cnuasaich.

digestible a so-chnàmh, meirbheach.

digestion n (an) cnàmh m.

digestive a cnàmhaidh; d. system, rian cnàmhaidh.

digit n meur f; (number) meur-àireamh f.

digital a meurach.

dignified a urramaichte, urramach.

dignify v àrdaich, urramaich.

dignity n urram m, inbhe f.

digress v rach a thaobh.

digression n claonadh m.

digs n taigh-loidsidh m.

dilate v leudaich, sgaoil a-mach.

dilatory a màirnealach.

dilemma n imcheist f, càs m.

dilettante n dilettante m.

diligence n dìcheall m.

diligent a dìcheallach, dèanadach.

dilute v tanaich, lagaich.

dilution n tanachadh m, lagachadh m.

dim v doilleirich, duibhrich.

dimension n tomhas m, meud m.

diminish v lùghdaich, beagaich.

diminution n lùghdachadh m.

diminutive n meanbhair m.

diminutive a meanbh, bìodach.

dimness n doilleireachd f.

dimple n tibhre m.

din n toirm f, othail f.

dine v gabh dìnnear.

dingy a salach, luideach.

dining-room n seòmar-bidhe m.

dinner n diathad f, dìnnear f.

dinner-dance n dìnnear f is dannsa m.

dinner-jacket n seacaid f dìnneireach.

dinner-service n soithichean-dìnneir.

dinner-time n tràth m dìnneireach.

dinosaur *n* dìneosor *m*.

dint *n* buille *f*; *by d. of repeating it*, le bhith ga ath-aithris.

diocese *n* sgìreachd-easbaig *f*.

dioxide *n* dà-ocsaid *f*.

dip *n* tumadh *m*; (*sheep-d.*) dup *m*.

dip *v* tum, bog, dup.

diphtheria *n* diptiria *f*.

diphthong *n* dà-fhogharach *m*.

diphthongization *n* dà-fhogharachadh *m*.

diploid *a* dùbailte.

diploma *n* teisteas *m*.

diplomacy *n* seòltachd *f*.

diplomat *n* seòltaire *m*.

diplomatic *a* seòltach.

dipsomania *n* miann-daoraich *m*, *f*.

dire *a* eagalach, uabhasach.

direct *a* dìreach.

direct *v* seòl, stiùir.

direction *n* seòladh *m*; (*point of compass*) àird *f*.

directional *a* àirdeach.

directive *n* òrdugh *m*.

directly *adv* air ball, dìreach.

director *n* fear-stiùiridh *m*.

directory *n* leabhar-seòlaidh *m*.

dirge *n* tuireadh *m*.

dirk *n* biodag *f*.

dirt *n* salchar *m*.

dirty *a* salach, neòghlan.

dirty *v* salaich, truaill.

disability *n* neo-chomas *m*.

disabuse *v* fosgail sùil(ean), cuir ceart.

disadvantage *n* mì-leas *m*.

disaffect *v* dèan mì-thoilichte.

disaffected *a* mì-thoilichte.

disagree *v* rach an aghaidh; *I disagreed with what he said*, cha deach mi leis na thubhairt e.

disagreeable *a* neo-thaitneach, eas-aontach.

disagreement *n* eas-aonta *f*, mì-chòrdadh *m*.

disallow *v* diùlt, bac.

disappear *v* rach á sealladh.

disappoint *v* meall.

disappointment *n* mealladh *m*, briseadh-dùil *m*.

disapproval *n* coireachadh *m*.

disapprove *v* coirich; *I disapproved of that*, cha robh mi dol le sin.

disarm *v* di-armaich.

disarmament *n* di-armachadh *m*.

disarray *n* mì-riaghailt *f*.

disaster *n* mòr-thubaist *f*, calldach *m*.

disband *v* sgaoil, leig ma sgaoil.

disbelief *n* ás-creideamh *m*.

disbelieve *v* na creid.

disbeliever *n* ás-creidmheach *m*.

disburse *v* caith/cosg (airgead).

disc *n* clàr *m*.

discard *v* cuir dhe, leig dhe.

discern *v* faic, thoir fa-near.

discernible *a* so-fhaicinn, so-fhaicsinn.

discerning *a* beachdail, tuigseach.

discernment *n* tuigse *f*, aithne *f*.

discharge *n* (*of goods*) di-luchdachadh *m*; (*of liquid etc.*) sgaoileadh *m*, taomadh *m*; (*of tension*) fuasgladh *m*; (*of debt*) ìoc *m*, pàigheadh *m*.

discharge *v* (*of goods*) di-luchdaich, cuir a-mach; (*of debts etc.*) ìoc, pàigh, coilion; *d. from office*, cuir á dreuchd, saor o dhreuchd.

disciple *n* deisciobal *m*, fear-leanmhainn *m*.

discipleship *n* deisciobalachd *f*.

discipline *n* smachd *m*; (*schol.*) foghlam *m*.

discipline *v* smachdaich; foghlaim.

disclaim *v* àicheidh, cuir cùl ri.

disclose *v* foillsich, leig ris.

disclosure *n* taisbeanadh *m*, foill-seachadh *m*, leigeil *m* ris.

disco *n* diosco *m*.

discolour *v* mill dath.

discomfit *v* ceannsaich, cuir bacadh air.

discomfort *n* anshocair *f*.

disconcert *v* cuir troimhe-chèile, buair.

disconnect *v* sgaoil, geàrr.

disconsolate *a* brònach, dubhach.

discontent *n* mì-thoileachadh *m*.

discontented *a* mì-thoilichte.

discontinue *v* leig seachad, sguir de.

discord *n* mì-chòrdadh *m*, aimhreit *f*; (*mus.*) dì-chòrda *m*.

discordance *n* neo-fhreagarrachd *f*, easaonta *f*.

discordant *a* neo-fhreagarrach, easaontach, neo-chòrdail.

discount *n* lasachadh *m* (prìse).

discount *v* lasaich.

discourage *v* mì-mhisnich; *he was discouraged*, chaill e a mhisneachd.

discouragement *n* mì-mhisneachadh *m*.

discourse *n* còmhradh *m*, conaltradh *m*.

discourteous *a* mì-mhodhail.

discourtesy *n* mì-mhodh *m*.

discover *v* lorg; nochd, leig ris.

discovery *n* lorg *f*; nochdadh *m*.

discredit *n* mì-chliù *m*.

discreet *a* cùramach, faiceallach.

discrepancy *n* diofar *m*, mì-rèite *f*.

discretion *n* cùram *m*, faiceall *f*; *I'll leave it to your own d.*, fàgaidh mi agad fhèin e.

discriminate *v* eadar-dhealaich; *d. in favour of*, gabh taobh; *d. against*, rach an aghaidh/thoir breith an aghaidh.

discrimination *n* eadar-dhealachadh *m*, breith *f*.

discursive *a* falbhach, seachranach.

discuss *v* deasbair (mu), dèan còmhradh (air), beachdaich.

discussion *n* deasbaireachd *f*, còmhradh *m*, cnuasachadh *m*.

disdain *n* tàir *f*, dìmeas *m*.

disdain *v* cuir suarach.

disdainful *a* tàireil, tarcaiseach.

disease *n* euslaint *f*, galar *m*.

diseased *a* euslainteach, galarach.

disembark *v* rach/cuir air tìr.

disembowel *v* di-innidhich.

disengage *v* dealaich, cuir fa sgaoil.

disentangle *v* fuasgail, rèitich.

disestablishment *n* di-bhunachadh *m*.

disfavour *n* mì-fhàbhar *m*.

disfigure *v* mill, cuir á cruth.

disfranchise *v* thoir vòta air falbh bho.

disgrace *n* masladh *m*, tàmailt *f*.

disgrace *v* maslaich, nàraich.

disgraceful *a* maslach, nàir.

disgruntled *a* cànranach.

disguise *n* breug-riochd *m*.

disguise *v* cuir breug-riochd air.

disgust *n* gràin *f*, sgreamh *m*.

disgust *v* gràinich, sgreamhaich.

disgusting *a* gràineil, sgreamhail.

dish *n* (*porcelain*) soitheach *m*; (*large, or of metal*) mias *f*.

dish-cloth *n* tubhailt *f* shoithichean.

dish-washer *n* nigheadair-shoithichean *m*.

dishearten *v* mì-mhisnich.

dishonest *a* mì-onorach.

dishonesty *n* mì-onair *f*.

dishonour *n* eas-onair *f*, eas-urram *m*.

dishonourable *a* mì-chliùiteach.

disillusion *n* call *m* misneachd, fosgladh *m* sùla.

disinclination *n* mì-thoil *f*, leisge *f*.

disinclined *a* neo-thoileach, leisg (gu).

disinfectant *n* di-ghalaran *m*.

disingenuous *a* carach, sligheach.

disinherit *v* buin còir-bhreith o.

disinter *v* ath-chladhaich.

disinterested *a* neo-fhèinchuiseach.

disjoint *v* cuir ás an alt.

disjointed *a* an-altaichte.

disjunction *n* dealachadh *m*.

disk *n* clàr *m*.

dislike *n* mì-thaitneamh *m*.

dislocate *v* cuir á àite.

dislocation *n* cur *m* á(s) àite; (*of body*) cur/dol *m* á alt/ás an alt.

dislodge *v* cuir á àite.

disloyal *a* neo-dhìleas.

disloyalty *n* neo-dhìlseachd *f*.

dismal *a* dubhach, neo-shuilbhir.

dismantle *v* thoir ás a chèile.

dismay *n* uabhas *m*.

dismember *v* spìon o chèile.

dismiss *v* cuir air falbh, cuir á dreuchd.

dismount *v* teirinn, tùirling.

53

disobedience n eas-ùmhlachd f.

disobey v bi eas-umhail do, rach an aghaidh.

disorder n mì-riaghailt f, buaireas m, troimhe-chèile m.

disorderly a mì-riaghailteach.

disown v àicheidh, na gabh ri.

disparagement n tàir f.

disparate a diofaraichte, neo-ionnan.

disparity n neo-ionnanachd f.

dispassionate a stòlda, neo-bhuaireasach.

dispatch n cur m air falbh; *with d.*, le cabhaig.

dispel v sgaoil, fògair.

dispensary n ìoc-lann m.

dispensation n riarachadh m; *d. from*, cead m o.

dispense v riaraich, dèan an-àird cungaidh; *d. with*, dèan ás aonais.

disperse v sgap, sgaoil.

dispersal, dispersion n sgapadh m, sgaoileadh m.

displace v cuir á àite.

display n taisbeanadh m, foillseachadh m.

display v taisbean, foillsich.

displease v mì-thoilich.

displeasure n diomb m.

disposal n riarachadh m, cur m an dara taobh; *with the means at my d.*, leis na tha ri mo làimh.

dispose v suidhich, iomchair, cuir an dara taobh.

disposition n suidheachadh m, riarachadh m; (*natural*) mèin f, aigne f.

dispossess v cuir á seilbh.

dispossession n cur m á seilbh.

dispraise n diomoladh m.

dispraise v di-moil.

disproof n breugnachadh m.

disproportion n neo-ionnanachd f.

disproportionate a neo-fhreagarrach.

disprove v breugnaich.

disputant n connspoidiche m.

disputation n connsachadh m.

disputatious a connsachail.

dispute n connsachadh m.

dispute v connsaich, tagair.

disqualification n neo-iomchaidheachd f.

disqualify v dèan neo-iomchuidh.

disquiet n imnidh f.

disregard v dèan dìmeas air, cuir an neo-shuim.

disrepair n droch-chàradh m.

disreputable a neo-mheasail.

disrepute n mì-chliù m.

disrespect n eas-urram m.

disrespectful a eas-urramach.

disrobe v cuir (aodach) dheth.

disrupt v bris, reub.

disruption n briseadh m; *the Disruption*, Briseadh na h-Eaglaise.

dissatisfaction n mì-thoileachadh m, mì-riarachadh m.

dissatisfied a mì-riaraichte.

dissatisfy v mì-thoilich.

dissect v sgrùd; geàrr.

dissection n sgrùdadh m; gearradh m.

dissemble v cluainich.

disseminate v craobh-sgaoil.

dissemination n craobh-sgaoileadh m.

dissention n aimhreit f.

dissent n eas-aonta m.

dissent v eas-aontaich, mì-chòrd.

dissenter n ˙fear-dealachaidh m, eas-aontaire m.

dissentient a eas-aontach.

dissertation n tràchd f.

disservice n droch-chomain f.

dissimilar a eu-coltach.

dissimilarity n eu-coltas m.

dissimulation n cluain f.

dissipate v sgap, caith.

dissipation n ana-caitheamh m.

dissociate v eadar-sgar.

dissoluble a so-leaghadh.

dissolute a drùiseil.

dissolution n (*of matter*) leaghadh m, eadar-sgaoileadh m; fuasgladh m, sgaoileadh m.

dissolve v (of matter) leagh, eadar-sgaoil; fuasgail, sgaoil.

dissonance n di-shoineas m, seirbhe-ciùil f.

dissonant a searbh, neo-fhonnmhor.

dissuade v comhairlich an aghaidh.

distaff n cuigeal f.

distance n (space) astar m, fad m; (time) ùine f.

distant a de astar, fad air falbh, cèin; (of manner) fad às; (of relationship) fad a-mach.

distaste n droch bhlas m; I felt a d. for him, ghabh mi blas a' chnagain dheth.

distasteful a neo-bhlasta.

distemper n (illness) galar m.

distend v sèid.

distil v tarraing.

distillation n tarraing f.

distiller n grùdair m.

distillery n taigh-staile m.

distinct a soilleir; (clearly different) eadar-dhealaichte.

distinction n (difference) eadar-dhealachadh m; (of achievement, character) cliù m, òirdheirceas m.

distinctive a so-aithnichte, eadar-dhealaichte.

distinguish v eadar-dhealaich, dèan dealachadh eadar.

distinguished a òirdheirc, cliùiteach.

distort v fiaraich.

distortion n fiaradh m, ath-chumadh m.

distract v tarraing aire o, buair.

distracted a air a bhuaireadh; (of wits) air bhoile, breathalach.

distraction n buaireadh m, breathal m.

distrain v glac, cuir an grèim.

distress n àmhghar m, teinn f, sàrachadh m.

distress v sàraich, claoidh.

distressed a àmhgharach.

distribute v roinn, riaraich, compàirtich.

distribution n roinn f, compàirteachadh m.

distributive a compàirteach.

distributor n fear-sgaoilidh m, (pl.) luchd-s.; (of engine) uidheam-s. f.

district n ceàrn m, sgìre f.

district nurse n banaltram f sgìreachd.

distrust n mì-chreideas m, an-earbsa f.

distrustful a mì-chreideasach, an-earbsach.

disturb v cuir dragh air, buair.

disturbance n buaireas m, aimhreit f.

disunite v eadar-sgar, dealaich.

disunity n eadar-sgaradh m, eas-aonachd f.

disuse n mì-chleachdadh m; it fell into d., chaidh e á cleachdadh.

disyllabic a dà-shiollach.

disyllable n dà-shiollach m.

ditch n clais f, dìg f.

ditto adv and n an nì ceudna.

ditty n luinneag f, duanag f.

diurnal a làitheil.

dive v daoibhig, rach fon uisge.

diver n daoibhear m.

diverge v iomsgair.

divergent a iomsgaireach.

diverse a eugsamhail, eadar-mheasgte.

diversification n eugsamhlachd f; sgaoileadh m.

diversify v sgaoil.

diversion n claonadh m; (pastime) fearas-chuideachd f.

diversity n eugsamhlachd f, iomadachd f.

divert v claon, tionndaidh air falbh.

divest v rùisg; leig dhe.

divide v roinn, pàirtich.

dividend n earrann f, roinn f.

divider(s) n roinneadair m.

divination n fàistneachd f.

divine n diadhaire m.

divine a diadhaidh.

divine v dèan a-mach.

divinity n diadhachd f.

divisible a so-roinn.

55

division *n* roinn *f*, pàirteachadh *m*, dealachadh *m*.

divorce *n* dealachadh *m* (pòsaidh).

divorce *v* dealaich ri.

divulge *v* foillsich, taisbein, leig ris.

dizziness *n* tuainealaich *f*.

dizzy *a* tuainealach; *a d. height*, àirde mhìorbhaileach.

do *v* dèan; *he did two miles on foot*, rinn e dà mhìle de choiseachd; *how d. you d.?* ciamar a tha thu?; *d. into* (*translate*) eadar-theangaich; (*cheat*) thoir an car á; *I am done with it*, tha mi ullamh dheth; *the day is done*, tha an là seachad; *he writes better than I d.*, sgrìobhaidh e nas fheàrr na mise; *d. you like tea? I d.* an toigh leat teatha? Is toigh (leamsa); *d. away with*, cuir crìoch air; *d. in*, marbh.

docile *a* ceannsa.

dock *n* (*plant*) copag *f*; (*shipping etc.*) port *m*, doca *m*.

dock *v* geàrr.

docken *n* copag *f*, cuiseag *f*.

dockyard *n* long-lann *m*, doca *m*.

docker *n* docair *m*.

doctor *n* (*med.*) lighiche *m*, doctair *m*; (*learned d.*) ollamh *m*.

doctorship *n* ollamhachd *f*.

doctrinaire *a* rag-bharaileach.

doctrine *n* teagasg *m*.

document *n* sgrìobhainn *f*.

documentary *a* aithriseach.

dodge *n* cleas *m*.

dodge *v* (*avoid*) seachainn; falbh o thaobh gu taobh.

doe *n* maoiseach *f*.

doer *n* fear *m* math gu dèanamh.

doff *v* cuir dhe.

dog *n* cù *m*, madadh *m*.

dog *v* lean (air lorg).

dogdays *n* Iuchar *m*.

dog-fish *n* biorach *f*.

dog-tired *a* cho sgìth ris a' chù.

dogged *a* doirbh, leanailteach.

doggerel *n* rabhdaireachd *f*.

dogma *n* gnàth-theagasg *m*.

dogmatic *a* dìorrasach.

dogmatism *n* dìorras *m*; gnàth-theagasgachd *f*.

dole *n* dòil *m*.

dole *v* roinn, riaraich.

doleful *a* brònach, dubhach.

doll *n* liùdhag *f*, doile *f*.

dollar *n* dolair *m*.

dolorous *a* muladach, doilgheasach.

dolt *n* burraidh *m*, ùmaidh *m*.

domain *n* tighearnas *m*; (*ling*) raon *m*.

domestic *n* searbhanta *m*.

domestic *a* teaghlachail; dìomhair.

domesticate *v* càllaich.

domesticity *n* teaghlachas *m*.

domicile *n* fàrdach *f*.

dominant *a* smachdail.

dominate *v* ceannsaich, smachdaich.

domination *n* ceannsachadh *m*, smachdachadh *m*.

domineer *v* sàraich.

dominie *n* maighstir-sgoile *m*.

dominion *n* uachdranachd *f*.

donate *v* thoir tabhartas/tiodhlac.

donation *n* tabhartas *m*, tiodhlac *m*.

done *past part* dèante.

Donegal *n* Dùn nan Gall.

donkey *n* asal *f*.

donor *n* tabhartaiche *m*.

doom *n* binn *f*, dìteadh *m*, dàn *m*.

doom *v* dìt.

doomsday *n* latha-luain *m*.

door *n* doras *m*; *main d.*, doras mòr; (*the door valve*) còmhla *f*.

door-bell *n* clag *m* an dorais.

door-handle *n* làmh *f* an dorais.

doorpost *n* ursainn *f*.

dope *n* druga(ichean) *f* (*pl*).

dormant *a* 'na chadal, dìomhair.

dormitory *n* seòmar-cadail *m*.

dormouse *n* dall-luch *f*.

dorsal *a* druimneach.

dose *n* tomhas *m*, dòs *m*.

dossier *n* fiosrachadh *m*.

dot *n* puing *f*.

dotage *n* leanabachd *f* na h-aoise.

dote v bi an trom ghaol.

double n dùbladh m, dùblachadh m; uimhir eile f; *doubles (games)* cluiche f ceathrar.

double a dùbailte, dà-fhillte; d. *(the amount)* a dhà uimhir.

double v dùblaich; dèan/thoir uimhir eile.

double-barrelled a dà-bharaille.

double bass n prò-bheus m.

double chin n sprogan m, sprogaill f.

double-dealer n cealgair m.

double-decker n (bus m etc.) dà-ùrlair.

doublet n peitean m, siosacot m.

doubt n teagamh m, imcheist f.

doubt v cuir an teagamh, cuir teagamh ann.

doubtful a teagmhach, mì-chinnteach, amharasach.

doubtless adv gun teagamh, gu cinn-teach.

dough n taois f.

doughty a gaisgeil, calma.

dour a dùr.

douse v smàl.

dove n calman m.

dovetail(ing) n amladh m; gròbadh m.

dowdy a sean-fhasanta, sgleòideach.

down n clòimh-iteach m.

down prep shìos, sìos, a-nuas; *he was d.*, bha e shìos; *he came d.*, thàinig e a-nuas; d. *with you*, sìos leat.

down v leag sìos.

downcast a smuaireanach, dubhach.

downfall n tuiteam m, leagadh m.

downhill adv sìos an leathad, leis a' bhruthach.

downpour n dìle f (bhàite).

downright a dìreach.

downright adv air fad, gu tur, glan.

downstairs adv *(rest in)* shìos staidhre; *(motion towards)* sìos staidhre.

downward a sìos, le bruthach.

downwards adv sìos, a-nuas; *going d.*, a' dol sìos; *coming d.*, a' tighinn a-nuas.

downy a clòimh-iteach, mìn.

dowry n tochradh m.

doze n clò-chadal m.

doze v rach an clò-chadal; *he dozed off*, chaidh e 'na chlò-chadal, thàinig clò-chadal air.

dozen n dusan m.

dozy a cadalach.

drab a *(of colour)* lachdann; *(of experience etc.)* neo-chridheil.

draff n dràbhag f.

draft n *(payment)* bann m (airgid); *(mil.)* foireann m.

drag v slaod, tarraing.

dragnet n lìon m sgrìobaidh.

dragon n dràgon m, nathair-sgiathach f.

dragonfly n tarbh-nathrach m.

drain n clais f, drèana f.

drain v sìolaidh, traogh.

drainage n drèanadh m.

drainpipe n pìob-thraoghaidh f.

drake n dràc m, ràc m.

dram n dràm m, drama m.

drama n dràma m.

dramatic a dràmatach.

dramatist n dràmaire m.

draper n ceannaiche m aodaich.

draught n *(of liquid)* tarraing f, strùbadh m; *(of air)* gaoth f troimh tholl.

draught-beer n leann m baraille.

draught-board n bòrd-dàmais m.

draughts n dàmais f.

draughtsman n fear-tarraing m.

draw v tarraing, dragh, slaod; *(of liquid)* deoghail; d. *out*, sìn; *(with pencil, pen)* dèan dealbh, tarraing dealbh; d. *lots*, cuir croinn.

drawer n drabhair m.

drawing n dealbh m, f.

drawing-board n clàr-tarraing m.

drawing-pin n tacaid f.

drawl n còmhradh m slaodach.

drawl v labhair gu slaodach.

drawn a tàirnnte.

dread n oillt f, eagal m beatha; *I had a d. of that,* bha eagal mo bheatha orm roimhe sin/mu dheidhinn sin.

dread v oilltich.

dreadful a eagalach.

dream n aisling f, bruadar m.

dream v bruadair, faic aisling.

dreamer n bruadaraiche m, aislingiche m.

dreary a tiamhaidh, dòrainneach.

dredge v glan grùnnd (aibhne, loch etc.).

dregs n druaip f, grùid f.

drench v dèan bog-fliuch; *she was drenched,* dhrùidh e oirre.

drenched a bog-fliuch.

dress n aodach m, dreasa f.

dress v cuir aodach air, sgeadaich; *d. up,* sgeadaich, spleogaig.

dresser n (*furniture*) dreasair m.

dressing n (*agric.*) leasachadh m; (*med.*) ìoc-chòmhdach m; *salad d.,* annlan m.

dressing-room n seòmar-sgeadachaidh m.

dressing-table n bòrd-sgeadachaidh m.

dribble n beag-shileadh m.

dribble v sil; (*of football*) drioblaig.

drift n siabadh m; *sand-d., sea-spray,* siaban m; *snow-d.,* cuithe f sneachd; (*of agrument etc.*) cùrsa m, brìgh f.

drift v siab, cuir le gaoith, cuir 'na chuithe.

drifter n (*boat*) driftear m.

drill n snìomhaire m; *army d.,* drile f; *vegetable d.,* sreath m.

drill v drilich.

drilling-platform n clàr-tollaidh m.

drink n deoch f.

drink v òl, gabh.

drinkable a so-òl.

drinker n fear-òil m.

drip n sileadh m, snighe m.

drip v sil, snigh.

drive v greas, iomain, ruag; (*of a car*) stiùir, dràibh(ig).

drivel n còmhradh m amaideach.

driven *past part* air iomain, ruagte.

driver n fear m iomain, dràibhear m.

driving n dràibheadh m, dràibhigeadh m.

driving-wheel n cuibhle f stiùiridh.

drizzle n ciùthran m, ciùthranaich f.

droll a neònach, ait.

drollness n neònachas m.

dromedary n dromadair m.

drone n (*bee*) seillean m dìomhain; (*of a person*) leisgean m; (*of bagpipes*) dos m; (*of sound*) torman m.

droop v searg, crom, aom.

drop n boinne f, braon m, drùdhag f, srùbag f.

drop v leig ás, leig seachad, tuit, cuir; (*of liquid*) sil; (*give birth to*) beir; *he dropped the book,* leig e ás an leabhar; *you had better d. that,* 's fheàrr dhut sin a leigeil seachad; *she dropped dead,* thuit i marbh; *the price dropped,* thuit a' phrìs; *d. into the habit of,* dèan cleachdadh de; *d. a letter into the box,* cuir litir sa' bhocsa; *d. a line,* cuir sgrìobag.

dropsical a meud-bhronnach.

dropsy n a' mheud-bhronn f.

dross n smùr m, sal m.

drought n turadh m, tiormachd f; (*extreme thirst*) tart m.

droughty a tioram, tartmhor.

drove n treud m, dròbh m.

drover n dròbhair m.

drown v (*trans*) bàth; (*intrans*) bi air bàthadh; *he was drowned,* bha e air a bhàthadh; *she was drowned,* bha i air a bàthadh.

drowning n bàthadh m.

drowsy a cadalach, trom-cheannach.

drub v ludraig, slac, slacainn.

drudge n tràill f, dubh-chosannach m.

drudgery n dubh-chosnadh m, tràill-ealachd f.

drug n droga f, cungaidh-leighis f.

drugget n drògaid f.

druggist n drogadair m.

druid n draoidh m.

druidical *a* draoidheil.
druidism *n* draoidheachd *f*.
drum *n* druma *f*.
drum-major *n* màidsear-druma *m*.
drummer *n* drumair *m*.
drumstick *n* bioran-druma *m*.
drunk *a* air mhisg; *he was d.*, bha e air mhisg, bha an daorach air.
drunkard *n* misgear *m*.
drunkenness *n* misg *f*, daorach *f*.
dry *a* tioram; (*thirsty*) ìotmhor.
dry *v* tiormaich.
dry-clean *v* tioram-ghlan.
dry-dock *n* doca-gràbhalaidh *m*.
dry-rot *n* crìon-lobhadh *m*.
dryer *n* tiormadair *m*.
dryness *n* tiormachd *f*.
dual *a* dùbailte.
dual-carriageway *n* rathad *m* dùbailte.
dub *v* (*of sound track*) dùblaich; (*of knighthood*) dèan.
dubious *a* neo-chinnteach, teagmhach.
Dublin *n* Baile Atha Cliath.
duchess *n* ban-diùc *f*.
duck *n* tunnag *f*, lach *f*.
duck *v* (*put under water*) tum; (*bend*) crùb.
ducking *n* tumadh *m*.
duct *n* pìob-ghiùlain *f*.
ductile *a* sùbailtc, so-ghluaiste.
dud *n* rud *m* gun fheum.
due *n* còir *f*, dlighe *f*, fiach *m*.
due *a* dligheach, cubhaidh; (*of debt*) ri phàigheadh; *he is d. his brother ten pounds*, tha deich notaichean aig a bhràthair air.
duel *n* còmhrag-dithis *f*.
duet *n* òran-dithis *m*, òran-càraid *m*, dìsead *m*.
duffel, duffle *n* and *a* dufail *m*.
dug *n* sine *f*.
duke *n* diùc *m*.
dulcet *a* binn, fonnmhor.
dull *a* trom-inntinneach, smuaireanach; (*of intellect*) maol, tiugh.
dull *v* maolaich, tromaich.

dulness *n* truime *f*, maoile *f*.
dulse *n* duileasg *m*.
duly *adv* gu riaghailteach.
dumb *a* balbh, tosdach; *dumb person*, balbhan *m*.
dumbness *n* balbhachd *f*, tosdachd *f*.
dummy *n* (*male*) fear-brèige *m*, (*female*) breugag *f*.
dump *n* òcrach, òtrach *m*.
dump *v* caith air falbh, càrn.
dumpling *n* turraisg *f*, duff *m*.
dumps *n* airtneal *m*.
dun *a* ciar, lachdann, odhar.
dun *v* tagair fiachan.
dunce *v* ùmaidh *m*.
dung *n* innear *f*, buachar *m*, todhar *m*.
dung *v* mathaich, leasaich, inneirich.
dungaree *n* dungairidhe *m*.
dungeon *n* toll-dubh *m*.
dunghill *n* dùnan *m*, sitig *f*.
duodecimal *a* dà-dheugach.
duodenal *a* duo-dìncach.
dupe *v* meall, thoir an car á.
duplicate *n* dùblachadh *m*, mac-samhail *m*.
duplicate *v* dùblaich, dèan mac-samhail de.
duplicator *n* dùblaichear *m*.
duplicity *n* dùbailteachd *f*.
durability *n* maireannachd *f*.
durable *a* maireannach, buan.
duration *n* fad *m*, rè *f*.
during *prep* rè, air feadh.
dusk *n* eadar-sholas *m*, duibhre *f*.
dusky *a* ciar, dorcha.
dust *n* dust *m*, duslach *m*, stùr *m*; (*of corpse*) dust *m*, luaithre *f*.
dust *v* glan stùr dhe; crath stùr air, dustaig.
dust-jacket *n* seacaid *f*.
dustbin *n* biona-stùir *m*.
duster *n* dustair *m*.
dusty *a* dustach.
Dutch *a* Duidseach.
Dutchman *n* Duidseach *m*.
Dutch courage *n* misneachd *f* òil.

dutiful *a* umhail.

duty *n* dleasdanas *m*, dleasnas *m*; (*excise etc.*) diùtaidh *m*.

duty-free *a* saor o dhiùtaidh.

dux *n* dux *m*.

dwarf *n* troich *m, f*, luchorpan *m*, luchraban *m*.

dwarfish *a* troicheil.

dwell *v* gabh còmhnaidh ann, tuinich.

dweller *n* fear-àiteachaidh *m*, fear-còmhnaidh *m*.

dwelling *n* taigh-còmhnaidh *m*, fàrdach *f*.

dwindle *v* lùghdaich, crìon, caith air falbh.

dye, dying *n* dath *m*.

dye *v* dath.

dyer *n* dathadair *m*.

dying *n* bàsachadh *m*.

dyke *n* gàrradh *m*.

dynamic *a* fiùghantach.

dynamics *n* dinimic *m*.

dynamite *n* dinimit *m*.

dynamo *n* dìneamo *m*.

dynasty *n* rìgh-shliochd *m*.

dysentery *n* an sgàird *f*, a' bhuinneach *f*.

dyspepsia *n* an do-chnàmh *m*.

E

each *a* gach, gach aon; *pron* gach aon; an duine, an ceann; a chèile; *we paid 20p e.*, phàigh sinn fichead sgillinn an duine; *they came close to e. other*, thàinig iad faisg air a chèile.

eager *a* dealasach, dùrachdach.

eagerness *n* dealas *m*, dùrachd *f*.

eagle *n* iolair *f*, fìoreun *m*.

eaglet *n* isean *m* iolaire.

ear *n* cluas *f*; (*of corn*) dias *f*.

ear-mark *n* comharradh *m* (cluaise).

ear-mark *v* cuir comharradh air.

ear-phone *n* cluasan *m*.

ear-ring *n* cluas-fhail *f*.

ear-shot *n* èisdeachd *f*.

earl *n* iarla *m*.

earldom *n* iarlachd *f*.

early *a* tràth, moch; (*of potatoes*) luath-aireach.

earn *v* coisinn.

earnest *n* eàrlas *m* (*also* àirleas); *in e.*, da-rìribh.

earnest *a* dùrachdach, dìoghrasach.

earning(s) *n* cosnadh *m*, tuarasdal *m*.

earth *n* talamh *f*; (*soil*) ùir *f*.

earth-worm *n* cnuimh-thalmhainn *f*, daolag *f*, baoiteag *f*.

earthenware *n* soitheach *m*/soithichean criadha.

earthly *a* talmhaidh.

earthquake *n* crith-thalmhainn *f*.

earwig *n* fiolan *m*, fiolan-gòbhlach *m*, gòbhlag *f*.

ease *n* fois *f*, socair *f*.

ease *v* faothaich, lasaich.

easeful *a* socrach.

easel *n* dealbh-thaic *f*.

easement *n* furtachd *f*, faothachadh *m*.

east *n* ear *f*, an àirde *f* an ear.

Easter *n* Càisg *f*, A' Chàisg *f*.

easterly *a* an ear, on ear.

easy *a* furasda, soirbh; (*of clothes' fit*) farsaing.

eat *v* ith.

eatable *a* so-ithe.

eaves *n* anainn *f*.

eavesdropper *n* fear-farchluaise *m*.

eavesdropping *n* farchluais *f*.

ebb *n* tràghadh *m*; *the lowest e.*, conntraigh *f*.

ebb *v* tràigh.

eccentric *a* mì-riaghailteach, iomrallach.

eccentricity *n* mì-riaghailteachd *f*, iomrallachd *f*.

ecclesiastic *n* pears-eaglais *m*.

ecclesiastic *a* eaglaiseil.

echinoderm *n* echinodairm *m*.

echo *n* mac-talla *m*.

echo *v* aithris, ath-aithris.

eclectic *a* roghainneach.

eclipse *n* dubhadh *m* grèine/gealaich.

ecology *n* eag-eòlas *m*.

economic *a* eaconomach.

economical *a* cùramach.

economics *n* eaconomachd *f*.

economist *n* eaconomair *m*.

economise *v* caomhain.

economy *n* eaconomaidh *m*; banas-taighe *f*; caontachd *f*.

ecstacy *n* àrd-èibhneas *m*.

ecstatic *a* àrd-èibhneach.

ectoderm *n* eactodairm *m*.

ectodermal *a* eactodairmeach.

ecumenical *a* uil-eaglaiseil.

eczema *n* eacsama *f*.

eddy *n* saobh-shruth *m*.

eddy-wind *n* iomaghaoth *f*.

Eden *n* Eden.

edge *n* (*of road etc.*) oir *m*, iomall *m*, bruach *f*; (*of knife etc.*) faobhar *m*.

edge *v* dèan oir/iomall; *e. away*, siab air falbh.

edgewise *adv* air oir.

edible *a* ion-ithe.

edict *n* reachd *m*.

edification *n* oileanachadh *m*, togail *f* suas.

edifice *n* aitreabh *m*, togalach *m*.

edify *v* teagaisg, caoin-ionnsaich.

Edinburgh *n* Dun Eideann.

edit *v* deasaich.

edition *n* deasachadh *m*, clò-bhualadh *m*, eagran *m*.

editor *n* fear-deasachaidh *m*.

editorial *a* deasachaidh.

educate *v* foghlaim, teagaisg.

education *n* foghlam *m*, oideachas *m*.

educational *a* oideachail.

Edward *n* Eideard, Iomhar.

eek *v e. out*, cuir ri.

eel *n* easgann *f*.

efface *v* dubh a-mach, mill.

effect *n* buaidh *f*, buil *f*, toradh *m*.

effect *v* thoir gu buil, coilion.

effective *a* èifeachdach, buadhach.

effectively *adv* gu h-èifeachdach, le èifeachd.

effectless *a* neo-èifeachdach.

effectual *a* èifeachdail; *a. calling*, a' ghairm èifeachdach.

effeminacy *n* boireanntachd *f*.

effeminate *a* boireannta.

effervescent *a* bruichneach.

efficacious *a* èifeachdach.

efficacy *n* èifeachd *f*.

efficient *a* èifeachdach, comasach.

effigy *n* ìomhaigh *f*.

efflorescence *n* tighinn *m* fo bhlàth.

effluent *n* sruthadh *m*.

effort *n* ionnsaigh *m, f*, dìcheall *m*.

effrontery *n* bathais *f*, ladarnas *m*.

effusion *n* dòrtadh *m*.

effusive *a* so-labhairteach.

egg *n* ugh *m*.

egg *v.e. on*, spreag.

egg-cup *n* gucag-uighe *f*.

egg-powder *n* pùdar-uighean *m*.

egg-shell *n* plaosg-uighe *m*.

egg-spoon *n* spàin-uighe *f*.

ego *n* ego *m*.

egotism *n* fèin-spèis *f*.

egotist *n* fèin-spèisiche *m*.

egotistical *a* fèin-spèiseach.

Egypt *n* An Eiphit *f*.

Egyptian *n* and *a* Eiphiteach *m*.

eight *n* ochd.

eight people *n* ochdnar; *e. men*, ochdnar fhear.

eighth *a* ochdamh.

eighteen *n* ochd-deug.

eighthly *adv* anns an ochdamh àite.

eightsome reel *n* ruidhle-ochdnar *m*.

eighty *n* ceithir fichead, ochdad.

eisteddfod *n* eisteddfod *m*, mòd *m*.

either *a, pron, conj, adv* on *e. side of him*, air gach taobh dheth; *e. you or I*, an dara cuid thusa no mise; *e. of them*, an dara/dàrna fear dhiubh; *I don't believe e. of you*, chan eil mi a' creidsinn fear seach fear agaibh; *he isn't here e.*, chan eil e an seo a bharrachd.

ejaculate *v* cuir a-mach.

eject *v* cuir a-mach, tilg a-mach.

ejection *n* cur *m* a-mach, fuadach *m*.

elaborate *a* saothraichte.

elaborately *adv* le mòr shaothair.

elapse *v* rach seachad.

elastic *n* lastaic *f*.

elastic *a* sùbailte, sìnteach.

elasticity *n* sùbailteachd *f*, so-shìnteachd *f*.

elate *v* tog suas, dèan aoibhneach.

elbow *n* uileann *f*.

elbow *v* uinnlich.

elbow-joint *n* alt *m* na h-uillne.

elbow-room *n* cothrom *m* gluasaid.

elder *n* (*in church*) eildear *m*, foirfeach *m*; (*tree*) droman *m*.

elder *a* nas/as sine.

elderly *a* sean, aosmhor.

elders *n* seanairean, athraichean.

eldership *n* dreuchd *f* eildeir/foirfich.

elect *v* tagh.

elect, elected *a* air a thaghadh, taghte.

election *n* taghadh *m*.

electioneering *n* taghadaireachd *f*.

elective *a* taghach.

elector *n* taghadair *m*.
electoral *a* taghaidh.
electorate *n* luchd-taghaidh *m*.
electric, electrical *a* dealain.
electrician *n* dealanair *m*.
electricity *n* dealan *m*.
electrification *n* dealanachadh *m*.
electrify *v* dealanaich.
electro- dealan-.
electro-chemistry *n* dealan-cheimiceachd *f*.
electrocute *v* dealan-mharbh.
electron *n* eleactron *m*.
electronic *a* eleactronach.
electro-plate *v* dealan-airgidich.
electrostatic *a* eleactro-stadach.
elegance *n* grinneas *m*, eireachdas *m*.
elegant *a* grinn, eireachdail.
elegiac *a* caointeach.
elegy *n* marbhrann *m*, tuireadh *m*.
element *n* dùil *f*, eileamaid *f*.
elemental *a* dùileach.
elementary *a* bun-, bunasach; *e. school*, bun-sgoil *f*.
elephant *n* ailbhean *m*.
elevate *v* àrdaich, tog suas.
elevation *n* (*process*) àrdachadh *m*; (*state*) àirde *f*; (*plan*) dealbh *m, f*.
elevator *n* àrdaichear *m*.
eleven *a* and *n* aon — deug, *e.g.e. men*, aon duine deug; a h-aon deug, *e.g. e. of them*, a h-aon deug dhiubh.
elicit *v* faigh, lorg a-mach.
eligible *a* ion-tagha.
eliminate *v* geàrr ás.
elision *n* bàthadh *m*.
elixir *n* ìocshlaint *f*.
Elizabeth *n* Ealasaid.
elk *n* lon *m*.
ell *n* slat *f* Albanach.
Ellen *n* Eilidh.
ellipse *n* eilips *f*.
elliptical *a* eilipseach.
elm *n* leamhan *m*.
elocution *n* deas-chainnt *f*, uirgheall *m*.
elongate *v* fadaich, sìn a-mach.

elongation *n* fadachadh *m*, sìneadh *m* a-mach.
elope *v* teich, ruith air falbh.
eloquence *n* deas-bhriathrachd *f*.
eloquent *a* deas-bhriathrach, fileanta.
else *a* and *adv* eile *e.g. is there anyone e. at home?* bheil duine eile aig an taigh?; *anywhere e.*, an àite sam bith eile; *or e.*, air neo.
elucidate *v* soilleirich.
elucidation *n* soilleireachadh *m*.
elude *v* seachainn, èalaidh ás.
elusive *a* èalaidheach.
Elysian *a* pàrrasach.
emaciation *n* seargadh *m*.
emancipate *v* saor, fuasgail.
emancipation *n* saorsa *f*, fuasgladh *m*.
emasculate *v* me ataich; spoth.
embalm *v* spìosraich.
embargo *n* bacadh *m*, long-chasgadh *m*.
embark *v* cuir air bòrd, rach air bòrd.
embarrass *v* cuir troimhe chèile, beagnàraich.
embarrassment *n* beag-nàrachadh *m*.
embassy *n* tosgaireachd *f*.
embellish *v* sgeadaich, brèaghaich.
embellishment *n* sgeadachadh *m*, brèaghachadh *m*.
ember *n* èibhleag *f*.
embezzle *v* dèan maoin-èalachadh.
embezzlement *n* maoin-èalachadh *m*.
embitter *v* dèan searbh.
emblem *n* suaicheantas *m*.
emboss *v* gràbhail.
embrace *v* iath an glacaibh.
embrocation *n* acainn-suathaidh *f*.
embroider *v* cuir obair-ghrèis air.
embroidery *n* obair-ghrèis *f*.
embroil *v* buair, aimhreitich.
embryo *n* suth *m*.
emendation *n* leasachadh *m*, ceartachadh *m*.
emerald *n* smàrag *f*.
emerge *v* thig an uachdar.
emergency *a* bàlanaich *m*, cruaidh-chàs *m*.

emergent *a* tighinn am follais.

emery *n* èimear *m*.

emetic *n* purgaid *f*.

emigrant *n* eilthireach *m*.

emigrate *v* dèan eilthireachd.

eminence *n* àirde *f*, mòr-inbhe *f*.

eminent *a* àrd, inbheil.

emissary *n* teachdaire *m*.

emission *n* leigeil *m* fa-sgaoil.

emit *v* leig a-mach/fa-sgaoil.

emolument *n* tuarasdal *m*.

emotion *n* tòcadh *m*.

emotional *a* tòcail.

emperor *n* ìompaire *m*.

emphasis *n* cudrom *m*.

emphatic *a* neartmhor, làidir.

empire *n* ìompaireachd *f*.

empirical *a* deuchainneach.

employ *v* fasdaich, thoir obair do.

employee *n* fear-obrach *m*, oibriche *m*.

employer *n* fastaidhear *m*.

employment *n* obair *f*.

empoverish *v* dèan bochd.

empower *v* thoir comas/ùghdarras do.

empress *n* ban-ìompaire *f*.

emptiness *n* falamhachd *f*.

empty *a* falamh, fàs.

empty *v* falmhaich, fàsaich.

emulate *v* dèan strì ri.

emulation *n* strì *f*.

emulous *a* farmadach.

en bloc *adv* ann an cnap.

en route *adv* air an t-slighe.

enable *v* dèan comasach.

enact *v* coilion, òrdaich.

enamel *n* cruan *m*.

encage *v* cuir an cèidse.

encamp *v* càmpaich.

encampment *n* càmpachadh *m*.

encash *v* faigh airgead air.

enchain *v* geimhlich.

enchant *v* cuir fo gheasaibh.

enchantment *n* draoidheachd *f*, aoibh-neas *m*.

encircle *v* cuartaich.

enclose *v* cuartaich, iadh mun cuairt.

enclosure *n* crò *m*, iathadh *m*; (*of documents etc.*) (rud a tha) a-staigh.

encomium *n* moladh *m*.

encore *n* encore *m*; *exclam.* a-rithist.

encounter *n* coinneachadh *m*.

encounter *v* coinnich, tachair.

encourage *v* misnich, brosnaich.

encouragement *n* misneachadh *m*, bros-nachadh *m*.

encroach *v* thig a-steach, rach thar crìch.

encumber *v* luchdaich.

encumbrance *n* uallach *m*.

encyclopedia *n* leabhar *m* mòr-eòlais.

end *n* deireadh *m*, crìoch *f*, ceann *m*; *the e. of the story*, deireadh/crìoch an sgeòil; *the e. of the week/year*, ceann na seachdanach/blianna; *the far e.*, ceann thall; *from e. to e.*, o cheann gu ceann; *man's chief e.*, crìoch àraidh an duine; *two hours on e.*, dà uair slàn; *we will never hear the e. of it*, cha chluinn sinn a chaoidh a dheireadh.

end *v* cuir crìoch air, thoir gu ceann.

endanger *v* cuir an cunnart.

endear *v* tarraing spèis.

endearment *n* facal *m* mùirn.

endeavour *n* ionnsaigh *m*, *f*, spàirn *f*.

endemic *a* dùthchasach.

endless *a* neo-chrìochnach, gun cheann, sìorraidh.

endorse *v* cùl-sgrìobh.

endorsement *n* cùl-sgrìobhadh *m*.

endow *v* bronn.

endowment *n* bronnadh *m*.

endurance *n* fulang *m*.

endure *v* fuiling, fuilig; fuirich.

enemy *n* màmhaid *m*, eas-caraid *m*.

energetic *a* brìoghmhor.

energize *v* cuir brìogh ann.

energy *n* brìogh *f*, neart *m*, spionnadh *m*, lùths *m*.

enervate *v* lagaich, meataich.

enfold *v* fill.

enforce *v* co-èignich, spàrr; thoir gu buil.

enforcement *n* co-èigneachadh *m*.

enfranchise *v* saor; thoir còir vòtaidh/ taghaidh do.

enfranchisement *n* saoradh *m*; còir *f* vòtaidh/taghaidh.

engagement *n* gealladh *m* (-pòsaidh), gealltanas *m*, cùmhnant *m*.

engender *v* gin.

engine *n* inneal *m*, uidheam *f*, beairt *f*, einnsean *m*.

engineer *n* innleadair *m*; *chief e.*, prìomh innleadair; *sub-e.*, fo-i.; *electrical e.*, innleadair-dealain; *mechanical e.*, uidheam-i.; *civil e.*, i.-thogalach.

engineer *v* innlich.

engineering *n* innleadaireachd *f*.

England *n* Sasainn *f*.

English *n* Beurla (Shasannach) *f*.

English *a* Sasannach.

Englishman *n* Sasannach *m*.

Englishwoman *n* Ban-Shasannach *f*.

engrave *v* gràbhail.

engraver *n* gràbhalaiche *m*.

enhance *v* meudaich, tog an luach.

enigma *n* dubhfhacal *m*.

enigmatical *a* dubhfhaclach.

enjoin *v* òrdaich, earalaich.

enjoy *v* meal, gabh tlachd ann, còrd; *congratulations* (*lit. enjoy your news*) mcal do naidheachd; *they enjoyed the trip*, chòrd an turas riutha; *he enjoys good health*, tha deagh shlàinte aige.

enjoyment *n* toil-inntinn *f*, toileachas *m*, tlachd *f*.

enkindle *v* fadaidh, beothaich, dùisg.

enlarge *v* meudaich, leudaich.

enlargement *n* meudachadh *m*, leudachadh *m*; (*phot.*) meudachadh *m*.

enlarger *n* (*phot.*) uidheam-meudachaidh *f*.

enlighten *v* soillsich, soilleirich.

Enlightenment, the *n* An Soillseachadh *m*.

enlist *v* (*mil.*) liostaig; *he enlisted the help of the neighbours*, dh'iarr/thug e

air na nàbaidhean a chuideachadh.

enliven *v* beothaich.

enmity *n* nàimhdeas *m*, mì-rùn *m*.

ennoble *v* uaislich, àrdaich.

ennoblement *n* uaisleachadh *m*, àrd-achadh *m*.

ennui *n* airtneal *m*, fainne *f*.

enormity *n* uabhas *m*, cùis-ghràin *f*.

enormous *a* uabhasach, ana-mhòr.

enough *a* and *n* (gu) leòr; *he had enough money*, bha airgead gu leòr aige; bha a leòr airgid aige; *did you get e.?*, an d'fhuair thu do leòr?; *e. is as good as a feast*, fòghnaidh na dh'fhòghnas.

enquire *v* feòraich, faighnich.

enrage *v* feargaich.

enrich *v* dèan saidhbhir.

enrol *v* clàraich.

enrolment *n* clàrachadh *m*.

enshrine *v* taisg.

ensign *n* bratach *f*.

enslave *v* tràillich.

enslavement *n* tràillealachd *f*.

ensue *v* lean.

ensure *v* dèan cinnteach.

entail *v* (*leg.*) cuir fo chòir dhligheach; *that entailed his making a long journey*, thug sin air turas fada a dhèanamh.

entangle *v* rib, cuir an sàs.

entente *n* càirde *m*.

enter *v* rach/thig a-steach, inntrig; *e. into*, rach an sàs ann.

enterprise *n* ionnsaigh *m, f*, iomairt *f*; *he shows e.*, tha cur-leis *m* ann; *free e.*, cur-leis saor; *Highland Enterprise*, Iomairt na Gaidhealtachd; *private e.*, iomairt phrìobhaideach.

enterprising *a* ionnsaigheach.

entertain *v* (*domestically*) thoir aoigheachd (*musically etc.*) dèan fearas-chuideachd, oirfidich.

entertainer *n* oirfideach *m*.

entertainment *n* aoigheachd *f*; oirfideas *m*.

enthusiasm *n* dìoghras *m*.

enthusiast *n* fear *m* dealasach.

enthusiastic *a* dìoghrasach.

entice *v* meall, tàlaidh, thoir a thaobh.

entire *a* iomlan, slàn, uile.

entirely *adv* gu lèir.

entitle *v* thoir còir; (*of a book*) thoir tiodal do/cuir t. air; *he is entitled to do that*, tha còir aige sin a dhèanamh.

entity *n* bith *f*.

entrails *n* mionach *m*, caolain *m pl*; (*esp. of animals*) greallach *f*.

entrance *n* dol/teachd *m* a-steach, inntrigeadh *m*; *main e.*, doras *m* mòr, prìomh dhoras; *e. examination*, deuchainn *f* inntrigidh; *e. fee*, tàille *f* inntrigidh.

entrap *v* rib, cuir an sàs.

entreat *v* guidh.

entreaty *n* guidhe *m, f*.

entrepreneur *n* fear-tionnsgain *m*.

entrust *v* cuir air cùram, cuir cùram (*gen. of thing entrusted*) air.

entry *n* teachd *m* a-steach, inntrigeadh *m*; (*in a ledger etc.*) clàrachadh *m*.

entwine *v* imfhill.

enumerate *v* àirmhich.

enumeration *n* àireamh *f*, cùnntas *m*.

enunciate *v* cuir an cèill, aithris.

enunciation *n* cur *m* an cèill, aithris *f*.

envelop *v* còmhdaich, cuartaich.

envelope *n* cèis *f* (litreach).

enviable *a* airidh air farmad.

envious *a* farmadach.

environment *n* coimhearsnachd *f*.

envoy *n* tosgair *m*.

envy *n* farmad *m*, tnù *m*.

envy *v* dèan farmad; *I envied him*, bha farmad agam ris.

enzyme *n* beirmear *m*.

ephemeral *a* geàrr-shaoghlach.

epic *n* eipic *f*, euchd-dhàn *m*.

epicure *n* eipiciur *m*.

epidemic *n* galar *m* sgaoilte.

epidermis *n* epideirmios *m*.

epiglottis *n* claban *m* an sgòrnain.

epigram *n* geàrr-fhacal *m*, dàn-fhacal *m*.

epilepsy *n* an tinneas *m* tuiteamach.

epileptic *a* tuiteamach.

epilogue *n* iar-fhacal *m*.

Epiphany *n* Fèill *f* an Taisbeanaidh.

episcopacy *n* easbaigeachd *f*.

episcopal *a* easbaigeach.

Episcopalian *n* Easbaigeach *m*.

episode *n* tachartas *m*, eadar-sgeul *m, f*.

epistle *n* litir *f*.

epitaph *n* leac-sgrìobhadh *m*.

epithalamium *n* dàn-bainnse *m*.

epithet *n* buadhair *m*.

epitome *n* brìogh *f*.

epoch *n* tùs-aimsir *f*, aimsir *f*.

equable *a* cothrom, socair.

equal *n* seise *m*.

equal *a* ionann, ionnan, co-ionann.

equalize *v* dèan co-ionann; (*sport*) ruig an aon àireamh.

equanimity *n* rèidhe-inntinn *f*.

equation *n* co-ionannas *m*.

equator *n* meadhan-chearcall *m* (na talmhainn); an Loidhne *f*.

equidistant *a* co-fhad air falbh.

equilateral *a* co-shliosach.

equilibrium *n* co-chothrom *m*.

equinox *n* co-fhreagradh *m* nan tràth.

equip *v* uidheamaich.

equipment *n* uidheam *f*, acainn *f*, acfhainn *f*.

equipped *a* acfhainneach, uidheamaichte.

equitable *a* ceart, cothromach.

equity *n* ceartas *m*; (*market e.*) stoc-roinn *f*.

equivalent *a* co-ionann.

equivocal *a* dà-sheaghach.

era *n* linn *f*.

eradicate *v* spìon à freumhaichean.

erase *v* dubh às.

erect *v* tog (suas).

erect *a* dìreach.

erection *n* togail *m*, èirigh *f*; (*of a structure*) togalach *m*.

erode *v* meirg.

erosion *n* meirg *f*; cnàmh *m*.

erotic *a* drùis-mhiannach.

err v rach iomrall, rach air seachran.

errand n gnothach m, ceann-gnothach m.

errata n errata.

erratic a iomrallach.

erring a mearachdach.

erroneous a mearachdach, iomrallach.

error n mearachd f, iomrall m.

eructation n brùchd m.

erudition n àrd-fhoghlam m.

eruption n brùchdadh m.

erysipelas n ruaidhe f.

escalator n staidhre f ghluasadach.

escape n èaladh m, teicheadh m; *fire-e.*, staidhre-èalaidh f.

escape v teich, tàrr ás.

escapism n èalachas m.

eschew v seachainn.

escort n coimheadachd f.

escort v coimheadaich.

Eskimo n Easciomach m.

esoteric a ás an rathad.

especial a àraidh, sònraichte.

espionage n feall-shireadh m.

esplanade n àilean m.

espousal n pòsadh m.

espouse v dèan ceangal pòsaidh.

espy v faic.

esquire n (*in title on letter etc.*) uasal m.

essay n aiste f.

essayist n aistear m.

essence n gnè f, brìogh f, sùgh m.

essential a riatanach.

establish v suidhich, stèidhich.

established a suidhichte, stèidhichte; *the E. Church*, An Eaglais Stèidhichte.

establishment n suidheachadh m, stèidheachadh m; *the Establishment*, an Fheadhainn Mhòra.

estate n oighreachd f.

esteem n meas m, miadh m.

esteem v meas, miadhaich.

estimable a luachmhor, miadhail.

estimate n meas m, tuairmse f.

estimate v meas, cuir luach air.

estimation n meas m; (*opinion*) barail f,

breith f.

estrange v dèan fuathach, dèan 'na choigreach.

estuary n inbhir m.

etching n searbhag-dhealbhadh m.

eternal a bith-bhuan, suthainn, sìorr-aidh, maireannach.

eternity n sìorraidheachd f, bith-bhuantachd f.

ether n èatar m.

ethereal a nèamhaidh.

ethical a modhannach.

ethics n modhannan, lagh m nam beus.

Ethiopia n An Aetiòp f.

ethnic a cinnidheach.

ethos n gnè f.

etiquette n modh f.

etymological a facal-fhreumhail.

etymology n facal-fhreumhachd f.

etymon n freumh-fhacal m.

Eucharist n Suipear f an Tighearna.

eulogize v cliùthaich.

eulogy n moladh m.

eunuch n caillteanach m.

euphemism m maoth-fhacal m.

eurhythmic a so-ruithimeach.

Europe n An Roinn Eòrpa f.

European a Eòrpach.

evacuate v falmhaich, fàsaich.

evacuation n falmhachadh m.

evade v seachainn, faigh air falbh o.

evaluate v meas, luachaich, cuir luach air.

evaluation n meas m, luachadh m.

evanescent a diomain.

evangelical a soisgeulach.

evangelist n soisgeulaiche m.

evaporate v deataich.

evaporation n deatachadh m.

evasion n seachnadh m; leisgeul m.

Eve n Eubha f.

even a rèidh, còmhnard; (*of spacing etc.*) cothrom; (*of temperament*) socair; *e. number*, àireamh cothrom.

even adv eadhon; fèin, fhèin; (*just, exactly*) dìreach.

evening *n* feasgar *m*; *early e.*, fionnairidh *f*.

eveness *n* rèidhe *f*.

event *n* tuiteamas *m*, tachartas *m*, cùis *f*; *at all events*, co-dhiù.

eventually *adv* mu dheireadh thall.

ever *adv* aig àm sam bith, idir; (*ref. to past*) riamh; (*ref. to fut.*) (a) chaoidh; *for e.*, gu bràth, gu sìorraidh; *he was as fast as e.*, bha e cho luath 's a bha e riamh.

evergreen *a* sìor-uaine.

everlasting *a* sìorraidh, bith-bhuan, maireannach.

evermore *adv* gu bràth, o seo a-mach.

every *a* gach (aon), na h-uile.

everyday *a* làitheil.

everyone *pron* gach duine.

everything *pron* gach nì.

everywhere *pron* (anns) gach àite.

evict *v* cuir á seilbh, fuadaich.

eviction *n* cur *m* á seilbh, fuadachadh *m*.

evidence *n* fianais *f*, teisteanas *m*.

evident *a* soilleir, follaiseach, dearbhte.

evil *n* olc *m*, aingidheachd *f*.

evil *a* olc, aingidh.

evince *v* seall, dèan soilleir.

evocation *n* dùsgadh *m*, toirt *m* gu cuimhne.

evolution *n* mean-fhàs *m*.

evolve *v* thoir gu bith/crìch.

ewe *n* othaisg *f*.

exacerbation *n* feargachadh *m*.

exact *a* ceart, dìreach, pongail.

exact *v* buin (bho).

exactly *adv*. dìreach.

exactness *n* cruinne *f*, pongalachd *f*.

exaggerate *v* cuir am meud, cuir ris (an fhìrinn).

exaggeration *n* cur *m* am meud.

exalt *v* àrdaich.

exaltation *n* àrdachadh *m*.

examination *n* ceasnachadh *m*, sgrùdadh *m*, deuchainn *f*.

examine *v* ceasnaich, sgrùd, rannsaich.

examiner *n* fear-ceasnachaidh *m*, fear-

sgrùdaidh *m*.

example *n* eisimpleir *m*, ball-sampaill *m*.

exasperate *v* feargaich, leamhaich.

exasperation *n* feargachadh *m*, leamhachadh *m*.

excavate *v* cladhaich.

excavation *n* cladhach *m*, cladhachadh *m*.

excavator *n* (*machine*) uidheam *f* cladhach.

exceed *v* rach thairis air.

exceedingly *adv* glè, anabarrach.

excell *v* thoir bàrr, faigh buaidh.

excellence *n* feabhas *m*.

excellent *a* barrail.

excelling *a* barrail.

except *v* fàg a-mach, cuir an dara taobh.

except *prep* ach (a-mhàin); *e. for*, saor o.

exception *n* fàgail *f* a-mach; *with the e. of*, ach a-mhàin; *everyone without e.*, a h-uile duine riamh; *take e. to*, cuir an aghaidh.

exceptional *a* ás an t-sreath, sònraichte.

excerpt *v* tagh á(s).

excess *n* anbharr *m*, tuilleadh *m* 's a' chòir.

excessive *a* anabarrach, ana-measarra.

exchange *v* malairtich.

exchange *n* malairt *f*, iomlaid *f*.

exchange rate *n* co-luach *m* cùinnidh.

exchequer *n* stàitchiste *f*; Roinn *f* an Airgid.

excisable *a* buailteach do chìs.

excise *n* cìs *f*.

excise *v* geàrr ás.

exciseman *n* cìs-mhaor *m*, gàidsear *m*.

excision *n* gearradh *m* ás.

excite brosnaich, gluais.

excitement *n* brosnachadh *m*, breisleach *m*, spreagadh *m*.

exclaim *v* glaodh.

exclamation *n* glaodh *m*, grad-ghlaodh *m*; *e. mark*, clisg-phuing *f*.

exclude *v* dùin a-mach, toirmisg.

exclusion *n* dùnadh *m* a-mach, toir-measg *m*.

exclusive *a* toirmisgeach; dlùth.

excommunicate *v* coinneal-bhàth.

excommunication *n* coinneal-bhàthadh *m*.

excrement *n* cac *m*, inneir *f*.

excrescence *n* forfhàs *m*, fluth *m*.

excrete *v* cac.

excruciate *v* cràidh, claoidh.

exculpate *v* saor.

excursion *n* cuairt *f*, sgrìob *f*.

excusable *a* so-leisgeulach.

excuse *n* leisgeul *m*.

excuse *v* gabh/thoir leisgeul, math.

execrable *a* mallaichte.

execrate *v* mallaich.

execute *v* cuir an gnìomh; geàrr an ceann de.

execution *n* cur *m* an gnìomh; cur *m* gu bàs.

executive *n* fear-gnìomha *m*, gnìomhaiche *m*.

executive *a* gnìomhach.

executor *n* fear-cùraim *m* tiomnaidh.

executrix *n* bean-chùraim *f* tiomnaidh.

exemplar *n* eisimpleir *m*.

exemplary *a* eisimpleireach; deagh-bheusach.

exemplify *v* mìnich le eisimpleirean.

exempt *v* saor.

exemption *n* cead *m* dol saor.

exercise *n* eacarsaich *f*, gnìomhachadh *m*.

exercise *v* obraich, gnàthaich, cleachd.

exert *v* dèan spàirn/dìcheall.

exertion *n* spàirn *f*, dìcheall *m*.

exhaust *n* (*of car etc.*) pìob *f* thraoghaidh.

exhaust *v* falmhaich, traogh, feuch.

exhaustion *n* traoghadh *m*; (*physical*) claoidheadh *m*.

exhaustive *a* iomlan, mion.

exhibit *v* taisbean.

exhibition *n* taisbeanadh *m*, fèill *f* tais-beanaidh.

exhilarate *v* aoibhnich.

exhort *v* earalaich.

exhortation *n* earalachadh *m*.

exile *n* fògarrach *m*.

exile *v* fògair, fuadaich.

exiling *n* fògairt *f*.

exist *v* bi, bi beò.

existence *n* bith *f*, beatha *f*.

existential *a* bitheil.

exit *n* (àite *m*) dol *m* a-mach, ás-rathad *m*.

exodus *n* triall *m* a-mach á.

exonerate *v* saor, fìreanaich.

exoneration *n* saoradh *m*, fìreanachadh *m*.

exorbitant *a* ana-cuimseach.

exotic *a* coimheach, eil-thìreach.

expand *v* sgaoil, meudaich.

expansion *n* sgaoileadh *m*, meudachadh *m*.

expansive *a* sgaoilteach.

expatriate *a* ás-dhùthchach.

expect *v* bi dùil aig (ri), sùilich, *he expects to get a holiday*, tha dùil aige ri saor-làithean.

expectancy *n* dùil *f*, dòchas *m*.

expectant *a* dòchasach; *an e. mother*, boireannach is dùil aice pàisde fhaighinn/boireannach trom.

expectation *n* dùil *f*, dòchas *m*.

expectorate *v* cuir a-mach smugaid.

expediency *n* feumalachd *f*.

expedient *a* coltach, iomchaidh.

expedite *v* luathaich.

expedition *n* turas *m*; (*quickness*) cabhag *f*.

expeditious *a* grad, cabhagach.

expel *v* fògair, fuadaich.

expend *v* caith, cosg.

expenditure *n* caiteachas *m*.

expense *n* cosgais *f*.

expensive *a* cosgail, daor.

experience *n* eòlas *m*, cleachdadh *m*, fiosrachadh/fèin-fhiosrachadh *m*.

experience *v* mothaich, fairich, fiosraich.

experiment *n* deuchainn *f*, probhadh *m*.

experimental *a* probhail.

expert *a* ealanta, teòma.
expert *n* eòlaiche *m*.
expertness *n* teòmachd *f*.
expire *v* analaich; (*die*) bàsaich; crìochnaich.
explain *v* mìnich.
explanation *n* mìneachadh *m*.
explanatory *a* mìneachail.
explicit *a* soilleir, fosgailte.
explode *v* spreadh; (*of a theory etc.*) cuir an neo-shuim.
exploit *n* euchd *m*.
exploit *v* thoir brìogh á, dèan feum de.
explore *v* rannsaich, lorg a-mach.
explosion *n* spreadhadh *m*.
export *n* eas-tharraing *f*; *e. duty*, cìs *f* eas-tharraing.
export *v* cuir thairis, eas-tharraing.
expose *v* nochd, leig ris.
exposition *n* mìneachadh *m*.
expositor *n* fear-mìneachaidh *m*.
expostulate *v* reusonaich.
exposure *n* nochdadh *m*, leigeil *m* ris; *time e.* nochdadh-seala *m*.
expound *v* mìnich , soilleirich.
express *v* cuir an cèill; (*send quickly*) luathaich.
express *a* luath; *e. train*, luath-thrèana; *by e. purpose*, a dh'aon ghnothaich.
expression *n* dòigh *f* labhairt *f*, uirgheall *m*; (*facial*) fiamh *m*; *e. of opinion*, cur *m* an cèill baralach.
expressive *a* brìoghor.
expressly *adv* a dh'aon ghnothaich, a dh'aon bheum.
expressway *n* luath-rathad *m*.
expropriate *v* di-shealbhaich.
expulsion *n* fògradh *m*.
expunge *v* dubh ás.
exquisite *a* òirdheirc.
extant *a* maireann; (*of inanimate things also*) an làthair.
extemporary *a* gun ullachadh.
extemporise *v* labhair gun ullachadh.
extend *v* sìn, leudaich, ruig.
extension *n* sìneadh *m*, leudachadh *m*.
extensive *a* farsaing, leathann.

extent *n* farsaingeachd *f*, leud *m*.
extenuate *v* lùghdaich, beagaich (coire).
extenuation *n* lùghdachadh *m*, leisgeul *m*.
exterior *n* taobh *m* a-muigh.
exterior *a* air an taobh a-muigh.
extermination *n* sgrios *m*, milleadh *m*.
external *a* air/bho an taobh a-muigh.
extinct *a* crìochnaichte; bàthte.
extinction *n* cur *m* ás, smàladh *m*, bàthadh *m*, sgrios *m*.
extinguish *v* cuir ás, smàl, mùch, sgrios.
extinguisher *n* smàladair *m*.
extirpation *n* toirt *f* o fhreumhan, spìonadh *f* ás.
extol *v* àrd-mhol.
extort *v* thoir air falbh air èiginn.
extortion *n* toirt *f* air falbh air èiginn.
extra *a* fìor, ro-; (*additional*) a chòrr; *adv* a bharrachd, a thuilleadh.
extract *n* earrann *f*.
extract *v* tarraing/thoir á.
extrajudicial *a* seach-laghail.
extramural *a* seachtrach.
extraneous *a* coimheach.
extraordinary *a* neo-ghnàthach, ana-barrach.
extravagance *n* ana-measarrachd *f*, ana-caitheamh *m*.
extravagant *a* ana-caiteach, strùidheil.
extreme *n* iomall *m*, ceann *m* thall.
extreme *a* fìor, ro-, anabarrach.
extremely *adv* dha-rìribh, *e. good*, math dha-rìribh.
extremity *n* iomall *m*, ceann *m* thall; (*of danger etc.*) teinn *f*.
extricate *v* saor, fuasgail.
extrovert *n* duine *m* fosgarra.
exuberance *n* braise *f*, cur-thairis *m*.
exuberant *a* bras.
exult *v* dèan lùghair.
exultant *a* lùghaireach.
exultation *n* lùghair *m*.
eye *n* sùil *f*; (*of a needle*) crò *m*; *in the e. of the wind*, an coinneamh na gaoithe.
eye *v* seall, thoir sùil air, beachdaich.

eyeball n clach f na sùla.
eyebrow n mala f.
eyed, eying a sùileach.
eyelash n fabhra m, rosg m.
eyeless a gun sùilean.
eyelid n sgàile f sùla, fabhra m.
eyeshade n dubhar-sùla m.

eyesight n fradharc/radharc m, lèirsinn f.
eyesore n cùis f mhì-thlachd.
eyetooth n fiacaill-crìche f.
eyewitness n fianais-shùl f.
eyry n nead m (iolaire etc.).

F

fable *n* uirsgeul *m*, sgeulachd *f*.

fabric *n* (*textile*) aodach *m*, eige *f*; (*of a building etc.*) togalach *m*, dèanamh *m*.

fabricate *v* tog, cuir ri chèile; breugaich.

fabricator *n* fear-togail *m*; fear-brèige *m*.

fabulous *a* uirsgeulach; ('*terrific*') iongantach.

façade *n* aghaidh *f*.

face *n* aghaidh *f*, gnùis *f*, aodann *m*.

face *v* cuir/thoir aghaidh air; bi mu choinneamh.

face-powder *n* pùdar *m* aodainn.

face-towel *n* tubhailt *f* aodainn.

facet *n* taobh *m*.

facetious *a* magail.

facile *a* furasda, ao-domhainn.

facilitate *v* soirbhich.

facilities *n pl* uidheam *f*.

facility *n* èasgaidheachd *f*, soirbheachd *f*.

facsimile *n* mac-samhail *m*.

facing *n* aghaidh *f*, còmhdach *m*.

facing *pres. part* mu choinneamh.

fact *n* beart *n*; fìrinn *f*; *is that a f.?*, an e an fhìrinn tha sin?; *apart from the f. that —*, a thuilleadh air (gu bheil etc.).

faction *n* buidheann *f*.

factor *n* seumarlan *m*, bàillidh *m*; (*math.*) factar *m*; *a. f. in their decision was —*, b'e aon de na rudan a thug orra a dhèanamh —.

factory *n* taigh-ceàirde *m*, taigh-tionnsgain *m*, factaraidh *m*.

faculty *n* comas *m*, cumhachd *m*, buaidh *f*; (*e.g. Arts F.*) Dàmh *f* nan Ealdhain.

fad *n* àilleas *m*.

fade *v* searg, crìon, meath.

fade-in *n* gealadh *m*.

fade-out *n* dorchadh *m*.

fading *n* seargadh *m*, crìonadh *m*, meath *m*.

fag *n* (*cigarette*) fag *m*, toitean *m*.

faggot *n* cual *f* chonnaidh.

fail *v* dìobair, fàillig, leig roimhe, fairtlich.

failing *n* fàillinn *f*, fàillneachadh *m*.

failure *n* fàillinn *f*, fàilligeadh *m*.

faint *n* neul *m*, laigse *f*.

faint *v* fannaich, fanntaig.

faint *a* fann, lag; neo-smiorail; neo-shoilleir.

faint-hearted *a* lag-chridheach, meata.

fair *n* fèill *f*.

fair *a* maiseach; bàn, fionn; ceart, cothromach; *f. copy*, ceart-chopaidh *m*, ath-sgrìobhadh *m*.

Fair Isle *n* Eilean *m* nan Caorach.

fair play *n* cothrom *m* na Fèinne.

fairly *adv* an ìre mhath, gu math; *it is f. warm*, tha e gu math blàth.

fairness *n* maisealachd *f*; bàinead *f*; ceartas *m*, cothromachd *f*.

fairway *n* (*naut.*) raon *m* seòlaidh; (*golf*) prìomh-raon *m*.

fairy *n* sìdhiche *m*; bean-shìdh *f*.

fairy *a* sìdh.

faith *n* creideamh *m*; (*trust etc.*) muinghinn *f*, earbsa *f*, creideas *m*.

faithful *a* dìleas, treibhdhireach.

faithfulness *n* dìlseachd *f*, treibhdhireas *m*.

faithless *a* mì-dhìleas.

faithlessness *n* mì-dhìlseachd *f*.

fake *n* rud *m* brèige.

fall *n* tuiteam *m*; (*water f.*) eas *m*.

fall *v* tuit; (*of liquid level*) sìolaidh.

fallacious *a* mearachdach.

fallacy *n* saobh-chiall *f*.

fallible *a* buailteach do mhearachd.

falling *n* tuiteam *m*.

fallow *a* bàn.

false *a* meallta, fallsa, brèige.

falsehood n breug f.

falsify v breugnaich.

falter v lagaich, tuislich.

fame n cliù m, ainm m, alladh m.

famed a cliùiteach, ainmeil, allail.

familiar a càirdeil; eòlach (air).

familiarity n eòlas m; saorsa f còmh-raidh.

familiarize v dèan eòlach, gnàthaich.

family n teaghlach m.

famine n goirt f, gorta f.

famous a ainmeil, iomraiteach.

fan n gaotharan m.

fan v fionnaraich; (stir up) sèid.

fanatic n eudmhoraiche m.

fanatical a eudmhorach.

fanaticism n eudmhorachd f.

fanciful, fancy a guanach; f. goods, bathar aotrom; f. dress, aodach brèige.

fancy n guanachas m.

fancy v smaoinich, beachdaich; miann-aich m.

fang n stòr-fhiacail m, nimh-fhiacail m.

fanged a stòr-fhiaclach.

fank n faing f.

fanlight n uinneag f àrd-dorais.

fantastic a ro-iongantach.

fantasy n sgeul m guaineis.

far a and adv, fada, fas ás, cian; (much more) tòrr.

far-fetched a ràbhairteach.

far-reaching a fad-ruighcach.

far-sighted a fad-fhradharcach.

farad n farad m.

farce n sgig-chluich f.

fare n (on bus etc.) faradh m; (food etc.) biadh m, lòn m.

farewell n soraidh m, slàn m, beannachd f (le).

farinacious a mineach.

farm n baile-fearainn m, tuathanas f.

farming n tuathanachas m.

farmer n tuathanach m.

Faroe Islands n Eileanan Fàro.

farrago n bruthaiste f.

farrier n dotair-each m.

fart n braidhm m; (soundless f.) tùd m.

farther adv nas fhaide.

farther a as fhaide.

farthing n feòirlinn f, fàirdean m.

fascinate v cuir fo gheasaibh.

fascination n geasachd f.

fascism n faisisteachas m.

fashion n fasan m; cleachdadh m, gnàths m, dòigh f.

fashion v cum, dealbh.

fashionable a fasanta, nòsail.

fast n trasg f, trasgadh m.

fast a (quick) luath; (firm) daingeann, teann.

fast-day n là-trasgaidh m, là m na traisg.

fasten v ceangail, teannaich; gabh grèim.

fastening n ceangal m, teannachadh m.

fastidious a àilleasach.

fasting n trasgadh m.

fat n reamhrachd f; saill f, sult m, geir f, blonag f.

fat a reamhar, sultmhor.

fatal a marbhtach.

fatalism n dàntachd f.

fatalist n dàntaiche m.

fate n dàn m.

fated a an dàn, ro-òrdaichte; that was f., bha siud an dàn.

father n athair m.

father v bi mar athair, gabh ri mar athair; cuir ás leth.

father-in-law n athair-cèile m.

fatherland n athardha m.

fatherless a gun athair.

fatherly a athaireil.

fathom n aitheamh m.

fathom v tomhais doimhneachd, tomhais, ruig air.

fatigue n sgìos f.

fatigue v sgìthich, sàraich.

fatness n reamhrachd f, sultmhorachd f.

fatten v reamhraich.

fatuous a baoth.

fault n coire f, cron m, lochd m.

faultless *a* neo-chiontach, neo-choireach; gun mheang.

faulty *a* easbhaidheach.

fauna *n* ainmhidhean *pl.*

favour *n* fàbhar *m*, bàidh *f*; (*physical token*) suaicheantas *m*.

favour *v* bi fàbharach, nochd fàbhar.

favourable *a* fàbharach.

favoured *a* a fhuair fàbhar, a chaidh a thaghadh.

favourite *n* annsachd *f*.

fawn *n* mang *f*.

fawn *v* dèan miodal/sodal.

fax *n* facs *m*.

fear *n* eagal *m*, fiamh *m*.

fear *v* gabh eagal, bi fo eagal.

fearful *a* eagalach, fiamhail.

fearfulness *n* meatachd *f*, eagal *m*.

fearless *a* gun eagal, gun athadh.

feasible *a* so-dhèanamh.

feast *n* fèisd *f*, fleadh *m*.

feast *v* dèan fèisd, thoir fleadh.

feat *n* euchd *m*, cleas *m*.

feather *n* ite *f*, iteag *f*.

feather-bed *n* leabaidh-itean *f*.

featherbed *v* maothaich.

feathered *a* iteach, iteagach.

feature *n* tuar *m*, aogas *m*; comharradh *m*.

February *n* Feabruari *f*, An Gearran *m*.

fecund *a* torrach.

federal *a* feadarail.

federalism *n* feadaraileachd *f*.

fee *n* duais *f*, tuarasdal *m*.

fee *v* tuarasdalaich.

feeble *a* fann, anfhann.

feebleness *n* anfhannachd *f*.

feed *n* biadh *m*, lòn *m*.

feed *v* biath, beathaich.

feeding *n* beathachadh *m*.

feel *v* fairich, mothaich; (*actively*) làimhsich, feuch.

feeler *n* (*bot., zool.*) iadhaire *m*.

feeling *n* faireachdainn *f*, mothachadh *m*.

feign *v* gabh/leig air.

felicitous *a* sona, sòlasach.

felicity *n* sonas *m*, sòlas *m*.

feline *a* mar chat.

fell *v* leag gu làr, geàrr sìos.

fellow *n* companach *m*, gille *m*.

fellow *a* co-.

fellowship *n* companas *m*, caidreamh *m*.

felon *n* slaoightear *m*.

felony *n* slaoightearachd *f*.

felt *n* anart *m*, teàrr-anart *m*.

female *n* bean *f*, boireannach *m*.

female *a* boireann, baineann; *f. child*, leanabh mnà.

feminine *a* banail, màlda; (*gram.*) baineann.

feminist *n* boireann-dhlighiche *m*.

fen *n* boglach *f*.

fence *n* lann *f*, callaid *f*, feans *f*.

fence *v* dùin, cuartaich, feansaig.

fend *v* (*f. off*) caisg; *f. for oneself*, saothraich.

fender *n* dìonadair *m*.

ferment *n* brachadh *m*; troimhe-chèile *f*.

ferment *v* brach.

fermentation *n* brachadh *m*.

fern *n* raineach *f*.

ferocious *a* fraoich, garg.

ferocity *n* gairge *f*, buirbe *f*.

ferret *n* feocallan *m*, neas *f*.

ferret *v* *f. out*, lorgaich.

ferro-concrete *n* saimeant-le-iarann *m*.

ferry *n* aiseag *f*.

ferry *v* aisig.

ferry-boat *n* bàta-aiseig *m*.

ferryman *n* fear-aiseig *m*.

fertile *a* torach.

fertility *n* torachas *m*.

fertilization *n* torachadh *m*.

fertilize *v* leasaich, mathaich; toraich.

fervent *a* dian, dùrachdach.

fervour *n* dèine *f*, dùrachd *f*, dìoghras *m*.

fester *v* at.

festival *n* fèill *f*, fèis *f*.

festive *a* fleadhach, cuirmeach.

festivity *n* subhachas *m*.
fetch *v* faigh, thoir le; *f. a good price*, tarraing deagh phrìs.
fetter *n* cuibhreach *m*, geimheal *m*.
fetter *v* cuibhrich, geimhlich.
fettle *n* òrdugh *m*.
feu *n* gabhail *m*, *f*.
feud *n* falachd *f*, strì *f*.
feudal *a* fiùdalach.
feudalism *n* fiùdalachd *f*.
fever *n* fiabhras *m*, teasach *f*.
feverish *a* fiabhrasach.
few *n* beagan *m*, deannan *m*; *a f. hens*, beagan chearcan.
few *a* beag, tearc, ainneamh, gann; *there are f. people left*, is ainneamh/ gann duine a tha air fhàgail.
fewness *n* teircead *m*, gainnead *m*.
fib *n* breug *f*.
fibre *n* snàithleach *m*.
fibrous *a* snàthlainneach, freumhagach.
fibrositis *n* fiobrosas *m*.
fibula *n* cnàimh-caol *m* na lurgann.
fickle *a* caochlaideach, gogaideach.
fickleness *n* caochlaideachd *f*.
fiction *n* uirsgeul *m*.
fictitious *a* uirsgeulach.
fiddle *n* fidheall *f*, fiodhall *f*.
fiddle *v* dèan fidhleireachd, cluich air an fhidhill; (*be dishonest*) foillich.
fiddling *n* (*mus.*) fidhleireachd *f*; (*improper dealing*) foilleireachd *f*.
fiddler *n* fidhlear *m*.
fiddle-string *n* teud *m* fidhle.
fidelity *n* dìlseachd *f*.
fidget *v* bi gluasadach.
field *n* achadh *m*, raon *m*, buaile *f*.
field-glasses *n* prosbaig *f*.
field-mouse *n* luch-fheòir *f*.
fiend *n* deamhan *m*.
fierce *a* fiadhaich, garg.
fierceness *n* gairge *f*.
fiery *a* teinnteach, loisgeach; *f. cross*, crann-tàra *m*.
fifteen *n* còig-deug.
fifth *a* còigeamh, còigeadh.

fifthly *adv* sa' chòigeamh àite.
fifty *n* leth-cheud, caogad.
fiftieth *a* leth-cheudamh.
fig *n* fìogais *f*; *f.-tree*, crann *m* fìge.
fight *n* còmhrag *f*, sabaid *f*.
fight *v* còmhraig, sabaidich, dèan sabaid.
fighter *n* fear-còmhraig *m*, sabaidiche *m*.
figurative *a* samhlachail.
figure *n* dealbh *m*, *f*, cruth *m*, samhla *m*; *numerical f.*, figear *m*.
figure *v* cum, dealbh, samhlaich.
figure-head *n* ainm *m*.
filament *n* fileamaid *f*.
filch *v* goid.
file *n* (*tool*) eighe *f*; (*of papers etc.*) còmhlachadh *m*; (*mil*) rang *m*.
file *v* lìomh; (*of papers*) còmhlaich.
filial *a* macail.
filings *n* smùrach *m* eighe.
fill *n* làn *m*, sàth *m*.
fill *v* lìon, fàs làn.
fillet *n* stìom *f*; (*of steak, fish etc.*) colp *m*.
fillet *v* colpaich.
filling-station *n* stèisean-peatroil *m*.
filly *n* loth *m*, *f*.
film *n* film *m*, sgannan *m*, sgàile *f*.
film-star *n* reul *m*/reultag *f* film *f*.
film-strip *n* film-stiall *f*.
filter *n* sìolachan *m*, sìoltachan *m*.
filter *v* sìolaidh.
filth *n* salchar *m*.
filthy *a* salach, neòghlan.
fin *n* ite *f*.
final *a* deireannach.
finale *n* crìoch *f*.
finalist *n* crìochaiche *m*.
finalize *v* thoir gu crìch.
finance *n* maoineachas *m*, ionmhas *m*.
finance *v* maoinich, pàigh.
financier *n* maoiniche *m*.
find *v* faigh, lorg.
fine *n* ùnnlagh *m*.
fine *a* grinn, mìn, glan, math dha-rìribh.

fine *v* leag ùnnlagh.

fineness *n* grinneas *m*, fìnealtachd *f*.

finery *n* rìomhachas *m*.

finesse *n* cleas *m*, cealg *f*.

finger *n* meur *f*, corrag *f*; *small f.*, lùdag *f*.

finger *v* làimhsich, cuir meur air.

finger-nail *n* ìne *f*.

finger-print *n* meurlorg *f*.

finish *n* crìoch *f*, ceann *m*.

finish *v* crìochnaich.

finished *a* crìochnaichte.

finite *a* crìochach.

Finland *n* Suòmi *f*.

Finnish *a* Suòmach.

finny *a* iteach.

fir *n* giuthas *m*.

fire *n* teine *m*.

fire *v* cuir 'na theine, cuir teine ri; *f. a gun*, loisg.

fire-alarm *n* teine-chaithream *m*, *f*.

fire-arms *n* airm-theine *pl*.

firebrand *n* aithinne *m*.

fire-engine *m* einnsean-smàlaidh *m*.

fire-escape *n* staidhre *f* èalaidh.

fire-lighter *n* fadaire-teine *m*.

fire-proof *a* teine-dhìonach.

fireside *n* teallach *m*.

fireman *n* fear-smàlaidh *m*.

firewood *n* fiodh *m* connaidh.

firing *n* connadh *m*; (*of gun*) losgadh *m*.

firkin *n* buideal *m* (naoi galain).

firm *n* buidheann *f*, companaidh *f*.

firm *a* daingeann, teann.

firmament *n* iarmailt *f*.

firmness *n* daingneachd *f*, seasmhachd *f*, diongmhaltas *m*.

first *n* a' chiad duine *m*/rud *m*; *he got a f. (1st class honours)* choisinn e an tùs urraim; *at f.*, an toiseach.

first *a* ciad, ciadamh, prìomh; *Alexander the First*, Alasdair a h-Aon.

first *adv*, an toiseach, anns a' chiad àite; *he arrived f.*, thàinig esan air toiseach.

first-aid *n* ciad-fhuasgladh *m*.

first-born *n* ciad-ghin *m*.

first-fruits *n* ciad thoradh *m*.

first-hand *a* dìreach.

firth *n* caol *m*, caolas *m*.

fiscal *n* (*procurator f.*) fioscail *m*.

fiscal *a* fioscail; ionmhasail.

fish *n* iasg *m*.

fish *v* iasgaich, bi ag iasgachd.

fish-shop *n* bùth-èisg *f*.

fish-cake *n* bonnach-èisg *m*.

fish-hook *n* dubhan *m*.

fish-market *n* margadh *m* an èisg.

fish-slice *n* sliseag *f* èisg.

fisher(man) *n* iasgair *m*.

fishery *n* iasgaireachd *f*; *f. cruiser*, bàta-dìon *m* na h-iasgaireachd.

fishing *n* iasgaireachd *f*.

fishing-ground *n* grùnnd-iasgaich *m*.

fishing-line *n* driamlach *m*, *f*.

fishing-rod *n* slat-iasgaich *f*.

fishmeal *n* min *f* èisg.

fishmonger *n* ceannaiche *m* èisg.

fishy *a* mar iasg; (*peculiar*) neònach.

fissile *a* ion-sgoilte.

fissure *n* sgoltadh *m*, sgàineadh *m*.

fist *n* dòrn *m*.

fit *n* taom *m*, cuairt *f*.

fit *a* ion-, iomchuidh, freagarrach.

fit *v* dèan freagarrach, cuir an òrdugh/ uidheam; feuch.

fitful *a* plathach.

fitness *n* freagarrachd *f*; (*physical f.*) fallaineachd *f*.

fitter *n* fear-uidheam *m*.

fitting *a* cubhaidh.

five *a* and *n* còig; *f. persons*, còignear.

fivefold *a* còig-fillte.

fix *v* suidhich, socraich; dèan teann; (*of dye*) ceangail.

fixation *n* dùiread *m*, rag-bheachd *m*.

fixture *n* rud *m* socraichte; (*sport*) là *m* cluich, coinneachadh *m*.

fizz *n* copraich *f*.

flabby *a* bog, plamach.

flaccid *a* maoth, so-lùbaidh.

flag *n* bratach *f*; (*bot.*) seileasdair *m*, *f*.

flag v fannaich, lagaich.
flagellated a (biol.) flaigeallach.
flagellation n sgiùrsadh m.
flagrant a follaiseach, soilleir.
flagstone n leac f.
flail n sùist(e) f.
flair liut m.
flake n bleideag f, lòineag f, cleiteag f; sgealb(ag) f.
flame n lasair f.
flamy a lasrach.
flank n slios m, taobh m.
flannel n cùrainn f, flanainn f.
flap n cleitearnach m; (of plane-wing) clàr m.
flap v crath.
flare n lasair-bhoillsg m.
flare v deàrrs, boillsg.
flash n lasair f, boillsgeadh m, laom m.
flash v deàlraich, boillsg.
flash-back n iar-bhoillsgeadh m.
flash-point n lasair-staid f.
flash-light n lasair-sholas m.
flask n searrag f.
flat n còmhnard m; (in house) lobht m, flat m.
flat a còmhnard, rèidh, leacach; neo-chridheil; (mus.) maol, flat.
flatness n rèidhe f.
flatten v dèan rèidh, laigh ri; (mus.) maolaich.
flatter v dèan miodal/sodal.
flattery n miodal m, sodal m.
flatulent a gaothmhor, gaothach.
flautist n cuisleannach m.
flavour n blas m.
flavour v blasaich.
flaw n gaoid f, meang f.
flax n lìon m.
flay v feann.
flea n deargad f, deargann f.
fleck n breacadh m.
flee v teich, ruith, tàrr ás.
fleece n rùsg m.
fleece v rùisg, lomair.
fleecy a cloimheach, rùsgach.

fleet n cabhlach m, loingeas m.
fleet a luath, siùbhlach.
fleet v siubhail gu grad.
fleeting a siùbhlach, diombuan.
fleetness n luathas m, siùbhlachd f.
Flemish a Flandrach.
flesh feòil f.
flesh-pots n poitean feòla.
fleshy a sultmhor, reamhar.
flex n fleisg f.
flexibility n sùbailteachd f.
flexible a sùbailte, so-lùbadh.
flexion n cromadh m, lùbadh m.
flick v caith dhe/air falbh.
flicker v priob.
flight n teicheadh m, ruaig f; iteal m, itealadh m, turas-adhair m, (of imagination etc.) ruathar m, siubhal m.
flighty a luaineach.
flimsy a tana.
flinch v clisich.
fling v tilg, caith.
flint n ailbhinn f, spor m.
flinty a ailbhinneach.
flippancy n beadaidheachd f.
flippant a beadaidh.
flirt n (female) gogaid f.
flit v èalaidh; (move house) dèan imrich.
float v snàmh, bi a'/air fleòdradh.
flock n (of sheep) treud m, (of birds) ealta f.
flood n tuil f, dìle f.
flood v còmhdaich le uisge.
flood-gate n tuil-dhoras m.
flood-light n tuil-sholas m.
floor n làr m, ùrlar m.
floor v cuir ùrlar ann; (overcome in argument etc.) dèan a' chùis air.
floor-board n clàr m ùrlair.
floor-polish n lìomh-ùrlair f.
floral a flùranach.
florid a ruiteach.
florin n bonn m dà thasdan.
florist n ceannaiche-fhlùran m.

flounder n leòbag f, lèabag f.
flour n flùr m, min-flùir f.
flour-mill n muileann-fhlùir m, f.
flourish v fàs (gu math), èirich/theirig (gu math) le; (*brandish*) beartaich.
flow n sruth m, sileadh m, pailteas m.
flow v ruith, sil.
flower n blàth m, flùr m, dìthean m.
flowery a flùranach.
flu n an cnatan m mòr.
fluctuate v luaisg, atharraich.
fluctuation n luasgadh m, atharrachadh m.
flue n sòrn m.
fluency n fileantachd f.
fluent a fileanta, deas-labhrach; f. *person*, fileantach m.
fluff n mothtan m.
fluid n lionn m.
fluid a silteach, sruthach.
fluidity n silteachd f.
fluke n turchairt m; cnuimh f.
fluorescent a sruth-shoillseach.
fluoride n fluoraid f.
fluorine n fluorain m.
flurry n cabhag f, othail f.
flush n rudhadh m.
flush a (*of money*) pailt.
flush v fàs dearg; *she flushed*, thàinig rudhadh 'na h-aodann; (*of toilet*) sruthlaich; (*of birds etc.*) dùisg.
fluster v cuir gu cabhaig, cuir troimhe chèile.
flute n cuislean m, cuisle-chiùil f.
flutter v dèan itealaich.
flux n sruthadh m, ruith f.
fly a carach.
fly n cuileag f; (*fishing f.*) maghar m.
fly v theirig/falbh air iteig, itealaich; teich.
flying n itealaich f, sgiathalaich f.
flyer n itealaiche m.
flyover n os-rathad m.
foal n searrach m.
foam n cop m, cobhar m.
foam v cuir cop dhe.

foamy a copach, cobharach.
focus n cruinn-ionad m, fòcas m.
focus v faigh cruinn-shealladh.
fodder n fodar m, connlach f.
foe n nàmhaid m, eascaraid m.
foetus n toircheas m.
fog n ceò m, f.
foggy a ceòthach.
foible n fàillinn f.
foil v cuir casg air, bac.
fold n buaile f, crò m, mainnir f; (*of cloth etc.*) filleadh m.
fold v cuir an crò; (*of cloth etc.*) fill, paisg.
folded a fillte.
foliage n duilleach m; *top f. of trees*, barrach m.
folio n mòr-dhuilleag f, foilio f.
folk n muinntir f, sluagh m, poball m.
folk-song n mith-òran m.
folk-tale n mith-sgeul m.
folklore n beul-aithris f.
follow v lean, thig an dèidh.
follower n fear-leanmhainn m; (*pl*) luchd-l.
folly n amaideachd f, amaideas m; gòraiche f.
fond a dèidheil; *fond of*, measail air; (*foolish*) amaideach.
fondle v cniadaich, tataidh.
fondness n dèidh f.
font n amar(-baistidh) m.
food n biadh m, lòn m.
fool n amadan m.
fool v meall, thoir an car á.
foolhardy a dàna.
fool-proof a do-mhillte.
foolish a gòrach, amaideach; f. *woman* n òinseach f.
foolscap n fulscap m.
foot n cas f, troigh f; (*of hill, river*) bonn m, bun m; (*unit of length*) troigh f.
football n ball-coise m.
footing n àite-seasamh m; suidheachadh m, stèidh f.
footnote n bonn-nota f.

footpath n frith-rathad m.
footprint n lorg-coise f.
footstep n cas-cheum m.
footwear n caisbheart f.
for prep air, airson, a chionn, an àite, do bhrìgh, air sgàth, ri, gu, fad, do; he is doing that f. me, tha e dèanamh sin air mo shon/air mo sgàth) two f. one, dhà an àite aon; he paid f. it, phàigh e air; f. sale, ri reic; the bus f. Inverness, am bus gu Inbhir Nis; stay f. a week, fuirich (fad) seachdain; it is f. you, 's ann dhutsa a tha e.
forage v solair.
forbearance n fad-fhulangas m.
forbid v toirmisg.
forbidden past part toirmisgte.
forbidding a gruamach.
forby adv a thuilleadh (air sin).
force n neart m, cumhachd m, èifeachd f brìogh f.
force v co-èignich, thoir a dh'aindeoin; thoir air; I forced him to leave, thug mi air falbh.
forceful a èifeachdach.
forceps a teanchair m.
forcible a neartmhor, èifeachdach.
ford n àth m; (between islands) fadhail f.
fore a roimh-, toisich; the f. leg, a' chas toisich.
forearm n ruighe m, f.
forecast n roimh-aithris f, roimh-amas m.
forecast v roimh-aithris, dèan amas roimh làimh.
forecastle n toiseach m luinge.
forefather n sinnsear m; forefathers, na h-athraichean.
forefinger n sgealbag f.
forefront n fìor thoiseach m.
forego v trèig, fàg.
foregoing a roimh-ràite, roimhe seo.
foreground n roimh-ionad m.
forehead n bathais f, maoil f.
foreign a Gallda, coimheach.

Foreign Secretary n Rùnaire m Cèinthìrean.
foreigner n Gall m, coigreach m, eilthireach m.
forejudge v roimh-bhreithnich.
foreknow v roimh-aithnich.
foreknowledge n roimh-aithne f.
forelock n dosan m.
foreman n maor m (na h-oibre).
foremast n crann m toisich.
forementioned a roimh-ainmichte.
foremost a prìomh, air thoiseach.
forenoon n roimh mheadhan latha.
forensic a dligh-eòlach.
foreordain v roimh-òrdaich.
forerunner n roimh-ruithear m, roimh-theachdaire m.
foresay v roimh-innis.
foresail n seòl-toisich m.
foresee v faic roimh làimh.
foreshorten v roimh-ghiorraich.
foresight n roimh-shealladh m; breithneachadh m.
forest n coille f; deer f, frìth f.
forestall v faigh air toiseach air.
forester n forsair m.
forestry n forsaireachd f.
foretaste n roimh-bhlasad m.
foretell v roimh-innis, fàisnich.
forethought n roimh-smuain m.
forever adv a chaoidh.
forewarn v cuir air earalas.
foreword n roimh-ràdh m.
forfeit n èiric f.
forfeit v caill (còir air).
forgather v cruinnich.
forge n teallach m ceàrdaich.
forge v dèan goibhneachd, dealbh.
forger n fallsaidhear m.
forgery n fallsaidheachd f.
forget v dìochuimhnich.
forgetful a dìochuimhneach.
forgetfulness n dìochuimhne f.
forgive v math, thoir mathanas.
forgiveness n mathanas m.
forgotten a air dìochuimhne.

fork n greimire m, forc f; gòbhlag f.

fork v fàs gòbhlach.

forked a gòbhlach.

forlorn a aonaranach, truagh.

form n cumadh m, dealbh m, f, cruth m; dòigh f, riochd m, modh f; (for sitting on) furm m, being f.

form v dealbh, cum.

formal a riaghailteach, dòigheil.

formality n deas-ghnàth m, riaghailt f.

format n cruth m.

formation n cumadh m, eagar m.

former a sean, roimh(-ainmichte); a chaidh seachad, a bha ann.

formidable a eagalach, cumhachdach.

formless a gun chruth.

formula n foirmle f.

formulate v riaghailich.

fornicate v dèan strìopachas.

fornication n strìopachas f.

forsake v trèig, cuir cùl ri.

forsaken a trèigte.

forsooth adv gu dearbh.

fort n daingneach f, dùn m.

forth adv a-mach, air adhart; from this time f., o seo suas/a-mach.

forthcoming a a' tighinn, ri teachd.

forthright a dìreach.

forthwith adv gun dàil.

fortieth a dà fhicheadaibh.

fortification n daingneach f.

fortify v daingnich, dèan làidir.

fortitude n misneach m, f, cruadal m.

fortnight n cola-deug, ceala-deug f.

fortress n daingneach f.

fortuitous a tuiteamach.

fortunate a fortanach.

fortune n sealbh m, àgh m, fortan m.

fortuneteller n fiosaiche m.

forty n and a dà fhichead, ceathrad m.

forum n fòram m.

forward a iarrtach, dealasach, beadaidh.

forward, forwards adv air adhart, a-mach; (of football etc.) a-muigh.

fossil n fosail f.

fossil a fosaileach.

foster v altrum, àraich.

foster-brother/sister n co-alta m.

foster-father n oide m.

foster-mother n muime f.

fosterage n daltachas m.

fosterling n dalta m.

foul n fealladh m.

foul a salach, mosach, gràineil, breun.

foul v salaich; (in games) dèan fealladh.

found v stèidhich, suidhich.

foundation n stèidh f, bunait m, f.

founder n fear-stèidheachaidh m.

founder v theirig fodha.

foundry n taigh-leaghaidh m.

foundling n faodalach m.

fount n (of type) foireann m.

fountain n fuaran m.

four n and a ceithir; f. persons, ceathrar.

fourfold a ceithir-fillte.

four-footed a ceithir-chasach.

fourscore n ceithir fichead.

foursome n ceathrach m.

fourteen n and a ceithir-deug.

fourteenth a ceathramh deug.

fourth a ceathramh.

fourthly adv sa' cheathramh àite.

fowl n eun m.

fowler n eunadair m.

fowling n eunach m.

fox n sionnach m, madadh-ruadh m.

foxglove n lus m nam ban sìdh; (f. flower) meuran m na mnatha sìdh.

foyer n for-thalla m.

fraction n mìr m, bloigh f.

fractional a mìreach.

fracture n bristeadh m.

fracture v bris, bloighdich.

fragile a brisg, lag.

fragility n brisgead m, breòiteachd f.

fragment n fuigheall m, bloigh f, mìr m.

fragrance n cùbhraidheachd f.

fragrant a cùbhraidh.

frail a lag, anfhann.

frailty n laige f, anmhainneachd f.

frame *n* cèis *f*; *f. of mind*, inntinn *f*.
franc *n* franc *m*.
France *n* An Fhraing *f*.
franchise *n* saorsa *f*, còir *f*.
frangible *a* brisg, pronn.
frank *a* faoilidh, saor, fosgailte.
frank *v* (*of letters*) saor.
frankincense *n* tùis *f*.
frankness *n* fosgailteachd *f*.
frantic *a* air bhoile, air chuthach.
fraternal *a* bràithreil.
fraternity *n* bràithreachas *m*.
fratricide *n* mort *m* bràthar.
fraud *n* foill *f*.
fraudulence *n* cealgaireachd *f*.
fraudulent *a* foilleil, fealltach.
fray *n* caonnag *f*, còmhrag *f*.
fraying *a* sgaoilteach.
freak *n* tuiteamas *m*, cleas *m*; culaidh-fhanaid *f*.
freckles *n* breacadh-seunain *m*.
freckled *a* breac-bhallach.
free *a* saor; fialaidh; *the Free Church*, An Eaglais Shaor; (*without payment*) an asgaidh.
free *v* saor, leig fa sgaoil.
free-lance *a* neo-cheangailte.
free-thinker *n*, free-thinking *a* saor-inntinneach *m*.
free-trade *n* saor-mhalairt *f*.
free-verse *n* saor-rannaigheachd *f*.
free-will *n* saor-thoil *f*.
freedom *n* saorsa *f*, saorsainn *f*, cead *m*.
freeman *n* duine *m* saor.
freemason *n* saor-chlachair *m*.
freeze *v* reòdh.
freezer *n* reodhadair *m*.
freight *n* luchd *m*; (*f. charge*) faradh *m*.
French *a* Frangach.
French *n* the F., na Frangaich; (*language*) Fraingis *f*.
Frenchman *n* Frangach *m*.
Frenchwoman *n* ban-Fhrangach *f*.
frenetic *a* air bhoile.
frenzy *n* boile *f*.
frequency *n* tricead *m*.

frequent *a* tric, minig.
frequent *v* tadhail, tathaich.
frequenter *n* fear-tathaich *m*.
frequently *adv* gu tric, gu minig.
fresh *a* (*of atmosphere*) fionnar; (*of food etc.*) ùr.
freshen *v* ùraich.
freshness *n* ùrachd *f*, ùralachd *f*.
fret *v* luaisg, bi frionasach.
fretful *a* frionasach.
fretfulness *n* frionas *m*.
Freudian *a* Freudail.
friable *a* brisg.
friar *n* bràthair-bochd *m*.
fricassee *n* smodalan *m*.
friction *n* suathadh *m*, eas-aontas *m*.
Friday *n* Dihaoine *m*.
fridge *n* fuaradair *m*, frids *m*.
friend *n* caraid *m*; *female f*. bana-charaid *f*.
friendless *a* gun charaid.
friendliness *n* càirdeas *m*, dàimhealachd *f*.
friendly *a* càirdeil, dàimheil.
friendship *n* càirdeas *m*, dàimh *m*, *f*.
Friesland *n* An Fhreaslainn *f*.
fright *n* eagal *m*, clisgeadh *m*.
frighten *v* cuir eagal air.
frightful *a* eagalach, oillteil.
frigid *a* fuar.
frigidity *n* fuaralachd *f*.
frill *n* grinneas *m*, fraoidhneas *m*.
fringe *n* fraoidhneas *m*, oir *m*, iomall *m*.
Frisian *n* and a Freaslannach *m*.
frisk *v* geàrr leum.
frisky *a* mear, mireagach.
frivolity *n* faoineas *m*.
frivolous *a* faoin.
fro *adv* air ais; *to and f.*, air ais 's air adhart.
frock *n* froca *m*.
frog *n* losgann *m*.
frogman *n* frogaire *m*.
frolic *n* mire *f*, beadradh *m*.

from *prep* o, bho, á, aig; *f. it*, uaithe; *f. time to time*, bho/o àm gu àm; *away f. home*, air falbh on taigh; *f. me*, bhuam, *f. you*, bhuat etc.

front *n* aghaidh *f*, aodann *m*, toiseach *m*; *in f.* air thoiseach; *in f. of*, air beulaibh.

front-door *n* doras *m* mòr.

frontier *n* crìoch *f*.

frontispiece *n* clàr-aghaidh *m*.

frost *n* reothadh *m*.

frostbitten *a* reo-sheargte.

frosty *a* reòta.

froth *n* cop *m*.

frothy *a* copach.

frown *n* gruaim *f*, sgraing *f*, mùig *m*.

frozen *a* reòta.

fructify *v* dèan/fàs torach.

frugal *a* glèidhteach, caomhntach.

frugality *n* glèiteachd *f*, crìontachd *f*.

fruit *n* meas *m*, toradh *m*.

fruit-cake *n* cèic-mheasan *f*.

fruitful *a* torach, sìolmhor.

fruitfulness *n* sìolmhorachd *f*.

fruition *n* *come to f.*, thig gu buil *f*.

fruitless *a* neo-thorach.

fruity *a* measach.

frustrate *v* mill dùil, cuir a thaobh, bac.

fry *v* ròsd.

frying-pan *n* aghann *f*.

fuck *v* rach air muin, faigh muin; (*Bibl.*) theirig a-steach gu.

fuddle *v* cuir/bi air mhisg.

fuel *n* connadh *m*.

fuel *v* cuir connadh ri/ann.

fugitive *n* fògarrach *m*.

fugue *n* fiùga *f*.

fulcrum *n* bùthal *m*.

fulfil *v* coimhlion, coilion.

fulfilment *n* coilionadh *m*.

full *n* làn *m*.

full *a* làn, lìonta.

full *v* luaidh, fùc.

full-blown *a* fo làn bhlàth.

full-grown *a* aig làn fhàs.

full-stop *n* stad-phuing *f*; làn stad *m*.

full-time *a* làn-aimsireach.

fuller *n* fùcadair *m*.

fulness *n* lànachd *f*.

fumble *v* làimhsich gu cearbach.

fume *n* deathach *f*, smùid *f*.

fumigate *v* toitrich, smiùr.

fun *n* fealla-dhà *f*, spòrs *f*.

function *n* dreuchd *f*, ceàird *f*.

functional *a* gnìomhach.

fund *n* maoin *f*, stòr *m*.

funds *n* ionmhas *m*, airgead *m*.

fundamental *a* bunaiteach.

funeral *n* adhlacadh *m*, tiodhlacadh *m*, tòrradh *m*.

fungal *a* fungail.

fungicide *n* fungas-mharbhaiche *m*.

fungous *a* spongach.

fungus *n* fungas *m*.

funicular *a* càblach.

funnel *n* pìob-tharraing *f*.

funny *a* sùgach, ait, èibhinn.

fur *n* bian *m*.

furbish *v* lìomh, sgioblaich.

furious *a* air chuthach, air bhàinidh.

furl *v* paisg, fill.

furlong *n* stàid *f*.

furlough *n* fòrladh *m*.

furnace *n* fùirneis *f*.

furnish *v* uidheamaich; cuir àirneis ann.

furniture *n* àirneis *f*; *item of f.* ball *m* àirneis.

furrier *n* bian-cheannaiche *m*.

furrow *n* clais *f*, sgrìob *f*; (*deep wrinkle*) roc *f*.

furry *a* molach, ròmach.

further *v* cuidich, cuir air adhart.

furthermore *adv* rud eile, cho math ri sin, a bhàrr air sin.

furthermost *a* as fhaide air falbh.

furtive *a* fàillidh.

fury *n* cuthach *m*, bàinidh *f*, boile *f*.

furze *n* conasg *m*.

fuse *v* leagh, gabh leaghadh.

fuselage *n* creatlach *f* plèana.

fusion *n* leaghadh *m*.
fuss *n* ùpraid *f*, broillisg *f*.
fusty *a* malcaidh.
futile *a* dìomhain, faoin.

futility *n* dìomhanas *m*, faoineas *m*.
future *n* (an t-) àm *m* ri teachd.
future *a* ri teachd.

G

gab *n* cab *m*.
gable *n* stuadh *f*.
gadget *n* uidheam *f*.
Gaelic *n* and *a* Gàidhlig *f*.
gag *n* cabsdair *m*.
gaiety *n* cridhealas *m*, aiteas *m*.
gaily *adv* gu cridheil, gu h-ait.
gain *n* buannachd *f*.
gain *v* buannaich, coisinn.
gainful *a* buannachdail, tarbhach.
gait *n* gluasad *m*, siubhal *m*.
gainsay *v* cuir an aghaidh.
galaxy *n* Slighe *f* Chlann Uisnich.
gale *n* gaoth *f* mhòr, gèile *m*.
gall *n* domblas *m*.
gallant *n* lasgaire *m*.
gallant *a* basdalach, flathail.
gallantry *n* basdalachd *f*, flathalachd *f*.
gallery *n* lobhta *m*; g. *for exhibits*, gailearaidh *m*.
galley *n* birlinn *f*.
galley-proof *n* dearbhadh *m* mòir-dhuilleig.
gallon *n* galan *m*.
gallop *v* luath-mharcaich.
Galloway *n* A' Ghall-Ghaidhealtachd *f*.
gallows *n* croich *f*, a' chroich *f*.
galore *adv* gu leòr.
galvanize *v* dealan-chòmhdaich.
Galway *n* Gaillimh *f*, A' Ghailmhinn *f*.
gamble *v* iomair air gheall, dèan cèarr-achas.
gambler *n* cèarraiche *m*.
gambling *n* cèarrachas *m*.
gambol *v* dèan ruideas.
game *n* cluiche *f*, gèam *m*; (*of venison etc.*) sitheann *f*.
gamekeeper *n* geamair *m*.
gamete *n* gamait *f*.
gaming *n* cèarrachd *f*.
gammon *n* gaman *m*.
gander *n* gànradh *m*.

gang *n* buidheann *f*, foireann *m*.
gangrene *n* morgadh *m*.
gangrenous *a* fo mhorgadh.
gangway *n* bealach *m*.
gannet *n* sùlaire *m*; g. *chick*, guga *m*.
gaol *n* prìosan *m*.
gaoler *n* fear-prìosain *m*.
gap *n* bealach *m*, beàrn *f*.
gape *v* dèan mèananaich, spleuchd.
garage *n* garaids *f*.
garage *v* cuir ann an garaids.
garb *n* èideadh *m*, earradh *m*.
garbage *n* fuighleach *m*.
garble *v* cuir ás a riochd.
garden *n* lios, *m*, *f*, gàrradh *m*.
gardener *n* gàirnealair *m*.
gardening *n* gàirnealaireachd *f*.
gargle *v* sruthail.
garland *n* blàth-fhleasg *f*.
garlic *n* creamh *m*.
garment *n* bad aodaich *m*.
garnet *n* gàirneid *f*.
garnish *n* sgeadachadh *m*.
garnish *v* maisich, sgeadaich.
garrison *n* gearasdan *m*.
garrison *v* gearasdanaich.
garron *n* gearran *m*.
garrulity *n* goileam *m*.
garrulous *a* cabach, goileamach.
garter *n* gartan *m*, crèibeilt *f*.
gas *n* gas *m*.
gas *v* mùch le gas, sgaoil gas.
gas-cooker *n* cucair *m* gas.
gas-fire *n* teine *m* gas.
gash *n* gearradh *m*, lot *m* domhainn.
gasket *n* gasgaid *f*.
gasp *n* plosg *m*.
gasp *v* plosg.
gassy *a* gasach.
gastric *a* meirbheach.
gastritis *n* gastraiteas *m*.
gastronomic *a* sòghail.

gastronomy *n* sòghalachd *f.*

gate *n* geata *m*, cachaileith *f.*

gather *v* cruinnich, tionail, trus; tog.

gatherer *n* fear-cruinneachaidh *m.*

gathering *n* cruinneachadh *m*, co-chruinneachadh *m.*

gaudy *a* basdalach.

gauge *n* tomhas *m.*

gauge *v* tomhais.

gauger *n* gàidsear *m.*

gaunt *a* tana, lom.

gauntlet *n* làmhainn *f.*

gauze *n* uige *f.*

gawky *a* sgleòideach.

gay *a* sùnndach, sùgach, aighearach; rìomhach.

gaze *v* dùr-amharc.

gazette *n* litir-naidheachd *f*, gasaet *m.*

gear *n* uidheam *f*, àirneis *f*, maoin *f*; (*of clothes*) trusgan *m*; (*of a car etc.*) gèar *f.*

gear-box *n* gèar-bhocsa *m.*

gelatine *n* deileatain *m.*

geld *v* spoth.

gelding *n* gearran *m.*

gelid *a* fuar-reòta.

gelignite *n* deilignit *m.*

gem *n* seud *m*, neamhnaid *f.*

gemination *n* dùblachadh *m.*

gender *n* gnè *f*, seòrsa *m.*

gene *n* gine *f.*

gene *a* gineach; *g. constitution*, dèanamh *m* gineach.

genealogical *a* sloinnteachail.

genealogist *n* sloinntear *m.*

genealogy *n* sloinntearachd *f.*

general *n* seanailear *m.*

general *a* coitcheann, cumanta.

generality *n* coitcheannas *m*, cumantas *m.*

generalize *v* ginearalaich.

generally *adv* am bitheantas.

generate *v* gin, tàrmaich.

generation *n* (*general, of humans*) àl *m*; (*one g. in a genealogy*) ginealach *m*, glùn *f*; (*age, period*) linn *f*; *vn.* gineamhainn *m.*

generative *a* sìolmhor.

generator *n* gineadair *m.*

generic *a* gnèitheach.

generosity *n* fialaidheachd *f*, fiùghant-achd *f.*

generous *a* fial, faoilidh.

genesis *n* gineachas *m*, toiseach *m*; *Book of G.*, Leabhar Ghenesis.

genetic *a* ginteil.

genetics *n* gintinneachd *f.*

Geneva *n* Sineubha.

genial *a* coibhneil, dàimheil.

genitals *n* buill *pl.* gineamhainn.

genitive *n. g. case*, a' chùis *f* gheinideach, tuiseal *m* seilbheach/geinideach.

genius *n* (*of a person*) sàr-ghin *m*; (*of the quality g.*) sàr-ghineachas *m*; (*g. of the age etc.*) mèin *f.*

genotype *n* gineteip *f.*

genre *n* gnè *m*, seòrsa *m.*

genteel *a* modhail, suairce.

genteelness *n* modhalachd *f*, suairceas *m.*

gentian *n* lus *m* a' chrùbain.

gentile *n* cinneach *m.*

gentility *n* uaisle *f.*

gentle *a* ciùin, sèimh, soitheamh.

gentleman *n* duine *m* uasal.

gentleness *n* ciùine *f*, sèimhe *f.*

gentlewoman *n* bean *f* uasal.

gentry *n* uaislean *pl.*

genuflexion *n* lùbadh *m* ghlùn.

genuine *a* fìor, dha-rìribh, neo-thruaillte.

genus *n* dream *m.*

geographer *n* cruinn'-eòlaiche *m.*

geography *n* cruinn'-eòlas *m*, tìr-eòlas *m.*

geological *a* geòlach.

geologist *n* geòlaiche *m.*

geology *n* geòlas *m.*

geometric *a* geoimeatrach.

geometry *n* geoimeatras *m.*

George *n* Seòras *m.*

germ *n* bitheag *f*; *the g. of the matter*, bun *m* na cùise.

German *n* (*person*) Gearmailteach *m*; (*lang*) Gearmailt *f*.

German *a* Gearmailteach.

Germany *n* A' Ghearmailt *f*.

germinate *v* ginidich.

germination *n* ginideachadh *m*.

gestation *n* torrachas *m*.

gesture *n* gluasad *m*.

get *v* faigh, coisinn; (*grow*) fàs; *he got dressed*, chuir e aodach uime; *he has got no friends*, chan eil càirdean aige; *he is getting on for fifty*, tha e a' streap ris an leth-cheud.

getting *n* faighinn *f*.

ghastly *a* oillteil.

ghost *n* taibhse *m*, *f*, tannasg *m*, bòcan *m*; *the Holy G.*, an Spiorad *m* Naomh.

ghostly *a* taibhseil; spioradail.

giant *n* famhair *m*, fuamhaire *m*, athach *m*.

gibber *v* dèan goileam.

gibberish *n* goileam *m*.

gibbet *n* croich *f*.

gibe *n* fochaid *f*, sgeig *f*.

giblets *n* adha 's àra eòin.

giddiness *n* tuainealaich *f*.

giddy *a* tuainealach; guanach, faoin.

gift *n* tiodhlac *m*, gibht *f*.

gifted *a* comasach, tàlantach.

gig *n* gige *m*.

gigantic *a* fuamhaireil.

giggle *v* dèan praoisgeil.

giggling n praoisgeil *f*, gàire bheag.

gigot *n* ceathramh *m*.

gild *v* òraich.

gilding *n* òradh *m*.

gill *n* (*measure*) cairteal *m* (pinnte); (*of fish*) giùran *m*.

gilt *n* òradh *m*.

gilt-edged *a* oir-òrach.

gimlet *n* gimileid *f*.

gin *n* (*drink*) sine *f*, Sineubhar *f*; (*trap*) ribe *m*.

ginger *n* dinnsear *m*.

ginger *a* (*of hair*) ruadh; dinnsearach.

gingerbread *n* aran-crì *m*.

gingerly *adv* gu faiceallach.

gipsy *n* giofag *f*.

giraffe *n* sioraf *m*.

gird *v* crioslaich.

girder *n* sail *f*.

girdle *n* (*belt*) crios *m*; (*for baking*) greideal *f*.

girl *n* caileag *f*, nighean *f*, nìghneag *f*; *girls*, clann-nighean *f*.

giro *n* dìoro *m*.

girth *n* (*band etc.*) giort *f*; (*of measurement*) timcheall-mheud *m*.

gist *n* brìgh *f*.

give *v* tabhair, thoir; *g. up*, leig seachad/ dhe; *he gave no sign*, cha do leig e air.

giving *n* tabhairt *f*, buileachadh *m*.

gizzard *n* sgròban *m*.

glaciation *n* eighreachadh *m*.

glacier *n* eighr-shruth *m*.

glad *a* toilichte, aoibhinn.

gladden *v* dèan aoibhneach.

gladness *n* toil-inntinn *f*, aoibhneas *m*.

glamour *n* draoidheachd *f*.

glance *n* grad-shealladh *m*, plathadh *m*.

glance *v* grad-amhairc.

gland *n* fàireag *f*.

glandular *a* fàireagach.

glare *n* deàrrsadh *m*, dalladh *m*; (*of look*) sùil *f* fheargach.

Glasgow *n* Glaschu *f*.

glass *n* glainne *f*; (*mirror*) sgàthan *m*.

glasses *n* glainneachan *pl*, speuclairean *pl*.

glassy *a* glainneach.

glaze *v* còmhdaich le glainne.

glazier *n* glainneadair *m*.

gleam *n* boillsgeadh *m*.

gleam *v* boillsg, soillsich.

gleaming *a* boillsgeach.

glean *v* dìoghlam.

gleaning *n* dìoghlam *m*.

glebe *n* glìob *f*.

glee *n* mire *f*, cridhealas *m*.

glen *n* gleann *m*.

Glenlivet *n* (*place and whisky*) Gleann Lìobhait.

glib *a* luath-chainnteach, cabanta.

glide *v* gluais (gu ciùin).

glimmer *n* fann-sholas *m*.

glimpse *n* aiteal *m*, boillsgeadh *m*, plathadh *m*.

glint *n* lainnir *f*.

glisten *v* deàlraich, boillsg.

glister *v* deàrrs, boillsg.

glitter *n* lainnir *f*.

glitter *v* dèan lainnir/drithleann.

gloaming *n* fionnairidh *f*; *in the g.*, air an fhionnairidh.

global *a* domhanta.

globe *n* cruinne *f*.

globular *a* cruinn.

gloom *n* duibhre *f*, gruaim *f*, smalan *m*.

gloomy *a* doilleir, gruamach; smalanach.

glorification *n* glòireachadh *m*.

glorify *v* glòirich, cliùthaich.

glorious *a* glòrmhor, òirdheirc.

glory *n* glòir *f*, cliù *m*.

glory *v* dèan uaill/bòsd.

gloss *n* lìomh *f*; (*explanation*) mìneachadh *m*.

gloss *v* lìomh; (*explain*) mìnich.

glossary *n* beag-fhaclair *m*.

glossiness *n* lìomharrachd *f*.

glossy *a* lìomharra.

glottal *a* sgòrnanach.

glove *n* miotag *f*, làmhainn *f*.

glow *n* luisne *f*, blàthachadh *m*.

glow *v* deàrrs, luisnich.

glower *v* seall fo na mùgan.

glucose *n* glùcos *m*.

glue *n* glaodh *m*.

glue *v* glaodh.

glum *a* gruamach.

glut *n* cus *m*.

glut *v* sàsaich.

glutinous *a* glaodhach.

glutton *n* geòcaire *m*, craosaire *m*.

gluttonous *a* geòcach, craosach.

gluttony *n* geòcaireachd *f*, craos *m*.

gnarled *a* meallach.

gnash *v* gìosg.

gnashing *n* gìosgail *f*.

gnat *n* còrr-mhial *f*.

gnaw *v* creim, cagainn.

go *v* falbh, imich, theirig, rach, gabh; *go away*, thalla; *g. before me*, gabh romham; *they went hungry*, bha/ dh'fhan iad gun bhiadh; *let him g.*, leig ás e; *g. on/ahead*, siuthad.

goad *n* bior-greasaidh *m*.

goad *v* greas, stuig.

goal *n* crìoch *f*; bàir *f*, tadhal *m*, gòil *m*.

goal-keeper *n* fear-bàire *m*.

goal-post *n* post-bàire *m*.

goat *n* gobhar *m*.

goblet *n* cuach *f*.

goblin *n* bòcan *m*.

God, god *n* Dia, dia *m*.

goddess *n* ban-dia *f*.

godhead *n* diadhachd *f*.

godless *a* ain-diadhaidh.

god-like *a* mar dhia.

godliness *n* diadhachd *f*.

godly *a* diadhaidh.

goggle *v* spleuchd.

going *n* falbh *m*, dol *m* imeachd *f*.

goitre *n* ainglis *f*.

gold *n* òr *m*.

gold, golden *a* òir, òrach, òrdha, òr-bhuidhe.

gold-foil *n* òr-dhuille *f*.

gold-mine *n* mèinn-òir *f*.

goldsmith *n* òr-cheard *m*.

golf *n* goilf *m*.

golf-club *n* caman *m*/comann *m* goilf.

golf-course *n* machair *f* goilf.

golfer *n* goilfeire *m*.

gonorrhoea *n* a' chlap *f* shilteach.

good *n* math *m*, leas *m*.

good *a* math; deagh (*used before noun*).

good-bye *n* and *interj* slàn le, beannachd le; *g. (to you)* slàn leat.

good-humoured *a* socair, suairc.

good-looking *a* brèagh.

goodness *n* mathas *m*, deagh-bheus *f*.

goodwill *n* gean *m* math, deagh mhèin *f*.

goods n cuid f, maoin f; (for sale) bathar m.

goose n gèadh m, f; (silly female) òinseach f; (tailor's) iarann m tàilleir.

goose-flesh n grìs f.

gooseberry n gròiseid f.

gore n fuil f, gaorr m.

gore v sàth.

gorge n slugan m, craos m; clais-mhòr f.

gorge v lìon craos; I gorged myself, lìon mi mo chraos.

gorgeous a greadhnach, rìomhach.

gorilla n goirilea m.

gormandize v glut.

gorse n conasg m.

gory a gaorrach.

gosling n isean m geòidh.

gospel n soisgeul m.

gossamer n lus-chlòimh m, lìon an damhain-allaidh m.

gossip n goistidh m, sealgair-seanchais m.

gossip v bi a' gobaireachd.

Gothic a Gotach.

gouge n gilb f chruinn.

gouge v buin á.

gout n tinneas m nan alt, a' ghùt f.

govern v riaghail, seòl; smachdaich.

governable a so-riaghlaidh.

government n riaghaltas m, riaghladh m; the G., an Riaghaltas m; (gram.) riaghailt f.

governor n riaghladair m.

gowan n neòinean m.

gown n gùn m.

grab v gabh grèim air.

grace n (rel., classical) gràs m; (prayer) altachadh m (of personal mein) loinn f, eireachdas m; fàbhar m.

grace v sgeadaich, maisich, cuir loinn air.

grace-note n nota-maise m; (piping) nota-altaidh m.

graceful a grinn, maiseach.

gracefulness n grinneas m, eireachdas m.

graceless a gun ghràs, gun ghrinneas.

gracious a gràsmhor, caomh.

graciousness n gràsmhorachd f, caomhalachd f.

graduation n ceum m; rèim f.

grade n ceum m, ìre f.

grade v cuir an òrdugh, rangaich.

gradient n àrdachadh m, ìsleachadh m; fànachd f.

gradual a **gradually** adv beag is beag, a-rèir a chèile.

graduate n fear-ceuma m.

graduate v gabh ceum, ceumnaich.

graduation n ceumnachadh m.

graft n nòdachadh m.

graft v nòdaich.

grain n gràinne f, gràinnean m, sìlean m; (coll.) gràn m, sìol m; a g. of sugar, gràinnean siùcair.

grained a strianach.

grainy a gràineanach.

graip n gràpa m.

gram, gramme n gram m.

grammar n gràmar m.

grammatical a gràmarach.

gramophone n gramafon m.

granary n sìol-lann f.

grand a mòr, prìomh, uasal.

grandchild n ogha m.

grand-daughter n ban-ogha f.

grandeur n mòrachd f.

grandfather n seanair m.

grandiloquence n àrd-ghlòir f.

grandmother n seanmhair f.

grandson n ogha m.

grange n gràinnseach f.

granite n clach-ghràin f.

grant a tabhartas m, ceadachadh m.

grant v ceadaich, deònaich, builich.

granular a cnapach.

granulation n gràineachadh m.

granule n gràinean m, gràineag f.

granulous a gràineach.

grape n fìon-dearc f.

grapefruit n seadag f.

graph n graf m.

graphical a grafail.

graphite n graifit m.

grapple v greimich, glac.

grasp n grèim m, glacadh m.

grasp v dèan grèim air, glac.

grass n feur m.

grasshopper n fionnan-feòir m.

grassy a feurach.

grate n cliath-theine f, grèata m.

grate v sgrìob, thoir sgreuch air.

grateful a taingeil, buidheach.

grater n sgrìoban m.

gratification n toileachadh m.

gratify v toilich.

grating n cliath f.

grating a sgreuchach, sgreadach.

gratis a an asgaidh.

gratitude n taingealachd f, buidheachas m.

gratuity n tiodhlac m.

grave n uaigh f.

grave v geàrr, gràbhail.

grave a stòlda, suidhichte.

gravel n grinneal m, morghan m.

gravestone n leac-uaghach f.

graveyard n cladh m.

graving n gràbhaladh m.

graving-dock n lann-gràbhalaidh f.

gravitate v teirinn.

gravitation n teàrnadh m.

gravity n (force of g.) iom-tharraing f; (specific g.) dùmhlachd f; (of manner) stuamachd f; (of an offence etc.) sòlaimteachd f.

gravy n sùgh (feòla) m.

gray See grey.

grayish a liathghlas.

graze v (eat grass) feuraich, bi ag ionaltradh; (touch) suath (ann).

grazing n ionaltradh m.

grease n saill f, crèis f.

grease v crèisich, smeur.

greasy a crèiseach.

great a mòr, àrd, lìonmhor.

great-grandchild n iar-ogha m.

great-grandfather n sean-seanair m.

greatcoat n còta-mòr m.

greatness n mòrachd f, meudachd f.

Grecian, Greek a Greugach.

Greece n A' Ghrèig f.

greed, greediness n sannt m, gionaiche m.

greedy a sanntach, gionach.

Greek n (person) Greugach m; (lang.) Greugais f.

green a uaine, gorm, glas.

green n (dath) uaine f; (grass) rèidhlean m, faiche f.

greenfly n cuileag-ghlas f.

greengrocer n ceannaiche m glasraich.

greenhouse n taigh-glainne m.

Greenland n A' Ghraonlainn f.

greenness n uainead m, guirme f; an-abaichead m.

greet v fàiltich, beannaich.

greeting n fàilte f, beannachadh m.

gregarious a greigheach.

grenade n grenèad m.

grey a glas, liath; a grey area, àite (etc.) teagmhach.

grey-haired a liath.

greyhound n mìolchu m.

grid n cliath f.

griddle n greideal f.

grief n mulad m, doilgheas m.

grieve v cràidh, caoidh.

grievous a doilgheasach, cràidhteach.

grill n grìos(achadh) m.

grill v grìosaich.

grilse n bànag f.

grim a mùgach, gnù.

grimace n gruaim f, mùig m.

grime n salchar m.

grimness n gruamachd f.

grin n braoisg f.

grin v cuir braoisg air.

grind v meil, bleith; pronn.

grindstone n clach-gheurachaidh f.

grip n grèim m.

grisly a dèisinneach, oillteil.

grist n gràn m gu bleith.

gristle n maothan m, brisgean m.

gristly a maothanach; eagalach.

grit *n* grian *m*, grinneal *m*, garbhan *m*;
(*of character*) cruas *m*.

grizzled *a* grìsfhionn.

groan *n* cnead *m*.

groan *v* dèan cnead.

groat *n* gròt(a) *m*.

grocer *n* grosair *m*.

groceries *n* bathar *m* grosaireach.

grocery *n* grosaireachd *f*.

groin *n* loch-bhlèin *f*.

groom *n* gille *m* nan each; (*bridegroom*)
fear *m* na bainnse.

groove *n* clais *f*, eag *f*.

grope *v* fairich, rùraich.

gross *n* dà dhusan deug.

gross *a* garbh, dòmhail.

grossness *n* gairbhead *m*, dòmhlachd *f*.

grotesque *a* mì-dhealbhach, mì-
nàdurrach.

ground *n* grùnnd *m*, talamh *f*, làr *m*,
fonn *m*; (*foundation*) (bonn-)stèidh *f*;
(*in piping*) ùrlar *m*.

ground *v* socraich, stèidhich, suidhich;
bun-ionnsaich.

groundsel *n* grunnasg *f*.

groundwork *n* stèidh *f*, innealadh *m*.

group *n* grunnan *m*, còmhlan *m*.

grouse *n* eun-fraoich *m*, cearc-fhraoich
f, coileach-fraoich *m*; (*complaint*)
gearan *m*.

grouse *v* gearain, dèan gearan.

grove *n* doire *m*, *f*, badan *m*.

grovel *v* snàig, liùg.

grow *v* fàs, cinn, meudaich; (*transit.*)
thoir fàs air.

growl, growling *n* dranndan *m*, grùnsgal
m.

growl *v* dèan dranndan.

grown-up *n* inbheach *m*.

growth *n* fàs *m*, cinneas *m*, toradh *m*.

grub *n* cnuimh *f*.

grudge *n* diomb *m*, doicheall *m*.

grudge *v* talaich.

gruel *n* brochan *m*.

gruff *a* garg; neo-aoidheil.

grumble *v* gearain, talaich.

grumbler *n* fear-gearain *n*.

grumbling *n* gearan *m*.

grunt *n* gnòsail *f*.

grunt *v* dèan gnòsail.

guano *n* guàno *m*.

guarantee *n* urras *m*, barrantas *m*.

guarantor *n* fear-urrais *m*.

guard *n* (*person(s)*) freiceadan *m*;
(*abstr*) faire *f*, dìon *m*.

guard *v* dìon, glèidh.

guardian *n* fear-gleidhidh *m*, fear-dìona
m.

guerilla *a* beag-chogach.

guess *n* tomhas *m*, tuaiream *f*, meas *m*.

guess *v* tomhais, thoir tuaiream.

guest *n* aoigh *m*.

guest-house *n* taigh-aoigheachd *m*.

guidance *n* seòladh *m*, stiùireadh *m*,
treòrachadh *m*.

guide *n* fear-seòlaidh/treòrachaidh *m*.

guide *v* seòl, treòraich.

guide-book *n* leabhar-iùil *m*.

guide-lines *n* seòl *m*, seòladh *m*.

guild *n* comann *m*.

guile *n* foill *f*, cluain *f*.

guileful *a* foilleil, cealgach.

guileless *a* neo-fhoilleil, neo-chealgach.

guillemot *n* eun *m* dubh an sgadain.

guilt *n* ciont(a) *m*.

guiltless *a* neochiontach.

guilty *a* ciontach.

guinea *n* gini *m*.

guinea-pig *n* (*meta.*) ball-sampaill *m*.

guise *n* seòl *m*, modh *f*, dòigh *f*, aogas
m.

guitar *n* giotàr *m*.

gulf *n* camas *m*, bàgh *m*; *the Gulf War*,
Cogadh a' Chamais.

gull *n* faoileag *f*.

gull *v* meall, thoir an car á.

gullet *n* sgòrnan *m*.

gullible *a* furasda an car a thoirt á.

gully *n* gil *f*.

gulp *n* slugadh *m*, glacadh *m*.

gulp *v* sluig, glac.

gum *n* (*of mouth*) càireas *m*; glaodh *m*,
bìth *f*.

gum v glaodh, bìthich.
gum-boil n niosgaid-càireis f.
gum-boots n bòtannan pl.
gumption n ciall f.
gun n gunna m.
gunner n gunnair m.
gunnery n gunnaireachd f.
gunpowder n fùdar-gunna m.
gunshot n urchair f gunna.
gunsmith n gobha m ghunnachan.
gunwale n beul-mòr m.
gurgle n glugan m.
gurgle v dèan glugan/plubraich.
gurnet n cnòdan m.
gush n spùt(adh) m, brùchd m.
gush v spùt, brùchd.
gusher n brùchdaire m, tobar-brùchdaidh m, f.
gusset n eang f, guiseid f.
gust n oiteag f, cuairt-ghaoth f; samh m.

gusto n blas m, fonn m.
gusty a stoirmeil, gaothar.
gut n caolan m.
gut v thoir am mionach á, cut.
gutter n (of fish) cutair m; herring gutters, clann-nighean an sgadain; (on house etc.) guitear m.
gutteral a sgòrnanach.
guy n fear-brèige m.
guzzle v sluig.
guzzler n geòcaire m.
gymnasium n lann f lùth-chleas.
gymnastic a lùth-chleasach.
gynaecologist n lèigh-eòlaiche m bhan.
gynaecology n leigh-eòlas m bhan.
gyration n cur m mun cuairt.
gyre n cuairt f, cearcall m.
gyroscope n cearclair m.
gyves n geimhlean pl.

H

habit *n* nòs *m*, àbhaist *f*, cleachdadh *m*; (*clothing*) earradh *m*, èideadh *m*.
habitable *a* freagarrach airson còmhnaidh.
habitation *n* ionad/àite còmhnaidh *m*.
habitual *a* gnàthach.
habitually *adv* gu gnàthach.
habituate *v* gnàthaich, cleachd.
hack *n* gàg *f*.
hack *v* geàrr, spòlt.
haddock *n* adag *f*.
haemophilia *n* hèimofilia *f*.
haemorrhage *n* ruith *f* fala, geàrrach *f* fala.
haemorrhoids *n* niosgaidean *pl*. fala, dubh-thoill *pl*.
haft *n* cas *f*, samhach *f*.
hag *n* baobh, badhbh *f*, cailleach *f*.
haggis *n* taigeis *f*.
haggle *v* dèan còmhstri mu phrìs.
hail *n* (*hailstones*) clachan-meallain *pl*.
hail! *interj* fàilte.
hailstone *n* clach-mheallain *f*.
hair *n* (*coll*.) falt *m*, gruag *f*; (*indiv*.) ròineag *f*, fuiltean *m*; (*of animals*) fionnadh *m*, gaoisid *f*, calg *m*..
hair-brush *n* bruis-fuilt *f*.
hair-cut *n* bearradh *m* fuilt.
hair-dryer *n* tiormadair *m* gruaige.
hairdresser *n* gruagaire *m*.
hairpin *n* bioran *m* (fuilt).
hairy *a* molach, ròmach, fionnach.
hale *a* slàn, sùgach.
half *n* leth *m*; *h. past three*, leth uair an dèidh trì; *h. a pound*, leth phunnd, *h. a dozen*, leth dusan; *four and a h.*, ceithir gu leth (gu *from older co*).
half-bottle *n* leth-bhotal *m*.
half-pint *n* leth-phinnt *m*.
half-wit *n* glaoic *f*.
halfpenny *n* bonn-a-sia *m*.
halfway *a* letheach-slighe.
halibut *n* lèabag/leòbag *f* leathann.
hall *n* talla *m*, *f*.

hall-mark *n* comharradh *m*.
hallo! *interj* hoigh!, halò.
hallow *v* coisrig, naomhaich.
Hallowe'en *n* Oidhche *f* Shamhna.
hallucination *n* mearachadh *m*.
halo *n* fàinne *f* (solais).
halt *n* stad *m*; *the halt* (*maimed*) na daoine crùbach.
halt *v* stad.
halter *n* aghastar *m*.
halve *v* roinn/geàrr 'na dhà leth.
halyard *n* hailleard *f*.
ham *n* (*meat*) hama *f*; sliasaid *f*, ceathramh *m* deiridh.
hamlet *n* clachan *m*.
hammer *n* òrd *m*.
hammer *v* buail le òrd.
hamper *n* bascaid *f* bidhe.
hamper *v* bac, cuir bacadh air.
hamster *n* hamstair *m*.
hamstring *n* fèith-na-h-iosgaid *f*.
hand *n* làmh *f*; cròg *m*; *the upper h.*, làmh an uachdair.
hand *v* sìn, cuir a-null/thugam *etc*.
hand-bag *n* poca *m*/màileid *f* làimhe.
hand-loom *n* beairt *f*.
handbreadth *n* leud *m* boise.
handcuff *n* glas-làmh *f*.
handful *n* làn *m* dùirn, dòrlach *m*.
handicap *n* bacadh *m*.
handicraft *n* ceàird *f*.
handiness *n* làmhchaireachd *f*.
handkerchief *n* neapaigear (-pòcaid) *f*.
handle *n* làmh *f*, cas *f*, samhach *f*, cluas *f*; *h. of the spade*, cas na spaide; *cup h.*, cluas a' chupain.
handle *v* làimhsich.
handsel *n* sainnseal *m*.
handshake *n* crathadh *m* làimhe.
handsome *a* eireachdail, gasda, maiseach.
handwoven *a* làmh-fhighte.
handwriting *n* làmh-sgrìobhaidh *f*.
handy *a* deas, ullamh; (*good at handwork*) làmhchair(each).

hang v croch; *the picture is hanging on the wall*, tha an dealbh an crochadh air a' bhalla.
hang-over n ceann m daoraich.
hangar n hangar f.
hanging n crochadh m.
hangman n crochadair m.
hank n iarna f.
hanker v bi an geall (air).
Hanover n Hanòbhar.
haphazard a tuiteamach, rù-rà.
haploid a singilte.
happen v tachair.
happening n tachartas m.
happiness n sonas m, àgh m.
happy a sona, àghmhor.
harangue n òraid f, cur-a-mach m.
harass v sàraich, claoidh.
harbinger n teachdaire m.
harbour n cala m, acarsaid f.
harbour v gabh ri, thoir fasgadh do.
harbour-master n ceannard-puirt m, ceannard-cala m.
hard a cruaidh, teann, daingeann; (*of understanding*) deacair, doirbh.
hard adv dlùth, teann; dian.
hard-hearted a cruaidh-chridheach.
hardboard n cruaidh-bhòrd m.
harden v cruadhaich, fàs cruaidh, teannaich.
hardihood n cruadal m.
hardly adv gann; cha mhòr gu(n); *there was h. enough*, is gann gu robh gu leòr ann; *he could h. reach it*, cha mhòr gu ruigeadh e air, is gann gu ruigeadh e air; *h. the best time for ——*, chan e sin an t-àm as fheàrr, tha eagal orm.
hardness n cruas m; (*of heart etc.*) an-iochd f.
hardship n cruaidh-chàs m, teinn f.
hardware n cruaidh-bhathar m.
hardy a cruaidh, cruadalach.
hare n maigheach f, geàrr f.
hare-lip n beàrn-mhìol f.
harebell n currac-cuthaige f.
harebrained a gaoitheanach.

hark interj èisd!, cluinn!.
harlot n strìopach f, siùrsach f.
harlotry n strìopachas m, siùrsachd f.
harm n cron m, lochd m, beud m.
harm v deàn cron air, ciùrr.
harmful a cronail, lochdach.
harmelss a neo-chronail, neo-lochdach.
harmonic a co-cheòlach.
harmonious a co-chòrdach.
harmonize v ceòl-rèim, dèan ceòl-rèimeadh.
harmony n co-sheirm f, co-cheòl m, ceòl-rèimeadh m.
harness n uidheam f.
harp n clàrsach f, cruit f.
harper n clàrsair m, cruitear m.
harpoon n morghath m.
harpsichord n cruit-chòrda f.
Harris n Na Hearadh; *person from Harris*, Hearach m, ban-Hearach f.
Harris tweed n clò-mòr m, clò na Hearadh.
harrow n cliath f, cliath-chliata f.
harrow v cliath.
harsh a garg, borb; (*not musical*) neo-bhinn.
harshness n gairge f, buirbe f.
hart n damh-fèidh m.
harvest n buain f, foghar m; *h. moon*, gealach f an abachaidh.
hash n pronn'an m.
hash v pronn.
hasheesh n haisis f.
hassock n cluasag f ghlùin.
haste n cabhag f, deann f.
hasten v greas, dèan cabhag; (*trans*) cuir cabhag air.
hastiness n deifir f, cabhag f.
hasty a cabhagach, deifireach, bras, cas.
hat n ad f.
hat-pin n bioran m aide.
hatch n gur m, linn m; (*on ship*) saidse f.
hatch v guir; (*meta.*) tàrmaich; (*of drawing*) strianaich.
hatchet n làmh-thuagh f.

hate *n* fuath *m*, gràin *f*.

hate *v* fuathaich, gràinnich.

hateful *a* fuathach, gràineil.

haughtiness *n* àrdan *m*, uabhar *m*.

haughty *a* àrdanach, uaibhreach.

haul *n* tarraing *f*.

haul *v* tarraing, slaod.

haulage *n* imrich *f*.

haunch *n* leis *f*, leth-deiridh *m*, ceathramh *m*.

haunt *n* àite-tathaich *m*.

haunt *v* tathaich, tadhail.

have *v* bi aig; seilbhich, meal; gabh; bi feum aig, feum; *I h*. £2, tha dà nota agam; *all I h*. (*possess*), gach nì a tha agam, gach nì tha mi a' sealbhachadh; *h. a cup of tea*, gabh copan tea; *I h. to go*, feumaidh mi falbh; *h. some sense*, biodh ciall agad.

haven *n* cala *m*, acarsaid *f*.

haversack *n* abharsaic *f*.

havock *n* sgrios *m*.

hawk *n* seabhag *m*, *f*.

hawser *n* taod *m*, càbal *m*.

hawthorn *n* sgitheach *m*.

hay *n* feur *m*, feur caoin, tràthach *m*.

haystack *n* goc *m*, tudan *m*, cruach *f*.

hazard *n* cunnart *m*.

hazardous *a* cunnartach.

haze *n* ceò *m*, *f*, smùid *m*.

hazel *n* calltainn *m*.

hazel *a* air dhath calltainn.

hazy *a* ceòthach.

he *pron* e; (*emph*.) esan; *stressed* **he** *in English sometimes trans. by pron. suffix e.g.* **he** *is hungry*, tha an t-acras airsan.

head *n* ceann *m*; (*of person*) ceannard *m*; mullach *m*; *come to a h*., thig gu àirde/h-aon 's gu dhà; *he has a good h*., tha ceann math air, tha inntinn mhath ann.

head *a* prìomh.

head *v* stiùir.

head-lamp *n* prìomh sholas *m*, solas *m* mòr.

head-master *n* maighstir-sgoile *m*.

head-mistress *n* bana-mhaighstir-sgoile *f*.

head-phone *n* cluais-fhòn *m*.

head-word *n* ceann-fhacal *m*.

headache *n* cràdh *m* cinn.

header *n* (*football*) buille-cinn *f*; *he took a h*., chaidh e an comhair a chinn.

heading *n* ceann *m*.

headland *n* rubha *m*.

headless *a* gun cheann; gun cheannard.

headlight *n* solas-mòr *m*.

headline n sreath-cinn *m*, *f*.

headlong *a and adv* (gu) bras, an comhair a chinn *etc*.

headquarters *n* prìomh-àros *m*.

headsquare *n* beannag *f*.

headstrong *a* ceann-làidir.

headway *n* adhartas *m*, dol *m* an aghaidh.

heady *a* bras; a' dol sa' cheann.

heal *v* leighis, slànaich, fàs slàn.

healer *n* slànaighear *m*.

healing *n* leigheas *m*.

health *n* slàinte *f*, fallaineachd *f*; *Department of H*., Roinn *f* na Slàinte.

healthy *a* slàn, fallain.

heap *n* tòrr *m*, dùn *m*, càrn *m*.

heap *v* càrn, cruach.

hear *v* cluinn, èisd.

hearer *n* fear-èisdeachd *m*.

hearing *n* claisneachd *f*, èisdeachd *f*.

hearing-aid *n* inneal-claistinn *m*, inneal-claisneachd *m*.

hearken *v* èisd, cluinn.

hearsay *n* iomradh *m*, fathann *m*.

hearse *n* carbad-mharbh *m*, eileatrom *m*.

heart *n* cridhe *m*; meadhan *m*.

heart-attack *n* clisgeadh-cridhe *m*.

heart-disease *n* tinneas *m* cridhe.

heartbeat *n* buille *f* cridhe.

heartburn *n* losgadh-bràghad *m*.

heartfelt *a* a' ruigheachd a' chridhe, dha-rìribh.

hearten *v* misnich.

hearth *n* teinntean *m*, cagailt *f*.

heartiness n sùnnd m, cridhealas m.
hearty a cridheil, sùnndach.
heat n teas m.
heat v teasaich, teò.
heat-wave n tonn m teasa.
heater n uidheam f teasachaidh.
heath n fraoch m.
heathen n cinneach m, pàganach m.
heathen(ish) a pàganta.
heathenism n pàgantachd f.
heather n fraoch m.
heathy a fraochach.
heave n togail f.
heave v tog, tarraing.
heaven n nèamh m; adhar m; flaitheas m; *good heavens!* mo chreach!.
heavenly a nèamhaidh.
heaviness n truime f, truimead m; airtneal m, sproc m.
heavy a trom; airtnealach.
Hebrew n Eabhrach m; (*lang.*) Eabhra f.
Hebrew a Eabhrach.
Hebrides n Innse Gall pl.
heckle v tras-cheusnaich.
hectare n heactair m.
hectic a fiabhrasach, èitigeach.
Hector n Eachann m.
hedge n callaid f, fàl m.
hedge v cuartaich, druid (le callaid).
hedgehog n gràineag f.
hedonism n hèadonas m.
hedonist n hèadonach m.
heed n cùram m, aire f.
heed v thoir aire; (*esp. in neg. context*) na leig air; *don't heed what he says*, na leig ort gu bheil thu ga chluinntinn.
heedful a cùramach, faicilleach.
heedless a neo-chùramach, neo-aireach.
heel n sàil f, bonn-dubh m.
heel v aom, claon; cuir sàilean air.
hefty a garbh.
heifer n agh f.
height n àirde f; mullach m, binnean m.
heighten v àrdaich, tog suas.

heinous a gràineil.
heir n oighre m.
heiress n ban-oighre f.
heirless a gun oighre.
heirloom n seud m.
Helen n Eilidh f.
helicopter n helicoiptear m.
helium n hilium m.
helix n hilics f.
hell n ifrinn f, iutharn f.
Hellenic a Greugach.
Hellenism n Greugachas m.
hellish a ifrinneach, iutharnail.
helm n falmadair m.
helmet n clogaid f.
helmsman n stiùireadair m.
helot n mogh m.
help n cuideachadh m, cobhair f.
help v cuidich, fòir, thoir cobhair (do).
helper n fear-cuidich m, bean-chuidich f.
helpful a cobhaireach, còmhnachail.
helpless a gun chòmhnadh, gun taca.
Helvetia n An Eilbheis f.
hem n fàitheam m.
hem v cuir fàitheam air; h. in, druid, iomadhruid.
hemisphere n leth-chruinne m (f. in gen. sg.).
hemistich n leth-shreath m.
hemlock n iteodha.
hemp n còrcach f, cainb f.
hempen a còrcaich, cainbe.
hen n cearc f.
hen-house n taigh-chearc m.
hen-roost n spiris f, spàrdan m.
hence interj, adv ás a seo; (*for that reason*) air an adhbhar sin.
henceforth adv o seo a-mach.
henpecked a fo smachd mnà.
Henry n Eanraig m.
heptagon n seachd-shliosach m.
heptagonal a seachd-shliosach.
her pron i, ise; *often combined with prep e.g. I got a letter from her*, fhuair mi litir uaipe; *I gave her a letter*, thug mi litir dhi.

95

her *poss pron* a (*prefixes* **h** *to initial vowels*); de/do+a, *giving* da/dha; a cuid (*foll. by gen.*) *e.g.* *her money*, a cuid airgid; *art. with noun with* aice, *e.g.* *her money*, an t-airgead aice (-se).

herald *n* teachdaire *m*, earraid *m*.

heraldry *n* earraideas *m*.

herb *n* lus *m*, luibh *m, f*.

herbaceous *a* lusach.

herbal *a* lusragach.

herbalist *n* lusragaire *m*.

Herculean *a* Iorcalach.

Hercules *n* Iorcal *m*.

herd *n* treud *m*, buar *m*, greigh *f*; (*herdsman*) buachaille *m*.

herd *v* buachaillich.

herdsman *n* buachaille *m*.

here *adv* seo, an seo; *near h.*, faisg air seo/air an àite seo; *between h. and Glasgow*, eadar seo is Glaschu.

hereafter *n* an ath shaoghal *m*, an saoghal ri teachd.

hereafter *adv* san àm ri teachd.

hereby *adv* le seo, leis a seo.

hereditary *a* dùth, dùthchasach; *h. right*, còir oighre.

heredity *n* dùchas/dùthchas *m*.

herein *adv* an seo.

hereof *adv* uaithe seo.

heresy *n* saobh-chreideamh *m*.

heretic *n* saobh-chreideach *m*.

heretical *a* saobh-chreidmheach.

hereto *adv* gu seo.

heretofore *adv* roimhe seo.

hereupon *adv* leis a seo.

herewith *adv* le seo, leis a seo.

heritable *n* oighreachail.

heritage *n* oighreachd *f*.

hermaphrodite *n* and *a* fireann-boireann *m*.

hermit *n* aonaran *m*, dìthreabhach *m*.

hernia *n* màm-sic *m*.

hero *n* curaidh *m*, gaisgeach *m*, laoch *m*.

Herod *n* Hèrod *m*.

heroic *a* gaisgeil.

heroin *n* hearòin *m*.

heroine *n* bana-ghaisgeach *f*.

heroism *n* gaisgeachd *f*.

heron *n* corra-ghritheach *f*.

herring *n* sgadan *m*.

herring-gull *n* faoileag *f*.

herself *pron* ise, i fhèin.

hesitate *v* stad, bi an imcheist.

hesitation *n* imcheist *f*.

heterodox *a* claon-bharaileach.

heterogeneous *a* iol-ghnèitheach.

hew *v* geàrr, snaigh.

hexagon *n* sia-shliosach *m*.

hexagonal *a* sia-shliosach.

hexameter *n* sia-chasach *m*, meadrachd *f* shia-chasach.

hey! *interj* hoigh!.

heyday *n* blàth *m*, treise *f*; *he was in his h.*, bha e aig àird a threise.

hiatus *n* beàrn *f*; (*ling.*) hiatas *m*.

Hibernian *a* Eireannach.

hiccup (*hiccough*) *n* aileag *f*.

hide *n* seiche *f*, seice *f*, bian *m*.

hide *v* ceil, falaich, cleith.

hide-and-seek *n* falach-fead *m*.

hideous *a* oillteil, gràineil.

hiding *n* falach *m*.

hiding-place *n* àite-falaich *m*.

hierarchy *n* riaghladh *m* eaglais; na h-urracha mòra *pl*.

hieroglyphic *n* dealbh-sgrìobhadh *m*.

high *a* àrd; mòr; urramach; mòr-chuiseach; (*of spirits*) *he is h.*, tha e air a dhòigh; *the wall is six feet h.*, tha am balla sia troighean de dh'àirde; *High Street*, Prìomh Shràid *f*.

high-brow *n* àrd-inntleachdair *m*.

high-brow *a* àrd-inntleachdail.

high-class *a* fìor mhath.

high-frequency *n* tricead *m* àrd.

high-minded *a* àrd-inntinneach.

high-powered *a* mòr-chumhachdach.

high-priest *n* àrd-shagart *m*.

high-school *n* àrd-sgoil *f*.

high-water *n* muir-làn *m, f*.

Highland a Gaidhealach; *the H. Region*, Roinn f na Gaidhealtachd.

Highlander n Gaidheal m.

Highlands, The n A' Ghaidhealtachd f; *H. and Islands Development Board*, Bòrd Leasachaidh na Gaidhealtachd ('s nan Eileanan).

highlight v leig cudrom air.

highminded a àrd-inntinneach, uasal.

highness n àirde f, mòrachd f.

highway n rathad-mòr m.

hike v bi a' heidhceadh.

hilarity n cridhealas m.

hill n cnoc m.

hillock n cnocan m, sìthean m, tulach m.

hillside n leathad m.

hilly a cnocach, monadail.

hilt n (*esp. of sword*) dòrn m; cas f.

himself pron e fhèin.

hind n eilid f.

hinder v bac, grab; cuir grabadh air.

hindermost a deireannach.

Hindi n (*ling.*) Indig f.

hindrance n bacadh m, grabadh m.

Hindu n and a Indeach f.

hinge n bann m, banntach f, lùdag f.

hint n sanas m, leth-fhacal m.

hint v thoir sanas, cuir leth-fhacal an cluais.

hinterland n cùl-tìr f.

hip n cruachann f.

hip-pocket n pòcaid-tòine f.

hippopotamus n each m uisge.

hippy n hipidh m.

hire n fasdadh m.

hire v fasdaidh, tuarasdalaich.

hire-purchase n cìs-cheannach m, ceannach-iasaid m.

hirsute a molach, ròmach.

his poss pron a (*asp.*).

Hispanic a Spàinneach.

hiss(ing) n siosarnaich f.

hist! interj isd/eisd/eist!.

historian n seanchaidh m; eachdraiche m.

historical a eachdraidheil.

history n eachdraidh f.

hit n buille f; bualadh m.

hitch n amaladh m, tuisleadh m; (*tug*) tarraing f.

hither adv an seo, an taobh seo.

hitherto adv gus a seo, fhathast.

hive n beach-lann f, sgeap f.

hoar-frost n liath-reodhadh m.

hoard n tasgaidh f; ulaidh f.

hoard v taisg, càrn.

hoarding n (*wooden*) cliath f.

hoarse a tùchanach.

hoarseness n tùchadh m.

hoary a liath.

hoax n mealladh m.

hobble v dèan ceum crùbach.

hobby n cur-seachad m.

hobnail n tacaid f.

hock n hoc m.

hockey n hocaidh m.

hod n beag-amar m.

hoe n todha m, sgrìoban m.

hoe v todhaig.

hog n cullach m.

Hogmanay n Callainn f, Oidhche f Challainn.

hogshead n tocsaid f.

hog-herd n mucair m.

hoist v tog suas.

hold n grèim m; (*of ship*) toll m.

hold v cùm, cùm grèim air; glèidh.

holder n fear-seilbhe m.

hole n toll m.

holiday n latha-fèille m, saor-là m.

holiness n naomhachd f.

Holland n An Olaind f.

hollow n còs m, lag m, f.

hollow a còsach, fàs, falamh.

hollowness n falamhachd f.

holly n cuileann m.

holograph n dearbh-sgrìobhadh m.

holy a naomh, coisrigte.

homage n ùmhlachd f.

home n dachaigh f.

home adv dhachaigh.

home-help *n* cuidiche-taighe *m*.

Home Rule *n* fèin-riaghladh *m*.

Home Secretary *n* Rùnaire *m* na Rìoghachd.

Homer *n* Hòmair *m*.

homesick *a* cianalach.

homesickness *n* cianalas *m*.

homespun *a* dachaigheil.

homeward *adv* dhachaigh.

homicide *n* murt *m*.

homily *n* searmon *f*.

homogeneous *a* aon-ghnèitheach.

homograph *n* co-litreachan *m*.

homologous *a* co-ionann.

homonym *n* co-fhuaimear *m*.

homosexual *n* and *a* co-sheòrsach *m*.

hone *n* clach-gheurachaidh *f*, clach-nianraidh *f*.

honest *a* onarach, ionraic.

honesty *n* onair *f*, ionracas *m*.

honey *n* mil *f*.

honeycomb *n* cìr-mheala *f*.

honeymoon *n* mìos *f* nam pòg.

honeysuckle *n* iadh-shlat *f*.

honorarium *n* saor-dhuais *f*.

honorary *a* urramach.

honour *n* onair *f*, urram *m*, meas *m*.

honour *v* onaraich, cuir urram air; àrdaich.

honourable *a* onarach, urramach; ceart.

hood *n* cochall *m*.

hoodwink *v* meall.

hoof *n* iongna *f*, ladhar *m*.

hoofed *a* iongnach, ladhrach.

hook *n* dubhan *m*, cromag *f*.

hook *v* glac le/air dubhan.

hooked *a* crom, dubhanach.

hooligan *n* ùpraidiche *m*.

hoop *n* cearcall *m*.

hoot *v* goir, glaodh, sgriach.

hoover *n* sguabadair *m*.

hop *n* sìnteag *f*.

hop *v* leum, dèan sìnteag, falbh air leth-chois.

hop(s) *n* lus *m* an leanna.

hope *n* dòchas *m*, dùil *f*.

hope *v* tha dùil/dòchas aig.

hopeful *a* dòchasach.

hopeless *a* eu-dòchasach, gun dòchas.

hopelessness *n* eu-dòchas *m*.

hopper *n* treabhailt *f*.

Horace *n* Horas *m*.

horde *n* daosgarshluagh *m*.

horizon *n* fàire *f*, bun *m* speur/sgòth.

horizontal *a* còmhnard.

hormone *n* hormon *m*.

horn *n* adharc *f*, cabar *m*; (*drinking and mus.*) còrn *m*.

horned *a* adharcach, cròcach.

hornet *n* connspeach *f*.

horoscope *n* reul-shealladh *m*.

horrible *a* oillteil.

horrid *a* sgreataidh, dèisinneach.

horror *n* uamhann *m*, oillt-chrith *f*.

horse *n* each *m*, *small h.*, capall *m*.

horse-fly *n* creathlag *f*.

horsehair *n* gaoisid *f* eich.

horseman *n* marcaiche *m*.

horsemanship *n* marcachd *f*.

horseshoe *n* crudha *m*.

hortatory *a* earalach.

horticulture *n* gàrradaireachd *f*.

hose *n* (*stocking*) osan *m*, stocainn *f*; (*water h.*) pìob *f*.

hospitable *a* fial, fialaidh, faoilidh.

hospital *n* taigh-eiridinn *m*, ospadal *m*.

hospitality *n* aoigheachd *f*.

host *n* fear-taighe *m* fear an taigh-òsda *m*; (*large number*) sluagh *m*.

hostage *n* bràigh *m, f*.

hostel *n* hostail *f*.

hostess *n* bean-taighe *f*.

hostile *a* nàimhdeil.

hostility *n* nàimhdeas *m*.

hot *a* teth; *h. from*, ùr on.

hot-water-bottle *n* botal *m* teth.

hotel *n* taigh-òsda *m*.

hotelier *m* òsdair *m*.

hothouse *n* teòthaigh *m*.

hotness *n* teas *m*.

hough *n* iosgaid *f*.

hound *n* gadhar *m*, cù-seilge *m*.

hour *n* uair *f*, uair-a-thìde *f*.

hourly *adv* gach uair, san uair.

house *n* taigh *m*, fàrdach *f*; *H. of Commons*, Taigh nan Cumantan; *H. of Lords*, T. nam Morairean.

house *v* thoir taigh do, faigh taigh do.

house-fly *n* cuileag *f*.

housebreaker *n* taigh-mhèirleach *m*.

household *n* teaghlach *m*.

householder *n* ceann-taighe *m*.

housekeeping *n* banas-taighe *f*.

houseless *a* gun taigh.

housemaid *n* searbhant *f*.

housewife *n* bean-taighe *f*.

housework *n* obair-taighe *f*.

hovel *n* bothan *m*.

hover *v* fo-luaimnich.

hovercraft *n* bàta-foluaimein *m*.

how? *adv* ciamar, cionnas; (*with pron or noun*) ciod, ce/co, dè (cho); *h. are you?* ciamar a tha thu?; *h. would you know him?*, cionnas a dh' aithnicheadh tu e?; *h. old are you?*, ciod e/dè an aois a tha thu?; *h. many are there?*, co cheud a th'ann?; *h. often?*, dè cho tric? *how strange that is!*, nach neònach sin!.

howbeit *adv* gidheadh.

however *adv* co-dhiù; gidheadh; ge be.

howl *n* donnal *m*, ulfhart *m*.

howl *v* dèan donnal/ulfhart.

hubbub *n* othail *f*.

huddle *v* còmhlaich; càrn air muin a chèile.

hue *n* dath *m*, neul *m*, tuar *m*.

hug *v* glac teann, fàisg.

huge *a* ana-mhòr.

Hugh *n* Uisdean *m*, Eòghan *m*.

hulk *n* slige *f* luinge.

hull *n* cochall *m*, plaosg *m*.

hum *n* srann *f*, crònan *m*.

hum *v* dèan torman/crònan.

human *a* daonna.

humane *a* caomh, truacanta.

humanism *n* daonnaireachd *f*.

humanist *n* daonnaire *m*.

humanity *n* daonnachd *f*; nàdur *m* a' chinne daonna.

humankind *n* an cinne-daonna *m*.

humble *a* umhal, iriosal.

humble *v* ùmhlaich, irioslaich; thoir fo smachd.

humbug *n* amaideas *m*; (*of person*) amadan *m*.

humdrum *a* neo-ùidheil.

humid *a* tais, bog.

humidity *n* taiseachd *f*.

humiliation *n* irioslachadh *m*.

humility *n* irioslachd *f*.

humorist *n* fear *m* àbhachdach.

humorous *a* àbhachdach, greannmhor.

humour *n* àbhachd *f*; càil *f*, nàdur *m*, fonn *m*.

humour *v* toilich; gèill.

hump *n* croit *f*.

humpback *n* crotaire *m*.

humpbacked *a* crotach.

humus *n* hùmas *m*.

hunch *n* meall *m*; (*idea*) beachd *m*.

hundred *n* and *a* ceud *m*.

hundredth *a* ceudamh.

hung *a* crochte.

Hungarian *n* and *a* Ungaireach *m*.

Hungary *n* An Ungair *f*.

hunger *n* acras *m*.

hunger-strike *n* stailc *f* acrais.

hungry *a* acrach, leis an acras.

hunt *n* sealg *f*, faghaid *f*.

hunt *v* sealg, dèan fiadhach.

hunter *n* sealgair *m*.

hunting *n* sealgaireachd *f*, fiadhach *m*.

hurdle *n* cliath *f*.

hurdler *n* cliathaire *m*.

hurl *v* tilg.

hurley *n* iomain *f* Eireannach.

hurricane n doineann *f*.

hurry *n* cabhag *f*.

hurry *v* greas (air), luathaich; (*intrans.*) dèan cabhag.

hurt *n* dochann *m*, ciùrradh *m*; dochair *f*.

hurt *v* goirtich, ciùrr.

hurtful *a* cronail, dochannach.
hurtfulness *n* cronalachd *f*.
husband *n* fear-pòsda *m*, cèile *m*.
husband *v* caomhainn.
husbandman *n* treabhaiche *m*.
hush *v* sàmhaich, tosdaich.
hush (= be quiet!) *interj* isd!.
husk *n* cochall *m*, plaosg *m*.
husky *a* plaosgach; (*of voice*) tùchanach.
hussy *n* dubh-chaile *f*.
hustings *n* àrd-ùrlar *m*.
hustle *v* cuir cabhag air.
hut *n* bothan *m*.
hutch *n* bothag *f* coinein.
hybrid *n* cros-chineal *m*.
hydrant *n* sràid-thobar *m*, *f*.
hydraulics *n* cumhachd *m* uisge-phìoban.
hydro-electric *a* dealan-uisgeach.
hydro-electricity *n* dealan-uisge *m*.
hydrogen *n* haidrodean *m*.
hydrogen sulphide *n* suilfid *f* haidrodean.
hydrography *n* muir-eòlas *m*.

hydrometer *n* meidh-uisge *f*.
hydrophobia *n* cuthach *m* nan con.
hyena *n* hièana *f*.
hygiene *n* slàinteachas *m*.
hygienic *a* slàinteachail.
hymn *n* laoidh *m*, *f*, dàn *m* spioradail.
hymnal *n* laoidheadair *m*.
hyperbole *n* aibheiseachadh *m*.
hypercritical *a* trom-bhreitheach.
hyphen *n* strìoch *f*, tàthan *m*.
hypnosis *n* suainealas *m*.
hypnotic *a* suainealach.
hypnotism *n* suainealachadh *m*.
hypnotist *n* suainealaiche *m*.
hypochondria *n* leann-dubh *m*.
hypochondriac *a* leann-dubhach.
hypocrisy *n* breug-chràbhadh *m*.
hypocrite *n* breug-chràbhaiche *m*.
hypocritical *a* breug-chràbhach.
hypodermic *a* fo-chraicneach.
hypothesis *n* beachd-bharail *f*.
hypothetical *a* baralach.
hysterical *a* reachdail.
hysterics *n* reachd *f*.

I

I *pers pron* mi; (*emphat.*) mise; *I am*, tha mi; *I am afraid*, tha eagal orm; *I have a house*, tha taigh agam; *but in replies the pron is omitted e.g. Are you tired? I am*, A bheil thu sgìth? Tha.

iambic *n and a* iamb *f*; iambach.

ice *n* deigh *f*, eigh *f*, eighre *f*; (*ice-cream*) reòiteag *f*.

ice-rink *n* rinc-eighre *f*.

iceberg *n* cnoc-eighre *m*.

Iceland *n* Innis Tile *f*.

Icelander *n* Innis-Tìleach *m*.

Icelandic *a* Innis-Tìleach.

icicle *n* caisean-reòta *m*.

iciness *n* fuachd *f* reòta.

icing *n* còmhdach-siùcair *m*.

icon *n* ìomhaigh *f*, samhail *m*.

iconoclasm *n* bris(t)eadh *m* ìomhaighean.

icy *a* reòta, eighreach.

idea *n* beachd-smuain *f*; *he has an i. of that*, tha beachd aige air a sin; *I've no idea!*, chan eil càil a dh'fhios agam!.

ideal *n* sàr-bheachd *m*.

ideal *a* sàr, barrail.

identical *a* ionann/ionnan, co-ionnan, ceudna.

identification *n* dearbhadh *m* (ionnanachd), aithneachadh *m*.

identify *v* dearbh-aithnich.

identity *n* dearbh-aithne *f*, ionnanachd *f*.

ideology *n* beachd-smuainealas *m*.

ideological *a* beachd-smuainealach.

idiom *n* gnathas-cainnt *m*.

idiomatic *a* gnathas-chainnteach, gnàthasach.

idiosyncracy *n* nòsarachd *f*.

idiot *n* amadan *m*.

idle *a* dìomhain; leisg; faoin; *he has been i. for a month*, tha e air a bhith dìomhain fad mìos; *it is i. for you to think* ——, tha e faoin dhut smaoineachadh ——.

idleness *n* dìomhanas *m*.

idler *n* leisgean *m*, lunndaire *m*.

idol *n* iodhal *m*, ìomhaigh *f*.

idolater *n* fear-iodhal-adhraidh *m*.

idolatrous *a* iodhal-adhrach.

idolatry *n* iodhal-adhradh *m*.

idolize *v* gabh mar iodhal, dèan iodhal dhe.

if *conj* ma, na(n), nam; (*if not*) mur; (*whether*) a(m)/an; *i. he comes*, ma thig e; *i. he does not come*, mur tig e; *i. he had come*, nan robh e air tighinn; *i. yesterday were today*, nam b'e an-dè an-diugh; *ask him i. he is coming*, faighnich dheth a(m) bheil e a' tighinn.

igneous *a* teinntidh, loisgeach.

ignite *v* cuir teine ri, las, fadaidh.

ignition *n* lasadh *m*, losgadh *m*; (*of car*) adhnadh *m*.

ignoble *a* suarach, an-uasal.

ignominious *a* nàr, maslach.

ignominy *n* nàire *f*, mìchliù *m*.

ignorance *n* aineolas *m*, ainfhios *m*.

ignorant *a* aineolach.

ignore *v* leig le, leig seachad.

ill *n* olc *m*.

ill *a* tinn, bochd; olc, dona.

ill-health *n* euslainte *f*.

ill-natured *a* droch-nàdurrach.

ill-treatment *n* droch ghrèidheadh *m*.

ill-starred *a* neo-shealbhach.

ill-will *n* droch-rùn *m*, droch-aigne *f*, mì-rùn *m*.

illegal *a* neo-laghail, mì-dhligheach.

illegality *n* mì-laghalachd *f*.

illegibility *n* do-leughtachd *f*.

illegible *a* do-leughadh.

illegitimate *a* dìolain.

illegitimacy *n* dìolanas *m*.

illiberal *a* neo-fhialaidh; (*of ideas etc.*) cumhang.

illiberality *n* neo-fhialaidheachd *f*, cruas *m*.

illicit *a* neo-laghail.

illiteracy *n* neo-litireachd *f*.

illiterate *a* neo-litireach.

illness *n* tinneas *m*, euslainte *f*.

illogical *a* mì-reusanta.

illumine *v* soillsich.

illuminate *v* soilleirich.

illumination *n* soillseachadh *m*, soilleireachadh *m*.

illusion *n* mealladh *m*, mearachadh *m*.

illusory *a* meallach.

illustrate *v* soillsich; dealbhaich.

illustration *n* soillseachadh *m*; dealbh *m*, *f*.

illustrative *a* mìneachail.

illustrator *n* dealbhadair *m*.

illustrious *a* ainmeil.

image *n* ìomhaigh *f*.

imagery *n* ìomhaigheachd *f*.

imaginable *a* so-smuainich.

imaginary *a* ìomhaigheach, mac-meanmnach.

imagination *n* mac-meanmainn *m*.

imaginative *a* mac-meanmnach.

imagine *v* smaoinich, beachdaich.

imbecile *n* and *a* lethchiallach *m*.

imbibe *v* òl, deoghail.

imbue *v* lìon, cuir air feadh.

imitable *a* so-atharrais.

imitate *v* dèan atharrais air, aithris, lean eisimpleir.

imitation *n* atharrais *f*, aithris *f*; breugshamhail *m*.

imitative *a* aithriseach.

imitator *n* fear-aithris/atharrais *m*.

immaculate *a* fìorghlan, gun smal.

immanence *n* innfhuireachd *f*.

immanent *a* innfhuireachail.

immaterial *a* neo-chorporra, neo-nitheach; (*a matter of indifference*) coma.

immature *a* an-abaich.

immaturity *n* an-abaichead *m*.

immeasurable *a* do-thomhas.

immediate *a* ciad, grad, ealamh.

immediately *adv* gun dàil, air ball, anns a' bhad.

immemorial *a* o chian.

immense *a* an-mhòr.

immerse *v* cuir fodha, cuir am bogadh.

immersion *n* tumadh *m*, cur *m* fodha, cur am bogadh.

immigrant *n* inn-imriche *m*.

immigration *n* inn-imrich *f*, teachd *m* a-steach (do dhùthaich).

imminent *a* gus teachd.

immobility *n* neo-ghluasadachd *f*.

immoderate *a* ana-measarra.

immoderation *n* ana-measarrachd *f*.

immodest *a* mì-nàrach, mì-stuama.

immodesty *n* mì-stuaim *f*.

immoral *a* mì-bheusach, neomhoralach.

immorality *n* mì-bheus *f*.

immortal *a* neo-bhàsmhor.

immortality *n* neo-bhàsmhorachd *f*.

immortalize *v* dèan neo-bhàsmhor.

immoveable *a* neo-ghluasadach.

immunise *v* dìon bho ghalar.

immunity *n* saorsa *f*, cead *m*; dìon *m*.

immutability *n* neo-chaochlaideachd *f*.

immutable *a* neo-chaochlaideach.

imp *n* spruis *f*; *he's an i. of mischief*, 's e droch spruis a th'ann.

impact *v* teannaich, dinn.

impact *n* buaidh *f*.

impair *v* mill, lùghdaich.

impalpable *a* do-fhaireachdainn.

impart *v* compàirtich, co-roinn.

impartial *a* ceart-bhreitheach, dìreach, cothromach.

impartiality *n* ceart-bhreith *f*, cothrom *m*.

impassable *a* do-shiubhal.

impasse *n* impasse *m*.

impassioned *a* lasanta.

impassive *a* do-fhaireachadh; socair.

impatience *n* mì-fhoighidinn *f*.

impatient *a* mì-fhoighidneach, neo-fhoighidneach.

impeach *v* dìt gu follaiseach.

impeachment *n* dìteadh *m*.

impeccable *a* gun smal.

impecunious *a* bochd.

impedance *n* caisgeas *m*.

impede *v* bac, cuir maille air.

impediment *n* bacadh *m*, cnap-starraidh *m*.

impel *v* greas, cuir air aghaidh.

impenetrable *a* do-inntrig.

impenitence *n* neo-aithreachas *m*.

impenitent *a* neo-aithreachail.

imperative *n* (*gram*) am modh *f* òrd-uigheach, àithneach; cruaidh òrdugh *m*.

imperative *a* òrduigheach, àithneach.

imperceptible *a* do-mhothaichte.

imperfect *a* neo-fhoirfe, neo-iomlan; *i. tense*, aimsir neo-fhoirfe.

imperfection *n* neo-iomlanachd *f*.

imperial *a* ìmpireil.

imperialism *n* ìmpireileas *m*.

imperious *a* ceannsachail.

imperishable *a* neo-bhàsmhor.

impersonal *a* neo-phearsanta.

impersonate *v* pearsanaich.

impertinence *n* mì-mhodh *f*, dànadas *m*.

impertinent *a* mì-mhodhail, beadaidh.

impervious *a* do-ruighinn.

impetigo *n* impitìogo *f*.

impetuous *a* cas, bras.

impetus *n* dèine *f*, sitheadh *m*.

impiety *n* ain-diadhachd *f*.

impinge *v* buail, suath.

impious *a* ain-diadhaidh.

implacable *a* gamhlasach.

implant *v* suidhich, socraich.

implement *n* inneal *m*.

implement *v* thoir gu buil.

implicate *v* rib, cuir an sàs.

implication *n* ribeadh *m*; (*what is implied*) ciall *f*.

implicit *a* fillte, iom-fhillte; *i. faith*, creideas iomlan.

implore *v* aslaich, guidh.

imply *v* ciallaich; *it is implied* —, tha e ri thuigse —.

impolite *a* mìmhodhail.

impolitic *a* neo-sheòlta.

import *n* brìgh *f*, ciall *f*; (*comm.*) badhar *m* o chèin.

import *v* ciallaich; (*comm.*) thoir a-steach badhar.

importance *n* cudrom *m*, stàth *m*.

important *a* cudromach, brìoghor.

importunate *a* liosda, leamh.

importune *v* sàraich.

importunity *n* liosdachd *f*, leamhachas *m*.

impose *v* cuir air, leag air; (*typog.*) suidhich, càirich.

imposition *n* leagail *f*; (*typog.*) suidh-eachadh *m*, càireadh *m*.

impossibility *n* nì *m* do-dhèanta.

impossible *a* do-dhèanta, eu-comasach.

impost *n* càin *f*.

imposter *n* mealltair *m*.

imposture *n* mealladh *m*, ceilg *f*.

impotence *n* eu-comas *m*.

impotent *a* eu-comasach.

impound *v* pùnnd.

impoverish *v* dèan bochd.

impracticable *a* do-dhèanta.

imprecation *n* mallachd *f*.

impregnable *a* do-ionnsaighe.

impregnation *n* torrachadh *m*.

impress *v* comharraich; (*typog.*) clò-bhuail.

impression *n* comharradh *m*; beachd *m*; (*typog.*) clò-bhualadh *m*.

impressive *a* drùidhteach.

imprint *v* cuir seula, comharraich.

imprison *v* cuir am prìosan.

imprisonment *n* cur *m* sa' phrìosan, braighdeanas *m*.

improbability *n* mì-choltas *m*.

improbable *a* mì-choltach.

impromptu *a* gun ullachadh.

improper *a* neo-iomchuidh.

improve *v* leasaich, cuir/rach am feabhas.

improvement *n* leasachadh *m*, feabhas *m*, piseach *f*.

improvident *a* neo-fhreasdalach.

improvise *v* ocàidich.

imprudent *a* neo-chùramach, gòrach.

impudence *n* beadaidheachd *f*, dànachd *f*.

impudent *a* beadaidh, dàna.

impugn *v* coirich, faigh cron.

impulse *n* spreagadh *m*.

impulsive *a* spreigearra.

impunity *n* saorsa *f* o pheanas.

impure *a* neòghlan, truaillte.

impurity *n* neòghlaine *f*, truailleadh *m*.

imputation *n* cur *m* ás leth.

impute *v* cuir ás leth.

in *prep* ann, an, am, ann an, le; *i. the*, anns a', sa'; *i. me etc.*, annam *etc.*; *i. his*, 'na; *i. their*, 'nan; *i. Glasgow*, ann an Glaschu; *i. front of*, air thoiseach air; *i. case* ——, ma, gun fhios nach; *i. fun*, le fealla-dhà.

in *adv* (*rest in*) a-staigh, aig an taigh; (*motion towards*) a-steach.

in-shore *a* cladaich.

inability *n* neo-chomas *m*.

inaccessible *a* do-ruigsinn.

inaccuracy *n* neo-chruinne *f*, mearachd *f*.

inaccurate *a* neo-chruinn, mearachdach.

inaction *n* tàmh *m*, neo-ghnìomhachas *m*.

inactive *a* neo-ghnìomhach, 'na thàmh.

inactivity *n* neo-ghnìomhachas *m*.

inadequate *a* uireasach.

inadequacy *n* uireasachd *f*.

inadvertent *a* neo-aireach.

inalienable *a* do-dhealachadh.

inane *a* faoin.

inanimate *a* marbh, gun anam.

inanity *n* faoineas *m*.

inapplicable *a* neo-fhreagarrach.

inappropriate *a* neo-choltach.

inarticulate *a* gagach, neo-altach.

inartistic *a* neo-ealanta.

inasmuch as *conj phrase* aig a' mheud 's a.

inattention *n* neo-aire *f*.

inattentive *a* neo-aireil.

inaudible *a* do-chloiste.

inaugurate *v* coisrig, tòisich.

inauspicious *a* mì-shealbhach.

inborn *a* nàdurra.

inbred *a* nàdurra; eadar-ghinte.

incalculable *a* do-àireamh.

incantation *n* ortha *f*.

incapability *n* neo-chomasachd *f*.

incapable *a* neo-chomasach.

incapacitate *v* cuir o fheum.

incapacity *n* neo-chomas *m*.

incarcerate *v* cuir am prìosan.

incarnate *a* san fheòil.

incarnation *n* corp-ghabhail *m*, *f*; *he was the i. of*, b'e cridhe a'/na.

incautious *a* mì-fhaiceallach.

incendiary *n* bràthadair *m*.

incendiary *a* loisgeach.

incense *n* tùis *f*.

incense *v* feargaich.

incentive *n* brosnachadh *m*.

inception *n* tùs *m*, cur *m* an sàs.

incessant *a* sìor, daonnan.

incest *n* col *m*.

incestuous *a* colach.

inch *n* òirleach *f*; (*island*) innis *f*.

inchoate *a* neo-leasaichte.

incident *n* tachartas *m*.

incidental *a* tuiteamach.

incinerate *v* dubh-loisg.

incineration *n* dubh-losgadh *m*.

incinerator *n* loisgear *m*.

incipient *a* a' tòiseachadh, tòiseachail.

incised *a* geàrrte.

incision *n* gearradh *m*.

incisive *a* geur, geurchuiseach.

incisor *n* clàr-fhiacaill *m*.

incite *v* brosnaich, gluais, spreig.

incitement *n* brosnachadh *m*.

incivility *n* mì-mhodhalachd *f*.

inclemency *n* an-iochd *f*.

inclement *a* an-iochdmhor.

inclination n aomadh m; togradh m, deòin f, ùidh f.
incline v aom, claon; togair.
include v cuir san àireamh, gabh a-steach.
inclusion n cur m san àireamh.
incognito adv gu dìomhair.
incoherence n neo-leanailteachd f.
incoherent a neo-leanailteach, sgaoilte.
incombustible a neo-loisgeach.
income n teachd-a-steach m.
income-tax n càin-teachd-a-steach f.
incoming a a-steach.
incommensurable a do-thomhas.
incommode v cuir dragh air.
incommunicable a do-innseadh.
incomparable a gun choimeas.
incompatibility n neo-fhreagarrachd f.
incompatible a neo-fhreagarrach.
incompetent a neo-chomasach.
incomplete a neo-choileanta, neo-iomlan.
incomprehensibility n do-thuigsinneachd f.
incomprehensible a do-thuigsinn.
incompressible a do-theannachadh.
inconcealable a do-chleith.
inconceivable a do-smuaineachadh.
inconclusive a neo-chinnteach.
inconclusiveness n neo-chinnteachd f.
incongruity n mì-fhreagarrachd f.
incongruous a mì-fhreagarrach.
inconsequent a neo-leantainn.
inconsiderable a suarach.
inconsiderate a neo-aireach, neo-smaoineach.
inconsistency n mì-chòrdadh m, aimh-rèir m.
inconsistent a neo-chòrdte.
inconsolable a do-fhurtachd.
inconstancy n neo-sheasmhachd f.
inconstant a neo-sheasmhach.
incontestable a do-àicheadh.
incontinence n neo-mheasarrachd f; (physical) neo-dhìonachd f.

incontinent a neo-mheasarra; (physical) neo-dhìonach.
incontrovertible a dearbhte.
inconvenience n neo-ghoireasachd f.
inconvenient a mì-ghoireasach.
incorporate v aonaich, co-cheangail.
incorporation n aonachadh m.
incorrect a mearachdach.
incorrigible a do-cheannsachadh.
incorruptible a do-thruaillidh.
increase v (trans.) meudaich, cuir am meud; (intrans.) fàs lìonmhor, rach am meud.
increase n cinntinn m, cinneas m, meudachadh m; (archaic) sìol m, sliochd m.
incredible a do-chreidsinn.
incredulity n ás-creideamh m.
incredulous a ás-creideach.
increment n leasachadh m, meudachadh m.
incriminate v ciontaich.
incubate v guir.
incubation n gur m.
incubator n guireadair m.
incubus n trom-laighe f.
inculcate v dian-chomhairlich.
incumbency n seilbh f, cùram m.
incumbent n sealbhadair m.
incumbent a mar fhiachaibh.
incur v tarraing (air fèin), bi buailteach do.
incurable a do-leigheas.
incurious a coma, suarach (mu).
incursion n ionnsaigh f, ruathar m.
indebted a an comain, am fiachaibh.
indecent a mì-chuibheasach.
indecipherable a do-leughte.
indecision n neo-chinnteachd f.
indecisive a neo-chinnteach.
indeclinable a do-chlaonta.
indecorous a mì-bheusach, mì-mhodhail.
indeed adv gu dearbh(a), gu deimhinn; indeed?/indeed!, seadh; yes i., seadh dìreach, abair e!.
indefatigable a do-sgìtheachadh.

indefensible *a* do-dhìonadh.
indefinable *a* do-shònrachadh.
indefinite *a* neo-shònraichte.
indelible *a* do-sgriosta.
indelicacy *n* neo-cheanaltas *m*.
indelicate *a* neo-cheanalta, mì-mhodhail.
indemnify *v* theirig an urras air, dìon o chall.
indemnity *n* urras *m*, cuidhteachadh *m*.
indent *v* eagaich, gròb; cùmhnantaich.
indentation *n* gròbadh *m*.
indenture *n* ceàird-chùmhnant *m*.
independence *n* saorsa *f*, neo-eisimeileachd *f*.
independent *a* saor, neo-eisimeileach.
indescribable *a* do-aithris.
indestructible *a* do-mhilleadh.
indeterminable *a* do-shònraichte.
indeterminate *a* do-shònrachadh.
indetermined *a* neo-shuidhichte.
index *n* clàr-amais *m*, treòir *f*, comharradh *m*; *i. finger*, sgealbag *f*.
index *v* (*of a book*) clàraich; (*of payments*) co-rèirich.
index-card *n* cairt-comharrachaidh *f*.
India *n* Na h-Innseachan *pl*.
Indian *n* and *a* Innseanach *m*.
indicate *v* comharraich, taisbein.
indication *n* comharrachadh *m*, foillseachadh *m*; fios *m*.
indicative *n* (*gram.*) am modh *m* taisbeanach.
indicative *a* foillseachail (air), 'na chomharradh (air), taisbeanach.
indicator *n* taisbeanair *m*.
indictment *n* dìteadh *m*.
indifference *n* neo-shuim *f*, neo-aire *f*.
indifferent *a* coma, neo-shuimeil, neo-aireil.
indigence *n* ainniseachd *f*.
indigenous *a* dùchasach, dùthchasach.
indigent *a* ainniseach.
indigested *a* neo-mheirbhte.
indigestion *n* cion-meirbhidh *m*, cion-cnàmh *m*.
indignant *a* diombach, feargach.

indignation *n* diomb *m*, corraich *f*.
indignity *n* tàmailt *f*.
indigo *n* guirmean *m*.
indirect *a* neo-dhìreach, fiar.
indirectness *n* fiaradh *m*, caime *f*.
indiscernible *a* do-fhaicsinneach.
indiscipline *n* dìth *m* smachd.
indiscoverable *a* do-rannsachadh.
indiscreet *a* neo-chrìonna, mì-chùramach, neo-aireil.
indiscretion *n* neo-chrìonnachd *f*, neo-aire *f*.
indiscriminate *a* neo-eadar-dhealaichte.
indispensable *a* riatanach, neo-sheachnach.
indisposition *n* euslaint *f*; (*unwillingness*) doicheall *m*.
indisputable *a* cinnteach.
indissoluble *a* do-eadar-sgaoileadh.
indistinct *a* neo-shoilleir.
indistinctness *n* neo-shoilleireachd *f*, doilleireachd *f*.
indistinguishable *a* do-aithnichte.
individual *n* urra *f*, neach *m*, (air leth).
individual *a* air leth, pearsanta.
individuality *n* air-letheachas *m*, pearsantachd *f*.
individually *adv* air leth, fa leth.
indivisible *a* do-roinn.
indivisibility *n* do-roinnteachd *f*.
Indo-China *n* An Ind-Shìna *f*.
Indo-European *a* Ind-Eòrpach.
indolence *n* leisge *f*, dìomhanas *m*.
indolent *a* leisg, dìomhain.
indomitable *a* do-chlaoidhte.
Indonesia *n* An Ind-Innse *f*.
indoor(s) *n* a-staigh.
indubitable *a* neo-theagmhach.
induce *v* thoir air, spreag; thoir air adhart.
inducement *n* brosnachadh *m*, misneach *f*.
induct *v* cuir an seilbh; (*eccl.*) pòs.
induction *n* sealbhachadh *m*; (*eccl.*) pòsadh *m*.
inductive *a* treòireachail.

indulge v leig le, toilich; *he indulged in drink*, bha e trom air òl.

indulgence n gèilleadh m, toileachadh m; truime f; cead m.

indulgent a bàigheil, bog.

industrial a tionnsgalach.

industrialism n tionnsgalachd f.

industrialist n fear-tionnsgail m.

industrialize v àraich tionnsgal.

industrious a gnìomhach, dèanadach.

industry n saothair f; gnìomhachas m, tionnsgal m.

inebriate v cuir air mhisg; *he was inebriated*, bha e air mhisg.

inebriation n misge f, daorach f.

inedible a do-ithe.

ineffable a do-innse.

ineffective a neo-bhuadhach, neo-èifeachdach.

ineffectual a neo-tharbhach.

inefficacious a neo-èifeachdach.

inefficacy n nco-èifeachd f.

inefficiency n neo-èifeachd f.

inefficient a neo-èifeachdach.

inelegance n mì-loinn f.

inelegant a mì-loinneil, mì-dhreachmhor.

ineligible a do-thaghte.

ineloquent a neo-fhileanta.

inept a baoth, amaideach.

inequality n neo-ionnanachd f.

inequitable a mì-cheart.

inert a marbhanta, 'na thàmh.

inertia n tàmhachd f, leisge f; (*phys.*) do-mhùthadh m.

inertness n marbhantachd f.

inessential a neo-riatanach.

inestimable a os cionn luach, do-mheasta.

inevitable a do-sheachnach.

inexact a neo-chruinn.

inexcusable a neo-leisgeulach.

inexhaustible a do-thraoghadh.

inexistence a neo-bhith f.

inexorable a do-lùbtha.

inexpedient a neo-iomchuidh.

inexpensive a saor.

inexperience n easbhaidh f eòlais.

inexperienced a neo-eòlach, neo-chleachdach.

inexpert a neo-ealanta.

inexplicable a do-mhìneachadh.

inexpressible a do-innse.

inextinguishable a do-mhùchadh.

inextricable a do-fhuasgladh.

infallibility n do-mhearachdas m.

infallible a do-mhearachdach.

infamous a maslach, olc.

infamy n masladh m, mì-chliù m.

infancy n leanabachd f; tùs m.

infant n naoidhean m, leanaban m.

infantile a leanabail.

infantry n cois-shluagh m, saighdearancoise pl.

infatuate v cuir fo gheasaibh.

infatuation n dalladh m, cur m fo gheasaibh.

infect v cuir galar/tinneas air; truaill.

infection n galar-ghabhail m.

infectious a gabhaltach.

infective a galarach.

infelicity n mì-àgh m; (*of style etc.*) mì-loinn f.

infer v co-dhùin.

inference n co-dhùnadh m.

inferior n ìochdaran m.

inferior a suarach; ìochdarach.

inferiority n ìochdaranachd f.

infernal a ifrinneach, diabhalta.

infertile a mì-thorrach, aimrid.

infertility n mì-thorrachas m.

infest v claoidh, cuir/bi fo.

infidel n ana-creideach m.

infidelity n ana-creideamh m; neo-dhìlseachd f.

infiltrate v sìolaidh (a-steach).

infinite a neo-chrìochnach.

infinitely adv gun chrìoch, gun tomhas.

infinitesimal a beag-bìodach.

infinity n neo-chrìochnachd f.

infinitive n (*gram.*) modh m infinideach.

infirm a anfhann.

infirmary *n* taigh-eiridinn *m*.
infirmity *n* laige *f*, anfhannachd *f*, breòiteachd *f*.
infix *v* sàth a-steach.
inflame *v* cuir 'na theine, feargaich.
inflammable *a* so-lasadh, lasanta.
inflammation *n* lasadh *m*; (*med.*) at *m*, teas-at *m*.
inflammatory *a* lasarra, loisgeach, buaireasach.
inflate *v* sèid (suas), gaothaich.
inflation *m* sèideadh *m*; (*monetary*) at *m* (cùinnidh).
inflect *v* lùb, crom.
inflexibility *n* neo-lùbachd *f*.
inflexible *a* rag, do-lùbadh.
inflict *v* sàraich; leag peanas air.
infliction *n* sàrachadh *m*, peanas *m*.
influence *n* buaidh *f*, cumhachd *m*.
influence *v* stiùir, treòraich; *he influenced her greatly*, bha buaidh mhòr aige oirre.
influential *a* buadhach.
influenza *n* fliù *f*, an cnatan *m* mòr.
influx *n* tighinn *m* a-steach.
inform *v* innis, thoir brath.
informal *a* neo-fhoirmeil.
informality *n* neo-fhoirmealachd *f*.
informant *n* fear-bratha *m*.
information *n* sgeul *m*, brath *m*, fios-rachadh *m*.
informed *a* fiosrach.
informer *n* brathadair *m*.
infra-red *a* fo-dhearg.
infraction *n* briseadh *m*.
infrequency *n* ainmigeas *m*.
infrequent *a* ainmig.
infringe *v* bris (a-steach air).
infringement *n* briseadh *m*.
infuriate *v* cuir air bhoile.
infuse *v* cuir —— ann; *i. the tea*, dèan/tarraing an teatha.
ingenious *a* innleachdach, teòma.
ingenuity *n* innleachd *f*, teòmachd *f*.
ingenuous *a* fosgarra.
ingot *n* uinge *f*.

ingrained *a* deargte, fuaighte.
ingratiate *v* lorg fàbhar.
ingratitude *n* mì-thaingealachd *f*.
ingredient *n* tàthchuid *f*.
ingress *n* dol *m* a-steach.
ingrowing *a* ionfhàs.
inhabit *v* àitich, tàmh.
inhabitable *a* so-àiteachadh.
inhabitant *n* fear-àiteachaidh *m*.
inhale *v* tarraing anail, gabh a-steach leis an anail.
inharmonious *a* neo-bhinn.
inherent *a* nàdurra, dualach.
inherit *v* faigh mar oighreachd, sealbhaich mar oighre.
inheritance *n* oighreachd *f*; dualchas *m*.
inheritor *n* oighre *m*, sealbhadair *m*.
inhibit *v* bac, cùm air ais, cuir stad air.
inhibition *n* bacadh *m*, urchall *m*.
inhospitable *a* neo-fhialaidh.
inhospitality *n* neo-fhialachd *f*, mosaiche *f*.
inhuman *a* mì-dhaonna.
inhumanity *n* mì-dhaonnachd *f*.
inhumation *n* adhlacadh *m*.
inimical *a* nàimhdeil.
inimitable *a* gun choimeas.
iniquitous *a* aingidh.
iniquity *n* aingidheachd *f*, olc *m*.
initial *n* ciad litir *f*.
initial *a* ciad, tùsail.
initially *adv* sa' chiad dol a-mach.
initiate *v* teagaisg, tionnsgain.
initiation *n* tionnsgnadh *m*.
initiative *n* tionnsgnadh *m*; *he took the i.*, ghabh e air fhèin ——.
inject *v* ann-steallaich.
injection *n* ann-stealladh *m*.
injudicial *a* mì-riaghailteach.
injudicious *a* neo-thùrail.
injunction *n* àithne *f*, òrdugh *m*.
injure *v* ciùrr, dèan dochar air.
injurious *a* cronail, docharach.
injury *n* ciùrradh *m*, dochann *m*, dochar *f*.
injustice *n* ana-ceartas *m*, aindlighe *f*.

ink n dubh m, inc m.
inkling n faireachadh m.
inky a dubh, dorcha.
inland a a-staigh san tìr.
inlay v ann-leag.
inlet n caolas m, bealach m.
inmate n fear m/bean-àiteachaidh f, neach a tha a' fuireach sa(n) ——.
inmost, innermost a as fhaide a-staigh.
inn n taigh-òsda m, taigh-leanna m.
innate a nàdurra, dualach.
inner a as fhaide a-staigh.
innkeeper n òsdair m.
innocence n neo-chiontachd f, ion(n)-racas m.
innocent a neo-chiontach, ionraic.
innocuous a neo-lochdach.
innovate v ùr-ghnàthaich.
innovation n ùr-ghnàthachadh m.
innovator n ùr-ghnàthadair m.
innuendo n fiar-shanas m.
innumerable a do-àireamh.
inoculate v cuir a' bhreac air.
inoculation n cur m na brice.
inoffensive a neo-lochdach, neo-bhuaireasach.
inopportune a neo-aimsireil.
inordinate a ana-cuimseach.
inorganic a neo-fhàs-bheairteach.
input n cur m a-steach.
inquest n sgrùdadh m, rannsachadh m.
inquire v feòraich, faighnich.
inquiry n ceasnachadh m, rannsachadh m.
inquisition n mion-cheasnachadh m.
inquisitive a faighneachail, ceasnachail.
inquisitiveness n faighneachdas m.
inquisitor n fear-ceasnachaidh m.
inroad n ionnsaigh f.
insane a air cuthach, ás a chiall/a ciall etc.
insanitary a mì-shlàinteil.
insanity n cuthach m, dìth-cèille m.
insatiable a do-shàsachadh.
inscribe v sgrìobh air.
inscription n sgrìobhadh m.

inscrutable a do-thuigsinn.
insect n meanbh-fhrìde f.
insecure a neo-thèarainte.
insecurity n neo-thèarainteachd f.
insemination n sìolachadh m.
insensate a neo-mhothachail.
insensibility n neo-cheutfaidheachd f.
insensible a neo-mhothachail, neo-thuigseach.
inseparable a do-sgaradh.
insert v suidhich, cuir a-steach.
insertion n suidheachadh m, cur m a-steach.
inset n eang f.
inside prep am broinn.
inside adv air an taobh a-staigh, a-staigh.
insidious a sligheach.
insight n geur-bheachd m.
insignia n suaicheantas m.
insignificance n suarachas m.
insignificant a suarach, tàireil.
insincere a neo-onarach, neo-threibhdhireach.
insincerity n neo-onarachd f, neo-threibhdhireas m.
insinuate v liùgaich.
insinuation n liùgachadh m.
insipid a neo-bhlasda.
insipidity n neo-bhlasdachd f.
insist v lean/cùm air.
insobriety n ana-measarrachd f, misge f.
insociable a neo-chonaltrach.
insolent a beadaidh.
insolence n beadaidheachd f.
insolvable a do-fhuasgladh.
insoluble a do-eadar-sgaoileadh; do-rèite.
insolvency n bristeadh m (creideis).
insolvent a briste.
insomnia n bacadh m cadail.
insomuch See inasmuch.
inspect v sgrùd.
inspection n sgrùdadh m.
inspector n fear-sgrùdaidh m.

109

inspiration *n* grad-smuain *f*; tarraing *f* analach.

inspire *v* brosnaich, spreag.

instability *n* neo-bhunailteachd *f*.

install *v* cuir an dreuchd/seilbh.

installation *n* cur *m* an dreuchd/seilbh; suidheachadh *m*.

instalment *n* earrann *f*.

instance *n* àite *m*; eisimpleir *m*; *in the first i.*, anns a' chiad àite; *for i*, mar eisimpleir.

instant *n* tiota *m*.

instant *a* grad, làithreach.

instantaneous *a* sa' cheart àm.

instantly *adv* grad, sa' bhad.

instead *adv* an àite; an àite sin; *i. of rain there was snow*, an àite uisge bha sneachd ann; *i., I went home*, an àite sin, chaidh mi dhachaigh.

instep *n* uachdar *m* na troighe.

instigate *v* brosnaich, cuir air bhonn.

instigation *n* brosnachadh *m*, cur *m* air bhonn.

instigator *n* fear-brosnachaidh *m*.

instil *v* teagaisg, cuir a-steach.

instinct *n* dùchas *m*, nàdur *m*.

instinct *a* beò, beothail.

instinctive *a* dùchasach, nàdurach.

institute *n* reachd *m*, rian *m*; stèidh-eachadh *m*.

institute *v* cuir air chois, bunaich.

institution *n* stèidheachadh *m*; (*habit*) cleachdadh *m*.

instruct *v* teagaisg, ionnsaich.

instruction *n* teagasg *m*, ionnsachadh *m*; òrdugh *m*.

instructive *a* treòireach.

instructor *n* fear-teagaisg *m*.

instrument *n* inneal *m*, beart *f*; (*e.g. leg. i.*) bann-sgrìobhte *m*; (*means*) meadhan *m*.

instrumental *a* innealach; *i. in*, mar mheadhan air.

insubordination *n* mì-riaghailt *f*.

insubstantial *a* neo-bhrìoghor.

insufferable *a* do-fhulang, do-ghiùlan.

insufficiency *n* easbhaidheachd *f*.

insufficient *a* easbhaidheach; *an i. amount of money*, ro bheag de dh'airgead.

insular *a* eileanach; cumhang.

insulate *v* dealaich, cuir air leth.

insulated *a* dealaichte, air a chur air leth.

insulator *n* dealaichear *m*.

insulin *n* ionsuilion *f*.

insult *n* tàmailt *f*, tàir *f*.

insult *v* tàmailtich, dèan tàir air.

insuperable *a* do-cheannsachadh.

insupportable *a* do-ghiùlan.

insuppressible *a* do-mhùchte.

insurance *n* urras *m*; airgead *m* urrais; insurance policy *n* poileasaidh *m* urrais.

insure *v* faigh/thoir urras air.

insurgent *n* and a ceannairceach *m*.

insurmountable *a* nach gabh a leasachadh.

insurrection *n* ar-a-mach *m*.

intact *a* slàn, iomlan.

intake *n* gabhail *m*/toirt *f* a-steach.

intangible *a* do-bheantainn.

integer *n* slàn-àireamh *f*.

integral *a* slàn, coilionta.

integrate *v* aonaich.

integration *n* aonachadh *m*.

integrity *n* treibhdhireas *m*, ionracas *m*.

integument *n* còmhdach *m*, cochall *m*.

intellect *n* inntinn *f*.

intellectual *a* inntleachdail.

intelligence *n* tuigse *f*, innleachd *f*.

intelligent *a* eirmseach, innleachdach.

intelligibility *n* soilleireachd *f*.

intelligentsia *n* luchd inntleachda.

intelligible *a* so-thuigsinn.

intemperance *n* ana-measarrachd *f*.

intemperate *a* ana-measarra, mì-stuama.

intenable *a* do-chumail, do-sheasamh.

intend *v* cuir roimh, sònraich, rùnaich.

intense *a* teann, dian.

intenseness *n* teinne *f*, dèinead *f*.

intensify *v* teinnich, geuraich.

intensity *n* dèine *f.*

intensive *a* dian, dlùth-aireachail.

intensive care *n* dlùth-chùram *m* (ospadail).

intention *n* rùn *m*, aire *f.*

intentional *a* a dh'aon rùn.

inter *v* adhlaic, tiodhlaic.

inter- *pref* eadar-.

interacting *n* eadar-oibreachadh *m.*

interaction *n* eadar-oibre *f.*

intercede *v* dèan eadar-ghuidhe.

intercept *v* ceap.

intercession *n* eadar-ghuidhe *m*, *f.*

interchange *n* malairt *f*; (*road i.*) mòr-chrosg (ròidean) *f.*

interchange *v* malairtich.

interchangeable *a* co-mhalairteach.

intercourse *n* co-chomann *m*, comhluadar *m*; *sexual i.*, feise *f*, comhluadar *m* corpora.

interdict *n* toirmeasg *m*, bacadh *m.*

interdict *v* toirmisg, bac.

interest *n* ùidh *f*; (*fin.*) riadh *m*; (*share*) co-roinn *f*, pàirt *f.*

interest *v* gabh/tog ùidh; *I took an i. in it/I was interested in it*, ghabh mi ùidh ann; *I interested him in it*, thog mi ùidh (a ùidh) ann.

interesting *a* ùidheil, ùidheachail, inntinneach.

interface *n* co-aghaidh *f.*

interfere *v* buin ri, gabh gnothach ri.

interference *n* buntainn *m* ri, gabhail *m* gnothach ri.

interfused *a* eadar-thaomte.

interject *v* cuir a-steach, dèan eadar-raiginn.

interjection *n* eadraiginn *f*; (*gram.*) clisgear *m.*

interim *n* in the *i.*, an dràsda.

interim *a* eadarach.

interior *n* an leth *m* a-staigh.

interlace *v* eadar-fhigh.

interlard *v* measgaich le.

interleave *v* eadar-dhuillich.

interline *v* eadar-lìnich, eadar-shreathaich.

interlineation *n* eadar-lìneadh *m.*

interlink *v* naisg.

interlock *v* co-naisg, co-ghlais.

interlocutor *n* eadar-labhrair *m.*

interloper *n* èalaiche *m*, sgimilear *m.*

interlude *n* eadar-chluiche *f.*

intermarriage *n* co-chleamhnas *m.*

intermediate *a* eadar-mheadhanach.

interment *n* adhlacadh *m*, tiodhlacadh *m.*

interminable *a* neo-chrìochach.

intermingle *v* co-mheasgaich.

intermission *n* eadar-ùine *f*, lasachadh *m*, tàmh *m.*

intermittent *a* o àm gu àm.

intermix *v* coi-mheasgaich.

intermixture *n* coi-mheasgachadh *m.*

intern *v* braighdeanaich.

internal *a* san leth a-staigh.

international *n* eadar-nàiseanail *m.*

international *a* eadar-nàiseanta.

interphase *a* eadar-ìreach.

interpolate *v* cuir/spàrr a-steach.

interpose *v* eadar-chuir; dèan eadar-raiginn.

interpret *v* mìnich; (*translate*) eadar-theangaich.

interpretation *n* mìneachadh *m.*

interpreter *n* fear-mìneachaidh *m.*

interregnum *n* eadar-riaghladh *m.*

interrogate *v* ceasnaich.

interrogation *n* ceasnachadh *m.*

interrogative *n* ceist-fhacal *m.*

interrogative *a* ceisteil, ceasnachail.

interrogatory *a* ceasnachail.

interrupt *v* cuir casg air.

interruption *n* casgadh *m*, stad *m*, bris(t)eadh *m.*

intersect *v* geàrr, trasnaich.

intersection *n* gearradh *m*, trasnadh *m.*

intersperse *v* eadar-sgap.

interstice *n* eadar-fhosgladh *m.*

intertwine *v* eadar-thoinn.

intertwined *a* eadar-thoinnte.

interval *n* eadar-ùine *f.*

intervene *v* thig eadar.

intervention n eadar-ghabhail m.

interview n agallamh m.

interview v agallaich.

interviewer n agallaiche m.

interweave v eadar-fhigh.

intestate a gun tiomnadh.

intestinal a caolanach.

intestine(s) n greallach f, caolan(an) m.

intimacy n dlù-chaidreamh m.

intimate a dlù-chaidreach, mion-eòlach.

intimate v innis, thoir sgeul.

intimation n sgeul m, fios m.

intimidate v cuir fo eagal.

into adv a-steach do; ann an/am; he came i. the house, thàinig e a-steach don taigh; he divided it i. pieces, roinn e ann am pìosan e.

intolerable a do-ghiùlan.

intolerant a neo-fhulangach.

intonation n guth-cheòl m.

intoxicate v cuir air mhisg, c. air an daoraich.

intoxicated a air mhisg, air an daoraich.

intoxication n misg f, daorach f.

intractable a do-cheannsachadh.

intransitive a neo-chuspaireach.

intrepid a dàna, gaisgeil.

intricacy n eadar-fhigheachd f.

intricate a eadar-fhighte.

intrigue n cluaineireachd f.

intrigue v dèan cluaineireachd.

intrinsic a gnèitheach.

introduce v (of persons) cuir an aithne; (of a subject etc.) thoir a-steach, thoir iomradh air.

introduction n cur m an aithne; toirt f a-steach; (to a book) roimh-ràdh m.

introspection n fèin-bhreithneachadh m.

introvert n neo-fhosgaire m.

introvert a neo-fhosgarra.

intrude v sàth/brùth a-steach.

intruder n bruthaiche-steach f; neach a bhriseas a-steach.

intuition n imfhios m.

intuitive a imfhiosach.

innundate v bàth.

inutility n neo-fheumalachd f.

inutterable a do-labhairt.

invade v thoir ionnsaigh air, bris a-steach.

invalid n neach m tinn, euslainteach m.

invalid a neo-bhrìgheach; (ill) tinn, tinneis.

invalidate v neo-bhrìghich.

invalidity n neo-bhrìgheachd f.

invaluable a os cionn luach.

invariable a neo-chaochlaideach.

invasion n ionnsaigh f, bris(t)eadh m a-steach.

invective n còmhradh m càinidh, achmhasan m.

inveigle v meall, thoir a thaobh.

invent v innlich, tionnsgail.

invention n innleachd f, tionnsgal m.

inventive a innleachdach, tionnsgalach.

inventor n tionnsgalair m.

inventory n cùnntas m.

Inverness n Inbhir Nis.

inverse a tarsainn.

inversion n cur m bun-os-cionn.

invert v cuir bun-os-cionn.

invertibrate a gun chnàimh-droma.

invest v èid, sgeadaich; (fin.) cuir an seilbh.

investigate v rannsaich.

investigation n rannsachadh m.

investment n (fin.) cur m an seilbh; airgead-seilbh/tasgaidh m.

inveterate a sean, dian.

invidious a farmadach.

invigilate v cùm sùil air.

invigorate v neartaich, beothaich.

invigoration n neartachadh m, beothachadh m.

invincible a do-cheannsachadh.

inviolable a do-shàraichte.

inviolate a slàn, neo-thruaillte.

invisibility n do-fhaicsinneachd f.

invisible a do-fhaicsinneach.

invitation n cuireadh m.

invite v iarr, thoir cuireadh.

invocation *n* achanaich *f*.
invoice *n* maoin-chlàr *m*.
involuntary *a* neo-shaor-thoileach.
involution *n* imfhilleadh *m*.
involve *v* gabh a-steach, tarraing air; *he was involved in it*, bha làmh aige ann; *she became involved in the work*, chaidh i an sàs anns an obair.
invulnerable *a* do-leònadh.
inward *adv* a-staigh.
inwards *adv* a-steach.
iodine *n* aidhiodain *m*.
ion *n* idheon *m*.
ionize *v* idheonaich.
iota *n* dad.
Iraq *n* An Iarac *f*.
Iran *n* An Iarain *f*.
irascible *a* feargach, crosda.
ire *n* fearg *f*, corraich *f*.
Ireland *n* Eirinn *f*; *the people of I.*, sluagh na h-Eireann.
iris *n* (*yellow i.*) seileasdair *f*; cearcall *m* na sùla.
Irish *a* Eireannach.
Irishman *n* Eireannach *m*.
Irishwoman *n* ban-Eireannach *f*.
irksome *a* buaireasach.
iron *n* iarann *m*.
iron *a* iarainn.
iron *v* iarnaich, iarnaig.
ironical *a* ìoronta.
ironing board *n* bòrd-iarnaigidh *m*.
ironmonger *n* ceannaiche-cruadhach *m*.
irony *n* ìoronas *m*.
irradiate *v* deàlraich.
irradiation *n* deàlradh *m* trerèididheachadh *m*.
irrational *a* eu-cèillidh.
irrationality *n* eu-cèillidheachd *f*.
irreconcilable *a* do-rèiteachadh.
irreconciled *a* neo-rèitichte.
irrecoverable *a* do-fhaotainn (air ais).
irrefutable *a* do-àicheidh.
irregular *a* mì-riaghailteach.
irregularity *n* mì-riaghailt *f*.

irrelevant *a* nach buin ri ——/ris a' ghnothach.
irreligion *n* ain-diadhachd *f*.
irreligious *a* ain-diadhaidh.
irremoveable *a* do-ghluasad.
irreparable *a* do-leasachadh.
irrepressible *a* do-cheannsachadh.
irreproachable *a* neo-choireach.
irresistable *a* do-chaisgte.
irresolute *a* neo-dhaingeann.
irrespective *adv* a dh'aindeoin.
irresponsible *a* gun chùram, neochùramach.
irresponsibility *n* neo-chùram *m*.
irretrievable *a* do-fhaighinn.
irreverence *n* eas-urram *m*.
irreverent *a* eas-urramach.
irreversible *a* do-atharrachadh.
irrevocable *a* gun tilleadh.
irrigate *v* uisgich.
irrigation *n* uisgeachadh *m*.
irritable *a* crosda, frionasach.
irritate *v* cuir greann air.
irritation *n* frionas *m*, crosdachd *f*.
irruption *n* bris(t)eadh *m* a-mach, ruathar *m*.
irruptive *a* brùchdach.
is *v* is, tha. *See* be.
Isabella *n* Isbeil, Iseabail *f*.
Isaiah *n* Isàiah, Esàias *m*.
-ish *suff* -(e)ach.
Islamic *a* Ioslamach.
island *n* eilean *m*; innis *f*.
islander *n* eileanach *m*.
Islay *n* Ile *f*.
Islay person *n* Ileach *m*, ban-Ileach *f*.
isobar *n* ìosabar *m*.
isolated *a* air leth.
isosceles *a* co-chasach.
Israel *n* Iosrael *f*.
Israeli *n* and *a* Iosralach *m*.
issue *n* sileadh *m*; toradh *m*; (*offspring*) sliochd *m*; (*of law*) ceist *f*.
issue *v* bris/thig/cuir a-mach.
isthmus *n* aoidh *f*.
it *pron* e/i.

Italian *n* and *a* Eadailteach *m* ban-Eadailteach *f*.
italic *a* (*typ.*) eadailteach.
italics *n* clò *m* eadailteach.
Italy *n* An Eadailt *f*.
itch *n* tachas *m*; (*desire*) miann *m, f.*.
itchy *a* tachasach.
item *n* nì *m*.
iteration *n* ath-aithris *f*.

iterative *a* ath-aithriseach.
itinerant *a* siùbhlach.
itinerary *n* cùrsa (siubhail) *m*.
its *poss pron* a, a chuid; *its own colours*, a dhathan fhèin, a chuid dathan fhèin; *to i.*, da.
itself *pron* e/i fhèin.
ivory *n* deud *m*, ìbhri *f*.
ivy *n* eidheann *f*.

J

jacal n siacal m.

jack n (for car etc.) seac m.

Jack n Seoc, Iain m.

jackdaw n cathag f.

jacket n seacaid f, deacaid f.

Jacobite n Seumasach m.

Jacob n Iàcob m.

jade n sèad f; (horse) sean each m; (girl) caile f.

jaded a claoidhte; (of appetite) maol.

jag n eag f, briogadh m.

jag v eagaich, briog.

jaggy a eagach, beàrnach.

jail (gaol) n prìosan m, carcair m.

jam n (conserve) silidh m; (of people, traffic) dòmhlachd f (sluaigh); in a j., ann an teinn.

jam v brùth, dòmhlaich, teannaich.

jam-jar n sileagan m, croga m silidh.

Jamaica n Siameuca f.

jamb n ursainn f.

James n Seumas m.

Jane n Sìne f.

Janet n Seònaid f.

jangle v dèan gleadhraich.

janitor n dorsair m, fear-gleidhidh m sgoile.

January n Ianuari m, Faoilteach m, Faoilleach m.

Jap n Seapanach m.

Japanese a Seapanach.

Japan n An t-Seapan f.

japonica n seaponaca f.

jar n (e.g. jam-jar) sileagan m, croga m; gleadhar m, gliongadh m.

jar v dèan gleadhar; (of feelings etc.) cha tig ri chèile.

jargon n goileam f.

jasmine n siasmain f.

jaundice n a' bhuidheach f.

jaundiced a fon bhuidhich; I took a j. view of it, chuir e a' bhuidheach orm.

jaunt n cuairt f, sgrìob f.

jaunty a sgeilmeil.

Java n An Iàva f.

javelin n gath m, sleagh f.

jaw n peirceall m, giall f.

jawbone n carbaird f.

jay n sgreuchan-coille m.

jazz n jazz m.

jealous a eudmhor; she was j., bha i ag eudach.

jealousy n eud m, eudmhorachd f.

jeans n dìnichean pl.

jeep n diop m.

jeer v mag, dèan magadh.

Jehovah n Iehòbha m.

jejune a faoin.

jelly n silidh m, slaman-milis m.

jellyfish n muir-tiachd m.

Jenny n Sìne f.

jeopardy n cunnart m, gàbhadh m.

Jeremiah n Ieremias m.

jerk n tarraing f obann.

jerk v tarraing gu h-obann.

jerkin n còta-geàrr m.

jersey n geansaidh m.

Jerusalem n Ierusalem m.

jest n abhcaid f.

jester n cleasaiche m.

Jesuit n Iosanach m.

jet n (lignite) cìor f; (of liquid) steall m, spùtan m.

jet-plane n diet-itealan m.

jettison v tilg a-mach.

jetty n cidhe m, laimrig f.

Jew n Iùdhach m.

Jew's harp n tromb f.

jewel n seud m, leug f, usgar m.

jeweller n seudair m.

jewelry n seudraidh f.

Jewess n ban-Iùdhach f.

Jewish a Iùdhach.

jib n (naut. etc.) dioba, sioba f.

jib v cuir stailc ann.

jiffy n tiota m.

jig n port-cruinn m, sige f.

jig-saw n mìrean-measgte pl.

jilt v trèig (leannan).

jingle n gliong m.

jingoistic a sabaid-mhiannach.

Joan n Seonag f.

job n car-oibre m, gnothach m; (employment) cosnadh m.

Job n Iob m.

job-centre n ionad-obrach m.

job-description n tuairisgeul-obrach m.

jobber n fear-gnothaich m.

Jock n Seoc m.

jockey n marcach m.

jocular a abhcaideach, mear.

jocund a aighearach, cridheil.

jog v put, crath; (run gently) dèan dabhdail.

Johanna n Seonag f.

John n Iain, Eòin n.

John O' Groat's House, Taigh Iain Ghròta.

Johnnie n Seonaidh m.

Johnson n MacIain.

join v ceangail, aonaich, cuir ri chèile.

joiner n saor m.

joinery n saoirsinneachd f.

joint n alt m; (of meat) spòld m.

joint a coitcheann, co-phàirteach.

joint v altaich, aonaich, cuir ri chèile.

jointed a altach, lùdagach.

jointly adv cuideachd, le chèile.

joist n sail f, spàrr m.

joke, joking n abhcaid f, fealla-dhà f.

jollity n cridhealas m, aighear m.

jolly a cridheil, aighearach.

jolt n crathadh m, tulgadh m.

jolt v crath, tulg.

Jonah n Iòna m.

Jordan n Iòrdan m.

Joseph n Iòseph m.

Joshua n Iosua m.

joss-stick n maide-tùise m, f.

jostle v brùth (a-null 's a-nall).

jot n pong m, dad.

journal n leabhar-latha m, pàipear m làitheil.

journalese n naidheachd-ghoileam m.

journalism n naidheachdas m.

journalist n naidheachdair m, fear-sgrìobhaidh m phàipearan.

journey n turas m, cuairt f.

journeyman n làn fhear-ceàirde m.

jovial a fonnmhor, suilbhir.

joviality n fonnmhorachd f, suilbhireachd f.

jowl n giall f.

joy n aoibhneas m, gàirdeachas m, subhachas m, toileachas m.

joy-ride n splaoid f.

joy-stick n babht-stiùiridh m.

joyful a aoibhneach, ait.

joyfulness n aoibhneas m, subhachas m.

joyfully adv gu h-aoibhinn, gu h-ait.

joyless a neo-aoibhneach.

jubilant a lùthghaireach.

jubilee n àrd-fhèill f, iubaili f.

Judaism n creideamh m (nan) Iùdhach.

Judas n Iùdas m.

judge n britheamh m.

judge v thoir breith, thoir a-mach binn; meas, breithnich.

judgement n breitheanas m, breith f, binn f; breithneachadh m, beachd m; Judgement Day n. Là m Luain.

judicature n riaghladh m ceartais.

judicial a laghail, a-rèir ceartais.

judicious a tuigseach, geur-chuiseach.

Judith n Sìle f.

jug n siuga f, muga f.

juggle v dèan cleasachd.

juggler n cleasaiche m.

Jugoslav n and a Iùgo-slàbhach m.

Jugoslavia n Iùgo-slàbhia f.

jugular a sgòrnanach.

juice n sùgh m, brìgh f.

juiceless a neo-bhrìoghor.

juiciness n brìoghorachd f, sùghalachd f.

juicy a sùghor, brìoghor.

Julia n Sìle, Sìlis f.

July n Iuchar m, July m, f.

jumble v cuir troimhe chèile, measgaich.

jump n leum m, sùrdag f, standing j., cruinn-leum m.

jump v leum.

jumper n leumadair m; (garment) siumpar m.

junction n ceangal m, co-aonadh m.

June n An t-Og-mhìos m, June m.

jungle n dlùth-fhàsach m, prìomhchoille f.

junior a as òige.

juniper n aiteann m.

junk n truilleis f; (naut) long-Sìneach f.

junketing n cuirm f.

Juno n Iùno f.

junta n comhairle-riaghlaidh f, junta f.

Jupiter n Iupiter m.

juridical a dligheil.

jurisdiction n uachdranachd f laghail.

jurisprudence n eòlas m lagha.

jurist n fear-lagha m.

juror n fear m/bean-diùraidh f.

jury n diùraidh m.

just a còir, cothromach.

just adv dìreach, air èiginn; (in neg. context) buileach; he has j. come, tha e dìreach air tighinn; he only j. caught it, rug e air èiginn air; he hasn't j. managed it, cha do rinn e chùis air buileach; j. now, an ceartuair; j. so!, dìreach sin!.

justice n ceartas m, còir f.

justifiable a reusanta, ceart, sothagradh.

justification n fìreanachadh m.

justify v fìreanaich, saor.

justness n ceartas m.

jut v seas/sìn a-mach.

jute n diut m.

juvenile a leanabail, òganta.

juxtaposition n cur m ri chèile, fagasachd f.

K

kail *n* càl *m.*
kaleidoscope *n* cailèideascop *f.*
kangaroo *n* cangaru *m.*
Kate, Katie *n* Ceit *f* Ceiteag *f.*
Kathleen *n* Caitlin *f.*
kebbock (cheese) *n* mulchag *f.*
keel *n* druim *m.*
keen *a* geur, faobharach; dian, dùrachdach, dealasach.
keen *v* caoin.
keenness *n* gèire *f*; dèine *f*, eud-mhorachd *f.*
keep *n* daingneach *f.*
keep *v* cùm, glèidh; *k. back*, cùm ort; *k. up*, cùm an àird.
keeper *n* fear-gleidhidh *m*, fear-coimhid *m.*
keeping *n* gleidheadh *m*, coimhead *m*; *safe k.*, cùram *m.*
keepsake *n* cuimhneachan *m.*
keg *n* ceig *m*, buideal *m.*
Kells *n* Ceannanas *m.*
kelp *n* ceilp *f.*
ken *n* aithne *f*, fad *m* fradhairc.
kennel *n* taigh-chon *m.*
Kenya *n* A' Cheinia *f.*
kerb *n* oir *m* a' chabhsair, cabhsair *m.*
kerchief *n* brèid *m*, beannag *f.*
kernel *n* eitean *m.*
Kerry *n* Ciaraighe *f.*
kettle *n* coire *m.*
key *n* iuchair *f*; (*mus.*) gleus *m, f*; (*of instrument*) meur *f.*
key-signature *n* gleus-chomharradh *m.*
keyboard *n* meurchlàr *m.*
keyhole *n* toll-iuchrach *m.*
keystone *n* clach-ghlasaidh *f.*
kick *n* breab *m*, buille *f* coise.
kick *v* breab.
kid *n* meann *m*; (*child*) pàisd *m, f.*
kid *v* thoir a chreidse air.
kidnap *v* goid air falbh.
kidney *n* dubhag *f*, àra *f*, àirne *f.*

kidney bean *n* pònair *f* àirneach.
kill *v* marbh, cuir gu bàs.
Killarney *n* Cill Airne.
killer *n* marbhaiche *m*, murtair *m.*
kiln *n* àth *f.*
kilogram(me) *n* cile-gram *m.*
kilolitre *n* cile-liotair *m.*
kilometre *n* cilemeatair *m.*
kilowatt *n* cileavat *m.*
kilt *n* fèileadh *m* (beag).
kin *n* cinneadh *m*; dàimh *m, f.*
kind *n* gnè *f*, seòrsa *m.*
kind *a* coibhneil, bàigheil.
kindle *v* las, fad, gabh teine; beothaich, brosnaich.
kindliness *n* coibhneas *m*, carthannas *m.*
kindly *a* coibhneil, bàigheil.
kindness *n* coibhneas *m*, caomhalachd *f.*
kindred *n* muinntir *f*, cinneadh *m*, luchd-dàimh *coll.*; cleamhnas *m*, càirdeas *m.*
kindred *a* dàimheil, càirdeach.
kinetic *a* gluaiseach.
king *n* rìgh *m.*
kingdom *n* rìoghachd *f.*
kingly *a* rìoghail.
king's evil *n* tinneas *m* an rìgh.
kink *n* car *m*, lùb *f.*
kinsfolk *n* luchd-dàimh, càirdean *pl.*
kinsman *n* fear-dàimh *m*, caraid *m.*
kinswoman *n* bana-charaid *f.*
kiosk *n* ciodhosg *f.*
kipper *n* ciopair *m*, sgadan *m* rèisgte.
kirk *n* eaglais *f.*
kirkyard *n* rèilig *f.*
kiss *n* pòg *f.*
kiss *v* pòg, thoir pòg.
kit *n* (*dress etc.*) trusgan *m*, treall-aich(ean); (*pail*) ceuda *f.*
kit-bag *n* màileid *f.*
kitchen *n* cidsin *m.*

kite *n* (*bird*) clamhan *m*; (*for flying*) iteileag *f*.

kitten *n* piseag *f*.

kitty *n* seotal *m*.

Kitty *n* Ceiteag *f*.

kleptomania *n* miann *m*, *f* gadachd.

knack *n* liut *f*.

knapsack *n* aparsaig *f*.

knave *n* slaightear *m*.

knead *v* fuin, taoisnich.

kneading-trough *n* losaid *f*, amar-fuine *m*.

knee *n* glùn *f*.

knee-cap *n* failmean/falman *m*.

knee-joint *n* alt *m* na glùine.

kneel *v* lùb glùn, sleuchd; (*meta.*) strìochd.

knell *n* beum-cluig *m*.

knickers *n* drathars *pl*.

knife *n* sgian *f*, corc *f*.

knight *n* ridire *m*.

knight *v* dèan ridire dhe, dèan 'na ridire.

knighthood *n* ridireachd *f*.

knit *v* figh; ceangail, dlùthaich.

knitter *n* figheadair *m*.

knitting-needle *n* bior *m* (-fighe).

knob *n* cnap *m*, cnag *f*.

knock *n* buille *f*, sgailc *f*; (*at door*) gnogadh *m*.

knock *v* buail, sgailc, cnag, gnog; *k. a hole*, dèan toll; *k. about*, dèan siubhal; *k. down*, leag; *k. off*, sguir (dhe); *k. at the door*, gnog an doras.

knock-out *n* clos-bhuille *f*.

knocker *n* glagan-dorais *m*.

knocking *n* gnogadh *m*.

knoll *n* tolm *m*, tolman *m*, tom *m*.

knot *n* snaidhm *m*, ceangal *m*; (*bunch*) bagaid *f*; *nautical mile n* mìle *m* mara.

knot *v* snaidhmich; dlùthaich.

knotty *a* snaidhmeach.

know *v* (*recognise*) aithnich; (*understand*) tuig; (*be acquainted with*) bi eòlach (air); tha (fios) aig; *he knows Gaelic*, tha Gàidhlig aige; *he knows better than to do that*, tha fios aige nach còir dha sin a dhèanamh; *I k. about that*, tha fios agam mu dheidhinn sin.

knowing *a* eòlach, seòlta.

knowingly *adv* gu h-eòlach.

knowledge *n* eòlas *m*; aithne *f*; tuigse *f*; ionnsachadh *m*.

knowledgeable *a* fiosrach.

knuckle *n* rùdan *m*.

knuckle (*down to etc.*) *v* strìochd, gèill.

kola *n* còla *m*.

Koran *n* Kòran *m*.

Korea *n* Korea *f*.

kyle *n* caol, *m*, caolas *m*.

L

label *n* bileag *f.*

labelling *n* bileagadh *m.*

labial *a* liopach.

labio-dental *a* liop-dheudach.

laboratory *n* deuchainn-lann *f*, obair-lann *f.*

laborious *a* saothrachail, deacair, dìcheallach.

labour *n* saothair *f*; obair *f*; (*med.*) saothair-chloinne *f*; *in l.*, air leab-aidh-shiùbhla; (*pol.*) na Laboraich.

labour *v* saothraich, obraich, dèan dìcheall.

labourer *n* fear-oibre *m*, oibriche *m.*

laburnum *n* bealaidh *m* Frangach.

labyrinth *n* ioma-shlighe *f.*

lace *n* lios *f*; (*shoe l.*) barall *m*, iall *f.*

lace *v* ceangail, dùin, iallaich.

lacerate *v* reub, srac.

laceration *n* reubadh *m*, sracadh *m.*

lack *n* easbhaidh *f*, dìth *m*, uireasbhaidh *f*, cion *m*, èis *f.*

lack *v* bi a dh'easbhaidh, bi am feum air, tha —— a dhìth air.

lacking *a* ás eugmhais, ás aonais.

lacquer *n* sùgh *m* lìomhaidh.

lack-lustre *a* neo-dheàlrach.

laconic *a* geàrr-bhriathrach.

lactation *a* lachdadh *m.*

lacteous *a* bainneach.

lactose *n* lachdas *m.*

lacuna *n* beàrn *f.*

lad *n* gille *m*, balach *m*, òigear *m.*

ladder *n* fàradh *m*, àra *f.*

lading *n* luchdachadh *m.*

ladle *n* liagh *f*, ladar *m.*

lady *n* bean-uasal *f*, baintighearna *f*, leadaidh *f.*

lady-bird *n* an daolag *f* dhearg-bhreac.

Lady-day *n* Latha *m* Fèill Moire.

ladylike *a* bainndidh.

lag *v* dèan màirneal.

lager *n* làgar *m.*

lair *n* saobhaidh *f.*

laird *n* tighearna *m*, uachdaran *m*, Fear *m.*

laity *n* am poball *m.*

lake *n* linn *f.*

lamb *n* uan *m.*

lamb (meat) *n* uainfheòil *f.*

lame *a* bacach, crùbach, cuagach.

lame *v* dèan bacach/crùbach.

lameness *n* bacaiche *f*, crùbaiche *f.*

lament *n* cumha *m*, caoidh *f*, tuireadh *m.*

lament *v* caoidh, dèan tuireadh.

lamentable *a* tùrsach, muladach.

laminated *a* lannaichte.

Lammas *n* Lùnasdal *f.*

lamp *n* làmpa *m, f*, lòchran *m.*

lamp-holder *n* crò *m* làmpa.

lamp-post *n* post-làmpa *m.*

lamp-shade *n* sgàthlan *m* làmpa.

lampoon *n* aoir *f.*

lampoon *v* aoir.

lampry *n* creathall *f.*

lance *n* sleagh *f*, pìc *f*; (*med.*) lannsa *f.*

lance *v* leig fuil, geàrr le lannsa.

lancet *n* lannsa *f*, sgian-fhala *f.*

land *n* tìr *f*, dùthaich *f*, fearann *m*; talamh *f*; *on l. and sea*, air muir 's air tìr; *the farmer had good l.*, bha talamh/fearann math aig an tuath-anach.

land *v* cuir/rach air tìr; thig gu fois/stad; (*of a plane*) laigh.

Land of Promise *n* Tìr *f* a' Gheallaidh.

Land of the Ever-young *n* Tìr *f* nan Og.

land-surveyor *n* fearann-mheasadair *m.*

landfall *n* fradharc *m* tìre.

landholder *n* fear-fearainn *m.*

landing *n* ceann *m* staidhre; (*jetty*) laimrig *f*; laighe *m, f*, tighinn *m* gu fois.

landing-pad *n* laimrig-laighe *f.*

landing-strip *n* raon-laigh *m.*

landlady n bean-an-taighe f, a' chailleach f.

landlocked a tìr-dhruidte.

landlord n uachdaran m.

landmark n comharradh (-crìche) m.

landscape n dealbh m, f tìre dreach m na tìre.

landslide n beum-slèibhe m.

landsman n fear-tìre m.

landward adv gu tìr, air an tuath.

lane n frith-rathad m, lònaid f; motorway l. sreath m.

language n cànan m, cànain f; (speech) cainnt f, teanga f, beurla f, l. laboratory, teanglann f.

languid a fann.

languish v fannaich, searg ás.

languor n anfhannachd f.

lank a caol, seang.

lanky a fada caol.

lantern n lanntair m, lòchran m.

lap n uchd m, glùn f.

lap v sùgh, òl; suath ri.

lapdog n measan m.

lapel n liopaid f.

Lapland n An Laplainn f.

Lapp n Laplannach m.

lapse n tuiteam m, mearachd f.

lapse v sleamhnaich, tuit; dèan mearachd.

lapwing n adharcan-luachrach m, currcag f.

larboard n clì.

larceny n braide f.

larch n learag f.

lard n blona(i)g f.

larder n taigh-bidhe m.

large a mòr, farsaing, tomadach.

largeness n meudachd f, farsaingeachd f.

largesse n saor-thabhartas m, dèirc(e) f.

lark n uiseag f, topag f; cleas m.

larva n larbha f.

larynx n bràigh m (an) sgòrnain.

lascivious a drùiseil.

lasciviousness n drùisealachd f.

laser n leusair m.

lash n sgiùrsa m.

lash v sgiùrs.

lass n nighean f, caileag f.

lassitude n airtneul m.

last n ceap m (bhròg).

last a deireannach, mu dheireadh; l. Tuesday, Dimàirt seo chaidh; l. night, a-raoir; the night before last, a bhòn-raoir; l. year, an uraidh; the l. person, an duine mu dheireadh.

last adv mu dheireadh, air deireadh; at long l., mu dheireadh thall.

last v mair, seas.

lasting a maireannach, buan.

latch n clàimhean m, dealan m.

late a anmoch, fadalach, air deireadh; (not alive) nach maireann.

late adv mu dheireadh, gu h-anmoch.

lately adv o chionn ghoirid.

lateness n fadalachd f.

latent a falaichte, dìomhair.

lateral a taobhach, leth-taobhach.

lath n spealt f.

lathe n beairt-thuairnearachd f.

lather n cop m.

lather v dèan cop.

Latin n Laideann f.

latish a leth-anmoch.

latitude n leud m, farsaingeachd f, saorsa f; (geog.) domhan-leud m.

latter a deireannach.

lattice n cliath-uinneig f.

Latvia n An Laitbhe f.

Latvian a Laitbheach.

laud v àrd-mhol.

laudable a ionmholta.

laudation n àrd-chliù m.

laudatory a moltach.

laugh n gàire m, f; loud l., lachan m.

laugh v gàir, dèan gàire.

laughing-stock n culaidh f mhagaidh.

laughter n gàireachdaich f.

launch v cuir air bhog/snàmh; tòisich air.

laundry n taigh-nighe m.

laureate n bàrd m cùirte.
laurel n labhras m.
lava n làbha f.
lavatory n taigh-failcidh m, taigh-beag m.
lavender n labhandar m.
lavish a sgapach, strùidheil.
lavish v sgap, dèan ana-caitheamh.
law n lagh m, reachd m; (regulation) riaghailt f.
law-court n cùirt-lagha f.
law-suit n cùis f lagha.
lawful a laghail, ceadaichte.
lawfulness n laghalachd f.
lawless a neo-laghail.
lawn n rèidhlean m, faiche f.
lawn-mower n lomaire m faiche.
lawyer n fear-lagha m.
lax a fuasgailte, saor, socair.
laxative n purgaid f.
laxative a purgaideach.
laxity n fuasgailteachd f; neo-theanntachd f.
lay n laoidh m, duan m.
lay a neo-chlèireach.
lay v càirich, cuir, leag sìos; l. a wager, cuir geall; l. an egg, breith ugh; l. up, cuir an tasgadh; l. off, leig ma sgaoil.
lay-by n far-rathad m.
layer n filleadh m, sreath m.
layman n neo-chlèireach m.
laziness n leisge f.
lazy a leisg.
lazy-bed n feannag f.
lead n (metal) luaidhe m, f.
lead n (dog's) iall f.
lead v treòraich, stiùir; which road leads to Oban?, dè an rathad tha dol don Oban?
leaden a luaidhe, luaidheach, trom.
leader n ceann-feadhna m, ceannard m.
leadership n ceannas m.
leading n treòrachadh m.
leaf n duilleag f, duille f.
leafless a gun duilleach, lom.
leaflet n duilleachan m.

leafy a duilleagach.
league n co-cheangal m, co-phàirt f, dionnasg m; football l., lìg f; the Premier League, a' Phrìomh Lìg.
league v dèan co-cheangal.
leak v leig a-steach/a-mach, bi ao-dìonach.
leaky a ao-dìonach.
leal a dìleas.
lean v leig do thaic air/ri, crom.
lean a caol.
leanness n caoile f.
leap n leum m; (standing l.) cruinn-leum m.
leap v leum, thoir leum.
leapyear n bliadhna-leum f.
learn v ionnsaich, foghlaim.
learned a foghlaimte, ionnsaichte.
learner n fear-ionnsachaidh m, fogh-lamaiche m.
learning n foghlam m, ionnsachadh m.
lease n gabhail m, f.
lease v gabh.
leash n iall f.
least superl a as lugha; at l., co-dhiù, air a' chuid as lugha.
leather n leathar m.
leathern a leathair.
leave n cead m; fòrladh m.
leave v fàg, trèig; l. off, sguir de.
leaven n taois f.
leavings n fuidhleach m.
lecher n drùisire m.
lecherous a drùiseil.
lechery n drùisealachd f.
lecture n òraid f.
lecture v teagaisg; (admonish) cronaich.
lecturer n fear-teagaisg m, òraidiche m.
ledge n oir m, palla m.
ledger n leabhar-cùnntais m.
lee n taobh m an fhasgaidh.
leech n deala f.
leek n cainneann m, creamh-gàrraidh m.
leer n caog-shealladh m.
lees n druaip f.

leet n ciad-thaghadh m.

left n an taobh m clì/ceàrr, an làmh f chlì.

left past part fàgte, trèigte.

left-hand n làmh f chlì, cearrag f.

left-handed a ciotach.

leg n cas f; (thigh) sliasaid f; (calf) calpa m; (foot) troigh f; l. of meat, ceathramh m feòla.

legacy n dìleab f.

legal a laghail, dligheach, ceadaichte.

legality n dligheachd f, laghalachd f.

legalize v dèan laghail.

legate n teachdaire m a' Phàp.

legatee n dìleabach m.

legation n teachdaireachd f.

legend n sgeulachd f, fionnsgeul m.

legendary a fionnsgeulach.

legged a casach.

leggy a fad-chasach.

legibility n so-leughtachd f.

legible a so-leughadh.

legion n feachd f.

legislate v dèan lagh(an).

legislation n lagh-chruthachadh m.

legislative a lagh-chruthachail.

legislator n fear m dèanamh laghan.

legislature n lagh-mhòd m.

legitimate a dligheach, neo-dhìolain.

Leinster n Laighean m.

leisure n suaimhneas m, fois f, dìomhanas m.

leisurely a athaiseach.

lemon n liomaid f.

lemonade n deoch-liomaid f.

lend v thoir iasad (de), thoir an iasad.

lender n iasadaiche m.

length n fad m, feadh m.

lengthen v cuir am fad, dèan nas fhaide, sìn.

lengthwise adv air fhad.

leniency n caoine f buige f, tròcair f.

lenient a caoin, tairis, tròcaireach.

lenite v sèimhich.

lenition n sèimheachadh m.

lens n lionsa f.

Lent n Carghas m.

lentil n peasair f nan luch.

leopard n liopard m.

leper n lobhar m.

leprechaun n luchraban m.

leprous a lobhrach.

leprosy n luibhre f.

Lesbian n and a Leisbeach f.

less compar a nas lugha.

lessee n fear-gabhalach m.

lessen v lùghdaich.

lesson n leasan m.

lest conj mus, air eagal gu.

let n bacadh m, grabadh m; gabhail m, f.

let v leig, ceadaich; (of house etc.) thoir air ghabhail.

lethal a bàsmhor.

lethargic a marbhanta, trom.

letter n litir f.

letter-box n bocsa-litrichean m.

letterpress n clò-bhualadh m.

lettuce n leiteis f.

leukaemia n bànachadh-fala m.

level n còmhnard m.

level a còmhnard, rèidh.

level v dèan còmhnard/rèidh.

lever n luamhan m; gear l., maide m ghèaraichean.

lever v luamhain.

Leviathan n Lebhiàtan m.

Levite n Lèibhiteach m.

levity n aotromachd f, neo-stòldachd f.

levy n togail f, lèibhidh f.

levy v (mil.) tog; (of tax etc.) leag.

lewd a draosda.

lewdness n draosdachd f.

Lewis n Leòdhas m.

Lewis person n Leòdhasach m, ban-Leòdhasach f.

lexicographer n faclairiche m.

lexicography n faclaireachd f.

lexicon n faclair m.

liability n buailteachd f.

liable a buailteach (do), dualtach.

liaison n ceangal m, co-cheangal m.

liar *n* breugaire *m*, breugadair *m*.
libation *n* deoch-ìobairt *f*.
libel *n* cliù-mhilleadh *m*.
libel *v* dèan cliù-mhilleadh, mill cliù.
libellous *a* cliù-mhillteach.
liberal *a* fial, pailt-làmhach.
Liberal *n* and *a* Liberaileach *m*.
liberality *n* fialaidheachd *f*.
liberate *v* saor, leig/cuir ma sgaoil.
liberation *n* saoradh *m*, leigeil *m*/cur *m* ma sgaoil.
liberator *n* fear-fuasglaidh *m*.
libertine *n* neo-riantach *m*.
liberty *n* saorsa *f*; cead *m*.
libidinous *a* ana-miannach, drùiseil.
librarian *n* leabhar-lannaiche *m*.
library *n* leabhar-lann *f*.
libretto *n* leabhran *m*.
Libya *n* Libia *f*.
licence *n* (*car, TV etc.*) cead *m*; ro-shaorsa *f*.
license *v* ceadaich, thoir cead do/seachad.
licensee *n* fear-ceada *m*.
licensing trade *n* òsdachd *f*.
licentiate *n* fear-barantais *m*.
licentious *a* mì-bheusach, drùiseach.
licentiousness *n* mì-bheus *f*, drùis *f*.
lichen *n* crotal *m*, grianan *m*.
lick *n* *l. of paint*, suathadh *m* peant.
lick *v* imlich.
lid *n* ceann *m*, mullach *m*; *eyelid*, fabhra *m*.
lie *n* breug *f*.
lie *v* laigh.
lie *v* (*tell untruth*) innis/dèan breug.
lien *n* còir *f*.
lieu *n* àite *m*, ionad *m*.
lieutenant *n* lioftanant *m*.
life *n* beatha *f*; *there was no l. left in him*, cha robh deò *f* ann; *he lived a long l.*, bha saoghal *m* fada aige; (*liveliness*) beothalachd *f*.
life-assurance *n* urras-beatha *m*.
life-belt *n* crios-teasairginn *m*.
life-boat *n* bàta-teasairginn *m*.

life-interest *n* còir-saoghail *f*.
life-line *n* taod-teasairginn *m*.
life-saving *n* beatha-shàbhaladh *m*.
life-style *n* seòl-beatha *m*.
lifeguard *n* freiceadan *m*.
lifeless *a* marbh, gun deò; trom.
lift *n* togail *f*; (*between floors of building*) àrdaichear *m*.
lift *v* tog, cuir suas.
ligament *n* ball-nasg *m*.
ligature *n* ceangal *m*.
light *n* solas *m*, leus *m*, soillse *f*; soilleireachd *f*.
light *a* (*of weight*) aotrom; (*of import*) suarach, beag; (*of mood*) guanach; (*of colour*) soilleir.
light *v* las, soillsich; *l. on*, amais air.
light-fingered *a* bradach.
light-headed *a* aotrom, gog-cheannach.
light-hearted *a* sùnndach, suigeartach.
lighten *v* deàlraich, soillsich; (*of weight*) aotromaich.
lighter *n* lasadair *m*.
lighthouse *n* taigh-solais *m*.
lightness *n* aotromachd *f*; guaineas *m*.
lightning *n* dealanach *m*, dealanaich *pl*.
ligneous *a* fiodhach.
like *a* coltach (ri), mar (*len.*); *l. his mother*, coltach ri mhàthair; *l. an arrow*, mar shaighead.
like *n* samhail *f*, mac-samhail *m*, coimeas *m*.
like *adv* ionnan agus, mar.
likelihood *n* coltas *m*.
likely *a* coltach, dòcha.
liken *v* samhlaich, coimeas.
likeness *n* coltas *m*, cosamhlachd *f*; (*picture*) dealbh *m, f*.
likewise *adv* mar an ceudna.
lilac *n* and *a* liath-chòrcra *f*.
lily *n* lili *f*.
limb *n* ball *m*.
limber *a* so-lùbadh.
limber *v* *l. up*, dèan sùbailte.
limbo *n* liombo *f*.
lime *n* aol *m*; (fruit) teile *f*.

lime v aolaich.
lime-juice n sùgh m teile.
limekiln n àth-aoil f.
Limerick n Luimneach.
limerick n luimneach f.
limestone n aol-chlach f.
limit n crìoch f, iomall m.
limit v cuir crìoch ri, suidhich crìochan.
limitation n bacadh m, crìoch(an) pl.
limited a (of a company) earranta.
limn v tarraing dealbh.
limp n ceum m; he has a l., tha ceum ann, tha e cuagach.
limp a bog.
limp v bi bacach/crùbach.
limping a crùbach.
limpet n bàirneach f.
limpid a ro-shoilleir.
limy a aolach.
linchpin n tarrag-aisil f.
linden n teile f, crann-teile m.
line n (e.g. of turnips) sgrìob f; (fishing) driamlach f; (straight l.) loidhne f; (of writing) sreath m, f; (Equator) crios-meadhain m; (general.) sìol m, gineal m, f.
line v lìnig.
line-drawing n dealbh-loidhne m, f.
line-fishing n dorghach m.
lineage n linn m, sliochd m, sìol m.
lineal a dìreach; dligheach.
lineament n dreach m.
linear a sreathach.
linen n anart m, lìon-aodach m.
linesman n (sport) taobhaire m; (tel.) fear-theudan m.
ling n (fish) langa f; (heather) fraoch m.
linger v dèan dàil, gabh ùine.
lingerer n màirnealaich m.
lingerie n aodach m cnis.
lingo n cainnt f.
linguist n cànanaich m.
linguistic a cànanach.
linguistics n cànanachas m.
liniment n cungaidh-leighis f.
lining n lìnig m, lìnigeadh m.

link n tinne f, dul m.
link v co-cheangail, tàth ri chèile.
linkage n co-cheangal m.
links n machair f goilf.
linnet n breacan-beithe m.
linoleum n lìono m.
linotype n lìono-chlò m.
linseed n fras-lìn f.
linsey-woolsey n drògaid f.
lint n lìon m, caiteas m.
lintel n àrd-doras m.
lion n leòghann m.
lioness n ban-leòghann f.
lip n bile f, beilleag f, lip f; oir m.
lip-service n beul-bòidheach m.
lipped a bileach.
lipstick n peant m bhilean.
liquefaction n leaghadh m.
liquefy v leagh.
liqueur n licèar m.
liquid n lionn m.
liquid a lionnach.
liquidate v glan air falbh, dìthich.
liquidator n fear-sgaoilidh m.
liquidity n lionntachd f.
liquor n deoch f.
liquorice n carra-mheille m.
Lismore n Lios m Mòr.
lisp n liotachas m, liotaiche m.
lisp v bi liotach.
list n liosta f; clàr-ainm m.
list v cuir sìos/an àireamh; liostaig, gabh (san arm).
listen v èisd (ri); (pay heed) thoir (an aire (do).
listener n fear-m/bean-èisdeachd f.
listless a coma, neo-aireil.
litany n (An) Leadan m.
literacy n litireachd f.
literal a litireil.
literary a litreachail.
literate a litir-fhoghlaimte.
literature n litreachas m.
lithe a seang.
lithography n leac-sgrìobhadh m.
litigant n lagh-thagradair m.

litigant *a* lagh-thagairteach.
litigate *v* agair lagh air.
litigation *n* tagairt *f* lagha.
litigious *a* connspaideach.
litmus *n* liotmas *m*.
litre *n* liotair *m*.
litter *n* treamsgal *m*; (*of animal's young*) cuain *f*; (*of bed*) crò-leabaidh *f*; (*straw*) connlach *f*.
litter *v* dèan treamsgal, sgap mun cuairt; (*of animal giving birth*) beir, beir àl.
little *n* beagan *m*, rud *m* beag.
little *a* beag, meanbh.
littleness *n* bigead *m*, crìonad *m*; (*of spirit etc.*) suarachas *m*.
littoral *n* cladach *m*, oirthir *f*.
liturgy *n* ùrnaigh *f* choitcheann.
live *v* bi/mair beò.
live *a* beò, beothail.
livelihood *n* teachd-an-tìr *m*.
liveliness *n* beothalachd *f*, sùnndachd *f*.
livelong *a* buan.
lively *a* sùnndach, beothail, mear, frogail.
liver *n* adha *m*; (*usually of animal*) grùthan *m*.
Liverpool *n* Poll a' Ghrùthain.
livid *a* dùghorm.
living *n* teachd-an-tìr *m*, beathachadh *m*, beòshlaint *f*.
living *a* beò.
lizard *n* laghairt *m, f*, dearc-luachrach *f*.
lo! *interj* feuch!.
load *n* luchd *m*, eallach *m*, eire *f*; uallach *m*.
load *v* luchdaich, lìon; (*of a gun*) cuir urchair ann.
loadstone *n* clach-iùil *f*.
loaf *n* buileann *f*, lof *m, f*.
loam *n* dubh-thalamh *f*.
loan *n* iasad *m*.
loan *v* thoir iasad do, thoir — air iasad.
loan-word *n* facal-iasaid *m*.
loath *a* aindeonach.
loathe *v* fuathaich, gabh gràin roimh.
loathing *n* gràin *f*, sgreamh *m*.

loathsome *a* gràineil, sgreataidh.
loathsomeness *n* sgreamhalachd *f*.
lobby *n* for-sheòmar *m*, lobaidh *f*.
lobe *n* duilleag *f*, maothan *m*.
lobster *n* giomach *m*.
lobster-pot *n* cliabh-ghiomach *f*.
local *a* ionadail, dùchail/dùthchail.
locality *n* àite *m*, coimhearsnachd *f*.
locate *v* cuir 'na aite.
location *n* suidheachadh *m*.
locative *n* (*gram.*) a' chùis *f* ionadail.
loch *n* loch *m*.
lock *n* glas *f*; (*of a gun*) gleus *m, f*; (*of hair*) dual *m*, bachlag *f* ciabh *f*.
lock *v* glais.
locker *n* àite *m* glaiste.
locket *n* glasag-mhuineil *f*.
locking *n* glasadh *m*.
locomotion *n* gluasad *m*, siubhal *m*.
locomotive *a* gluasadach, siùbhlach.
locksmith *n* gobha *m* ghlasan.
locus *n* lòcas *m*.
locust *n* lòcast *m*.
lodge *n* taigh-geata *m*.
lodge *v* suidhich, socraich, càirich; (*intrans.*) gabh còmhnaidh.
lodgement *n* dòmhlachadh *m*; (*in bank*) cur *m* a-steach.
lodger *n* lòisdear *m*.
lodging *n* lòisdinn *m*, fàrdach *f*.
loft *n* lobhta *m*.
loftiness *n* àirde *f*; (*mental*) àrdan *m*.
lofty *a* àrd, mòr; mòr-chuiseach, àrdanach.
log *n* sgonn *m* (*fiodha*); (*book*) leabhar *m* aistridh; (*math.*) log *m*.
logarithm *n* log-àireamh *f*.
logic *n* ealain *f* reusanachaidh, loidig *f*.
logical *a* loidigeach.
loin *n* blian *m*; *the loins*, leasraidh *f*.
loin-cloth *n* brèid *m* gobhail.
loiter *v* dèan màirneal.
loiterer *n* lunndaire *m*.
loll *v* dèan leth-laighe, seas ri taic; *l. the tongue*, leig teanga a-mach.
lollipop *n* loilipop *f*.

London n Lunnainn.
London a Lunnainneach.
Londoner n Lunnainneach m.
lone a aonarach, leis (etc.) fhèin.
loneliness n aonaranachd f, uaigneachd f.
lonely a aonaranach.
loner n aonaran m.
long a fada; (esp. of time, effort) buan.
long v miannaich, gabh fadal.
long-ago adv o chionn fhada.
long-lasting a buan.
long-legged a fad-chasach.
long-sighted a fad-fhradharcach.
long-term a fad-ùineach.
longevity n fad-shaoghal(achd) f.
longing n miann m, f, togradh m, cianalas m, fadachd f.
longitude n domhan-fhad m.
longitudinal a air fhad.
longsuffering n fad-fhulangas m.
longsuffering a fad-fhulangach.
longways adv air fhad.
longwinded a fad-anaileach; còmhraideach.
look n aogas m, sealladh m, fiamh m.
look v seall, amhairc; (search) sir, iarr, rannsaich; l. after, gabh cùram; l. for, lorg; l. in (on), tadhail; l. over, sgrùd.
looking-glass n sgàthan m.
loom n beart f.
loon n gille m.
loony n amadan m.
loop n lùb f.
loop v dèan lùb.
loophole n fosgladh m; doras m teichidh.
loose a sgaoilte, gun cheangal; l. change, airgead ullamh; l. living, stròdhalachd f.
loose-leaf a saor-dhuilleagach.
loose(n) v fuasgail, lasaich, cuir ma sgaoil, leig fa sgaoil.
loot n creach f.
looseness n fuasgailteachd f, mì-riaghailteachd f; l. of the bowels, a' ghearrach f.

lop v sgath, geàrr.
lopsided a leathoireach.
loquacious a bruidhneach.
loquacity n gobaireachd f.
lord n tighearna m, uachdaran m; morair m; L. of the Isles, Triath nan Eilean; House of Lords, Taigh m nam Morairean.
lord v dèan cruaidh riaghladh.
lordliness n mòrachd f.
lordship n tighearnas m, moraireachd f.
lore n oilean m, eòlas m, seanchas m.
Lorn n Latharna f.
lorry n làraidh f.
lose v caill.
loser n fear m a chaill.
loss n call m.
lost a air chall.
lot n crannchur m; roinn f, lota f; (much) mòran m, tòrr m.
lotion n cungaidh f.
lottery n crannchur m.
lotus n lòtas m.
loud a àrd, labhar, faramach.
loud-spoken a àrd-ghuthach.
loudness n faram m, toirm f.
loudspeaker n glaodhaire m.
lounge n seòmar-searraidh m.
lounge v leig sgìos, seàrr.
lounge-suit n gnàth-dheise f.
louse n mial f.
lousy a mialach; mosach.
lout n burraidh m.
love n gaol m, gràdh m, rùn m.
love v gràdhaich, thoir gaol; gabh tlachd ann; I l. you, tha gaol agam ort.
love-letter n litir-leannanachd f.
love-making n suirghe f, leannanachd f.
love-song n òran m gaoil.
lovely a àlainn, àillidh, maiseach.
lover n leannan m.
lovesick a an gaol, tinn le gaol.
loving a gràdhach.
low a ìosal, ìseal; tùrsach.
low v dèan geumnaich/langanaich.

lower v ìslich, ceannsaich, lùghdaich; (*look surly*) bi an gruaim.

lowermost a ìochdrach; (*superl.*) as ìsle.

lowing n geumnaich f.

lowland a còmhnard, na machrach; *the Lowlands (of Scotland)* A' Ghalltachd f.

lowliness n irioslachd f.

lowly a iriosal, ìosal.

lowness n ìsleachd f; suarachas m.

lowspirited a trom-inntinneach, muladach.

loyal a dìleas, treibhdhireach.

loyalty n dìlse f, treibhdhireas m.

lubricate v lìomh, dèan sleamhainn.

luce n geadas m.

lucent a lìomha, lainnireach.

lucid a soilleir.

lucidity n soilleireachd f.

luck n fortan m, sealbh m, dàn m, tuiteamas m.

luckless a mì-shealbhach.

lucky a sealbhach, fortanach.

lucrative a buannachail, airgeadach.

lucre n airgead m, prothaid f.

ludicrous a amaideach, gòrach.

luff v cùm ri fuaradh.

lug n (*ear*) cluas f; (*worm*) lugas m.

lug v slaod.

luggage n treallaich(ean) f.

Luke n Lùcas m.

lukewarm a meadh-bhlàth.

lull v cuir a chadal; maolaich.

lullaby n òran m tàlaidh.

lumbago n an leum-droma m.

lumber n treallaich f, seann àirneis f.

luminary n solas m, fear-eòlais m.

luminous a soillseach, deàlrach.

lump n meall m, cnap m; *l. sum*, cnap-shuim f.

lumpish a tomadach, trom.

lumpy a meallanach, cnapach.

lunacy n cuthach m.

lunar a gealachail.

lunatic n fear-cuthaich m.

lunch n ruisean m, biadh m meadhan-latha.

lung(s) n sgamhan m.

lupin n lùipinn m.

lurch v dèan sitheadh.

lure n mealladh m.

lure v buair, meall.

lurid a cròn; eagalach.

lurk v falaich, siolp.

luscious a sòghmhor.

lush a mèath.

lust n ana-miann m, f, drùis f.

lustful a ana-miannach, drùiseil.

lustre n deàlradh m, lainnir f; mòr-chliù m.

lusty a sultmhor, neartmhor.

Luther n Lùtair m.

Lutheran a Lùtaireach.

Luxembourg n Lucsamburg f.

luxuriance n mòr-chinneas m.

luxuriant a fàsmhor.

luxurious a sòghail.

luxuriousness n sòghalachd f.

luxury n sògh m, sòghalachd f.

lying n (*telling lies*) dèanamh m/innse f bhreug.

lying n (*reclining*) laighe f.

lymph n sùgh m cuirp.

lynch v croch (gun chùirt).

lyre n cruit f.

lyric n liric f.

lyrical a liriceach.

lythe n liùgh f.

M

macaroni *n* macarònaidh *m*.
macaronic *a* macarònach.
mace *n* cuaille *m* suaicheantais.
machination *n* innleachd *f*.
machine *n* inneal *m*.
machine-gun *n* beairt-ghunna *m*.
machine-tool *n* uidheam-innealach *f*.
machinery *n* innealradh *m*; dòigh *f*, gleus *m*, *f*.
machinist *n* fear-inneil *m*.
mackerel *n* rionnach *m*.
mackerel-sky *n* breacadh-rionnaich *m* (air an adhar).
macrocosm *n* mòr-shaoghal *m*.
mad *a* air chuthach.
madam *n* bean-uasal *f*.
madden *v* cuir air chuthach.
madder *n* màdar *m*.
madhouse *n* taigh-cuthaich *n*.
madness *n* cuthach *f*, caoch *m*.
Madonna *n* Moire *f* Maighdeann.
madrigal *n* madragail *m*.
magazine *n* iris *f*, ràitheachan *m*; (*for guns*) armlann *f*.
magenta *n* maigeanta *m*.
maggot *n* cnuimh *f*.
maggoty *a* cnuimheach.
magic *n* draoidheachd *f*.
magic, magical *a* draoidheil.
magician *n* draoidh *m*.
magisterial *a* tighearnail.
magistrate *n* bàillidh *m*.
magnanimous *a* mòr-inntinneach.
magnesia *n* maigneis *m*.
magnet *n* clach-iùil *f*.
magnetic *a* iùil-tharraingeach.
magnetism *n* iùil-tharraing *f*.
magneto *n* maignèato *m*.
magnification *n* meudachadh *m*.
magnificent *a* òirdheirc.
magnifier *n* inneal-meudachaidh *m*.
magnify *v* meudaich, àrdaich.

magnitude *n* meudachd *f*.
magpie *n* pioghaid *f*.
Mahomet *n* Mahomet *m*.
maid *n* maighdeann *f*, òigh *f*, gruagach *f*, caileag *f*.
maidenhead, maidenhood *n* maigh-deannas *m*.
mail *n* litrichean *pl*; (*armour*) deise-chruadhach *f*.
mail *v* cuir sa' phost.
mail-order *n* òrdugh *m* troimh'n phost.
mail-van *n* bhana *f* nan litrichean.
maim *v* ciùrr, dochainn.
main *a* prìomh, sònraichte.
mainland *n* tir-mòr *m*, *f*, mòrthir *f*.
mainly *adv* anns a' mhòr-chuid.
maintain *v* (*of keeping*) glèidh, cùm; (*of upkeep*) cùm suas; (of argument) tagair.
maintenance *n* gleidheadh *m*, cumail *f* suas; beathachadh *m*.
maize *n* cruithneachd *f* Innseanach.
majestic *a* flathail.
majesty *n* mòrachd *f*, rìoghalachd *f*.
major *n* màidsear *m*.
major *a* as motha.
majority *n* tromalach *f*, mòr-chuid *f*.
make *n* dèanamh *m*.
make *v* dèan, dealbh; (*compel*) thoir air, co-èignich; *m. for*, dèan air, *make believe*, leig air.
make-up *n* rìomhadh *m*.
maker *n* fear-dèanamh *m*, dealbhadair *m*.
making *n* dèanamh *m*.
maladministration *n* mì-steòrnadh *m*.
malady *n* galar *m*, eucail *f*.
malaria *n* mailèiria *f*.
malcontent *a* mì-riaraichte.
male *n* and *a* fireannach *m*; *a* fireann.
malediction *n* mallachd *f*.
malefactor *n* eucorach *m*.
malevolence *n* gamhlas *m*.

malevolent *a* gamhlasach.

malice *n* mì-rùn *m*, droch-mhèin *f*.

malicious *a* mì-runach, droch-mhèinneach.

malign *v* dèan aithlis air.

malignant *a* millteach; (*of cancerous condition*) aillseach.

malleable *a* so-oibreachadh.

mallet *n* fairche *m*.

malnutrition *n* easbhaidh *f* beathachaidh.

malt *n* braich *f*.

malt *v* brach.

maltster *n* brachadair *m*.

maltreat *v* droch ghrèidh, dèan droch dhìol air.

mam, mamma *n* mam *f*, mamaidh *f*.

mammal *n* sineach *m*, mamal *m*.

mammary *a* cìochach.

man *n* duine *m*, fear *m*; *every m. and woman*, gach fear is tè; (*husband*) duine; *her man/husband*, an duine aice; *when I am a m.*, nuair a bhios mi 'na mo dhuine (mòr); *the boatman*, fear a' bhata.

man *v* cuir sgioba air/ann.

Man, Isle of *n* Eilean *m* Mhanainn.

manage *v* stiùir; (*be able to*) dèan a' chùis; *can you m. that?*, an dèan thu a' chùis air sin?

manageable *a* so-riaghladh, so-cheannsachadh.

management *n* riaghladh *m*, stiùireadh *m*.

manager *n* fear-riaghlaidh *m*, manaidsear *m*.

manageress *n* bana-mhanaidsear *f*.

mandate *n* òrdugh *m*.

mandatory *a* àithnteil.

mane *n* muing *f*.

manful *a* fearail, duineil.

manfulness *n* fearalas *m*, duinealas *m*.

manganese *n* mangaineis *m*.

manger *n* prasach *f*.

mangle *v* reub, strac.

mangy *a* clamhrach.

manhood *n* fearalas *m*.

mania *n* boile-cuthaich *f*.

maniac *n* dearg amadan *m*, fear *m* air chuthach.

manicure *v* làmh-mhaisich.

manifest *n* cunntas *m* luchd luinge.

manifest *a* follaiseach, soilleir.

manifest *v* taisbein, nochd.

manifestation *n* foillseachadh *m*.

manifesto *n* gairm-fhollaiseach *f*.

manifold *a* iom-fhillteach.

manikin *n* duineachan *m*.

manipulate *v* oibrich.

mankind *n* an cinne-daonna *m*.

manliness *n* duinealas *m*, fearalachd *f*.

manly *a* duineil, fearail.

manna *n* mana *m*.

mannequin *n* mainicinn *f*.

manner *n* modh *m*, *f*, seòl *m*; gnè *f*, seòrsa *m*.

mannerism *n* magaid *f*.

mannerly *a* modhail, beusach.

manners *n* modh *m*, *f*.

manoeuvre *n* innleachd *f*, oibreachadh *m*.

manpower *n* neart *m* dhaoine.

manse *n* mansa *m*.

mansion *n* taigh-mòr *m*.

manslaughter *n* mort *m*.

mantlepiece *n* breus *m*.

mantle *n* fallainn *f*.

manual *n* leabhar-tuairisgeil *m*.

manual *a* làmhach, làmh; *m. work*, obair làmh.

manufacture *n* saothrachadh *m*.

manufacture *v* saothraich, dèan.

manure *n* mathachadh *m*, todhar *m*.

manure *v* mathaich, cuir todhar air.

manuscript *n* làmh-sgrìobhainn *m*.

Manx *n* Gàidhlig *f* Mhanainneach.

Manx *a* Manainneach.

Manxman *n* Manainneach *m*.

many *n* and *a* mòran *m*; iomadh; *m. a time* ——, 's iomadh uair ——; *a great m. people*, mòran dhaoine; *as m. again*, uiread eile; *so m*, a leithid de, uiread (de).

many-coloured *a* ioma-dhathach.
map *n* map *m*, dealbh-dùthcha *m, f.*
mar *v* mill.
marauder *n* spùinneadair *m.*
marble *n* màrmor *m.*
March *n* Am Màrt *m.*
march *n* màrsail *f*, mèarrsadh *m.*
march *v* dèan màrsail/mèarrsadh.
marchioness *n* bana-mharcas *f.*
mare *n* làir *f.*
Margaret *n* Mairead *f.*
margarine *n* margarain *m.*
margin *n* oir *m*, iomall *m.*
marginal *a* iomallach, leth-oireach.
marigold *n* a' bhile *f* bhuidhe.
marine *a* mara.
mariner *n* maraiche *m*, seòladair *m.*
Marion *m* Mòr *f.*
maritime *a* fairgeach.
mark *n* (*coinage*) marg *m*; comharradh *m*, làrach *f*, lorg *f.*
Mark *n* Marcas *m.*
mark *v* comharraich; thoir fa-near.
marking *n* comharradh *m.*
market *n* fèill *f*, margadh *m, f.*
marketable *a* a ghabhas reic.
marksman *n* fear *m* cuspaireachd.
marl *n* lagas *m.*
marmalade *n* marmalaid *m.*
maroon *v* cuir air eilean uaigneach.
maroon *a* marùn.
marquee *n* puball *m.*
marquis *n* marcas *m.*
marriage *n* pòsadh *m.*
marriageable *a* aig aois pòsaidh.
married *a* pòsda.
marrow *n* smior *m.*
marry *v* pòs; *he married her to* ——, thug e am pòsadh i gu ——.
marsh *n* boglach *f*, fèith *f.*
marsh-marigold *n* lus *m* buidhe Bealltainn.
marshal *n* marasgal *m.*
marshal *b* tarraing suas, cuir an òrdugh.
marshy *a* bog, fèitheach.
mart *n* àite *m* margaidh.

marten *n* taghan *m.*
martial *a* gaisgeanta.
Martin *n* Màrtainn *m.*
Martinmas *n* An Fhèill *f* Màrtainn.
martyr *n* martarach *m.*
martyrdom *n* martarachd *f.*
martyrology *n* eachdraidh *f* mhartarach.
marvel *n* iongnadh *m.*
marvel *v* gabh iongnadh.
marvellous *a* iongantach.
Mary *n* Màiri *f.*
mascara *n* mascàra *f.*
mascot *n* suaichnean *m.*
Marxian *a* Marcsach.
masculine *a* fireannta.
mash *n* measgan *m.*
mash *v* pronn.
mashed *a* pronn.
mask *n* aghaidh *f* choimheach, masg *m.*
mason *n* clachair *m.*
masonic *a* clachaireach.
masonry *n* clachaireachd *f.*
masquerade *v* dèan breug-riochd.
mass *n* tomad *m*; (*great quantity*) meall *m*, tòrr *m*; (*majority*) mòr-chuid *f*; (*rel.*) aifreann *m.*
mass-production *n* meall-dhèanamh *m.*
massacre *n* casgradh *m.*
massacre *v* casgair, mort.
massage *n* suathadh *m.*
massive *a* tomadach, cudromach.
mast *n* crann *m.*
master *n* maighistir *m*; (*of ship*) sgiobair *m.*
master *v* ceannsaich; faigh eòlas air.
masterly *a* ealanta.
masterpiece *n* euchd *m*, sàr obair-ealain *f.*
mastery *n* maighistireachd *f*, buaidh *f.*
mastic *n* maistig *f.*
mastication *n* cagnadh *m.*
mastiff *n* cù *m* mòr, balgaire *m.*
masturbation *n* fèin-bhrodadh *m.*
mat *n* brat *m.*

match n lasadair m, spong m; (*equal*) seise m, mac-samhail m.

match v freagair, co-fhreagair.

match-box n bucas/bocsa m lasadair.

matchless a gun choimeas.

mate n cèile m, companach m; (*naut.*) meite m; (*chess*) clos m.

mate v (*chess*) cuir clos air.

material n stuth m, adhbhar m.

materialist m saoghal-mhiannair m.

materialist a saoghal-mhiannach.

maternal m màithreil.

maternity n màthaireachd f.

maternity a màthaireil) m. *leave*, fòrladh m màthaireil.

mathematical a matamataiceach.

mathematician n matamataicear m.

mathematics n (eòlas) matamataic m; meud-àireamh f.

matinée n nòin-chluich f.

matins n maidnean pl, adhradh m maidne.

matrix n machlag f.

matricide n mort m màthar.

matriculate v gabh mar bhall.

matrimonial a pòsachail.

matrimony n dàimh-pòsaidh m, f.

matron n bean f; bean-taighe f.

matter n stuth m; brìgh f; gnothach m, cùis f; *what's the m.?*, dè tha ceàrr?; *the matters to be discussed*, na gnothaichean/cùisean a tha rin deasbad; *there is good m. in that book*, tha stuth math/brìgh anns an leabhar sin.

matter v *it does not m.*, chan eil diofar ann, chan eil e gu diofar.

Matthew n Mata m.

mattress n leabaidh-ìochdrach f.

mature a abaich, ullamh; air tighinn gu ìre.

maturity n abaichead m, ìre f.

maudlin a leth-mhisgeach.

maul v pronn, ciùrr.

mausoleum n taigh-adhlacaidh m.

mavis n smeòrach m.

maw n goile f, sgròban m.

maxim n gnàth-fhacal m.

maximum n os-mheud m.

May n A' Mhàigh f, An Cèitean m.

may v faodaidh; *I m. go*, faodaidh gu falbh mi; *I may do that*, is dòcha gun dèan mi sin; m. *I go?*, am faod mi falbh?; *you m. do that*, faodaidh tu sin a dhèanamh; *long m. you live*, guma fada beò thu; *m. not*, chan fhaod.

May-day n Là m Bealltainn.

mayor n àrd-bhàillidh m.

maze n ioma-shlighe f; tuaineal m, imcheist f.

me pron. mi, mise.

mead n meadh m.

meadow n lòn m, àilean m, faiche f.

meadow-sweet n cneas m Chù Chulainn.

meagre a gann, lom.

meagreness n gainne f, luime f.

meal n (*flour*) min f; biadh m; (*meal-time*) tràth m bidhe.

mealy a tioram, mar mhin.

mealy-mouthed a sodalach, mìn-bhriathrach.

mean n cuibheasachd f, tomhas m.

mean a suarach, tàireil; (*not generous*) spìocach; (*stat*) meadhanail.

mean v ciallaich; rùnaich, cuir roimh.

meander v gabh rathad lùbach.

meaning n ciall f, seagh m, brìgh f.

meanness n suarachas m; spìocaireachd f.

means n comas m.

means test n sgrùdadh m comais.

meantime adv an dràsda.

measles n a' ghriùthlach f, a' ghriùthrach f.

measurable a a ghabhas tomhas.

measure n tomhas m, cuimse f; (*portion*) cuid f, roinn f.

measure v tomhais.

measurement n tomhas m.

measurer m fear-tomhais m.

meat n feòil f.

mechanic n meicnic m.

mechanical a meicniceil.

mechanics n meicnic f.
mechanism n meadhan m, uidheam f, dòigh f.
medal n bonn m, bonn-cuimhne m.
meddle v buin ri, cuir làmh ann.
media, the n na meadhanan pl.
median a meadhanail.
mediate v rèitich, dèan eadraiginn.
mediation n eadraiginn f, eadar-ghuidhe f.
mediator n eadar-mheadhanair m.
medicable a so-leigheas.
medical a lèigh.
medicinal a ìocshlainteach.
medicine n eòlas-leighis m; ìocshlaint f.
medieval a meadhan-aoiseil.
mediocre a meadhanach.
mediocrity n meadhanas m.
meditate v beachd-smuainich.
meditation n beachd-smuaineachadh m.
Mediterranean n and a Am Muir m, f Meadhan-thìreach; a Meadhan-thìreach.
medium n meadhan m.
medium wave n bann m meadhanach.
medley n coimeasgadh m.
meek a macanta.
meekness n macantas m.
meet a iomchuidh, freagarrach.
meet v coinnich, tachair; cruinnich.
meeting n cruinneachadh m, coinneachadh m.
megalith m tursa m.
megrim n mìgrim m.
meiosis n lùghdachas m.
melancholy n leann-dubh m.
melancholy a dubhach, fo leann-dubh.
melioration n leasachadh m.
mellifluous a mealach, mil-shruthach.
mellow a tlàth, làn abaich; (slightly intoxicated) le blàthachadh smùide.
mellowness n tlàths m, làn-abachd f.
melodeon n meileòidian m.
melodious a binn, fonnmhor.
melodrama n melodràma f.
melody n binneas m, fonn m.

melon n meal-bhucan m.
melt v leagh.
melted a leaghte.
melter n leaghadair m.
member n ball m; M.P., Ball-Pàrlamaid m.
membership n ballrachd f.
membrane n meamran m.
membranous a meamranach.
memento n cuimhneachan m.
memoir n tràchdas m; (autob.) beatha-aisneis f.
memorable a ainmeil, as fhiach a chumail air chuimhne.
memorandum n cuimhneachan m.
memorial n cuimhneachan m; clach etc.-chuimhne f.
memorize v cùm air mheomhair.
memory n cuimhne f, meomhair f.
menace n bagradh m; he was a m., 's e cuis-uabhais f a bh'ann/bha mi seachd sgìth dheth etc.
menace v bagair, maoidh.
menagerie n lann f fiadh-bheathaichean.
mend v càraich, leasaich; (improve) rach am feabhas.
mendacity n breugaireachd f.
mender n fear-càradh m.
mendicant n dèirceach m.
mending n càradh m.
menial a seirbheiseil.
meningitis n fiabhras m canchainne.
menstrual a mìosach.
menstruation n fuil-mìos f.
mensuration n tomhas m.
mental a inntinneil; m. hospital, ospadal inntinn; m. defective, inntinn-easbhaidheach; mentally defective, lag-inntinneach.
mention n iomradh m.
mention v ainmich.
mentor n fear-comhairle m.
menu n cairt-bidhe f; biadh m.
mercantile a malairteach.
mercenary n (soldier) amhasg m, buanna m.

mercenary *a* gaolach air airgead, sanntach.

merchandise *n* badhar *m*.

merchant *n* ceannaiche *m*.

merchantman *n* long-badhair *f*.

merciful *a* tròcaireach, iochdmhor.

merciless *a* an-tròcaireach, an-iochdmhor.

mercurial *a* beò-airgeadach.

mercury *n* airgead-beò *m*.

mercy *n* tròcair *f*, iochd *f*.

mercy-seat *n* cathair *f* na tròcair.

mere *a* a-mhàin.

merely *adv* a-mhàin, dìreach.

meretricious *a* fallsail.

merge *v* rach an aon, coimeasgaich.

merger *n* coimeasgadh *m*, aonadh *m*.

meridian *n* domhan-loidhne *f*; (*met.*) àirde *f*.

meringue *n* meireang *f*.

merit *n* luach *m*, fiùghantas *m*.

meritorious *a* cliùiteach, airidh.

mermaid *n* maighdeann-mhara *f*.

merriment *n* aighear *m*, mire *f*.

merry *a* aighearach, mear.

mesh *n* mogall *m*.

mesmerise *v* dian-ghlac.

mess *m* truidhleis *f*; (*of eating*) lann-ithe *f*; co-ithe *f*.

message *n* teachdaireachd *f*.

messenger *n* teachdaire *m*.

Messiah *n* Mesiah *m*, an Slànaighear *m*.

messmate *n* fear *m* co-ithe.

Messrs *n* Muinntir *coll.*

metabolic *a* meatabolach.

metabolism *n* meatabolachd *f*, fàs-atharrachadh *m*.

metal *n* meatailt *f*.

metallic *a* meatailteach.

metallurgy *n* obair-mheatailtean *f*.

metamorphosis *n* cruth-atharrachadh *m*.

metaphor *n* meatafor *m*.

metaphorical *a* meataforach.

metaphysical *a* feallsanachail.

metaphysics *n* feallsanachd-inntinn *f*.

metathesis *n* litir/fuaim-iomlaid *f*.

meteor *n* dreag *f*.

meteorological *a* dreagach.

meteorologist *n* speuradair *m*.

meteorology *n* speuradaireachd *f*.

meter *n* inneal-tomhais *m*.

methinks *v phr* ar leam, saoilidh mi.

method *n* dòigh *f*, rian *m*.

methodical *a* rianail, òrdail.

Methodist *n* Meathodiostach *m*.

metre *n* meatair *m*; (*of poetry*) rann-aigheachd *f*, meadrachd *f*.

metric *a* meatrach.

metrical *a* rannaigheachd; meadrachail.

metropolis *n* àrd-bhaile *m*.

mettle *n* smioralachd *f*.

mettlesome *a* smiorail.

mew *n* miamhail *f*, mialaich *f*.

mew *v* dèan miamhail/mialaich.

mica *n* mìoca *f*.

Michael *n* Mìcheal *m*.

Michelmas *n* Fèill *f* Mìcheil.

microbe *n* bitheag *f*.

microbiology *n* miocro-bhith-eòlas *m*.

microcosm *n* beag-shaoghal *m*.

microfilm *n* miocro-fhilm *m*.

microphone *n* miocrofòn *m*.

microscope *n* glainne meudachaidh *f*, miocroscop *m*.

microscopic *a* miocroscopach.

microwave *a* meanbh-thonnach.

microwave *n* (*oven*) àmhainn *f* mheanbh-thonnach.

mid *a* eadar-mheadhanach.

midday *n* meadhan-latha *m*.

middle *n* meadhan *m*.

middle *a* meadhan, meadhanail.

middle-aged *a* leth-shean.

middle-class *n* meadhan-bhuidheann *f*.

Middle Ages, the *n pl* na Meadhan Aoisean.

middling *a* meadhanach.

midge *n* meanbh-chuileag *f*.

midnight *n* meadhan-oidhche *m*.

midriff *n* an sgairt *f*.

midsummer *n* Fèill *f* Eòin.

midway *adv* leth an rathaid, sa' mheadhan.
midwife *n* bean-ghlùine *f*.
midwifery *n* banas-glùine *m*.
mien *n* aogas *m*, tuar *m*.
might *n* cumhachd *m*, neart *m*.
mighty *a* cumhachdach, foghainteach.
migraine *n* mìograin *m*.
migrate *v* dèan imrich.
migration *n* imrich *f*; (*overseas m.*) imrich cuain.
mild *a* ciùin, sèimh.
mildew *n* cloimh-liath *f*.
mildness *n* ciùine *f*, sèimhe *f*.
mile *n* mìle *f*.
mileage *n* astar *m* mhìltean.
milestone *n* clach-mhìle *f*.
militant *a* cathach.
military cogail.
militate *v* cuir an aghaidh.
militia *n* milisi *m*.
milk *n* bainne *m*.
milk *v* bleoghain.
milking time *n* eadradh *m*.
milkmaid *a* banarach *f*, banchaig *f*.
milkteeth *n* ciad-fhiaclan *pl*.
milky *a* bainneach.
Milky Way *n* geal-shruth *m* nan speur.
mill *n* muileann *m, f*.
mill *v* bleith, meil.
millenium *n* am mìle-bliadhna *m*.
millipede *n* corra-chòsag *f*.
miller *n* muillear *m*.
milligram *n* mìlegram *m*.
millilitre *n* mìleliotair *m*.
millimetre *n* mìlemeatair *m*.
million *n* millean *m*.
millionaire *n* millean-fhear *m*.
millionth *num a* milleanaibh.
millstone *n* clach-mhuilinn *f*.
milt *n* mealag *f*.
mime *n* mìm *f*.
mimic *n* fear/bean-atharrais.
mimicry *n* atharrais *f*.
minatory *a* bagrach.
mince *n* mions *m*.

mince *v* mìn-gheàrr.
Minch, the *n* An Cuan Sgìth.
mind *n* inntinn *f*; anam *m*; ciall *f*; *keep in m.*, cùm air chuimhne; *call to m.*, cuimhnich air; *what have you in m.?*, dè an rùn a th'agad?; *he is out of his m.*, tha e ás a chiall.
mind *v* thoir an aire, thoir fa-near; (*remember*) cuimhnich.
minded *a* deònach.
mindful *a* cuimhneachail; cùramach.
mindless *a* neo-aireil, neo-chùramach neo-smaoineachail.
mine *n* mèinne *f*.
mine *poss pron* mo.
mine *v* cladhaich; (*lay mines*) suidhich mèinnean.
miner *n* mèinneadair *m*.
mineral *n* mèinnearach *m*.
mineral *a* mèinneach.
mineralogist *n* mèinn-eòlaiche *m*.
mineralogy *n* mèinn-eòlas *m*.
mingle *v* measgaich, coimeasg; cuir an ceann a chèile.
miniature *n* meanbh-dhealbh *m, f*.
minim *n* mionaim *n*.
minimum *n* a' chuid *f* as lugha.
minister *v* fritheil.
ministerial *a* ministearach.
ministration *n* ministrealachd *f*.
ministry *n* ministrealachd *f*.
mink *n* minc *f*.
minnow *n* doirbeag *f*.
minor *n* neach *m* fo làn-aois.
minor *a* beag, as lugha, fo-.
minority *n* òg-aois *f*; beag-chuid *f*.
minstrel *n* oirfideach *m*.
mint *n* (*plant*) meannt *m*; (*for coinage*) taigh-cùinnidh *m*.
minus *prep*. ás aonais; (*math*) thoir air falbh, mìonas.
minute *n* mionaid f; (*m. of meeting*) geàrr-chùnntas *m*, tuairisg *f*.
minute *a* meanbh, mion.
minute *v* sgrìobh geàrr-chùnntas.
minuteness *n* meanbhachd *f*.
minutely *adv* gu mion, gu mionaideach.

minutiae *n* meanbh-phongan *pl.*
minx *n* aigeannach *f.*
miracle *n* mìorbhail *f.*
miraculous *a* mìorbhaileach.
mirage *n* mearachadh *m* sùla.
mire *n* poll *m*, eabar *m.*
mirror *n* sgàthan *m.*
mirth *n* mire *f*, sùgradh *m.*
mirthful *a* aighearach, mireagach.
mis-spend *v* mì-chaith.
misadventure *n* mì-shealbh *m.*
misadvise *v* mì-chomhairlich.
misaimed *a* mì-chuimsichte.
misanthropy *n* fuath *m* dhaoine.
misapply *v* mì-bhuilich.
misapprehension *n* mì-thuigsinn *f.*
misappropriate *v* cuir air seachran.
misbehaviour *n* droch-ghiùlan *m.*
misbelief *n* mì-chreideamh *m.*
miscalculation *n* mì-àireamh *f.*
miscalculate *v* dèan mì-àireamh.
miscarriage *n* (*med.*) asaid *f* anabaich;
(*general*) dol *m* am mugha, dol a
dhìth.
miscarry *v* she miscarried*, bha asaid
anabaich aice; (*gen.*) rach am mugha/
a dhìth.
miscellaneous *a* measgaichte.
miscellany *n* measgachadh *m.*
mischance *m* tubaisd *f.*
mischief *n* aimhleas *m*, trioblaid *f.*
mischievous *a* aimhleasach.
misclaim *n* tagradh *m* gun chòir.
misconception *n* mì-bharail *f.*
misconduct *n* droch ghiùlan *n*, mì-bheus
f.
misconstruction *n* mì-mhìneachadh *m.*
misconstrue *v* mì-mhìnich.
misdeed *n* mì-ghnìomh *m*, dò-bheart *f.*
misdemeanour *n* mì-ghnìomh *m.*
misemploy *v* mì-bhuilich.
miser *n* spìocaire *m.*
miserable *a* truagh, brònach.
misery *n* truaighe *f*, dòrainn *f.*
misfire *n* claon-thilgeil *f.*
misfit *n* mì-thighinn *m.*

misfortune *n* mì-shealbh *m*, mì-fhortan
m.
misgiving *n* teagamh *m*, mì-earbsa *f.*
misgovern *v* mì-riaghail, mì-riaghlaich.
misguide *v* mì-threòraich.
misguidance *n* mì-threòrachadh *m.*
mishap *n* mì-thapadh *m*, tubaist *f.*
misinform *v* thoir fios meallta.
misinterpret *v* mì-bhreithnich.
misjudge *v* thoir mì-bhreith.
mislay *v* mì-shuidhich, caill sealladh air.
mislead *v* mì-threòraich.
mismanage *v* mì-stiùir, mì-riaghlaich.
misnomer *n* mì-ainmeachadh *m.*
misogyny *n* fuath *m* bhan.
misplace *v* mì-shuidhich.
misprint *n* mearachd *f* clò-bhualaidh.
misproportion *n* mì-chuimse *f.*
misreckon *v* mì-chùnnt.
misreport *v* dèan mì-aithris.
misrepresent *v* thoir claon-iomradh.
misrule *n* mì-riaghailt *f*, buaireas *m.*
Miss *n* A' Mhaighdeann *f* (A' Mh.).
miss *v* rach iomrall; dèan mì-amais; (*fall
short of*) thig geàrr; (*feel the lack of*)
ionndrain.
missal *n* leabhar-aifreann *m.*
missile *n* urchair *f.*
missing *a* a dhìth, a dh'easbhaidh.
mission *n* teachdaireachd *f*; misean *f*;
gairm *f.*
missionary *n* misionairidh *m*,
teachdaire *m.*
missive *n* litir-chumhachan *f.*
mist *n* ceò *m*, *f*, ceathach *m.*
mistake *n* mearachd *f*, iomrall *m.*
mistake *v* cha tuig.
Mister (Mr) *n* Maighstir (Mgr) *m.*
mistiness *n* ceòthachd *f*, neulachd *f.*
mistletoe *n* an t-uil-ìoc *m.*
mistress *n* bana-mhaighstir *f*; bean-
teagaisg *f*; coileapach *m.*
mistrust *n* an-earbsa *f.*
mistrustful *a* mì-earbsach.
misty *a* ceòthach, ceòthar.
misunderstand *v* cha tuig.

misunderstanding n mì-thuigse f.

misuse n droch-bhuil f.

mite n fineag f; a' pheighinn f dheir-eannach.

mitigate v lùghdaich, lasaich.

mitigation n lùghdachadh m, lasachadh m.

mitre n crùn m/coron m (easbaig).

mittens n miotagan pl.

mix v measgaich.

mixer n measgaichear m; inneal m measgaidh.

mixture n measgachadh m.

mnemonic n cuimhneachan m.

moan n caoidh f, gearan m.

moan v caoidh, caoin, gearain.

mob n gràisg f.

mobility n gluasadachd f, luaineachd f.

mock v mag, dèan fanaid.

mock a meallta, feallsa.

mockery n fanaid f, sgeigeireachd f.

mod n mòd m; The National Mod, Am Mòd Nàiseanta.

mode n modh m, f, dòigh f, rian m.

model n cumadh m; riaghailt f; samhail m; dèanamh m, seòrsa m; caileag f/gille trusgain m.

model v deilbh, cum.

moderate a stuama, measarra.

moderate v ciùinich, riaghail.

moderation n stuaim f, riaghailteachd f.

moderator n fear-riaghlaidh m; (ecc.) moderàtor m.

modern a ùr, nodha, ùr-nodha.

modernise v ùraich, nodhaich.

modest a nàrach, màlda; banail.

modesty n beusachd f, màldachd f.

modicum n na h-uiread m, beagan m.

modification n atharrachadh m.

modify v atharraich.

modish a fasanta, nòsach.

modulate v (key) atharraich (gleus).

module n modal m.

Mohammedan n and a Mohamadanach m.

moiety n leth-earrann f.

moist a tais, bog.

moisten v taisich, bogaich.

moistness n taise f, buige f.

moisture n taiseachd f, fliche f.

molar n fiacail f chùil.

molasses n druaip f an t-siùcair, molasas m.

mole n (on skin) ball-dòrain m; (animal) famh f.

molecular a moileciuileach.

molecule n moileciuil m.

molehill n famh-thòrr m.

moleskin n mòilisgin m.

molest v cuir dragh air, buair.

molestation n dragh m.

mollification n maothachadh m.

mollify v maothaich, ciùinich.

mollusc n maorach m.

molten a leaghte.

moment n (of time) tiota m, mòmaid f; (of import) brìgh f.

momentary a grad-ùineach.

momentous a cudromach.

momentum n astar-mheud m.

monad n mònad m.

monarch n monarc m.

monarchy n monarcachd f.

monastery n manachainn f.

monastic a manachail.

Monday n Diluain m.

monetarism n airgeadachd f.

money n airgead m.

moneyed a airgeadach.

mongrel n and a eadar-ghnè f.

mongol n mongolach m.

mongolism n mongolachd f.

monitor n comhairleach m.

monitor v cùm sùil air.

monk n manach m.

monkey n muncaidh m.

monkish a manachail.

mono- pref aon-.

monochrome n aon-dath m.

monochrome a aon-dathach.

monocular a leth-shuileach.

monogamy n aon-phòsadh m.

monologue *n* fèin-labhairt *f*.
monopolize *v* lèir-shealbhaich.
monopoly *n* lèir-shealbhachd *f*.
monosyllable *n* aon-lide *m*.
monosyllabic *a* aon-lideach.
monotony *n* aon-ghuthachd *f*, ionn-anachd *f*.
monotonous *a* aon-ghuthach, ionn-anach.
monster *n* uilebheist *m*.
monstrous *a* mì-nàdurra, oillteil.
month *n* mìos *m, f*.
monthly *n* mìosachan *m*.
monthly *a* mìosach, mìosail.
monument *n* carragh *f*, càrn-cuimhne *m*.
mood *n* seòl *m*, gleus *m, f*; (*gram.*) modh *m, f*.
moody *a* gruamach, dubhach.
moon *n* gealach *f*.
moonbeam *n* gath-gealaich *m*.
moonlight *n* solas *m* gealaich.
moor *n* mòinteach, *f*, sliabh *m*.
moor *v* tilg acair.
moorhen *n* cearc-fhraoich *f*.
moose *n* lon *m*.
mop *n* sguab *f*.
mope *v* bi neo-shùnndach.
moral *n* beus *f*; teagasg *m*.
moral *a* beusach, moralta.
morale *n* misneach *f*, spiorad *m*.
morality *n* deagh bheusachd *f*, moral-tachd *f*.
moralize teagaisg deagh-bheusan.
morals *n* deagh-bheusan *pl*.
morass *n* boglach *f*.
morbid *a* galarach; mì-fhallain.
more *adv* tuilleadh, barrachd, nas mò.
more *n* tuilleadh *m*, barrachd *f*.
moreover *adv* a thuilleadh, a bhàrr (air seo).
morning *n* madainn *f*.
moron *n* duine *m* lag-inntinneach.
morose *a* gruamach, mùgach.
morphia, morphine *n* moirfin *f*.
morphology *n* cruth-eòlas *m*.

morrow *n* a-màireach *m*.
morsel *n* mìr *f*, criomag *f*.
mortal *n* duine *m* bàsmhor.
mortal *a* bàsmhor.
mortality *n* bàsmhorachd *f*.
mortar *n* aol-tàthaidh *m*; (*vessel*) soith-each-pronnaidh *m*.
mortgage *n* morgaidse *m*.
mortgage *v* gabh morgaidse air.
mortification *n* doilgheas *m*.
mortify *v* ìslich, cuir doilgheas air.
mortise *n* moirtis *m*; *m. lock*, glas *f* moirtis.
mortuary *n* marbh-lann *f*.
mosaic *n* breac-dhualadh *m*.
Moscow *n* Mosco.
Moses *m* Maois *m*.
Moslem *n* and *a* Moslamach *m*.
mosque *n* mosc *m*.
mosquito *n* còrr-mhial *m*.
moss *n* còinneach *f*.
mossy *a* còinneachail.
most *n* a' mhòr-chuid *f*, a' chuid *f* as mò.
most *a* as mò, a' chuid as mò.
mostly *adv* mar as trice, sa' mhòr-chuid.
mote *n* smùirnean *m*.
moth *n* leòman *m*.
mother *n* màthair *f*.
mother-in-law *n* màthair-cèile *f*.
motherless *a* gun mhàthair.
motherly *a* màithreil.
motif *n* bun-smuain *f*, ùrlar *m*.
motion *n* gluasad *m*; (*at meeting*) iarrtas *m*; *set in m.*, cuir a dhol.
motionless *a* neo-ghluasadach.
motivate *v* spreag.
motive *n* adhbhar *m*, ceann-fàth *m*.
motive *a* gluasadach.
motley *a* ioma-dhathach.
motor *n* and *a* motair *m*.
motor-cycle *n* motair-rothair *m*.
motorist *n* motairiche *m*.
motorway *n* mòr-rathad *m*.
motto *n* facal-suaicheantais *m*.

mould n (*shape*) molldair m; (*form*) cruth m; (*earth*) ùir f; (*bacterial etc.*) cloimh-liath f.

mould v cum, riochdaich.

moulder v crìon, falbh 'na smùr.

moulding n stìom-oire f.

mouldy a cloimh-liathach.

moult v cuir/tilg na h-itean, tilg fionnadh.

moulting n cur m/tilgeil f nan itean, tilgeil an fhionnaidh.

mound n tom m, tòrr m.

mount n sliabh m, beinn f.

mount v dìrich, streap; cuir/leum air muin eich; (*set up*) cuir an àird.

mountain n beinn f, mòr-bheinn f, meall m, cruach f.

mountaineer n streapaiche m (beinne).

mountainous a beanntach, monadail.

mourn v caoidh, caoin.

mourner n fear-caoidh m; pl luchd-caoidh.

mourning n bròn m, caoidh f, tuireadh m.

mouse n luch f.

mouse-trap n cat-cnaige m.

moustache n stais f.

mouth n beul m; (*large open m.*) craos m.

mouth-music n port-a-beul m.

mouthful n làn-beòil m, balgam m.

move v gluais, caraich; luaisg; imich; m. *suddenly*, clisg; m. *house*, dèan imrich.

moveable a so-ghluasad.

moveables n àirneis f, treallaichean pl.

movement n gluasad m; (*more specific action*) carachadh m.

moving a drùidhteach.

mow v geàrr, buain.

mower n lomaire m.

Mr n Mgr.

Mrs n A' Bh.

much n mòran m.

much adv mòran; fada; *how m.?* dè?; *this m.*, a' mheud seo; *as m. again*, uiread eile; *as m. as*, uiread ri/agus;

too m., cus; *that is m. better*, tha sin fada/cus nas fheàrr.

muck n salchar m; (*manure*) buachar m, inneir f.

mucky a salach.

mucous a ronnach, smugach.

mucus n ronn m.

mud n poll m, eabar m.

muddle n troimhe-chèile f.

muddle v cuir troimh-chèile.

muddy a eabarach.

mudguard n eabar-sgiath f.

muffle v còmhdaich; bàth (*fuaim*).

muffler n stoc m.

mug n muga f; (*fool*) amadan m.

muggy a tais, mùgach.

mulatto n and a lachdannach m.

mule n muileid m, f.

Mull n Muile f.

Mull person n Muileach m, ban-Mhuileach f.

multi- pref ioma-.

multicellular a ioma-cheallach.

multiform a ioma-chruthach.

multilateral a ioma-shliosach.

multilingual a ioma-chànanach.

multinational a iomadh-nàiseanail.

multiple a ioma-sheòrsach.

multiplication n meudachadh m.

multiplicity n iomadachd f.

multiply v meudaich; (*by begetting*) sìolaich.

multitude n mòr-shluagh m.

mum, mummy n mamaidh f.

Mum! interj tosd!.

mumble v dèan brunndail.

mummy (*Egyptian*) n corp-spìosraichte m.

mumps n at-busach m, an tinneas-plocach m.

munch v cagainn.

mundane a saoghalta, talmhaidh.

municipal a baile-mòir, a bhuineas do bhaile-mòr.

munificence n toirbheartas m.

munificent a toirbheartach.

Munster n Mumhan f.

mural *a* air a' bhalla, a bhuineas do bhalla.

mural *n* dealbh-balla *m*.

murder *n* mort/murt *m*.

murder *v* mort/murt, dèan *m*.

murderer *n* mortair/murtair *m*.

murky *a* doilleir, dorcha.

murmer *n* monmhor *m*, torman *m*, crònan *m*, borbhan *m*.

murmur *v* dèan monmhor/torman/crònan.

murrain *n* tinneas-dubh *m* na sprèidhe.

muscle *n* fèith *f*.

muscular *a* fèitheach.

muse *v* beachd-smuainich, cnuasaich.

Muses, The *n* A' Cheòlraidh *f*.

museum *n* taigh-tasgaidh *m*.

mushroom *n* balgan-buachrach *m*.

music *n* ceòl *m*; *classical pipe m.*, ceòl-mòr *m*.

musical *a* ceòlmhor, binn; *m. instrument*, inneal *m* ciùil.

musician *n* fear-ciùil *m*.

musicology *n* ceòl-eòlas *m*.

musing *n* beachd-smuaineachadh *m*.

musket *n f*, musgaid *f*.

musky *a* cùbhraidh.

Muslim *n* and *a* Moslamach *m*.

muslin *n* anart-grinn *m*.

mussle *n* feusgan *m*.

must *v* feumaidh, 's èiginn, 's fheudar; *you m. know him*, 's fheudar/cinnteach gun aithnich thu e; *I m.*, tha agam ri; feumaidh mi; 's fheudar dhomh; *m. you go so soon?*, am feum thu falbh cho luath?.

mustard *n* (*plant*) sgeallan *m*; (*condiment*) mustard *m*.

muster *n* cruinneachadh *m*.

muster *v* cruinnich, truis.

musty *a* tungaidh.

mutability *n* caochlaidheachd *f*.

mutable *a* caochlaidheach.

mutation *n* mùthadh *m*, atharrachadh *m*.

mute *n* balbhan *m*.

mute *a* balbh, tosdach.

muteness *n* balbhachd *f*, tosdachd *f*.

mutilate *v* ciorramaich, geàrr.

mutilation *n* ciorramachadh *m*, gearradh *m*.

mutineer *n* fear-ceannairc *m*.

mutinous *a* ceannairceach.

mutiny ceannairc *f*, ar-a-mach *m*.

mutiny *v* dèan ar-a-mach.

mutter *v* dèan dranndan/gearan.

mutton *n* muilt-fheòil *f*, feòil *f* caorach.

mutual *a* aontachail, a-rèir a chèile, don dithis.

muzzle *n* bus *m*.

muzzle *v* cuir glas-ghuib air.

my *poss pron* mo; (*before vowels*) m'.

Myles *n* Maolmhuire *m*, Maoilios *m*.

myriad *n* àireamh *f* deich mìle.

myrrh *n* mirr *m*.

myself *pron* mi fhìn.

mysterious *a* dìomhair.

mysteriousness *n* dìomhaireachd *f*.

mystery *n* dìomhaireachd *f*.

mystical *a* fàidheanta.

mystify *v* cuir an dìomhair.

myth *n* miotas *m*, uirsgeul *m*.

mythical *a* miotasach.

mythological *a* faoin-sgeulach.

mythology *n* miotas-eòlas *m*.

N

nab v grad-ghlac.

nadir n nèidir m.

nag n gearran m.

nag v dèan dranndan.

nail n (of finger etc.) ìne f; (spike) tarrag f.

nail-file n lìomhan-ìnean m.

naïve a soineannta.

naked a lomnochd, rùisgte.

nakedness n luime f.

name n ainm m; (reputation) cliù m.

name v ainmich; goir air ainm.

nameless a gun ainm.

namely adv 's e sin.

namesake n (fear) co-ainm m.

nap n dùsal m.

napkin n neapaigin m.

narcotic n cungaidh f suain.

narcotic a suainealach.

narrate v aithris.

narration n aithris f, iomradh m.

narrative a aithriseach.

narrator n fear-aithris m, seanchaidh m.

narrow a cumhang, caol.

narrow-minded a beag-aigneach.

narrowness n cuingead f.

nasal a srònach.

nasalization n srònachadh m.

nastiness n trusdaireachd f.

nasty a mosach, truaillidh.

nation n nàisean m, cinneadh m, rìoghachd f.

national a nàiseanta, dùchasail.

national insurance n urras m nàiseanta.

National Health Service n Seirbheis f Nàiseanta na Slàinte.

nationalism n nàiseantachd f.

nationalist n nàiseantach m.

nationality n dùthchas m.

nationalize v stàit-shealbhaich.

native n gnàth-fhear m.

native a gnèitheach, dualach.

nativity n breith f.

natural a nàdurrach, gnèitheil; n. child, leanabh dìolain.

naturalist n fear-eòlais-nàduir m.

naturalization n co-chinneadh m.

naturalize v co-chinnich.

naturally adv gu nàdurrach.

naturalness n nàdurrachd f.

nature n nàdur m, gnè f, seòrsa m; mèinn f.

naught n neo-ni m.

naughty a dona, mì-mhodhail.

nausea n dèistinn f.

nauseate v sgreamhaich.

nauseous a sgreamhail.

nauseousness n sgreamhalachd f.

nautical a seòlaidh, maraireachd.

naval a cabhlachail.

nave n cìoch f (cuibhle, rotha); corp m (eaglais).

navel n imleag f.

navigable a so-sheòladh.

navigate v seòl.

navigation n sgoil-mhara f, maraireachd f.

navigator n maraiche m.

navy n cabhlach m, Nèibhi m.

navy-blue a dubhghorm.

navvy n nàbhaidh m.

neap-tide n conntraigh f.

near a faisg, dlùth, teann.

near-sighted a geàrr-fhradharcach.

nearly adv faisg/dlùth air; he n. got it, cha mhòr nach d'fhuair e e.

nearness n fagasachd f.

neat a grinn, snasail, cuimir.

neatness n grinneas m, snasmhorachd f.

neb n gob m.

nebulous a neulach.

necessary a riatanach, do-sheachanta.

necessitate v èignich.

necessitous *a* aimbeartach.

necessitude *n* aimbeart *f*.

necessity *n* èiginn *f*; airc *f*, aimbeart *f*.

neck *n* amhach *f*, muineal *m*.

necked *a* muinealach.

necklace *n* seud-muineil *m*.

necktie *n* bann-bràghad *m*.

necromancy *n* draoidheachd *f*.

nectar *n* neachtar *m*.

need *n* feum *m*; (*want*) dìth *m*, eas-bhaidh *f*; (*poverty*) airc *f*; *I had n. of* ——, bha feum agam air ——.

need *v* (*lack*) feum; bi feumach air; bi a dhìth, *what do you need?*, dè tha dhìth ort?; (*require, in neg. constr.*) leig a leas; *you need not say that*, cha leig thu leas sin a ràdh.

needful *a* feumach, ainniseach.

needle *n* snàthad *f*, dealg *f*.

needless *a* gun fheum.

needlework *n* obair-ghrèis *f*.

needy *a* feumach, ainniseach.

negation *n* àicheadh *m*, diùltadh *m*.

negative *a* àicheanach, àicheil.

negative *n* àicheadh *m*; (*gram.*) àichear *m*; (photographic) claon-chlò *m*.

neglect *n* dearmad *m*.

neglect *v* dèan dearmad.

neglectful *a* dearmadach.

negligence *n* dearmadachd *f*.

negligent *a* dearmadach, neo-aireach.

negligible *a* suarach.

negotiate *v* dèan gnothach (ri), dèan rèite ri.

negotiation *n* co-dheasbad *m*, socrachadh *m*.

negro *n* duine *m* dubh.

neigh *n* sitir *f*.

neigh *v* dèan sitir/sitrich.

neighbour *n* nàbaidh *m*, coimhearsnach *m*.

neighbourhood *n* nàbaidheachd *f*, coimhearsnachd *f*.

neighbourly *a* nàbaidheil, càirdeil.

neither *adv*, *conj and pron* cha mhò, ni mò; *he won't go, neither will I*, cha teid esan, cha mhò/ni mò theid mise;

n. of us will go, cha teid fear seach fear againn.

neo- *pref* nuadh-.

neon *n* neon *m*.

nephew *n* mac *m* peathar/bràthar.

nepotism *n* àrdachadh-chàirdean *m*.

nerve *n* fèith-mhothachaidh *f*, nearbh *f*.

nervous *a* (*fearful*) iomagaineach; nearbhach.

nest *n* nead *m*.

nest *v* neadaich.

nestle *v* neadaich, crùb sìos.

nestling *n* isean *m*.

net *n* lìon *m*.

nether *a* ìochdrach.

Netherlands, The *n* An Isealtìr *f*.

nethermost *a* as ìochdraiche.

nettle *n* deanntag *f*, feanntag *f*.

nettle *v* feargaich.

network *n* lìon *m*; *broadcasting n.*, craol-lìon *m*.

neuralgia *n* nearbh-phian *m*.

neurosis *n* nearòis *f*.

neuter *n* (*gram.*) neodar *m*.

neuter *a* neo-ghnèitheach; (*gram.*) neodrach.

neutral *a* neo-phàirteil.

neutrality *n* neo-phàirteachd *f*.

neutron *n* neodron *m*.

never *adv* chaoidh, gu bràth, (*following a negative*) uair sam bith; (*referring backwards in time*) a-riamh.

nevertheless *adv* gidheadh, an dèidh sin.

new *a* ùr, nuadh.

New Year *n* A' Bhliadhna *f* Ur.

newfangled *a* annasach.

newly *adv* gu h-ùr.

newness *n* nuadhachd *f*.

news *n* naidheachd *f*, fios *m*.

newspaper *n* pàipear-naidheachd *m*.

newt *n* dearc-luachrach *f*.

next *a* and *adv* an ath (*len. foll. noun*), as fhaisge; *n. of kin*, na càirdean as fhaisge; a-rithist, a-nis; *n. week*, an ath sheachdain; *n. there came* ——, a-rithist thàinig ——; *what next!* dè nis!

nib *n* rinn *f.*

nibble *v* creim.

nice *a* gasda, grinn, taitneach, laghach, snog.

nicety *n* pongalachd *f*, grinneas *m.*

niche *n* cùil *f*, oisinn *f.*

nick *n* eag *f*; *in the n. of time*, dìreach ann an tìde, sa' cheart àm.

nick *v* eagaich.

nickname *n* farainm *m*, frith-ainm *m.*

nickname *v* thoir farainm air.

nicotine *n* niocotain *m.*

niece *n* nighean *f* peathar/bràthar.

niggard *n* spìocaire *m.*

niggardly *a* spìocach, mosach, gann.

niggardliness *n* spìocaireachd *f.*

nigh *adv* fagas do, làimh ri.

night *n* oidhche *f*; *all n.*, fad na h-oidhche; *tonight*, a-nochd; *last n.*, a-raoir; *the night before last*, a bhòn-raoir; *tomorrow n.*, an ath-oidhch'.

nightdress *n* aodach *m* oidhche.

nightingale *n* spideag *f.*

nightly *adv* gach oidhche.

nightmare *n* trom-laighe *m, f.*

nightwatch *n* faire *f* na h-oidhche.

nil *n* neo-ni *m.*

nimble *a* clis.

nimbleness *n* clise(achd) *f.*

nine *a* and *n* naodh, naoi; *n. persons*, naoinear.

ninefold *a* naodh-fillte.

nineteen *n* naodh-deug.

ninety *a* and *n* ceithir fichead 's a deich, naochad *m.*

ninth *a* naodhamh.

ninthly *adv* anns an naodhamh àite.

nip *n* teumadh *m*; (*of whisky*) te *f* bheag.

nip *v* teum.

nippers *n* greimiche *m.*

nipple *n* sine *f.*

nit *n* mial *f.*

nitre *n* mear-shalainn *m.*

nitrogen *n* naitrodean *m.*

nitrous *a* mear-shaillt.

no *a* aon, air/sam bith (*with preceding neg. or implied neg.*); *there is no use* ——, chan eil feum air bith ——; *there is nobody there*, chan eil aon duine an sin.

no *adv* cha, chan; *have you seen her? No*, am faca tu i? Chan fhaca.

nobility *n* mòr-uaislean *pl*, maithean *pl.*

noble *n* uasal *m*, flath *m.*

noble *a* uasal, flathail.

nobleness *n* uaisleachd *f.*

nobody *n* aon *m*, a h-aon, air bith (*with prec. neg.*).

nocturnal *a* oidhcheach.

nocturne *n* oidhch-cheòl *m.*

nod *n* cromadh *m*/gnogadh *m* cinn.

nod *v* aom, crom, gnog.

node *n* meall *m*, cnap *m.*

noggin *n* noigean *m.*

noise *n* fuaim *m, f*, faram *m*, toirm *f.*

noiseless *a* neo-fhuaimneach, gun fhuaim.

noisiness *n* gleadhrachd *f.*

noisy *a* fuaimneach, gleadhrach.

nomad *n* ingheilt-shiùbhlair *m.*

nomenclature *n* ainmeachadh *m.*

nominal *a* ainmeach, fo ainm.

nominate *v* ainmich.

nomination *n* ainmeachadh *m.*

nominative *n* (cùis/tuiseal) *f* ainmneach.

nominee *n* neach *m* ainmichte.

non- *pref* neo-.

non-existence *n* neo-bhitheachd *f.*

non-existent *a* neo-bhitheach.

non-committal *a* neo-cheangailte.

non-resident *n* neo-àitiche *m.*

non-resistant *a* neo-chogail.

non-stop *a* gun stad.

nonchalant *a* gun chùram.

nonconformity *n* neo-aontachd *f.*

nondescript *a* neo-dhiofaraichte; luideach.

none *pron* aon (duine), neach sam bith (*with prec. neg.*).

nonentity *n* neo-bhith *f.*

nonplus *v* cuir an imcheist.

nonsense *n* amaideas *m.*

nonsensical *a* amaideach.

nook *n* cùil *f.*

noontide *n* nòin *m,* meadhan-latha *m.*

noose *n* snaidhm *m,* lùb *f.*

noose *v* snaidhm, cuir an sàs.

nor *conj* no, nas mò, cha mhò.

normal *a* riaghailteach, gnàthach.

normally *adv* am bitheantas, an cumantas.

Norman *n* Tormod *m.*

Norman *a* Normanach.

Norse *a* Lochlannach.

north *a* and *n* tuath, an àirde *f* tuath; *in the n.,* mu thuath; *n. of,* tuath air.

northern *a* tuathach.

northeast *n* ear-thuath *m.*

northward *adv* mu thuath.

northwest *n* iar-thuath *m.*

north-wind *n* a' ghaoth *f* a tuath.

Norway *n* Lochlann *m, f.*

Norwegian *n* and *a* Lochlannach *m.*

nose *n* sròn *f.*

nosebleed *n* leum-sròine *m.*

nostalgia *n* cianalas *m.*

nostril *n* cuinnean *m.*

not *adv* cha, chan, na, nach; *I will n. go,* cha tèid mi; *I will n. leave it,* chan fhàg mi e; *do n. eat it,* na ith e; *he said that he would n. eat that,* thuirt e nach itheadh e sin.

notable *a* ainmeil, sònraichte.

notary *n* nòtair *m.*

notation *n* comharrachadh *m.*

notch *n* eag *f.*

notched *a* eagach.

note *n* nota *f;* (*mus.*) pong *m;* litir *f* bheag.

note *v* thoir fa-near, comharraich.

note-book *n* leabhar-notaichean *m.*

noted *a* ainmeil.

nothing *n* neo-ni *m;* (*with neg.*) nì *m*/rud *m* sam bith; *n. but,* nì ach; *he thinks n. of it,* chan eil e saoilsinn dad dheth.

nothingness *n* neonitheachd *f.*

notice *n* sanas *m,* fios *m.*

notice *v* thoir fa-near, thoir an aire, mothaich.

notification *n* cur *m* an cèill, fios *m.*

notify *v* cuir an cèill, thoir fios (do).

notion *n* beachd *m,* smuain *f.*

notional *a* beachdach.

notoriety *n* suaicheantas *m.*

notorious *a* suaicheanta.

notwithstanding *conj* a dh'aindeoin sin; gidheadh.

noun *n* ainmear *m.*

nourish *v* àraich, tog.

nourishment *n* beathachadh *m.*

Nova Scotia *a* Alba *f* Nuadh.

novel *n* nobhail *f.*

novel *a* nuadh, annasach.

novelist *n* nobhailiche *m.*

novella *n* beag-nobhail *f.*

novelty *n* annas *m,* ùrachd *f.*

November *n* November *m,* An t-Samhainn *f.*

novice *n* fear-ionnsachaidh *m;* ùr-chreideach *m.*

now *adv* a-nis(e), an-dràsda, an ceart-uair, san àm (seo).

nowadays *adv* an-diugh.

nowhere *adv* an àite sam bith (*with prec. neg.*); *it could nowhere be seen,* cha robh e ri fhaicinn an àite sam bith.

nowise *adv* idir, air dòigh sam bith (*with prec. neg.*).

noxious *a* cronail.

nozzle *n* soc *m.*

nuance *n* mion-diofar *m.*

nubile *a* aig aois pòsaidh.

nuclear *a* niùclach.

nucleic *a* niùclasach.

nucleus *n* niùclas *m.*

nude *a* lom, rùisgte, lomnochd.

nudge *n* putadh *m.*

nudge *v* put.

nudity *n* luime *f.*

nugatory *a* faoin, dìomhain.

nuisance *n* tuaireabadh *m.*

null *a* gun stàth, gun fheum.

nullity *n* neo-bhith *f*.

numb *a* neilichte, fuar-rag; *n. with cold*, air lathadh.

numb *v* mcilich, ragaich.

number *n* àireamh *f*; mòran *m*, iomadh *m*; *phone n.* àireamh-fòn *f*.

number *v* cùnnt, àir.

numberless *a* gun àireamh.

numbness *n* meileachadh *m*, eighealaich *f*.

numerable *a* so-àireamh.

numeral *n* cùnntair *m*.

numeral *a* àireamhach.

numerate *a* àireamh-oileanaichte.

numeration *n* àireamhachadh *m*.

numerator *n* fear-àireimh *m*.

numerical *a* àireamhail, uimhreachail.

numerous *a* lìonmhor.

numismatics *n* bonn-còlas *m*.

nun *n* cailleach *f* (dhubh).

nuncio *n* teachdaire *m* (on Phàpa).

nunnery *n* cill *f*/taigh *m* chailleacha-dubha.

nuptial *a* a bhuineas do phòsadh.

nuptials *n* pòsadh *m*, banais *f*.

nurse *n* banaltram *f*, bean-eiridinn *f*.

nurse *v* altraim, eiridnich.

nursery *n* seòmar-altraim *m*, sgoil-altraim *f*; *n. school*, sgoil-àraich *f*; (*bot.*) plannd-lann *f*.

nursing *n* banaltramachd *f*.

nursing-home *n* taigh-altraim *m*.

nursling *n* dalta *m*.

nurture *n* àrach *m*, oilean *m*.

nurture *v* àraich, oileanaich.

nut *n* cnò *f*; *wing-n.*, cnò *f* chluasach.

nutmeg *n* a' chnò-mhionnt *f*.

nutricious *a* beathachail.

nutriment *n* beathachadh *m*.

nutshell *n* plaosg *m* cnotha.

nuzzle *v* cuir sròn a-steach, neadaich.

nylon *n* nàidhlean *m*.

nymph *n* ainnir *f*; ban-dia *f* coille.

O

O! *interj* O!

oaf *n* ùmaidh *m*.

oafishness *n* ùmaidheachd *f*.

oak *n* darach *m*.

oaken *a* daraich.

oakling *n* òg-dharach *m*.

oar *n* ràmh *m*.

oasis *n* innis-fàsaich *f*.

oatcake *n* aran *m*/bonnach *m* coirce.

oaten *a* coirce, coirceach.

oath *n* bòid *f*; *pl* bòidean, mionnan.

oatmeal *n* min-choirce *f*.

oats *n* coirce *m*.

obduracy *n* rag-mhuinealas *m*.

obdurate *a* rag-mhuinealach.

obedience *n* ùmhlachd *f*.

obedient *a* umhail.

obese *a* reamhar.

obey *v* gèill (do), bi umhail (do).

obfuscate *v* doilleirich.

obituary *n* marbh-shanas *m*, iomradh-bàis *m*.

object *n* adhbhar *m*; cùis *f*, cuspair *m*; (*gram.*) cuspair *m*.

object *v* cuir an aghaidh.

objection *n* cur *m* an aghaidh, gearan *m*.

objective *n* cuspair *m*.

objective *a* cuspaireach.

objector *n* fear-gearain *m*.

oblation *n* tabhartas *m*.

obligation *n* comain *f*.

obligatory *a* comaineach.

oblige *v* (*require*) cuir mar fhiachaibh air; (*do an obligation*) cuir fo chomain.

obliging *a* comaineach, gasda.

oblique *n* stròc *f*.

oblique *a* siar.

obliqueness *n* siaradh *m*, claonadh *m*.

obliterate *v* dubh a-mach.

obliteration *n* dubhadh *m* ás.

oblivion *n* dìochuimhne *f*.

oblivious *a* dìochuimhneach.

oblong *a* fad-shliosach.

obloquy *n* cùl-chainnt *f*.

obnoxious *a* gràineil.

oboe *n* òboidh *f*.

obscene *a* draosda, drabasda.

obscenity *n* draosdachd *f*, drabasdachd *f*.

obscure *a* doilleir; dìomhair; neo-aireil.

obscure *v* doilleirich, falaich.

obscurity *n* doilleireachd *f*, doirbheachd *f*.

obsequious *a* ro-umhail.

observance *n* coimhead *m*, coilionadh *m*.

observant *a* aireil, toirt aire mhath, toirt fa-near.

observation *n* aire *f*, toirt *f* fa-near.

observatory *n* reul-lann *f*, lann-amhairc *f* (reul).

observe *v* amhairc, coimhead, thoir an aire; fritheil, coilion.

observer *n* fear-coimhid *m*.

obsession *n* beò-ghlacadh *m*.

obsolete *a* á cleachdadh, bho fheum.

obstacle *n* bacadh *m*, cnap-starra *m*.

obstetrics *n* eòlas *m* breith cloinne.

obstinacy *n* rag-mhuinealas *m*.

obstinate *a* rag-mhuinealach, fada sa' cheann.

obstreperous *a* starrach.

obstruct *v* bac, cuir bacadh air.

obstruction *n* bacadh *m*, cnap-starra *m*.

obstructive *a* grabalach.

obtain *v* faigh, coisinn.

obtainable *a* so-fhaotainn.

obtrude *v* brùth air adhart.

obtrusive *a* sàthteach.

obtuse *a* maol.

obtuseness *n* maoile *f*.

obverse *n* frith-shealladh *m*.

obviate *v* seachainn, rach timcheall air.

obvious *a* follaiseach, soilleir.

occasion *n* adhbhar *m*, fàth *m*, àm *m*, cothrom *m*.

occasion *v* adhbharaich.

occasional *a* corra, an-dràsda 's a-rithist.

occasionally *adv* air uairibh, an-dràsda 's a-rithist.

occidental *a* iarach.

occlude *v* dùin suas.

occult *a* dìomhair.

occupancy *n* seilbh *f*.

occupant *n* fear-sealbhachaidh *m*.

occupation *n* obair *f*, dreuchd *f*.

occupier *n* fear-seilbhe *m*.

occupy *v* gabh sealbh/còmhnaidh; (*take up*) lìon; cùm a' dol.

occur *v* tachair, thig an rathad; thig gu cuimhne.

occurrence *n* tachartas *m*.

ocean *n* cuan *m*, fairge *f*.

oceanic *a* fairge, aigeannach.

ochre *n* òcair *f*.

octagon *n* ochd-shliosach *m*.

octagonal *a* ochd-shliosach.

octave *n* ochdad *m*, gàmag *f*.

octavo *a* ochd-dhuilleagach.

octennial *a* ochd-bhliadhnach.

October *n* Octòber *m*, An Dàmhair *f*.

octogenarian *n* duine *m* anns na ceithir ficheadan.

octopus *n* ochd-chasach *m*.

octosyllabic *a* ochd-shiollach.

ocular *a* sùl, shùilean.

oculist *n* lèigh-shùilean *m*.

odd *a* còrr, neònach, àraid.

oddity *n* neònachas *m*, annas *m*.

oddness *n* neo-ghnàthachd *f*.

odds *n* còrrlach *m*; fuigheall *m*; *against the o.*, an aghaidh an t-srutha; *it makes no o.*, is coma, dè an diofar.

ode *n* duanag *f*.

odious *a* fuathmhor.

odium *n* fuath *m*, coire *f*.

odorous *a* cùbhraidh.

odour *n* boladh *m*.

Odyssey *n* Odusseia *m*.

of *prep* de, dhe, a, o, mu, mu dheidhinn, á, ás, a-measg; *a piece of wood*, pìos de fhiodh; *of his own free will*, ás a shaor thoil fhèin; *think of it*, smaoinich air; *what of it?*, dè mu dheidhinn?; *the town of Glasgow*, baile Ghlaschu; *one o. many*, aon a-measg mòran.

off *prep* de, dhe, o, bhàrr, a-mach bho; *that came off the house*, thàinig sin dhen taigh; *a mile off the shore*, mìle on chladach, mìle a-mach bhon chladach; *off the shelf*, bhàrr na sgeilpe.

off *adv* dheth, ás, air falbh; *he took off his coat*, thug e dheth a chòta; *she made o.*, thàrr i ás, chaidh i air falbh.

off-hand *a* coma, neo-chàirdeil.

off-shoot *n* frith-sheòrsa *m*.

offal *n* fuighleach *m*; (*of animal*) adha 's àirne.

offence *n* oilbheum *m*, coire *f*.

offend *v* dèan oilbheum do.

offender *n* ciontach *m*.

offensive *a* oilbheumach.

offer *n* tairgse *f*.

offer *v* tairg, thoir ionnsaigh.

offering *n* tabhartas *m*, ìobairt *f*.

office *n* oifis *f*; seirbheis *f*, feum *m*; gnothach *m*; *o. in e.g. an organisation*, dreuchd *f*.

office-boy *n* gille-oifis *m*.

officer *n* oifigeach *m*.

official *n* oifigeach *m*.

official *a* oifigeil, dreuchdail.

officiate *v* fritheil.

officious *a* bleideil.

officiousness *n* bleidealachd *f*.

offing *n in the o.*, dlùth air làimh.

offset *v* thoir a-steach, cuir an aghaidh.

offspring *n* sliochd *m*, àl *m*.

often *a* tric, minig.

often *adv* gu tric/minig.

ogam, ogham *n* ogham *m*.

ogle *v* caog.

ogling *n* caogadh *m*.

Oh! *interj* O!

oil *n* ola *f*; (*fish o.*) eòlan *m*.

oil *v* cuir ola air, olaich.

oil-bearing *a* ola-ghlèidhteach.

oil-colours *n* ola-dhathan *pl*.

oil-field *n* ola-raon *m*.
oil-production-platform *n* clàr-ola *m*.
oil-rig *n* crann-ola *m*.
oil-well *n* tobar-ola *m, f*.
oiliness *n* ùillidheachd *f*.
oilskin *n* oilisgin *m*.
oily *a* ùilleach.
ointment *n* ol-ungaidh *f*, acfhainn *f*.
old *a* aosda, sean; *o. man*, bodach *m*; *o. woman*, cailleach *f*.
Old Testament *n* Seann Tiomnadh *m*.
oldfashioned *a* sean-fhasanta.
oldness *n* aosdachd *f*.
oligarchy *n* olagarcachd *f*.
olive *n* (*tree*) crann-ola *m*; (*fruit*) meas *m* a' chrainn-ola.
olive-oil *n* ola *f* chroinn-ola.
omelette *n* bonnach-uighe *m*.
omen *n* manadh *m*.
ominous *a* droch-fhàistinneach.
omission *m* dearmad *m*.
omit *v* dearmaid, fàg ás.
omnipotence *n* uile-chumhachd *m*.
omnipotent *a* uile-chumhachdach.
omnipresence *n* uile-làthaireachd *f*.
omniscient *a* uil-fhiosrach.
omnivorous *a* uile-shluigeach.
on *prep* air; (*after*) an dèidh; *on Monday*, Diluain.
on *adv* air; (*onwards*) air adhart; *off and on*, thuige 's bhuaithe.
once *adv* uair, aon uair.
one *n* a h-aon, neach *m*, urra *f*, fear *m*, tè *f*; *o. person/thing*, aonan *m*.
one *a* aon.
one-eyed *a* air leth-shùil.
one-way *a* aon-rathadach, aon-slighe.
onerous *a* trom, sàrachail.
onion *n* uinnean *m*.
only *a* aon.
only *adv* a-mhàin.
only *conj* ach.
onomatopoeia *n* fuaimealas *m*.
onset *n* ionnsaigh *f*.
onward *adv* air adhart.
ooze *n* làthach *f*.

ooze *v* sil.
oozy *a* silteach.
opaque *a* doilleir.
open *v* fosgail; (*of explanation*) mìnich.
open *a* fosgailte; fosgarra.
opener *n* fosglair *m*.
openhanded *n* fialaidh.
opening *n* fosgladh *m*, bealach *m*.
openly *adv* gu fosgailte.
openness *n* fosgailteachd *f*.
opera *n* opera *f*.
operatic *a* operach.
operation *n* obair *f*, gnìomhachd *f*; (*med.*) opairèisean *m*.
operator *m* gnìomharraiche *m*.
ophthalmic *a* galar-shùileach.
opiate *n* cungaidh-suain *f*.
opinion *n* barail *f*.
opinion poll *n* barail-ghabhail *f*.
opinionated *a* rag-bharalach.
opium *n* òpium *m*.
opponent *n* nàmhaid *m*, eascaraid *m*.
opportune *a* tràthail.
opportunity *n* cothrom *m*, fàth *m*.
oppose *v* cuir an aghaidh, coinnich.
opposite *n* ceart-aghaidh *f*.
opposite *a* fa chomhair, mu choinneamh.
opposition *n* cur *m* an aghaidh; (*people*) luchd *m* an aghaidh.
oppress *v* claoidh, sàraich.
oppression *n* claoidheadh *m*, sàrachadh *m*.
oppressive *a* fòirneartach.
oppressor *n* fear-fòirneart *m*.
opprobrious *a* droch-mheasail.
opt *v* tagh.
optic *a* fradharcach.
optician *n* fear-fradhairc *m*.
optics *n* eòlas-fradhairc *m*.
optimism *n* soirbh-dhùil *f*.
optimistic *a* soirbh-dhùileach.
option *n* roghainn *m, f*.
optional *a* roghainneil.
opulent *a* saidhbhir.
or *conj* no, air neo.

oracle *n* oracal *m*.

oracular *a* oracalach.

oral *a* troimhn bheul, troimh chòmh-radh; *o. tradition*, beul-aithris *f*.

orange *n* oraindsear *m*, òr-mheas *m*.

orange *a* orainds.

oration *n* òraid *f*.

orator *n* cainntear *m*.

oratorical *a* deas-chainnteach.

oratorio *n* oratòrio *f*.

orb *n* cruinne *f*.

orbed *a* cruinn.

orbit *a* reul-chuairt *f*, cuairt *f*.

Orcadian *n* and *a* Arcach *m*.

orchard *n* ubhalghort *m*.

orchestra *n* orcastra *f*.

ordain *v* socraich, sònraich.

ordeal *n* cruaidh-dheuchainn *f*.

order *n* òrdugh *m*; riaghailt *f*; *in order*, air chor.

order *v* òrdaich, cuir an òrdugh.

order-book *n* leabhar *m* òrdugh.

orderly *a* riaghailteach.

ordinal *a* riaghailteach.

ordinance *n* riaghailt *f*.

ordinary *a* gnàthaichte, àbhaisteach.

ordination *n* suidheachadh *m*.

ordnance *n* gunnachan *pl* mòra.

ordure *n* inneir *f*, buachar *m*.

ore *n* mèinn *f*.

organ *n* ball *m*; (*mus.*) orghan *m*.

organic *a* innealach; (*biol.*) fàs-bheairteach.

organiser *n* fear-eagraidh *m*.

organism *n* fàs-bheairt *f*.

organist *n* orghanaiche *m*.

organization *n* eagrachadh *m*.

organize *v* eagraich, cuir an grèim.

orgasm *n* reachd *f*.

orgy *n* ruitearachd *f*.

orient *n* an Ear *f*.

oriental *a* earach.

orifice *n* fosgladh *m*.

origin *n* tùs *m*, bun *m*, bun-stèidh *f*, màthair(-adhbhar) *f*.

original *a* bun-, tùsail, prìomh.

originality *n* bun-mhèinn *f*.

originate *v* tàrmaich, tòisich.

Orkney *n* Arcaibh.

ornament *n* ball-maise *m*.

ornament *v* sgeadaich.

ornamental *a* ball-mhaiseach.

ornate *a* grinn, maisichte.

ornithology *n* eun-eòlas *m*.

orphan *n* dìlleachdan *m*.

orthodox *a* ceart-chreideach; gnàthach.

orthodoxy *n* ceart-chreideamh *m*, gnàthalachd *f*.

orthography *n* litreachadh *m*, ceart-sgrìobhadh *m*.

oscillation *n* luasgan *m*.

oscillatory *a* luasganach.

osprey *a* iolair-uisge *f*.

Ossian *n* Oisean *m*.

Ossianic *a* Oiseanach.

ossification *n* cnàimheachadh *m*.

ossify *v* dèan 'na chnàimh.

ostensible *a* a-rèir coltais.

ostentation *n* faoin-ghlòir *f*.

ostentatious *a* faoin-ghlòireach.

osteopath *n* cnàmh-lighiche *m*.

ostler *n* gille-stàbaill *m*.

ostrich *n* struth *m, f*, oistric *f*.

other *pron* eile; *the o. day*, an là roimhe; *one after the o.*, fear ás dèidh a chèile; *others*, càch, feadhainn cile; *they told each o. stories*, dh'innis iad sgeulachdan dha chèile.

otherwise *adv* air mhodh eile, no.

otter *n* dòbhran *m*, biast-dubh *f*.

ought *v* còir, bu chòir; *I o. to do it*, is còir dhomh a dhèanamh; *I o. to have done it*, bu chòir dhomh a bhith air a dhèanamh; *they o. to go home*, bu chòir dhaibh falbh dhachaigh.

ounce *n* ùnnsa *m*.

our *poss pron* ar, ar n- (*before vowels*); againne *etc.*; *o. father*, ar n-athair; *o. house*, an taigh againne.

ours *poss pron* ar —— -ne, againne, leinne; *Which house? Ours*. Dè 'n taigh? An taigh againne; ar taigh-ne.

ourselves *pron* sinn fhìn/fhèin.

oust *v* tilg a-mach.

out *adv* (*rest in*) a-muigh; *they were out in the garden*, bha iad a-muigh anns a' ghàrradh; (*motion towards*) a-mach; *they went out into the garden*, chaidh iad a-mach don ghàrradh; (*not at home*) on taigh.

out! *interj* gabh a-mach, a-mach leat.

out-of-date *a* à/á fasan, às/ás an fhasan.

out-patient *n* euslainteach-tadhail *m*.

outbreak *n* èirigh *f*, taomadh *m*.

outcast *n* dìobarach *m*.

outcry *n* gàir *m*, iolach *f*.

outdo *v* buadhaich air.

outdoors *adv* air a' bhlàr a-muigh.

outer *a* a-muigh, a-mach.

outermost *a* as fhaide mach.

outfit *n* aodach *m*; treallaichean *pl*.

outgrow *v* faigh os cionn, cuir air chùl.

outhouse *n* seada *m*.

outlandish *a* coimheach.

outlast *v* mair nas fhaide na.

outlaw *n* fear-cùirn *m*, fògarrach *m*.

outlaw *v* cuir fon choill.

outline *n* dealbh *m, f*, cnàmhan *pl*.

outlive *v* bi/fan beò nas fhaide.

outlook *n* sealladh *m*, faire *f*.

outnumber *v* bi nas lìonmhoire na.

output *n* toradh *m*.

outrage *n* sàrachadh *m*.

outrageous *a* sàrachail, eagalach.

outright *adv* buileach, gu buileach/tur.

outset *n* fìor-thoiseach *m*.

outside *n* an taobh *m* a-muigh.

outside *adv* a-muigh.

outsize *n* and *a* mòr-thomhas *m*.

outskirts *n* iomall *m*.

outspoken *a* deas-labhairteach, fosgarra.

outstanding *a* barraichte.

outstrip *v* fàg air deireadh.

outward *a* air an taobh a-muigh, faic-sinneach.

outwardly *adv* a-rèir coltais.

outwards *adv* chun/a chum an taobh a-muigh.

outwit *v* thoir an car á/ás.

ouzel *n* lon *m*.

oval *a* air chumadh uighe.

ovary *n* ugh-lann *f*.

ovation *n* gleadhar-molaidh *m*.

oven *n* àmhainn *f*.

over *prep* os cionn, thar, thairis air, tarsainn air.

over *adv* (*hither*) a-null; (*yonder*) a-nall; seachad, a bharrachd, a bhàrr air; *that's all over*, tha sin uile seachad.

over *pref* ro- (*len.*).

over-anxious *a* ro-chùramach.

over-expose *v* ro-nochd.

overall *adv* thar a chèile.

overbalance *v* caill cothrom, taobh-thromaich.

overbid *v* tairg barrachd.

overboard *a* thar stoc/bòrd.

overboil *v* rò-bhruich.

overburden *v* an-luchdaich.

overcast *v* dorchaich.

overcharge *v* iarr/cuir tuilleadh 's a' chòir.

overcoat *n* còta *m* mòr.

overcome *v* buadhaich, ceannsaich.

overdo *v* dèan tuilleadh 's a' chòir.

overdraft *n* for-tharraing *f*.

overdue *a* seach tìde.

over-eager *a* ro-dhian.

overflow *n* cur *m* thairis.

overflow *v* tar-shruth.

overhead *adv* os cionn, gu h-àrd.

overhear *v* dèan farchluais.

overlay *v* tar-chòmhdaich.

overload *v* an-luchdaich.

overlook *v* seall thairis air; dèan dear-mad air.

overmuch *a* tuilleadh 's a' chòir.

overnight *a* ri linn oidhche.

overprize *v* meas thar a luach.

overrate *v* cuir luach ro mhòr air.

overrule *v* cuir fo smachd, diùlt.

overrun *v* cuir/ruith thairis air.

overseas *a* thar lear.

overseer *n* fear-coimhid *m*.

overshadow v cuir sgàil air.

oversight n coimhead m thairis; dearmad m.

overstrain v cuir an èiginn.

overt a fosgailte, soilleir.

overtake v beir air.

overthrow v tilg sìos, cuir ás do.

overtime n seach-thìm f.

overtire v sàraich.

overture n fosgladh m.

overturn v cuir bun-os-cionn.

overvalue v meas thar luach.

overweight a ro-throm.

overwhelm v clòth.

owe v bi fo fhiachaibh do; *I owe him £10*, tha deich notaichean aige orm; *she owes me £5*, tha còig notaichean agam oirre.

owl n comhachag f, cailleach-oidhche f.

own pron fèin.

own v sealbhaich; gabh ri, aidich.

owner n fear-seilbhe m.

ownership n sealbh m.

ox n damh m.

ox-tail n earball m daimh.

ox-tongue n teanga f daimh.

Oxford n Ath nan Damh.

oxide n ocsaid m.

oxter n achlais f.

oxygen n ocsaidean m.

oyster n eisir m.

oyster-catcher n trìlleachan m.

ozone n osòn m, àile f.

P

pace *n* ceum *m*, cascheum *m*; gluasad *m*, imeachd *f*; luaths *m*.
pace *v* ceumnaich.
pacific *a* ciùin, sèimh.
Pacific Ocean *n* An Cuan *m* Sèimh.
pacification *n* sìtheachadh *m*.
pacificatory *a* sìochanta.
pacifism *n* sìochantas *m*.
pacifist *n* sìochantair *m*.
pacify *v* sìthich, ciùinich.
pack *n* paca *m*, eallach *m*.
pack *v* paisg, lìon.
packer *n* fear-pacaidh *m*.
packet *n* pacaid *f*.
pact *n* cùmhnant *m*.
pad *n* (*writing*) pada *f*; ceap *m*, pillean *m*.
padding *n* lìonadh *m*.
paddle *n* pleadhag *f*.
paddle *v* pleadhagaich.
paddling *n* plubraich *f*.
padlock *n* glas-chrochaidh *f*.
pagan *n* and *a* pàganach *m*.
paganism *n* pàgan(t)achd *f*.
page *n* (*of book*) duilleag *f*, taobh-duilleige *m*; (*boy*) pèidse *m*.
pageant *n* taisbeanadh *m*.
pageantry *n* taisbeanachd *f*.
pail *n* peile *m*, cuinneag *f*.
pain *n* pian *f*, cràdh *m*.
pain *v* cràidh, pian.
painful *a* cràiteach, piantach.
painless *a* neo-chràiteach.
painstaking *a* saothrachail.
paint *n* peant *m*.
paint *v* peant.
painter *n* fear-peantaidh *m*, peantair *m*.
painting *n* (*concrete*) dealbh *m*, *f*; (*action of*) peantadh *m*.
pair *n* càraid *f*, paidhir *m*, *f*, dithis.
pair *v* càraidich.
Pakistan *n* Pacastan *f*.

Pakistani *n* Pacastanach *m*.
pal *n* companach *m*.
palace *n* lùchairt *f*, pàileis *f*.
palatable *a* blasda.
palate *n* bràighe-beòil *m*; (*metaph.*). stamag *f*; *he has no p. for it*, chan eil stamag aige dha.
pale *a* bàn, glaisneulach.
pale *v* bànaich, fàs/dèan bàn.
paleness *n* bànachd *f*, glaisneulachd *f*.
Palestine *n* Paileastain *f*.
paleo- *pref* fìor-shean(n).
paling *n* callaid *f*, cliath *f*, sonnach *m*.
pall *n* brat-mairbh *m*.
pall *v* fàs mì-bhlasda.
pallet *n* seid *f*.
palliate *v* lùghdaich coire, lasaich.
palliation *n* lùghdachadh *m*, lasachadh *m*, maolachadh *m*.
pallid *a* bàn.
palm *n* (*of hand*) bas/bois *f*; (*tree*) craobh-phailm *f*.
palmistry *n* deàrnadaireachd *f*.
palpable *a* so-bheanailteach.
palpitate *v* plosg.
palpitation *n* plosgartaich *f*.
palsy *n* crith-thinneas *m*.
paltry *a* suarach.
pamper *v* dèan peata dhe.
pamphlet *n* leabhrachan *m*.
pan *n* pana *m*, aghann *f*.
pan-loaf *n* lofa-phana *f*.
pan- *pref* uil(e)-, pan-.
panacea *n* uil-ìoc *m*.
pancake *n* foileag *f*.
pancreas *n* am brisgean-milis *m*.
pander *v* mion-fhritheil.
pane *n* gloinne *f*, lòsan *m*.
panegyric *n* moladh *m*, dàn-molaidh *m*.
panel *n* pannal *m*, clàr *m*.
pang *n* cràdh *n*, guin *m*.
panic *n* clisgeadh *m*.

pant v plosg; bi an geall air.
panther n pantar m.
panting n plosgartaich f.
pantomime n pantomaim m.
pantry n seòmar-bìdh m.
pants n pantaichean pl.
papa n boban m.
papacy n pàpachd f.
papal a pàpanach.
paper n pàipear m.
paper v pàipearaich, boltaig.
paper-clip n greimear m pàipeir.
papermill n muileann-pàipeir m, f.
papillary a cìochach.
Papist n Pàpanach m.
par n co-ionnanachd f.
parable n cosamhlachd f.
parachute n paraisiut m.
parade n taisbeanadh m, pairèid m.
Paradise n Pàrras m.
paradox n frith-chosamhlachd f, dubh-fhacal m.
paraffin n paireafain m.
paragon n òir-eisimpleir m.
paragraph n earrann f (sgrìobhaidh), roinn f.
parallel n sgrìob f cho-shìnte; ionn-anachd f, samhailt f.
parallelism n co-shìnteachd f.
parallelogram n ceàrnag f cho-shìnteach.
paralysis n pairilis m.
paralytic a pairiliseach.
parameter n paraimeatair m.
paramour n leannan m.
parapet n uchd-bhalla m.
paraphernalia n treallaich m.
paraphrase n ath-innse f; psalms and paraphrases, sailm is laoidhean pl.
paraplegic a parapleidseach.
parasite n dìosganach m, faoighiche m, fear-sodail m.
parasitical a faoigheach.
parasol n grian-sgàilean m.
paratrooper n saighdear m paraisiut.
parboil v leth-bhruich.

parcel n parsail m, pasgan m.
parcel v roinn 'na earrainnean, dèan parsail de.
parch v tiormaich, dìosg.
parchment n craiceann-sgrìobhaidh m.
pardon n mathanas m.
pardon v math, thoir mathanas; p. me, gabh mo leisgeul.
pare v beàrr, snaigh.
parent n pàrant m.
parental a pàrantach.
parenthesis n eadar-aisneis f.
paring n rùsg m, sliseag f.
Paris n Pairios m.
parish n sgìre f.
parishioner n fear-sgìreachd m.
parity n co-ionnanachd f.
park n pàirce f; deer p., frìth f.
park v suidhich; (of a car etc), pàircich.
parking place n ionad-pàircidh m.
parley v dèan còmhradh ri.
Parliament n Pàrlamaid f.
Parliamentary a Pàrlamaideach.
parlour n seòmar-suidhe m.
parochial a sgìreachdail.
parody n atharrais f, sgig-aithris f.
parole n paròil m.
parricide n athair-mhort m; athair-mhortair m.
parrot n pearraid m.
parry v caisg, till.
parse v mìnich.
parsimonious a spìocach.
parsimony n spìocaireachd f.
parsley n peirsill f.
parsnip n an curran m geal.
parson n pears-eaglais m.
part n cuid f, roinn f, cuibhreann m; for my p., air mo shonsa; they took p. in the debate, chaidh iad dhan an deasbad.
part v sgar, dealaich.
partake v com-pàirtich.
partaker n com-pàirtiche m.
partial a leth-bhreitheach, bàigheil (ri).
partiality n leth-bhreith f.

participant n co-roinnteach m.

participate v com-pàirtich.

participation n com-pàirt f, co-roinn f.

particle n gràinean m, bloigh m, bloigheag f; mion-fhacal m.

particular n nì m sònraichte.

particular a àraidh, sònraichte, air leth; faiceallach.

particularize v sònraich.

parting n dealachadh m.

partisan n fear-leanmhainn m.

partisan a aontaobhach.

partition n tallan m, roinneadh m, cailbhe m.

partition v roinn.

partly adv ann an cuid; *partly — partly*, eadar —— agus.

partner n companach m, fear-pàirt m.

partnership n companas m, co-roinn f.

partridge n cearc-thomain f.

parts n buadhan pl, ceudfathan pl.

party n cuideachd f, buidheann f; pàrtaidh m.

Paschal a Càisgeach.

pass n bealach m; (*condition*) cor m; (*in games*) pas m.

pass v gabh seachad, rach thairis/thar; leig le/seachad; (*at table*) cuir a-null; (*in games*) pasaig.

pass-book n pas-leabhar m.

passable a cuibheasach, math gu leòr.

passage n turas m, slighe f; (*of text etc.*) earrann f, ceann m.

passenger n fear-turais m, fear-aisig m.

passion n boile f, dìoghras m; fearg f; fulangas m (Chrìosd).

passionate a dìoghrasach.

passive a fulangach.

passiveness n fulangachd f.

Passover n Càisg f nan Iùdhach.

passport n cead m dol thairis, cèinchead m.

password n facal m faire.

past n an t-àm m a dh'fhalbh.

past a seachad; (*gram.*) caithte.

past prep seach, seachad air.

paste n taois f.

paste v glaodh; cuir suas.

pastel n pastal m.

pasteurize v pasteuraich.

pastime n cur-seachad m, fearaschuideachd f.

pastor n aodhair m.

pastoral a aodhaireil; *p. tribe*, cinneadh m treudach.

pastry n pastra f.

pasturage, pasture n feurach m, ionaltradh m.

pasture v ionaltair, feuraich.

pat a freagarrach, deiseil.

pat v slìob.

patch n brèid m, tùthag f.

patch v càirich.

pate n claigeann m, ceann m.

patent n sgrìobhadh m còrach.

patent a follaiseach.

paternal a athaireil.

paternity n athaireachd f.

paternoster n a' phaidir f.

path n ceum m, slighe f, rathad m, frithrathad m.

pathetic a tiamhaidh, cianail.

pathless a gun rathad, gun slighe.

pathogenic a galar-dhùsgach.

pathology n galar-eòlas m.

pathological a galar-eòlach, galarach.

pathos n drùidhteachd f.

patience n foighidinn f.

patient n euslainteach m.

patient a foighidneach.

patriarch n prìomh-athair m.

patrician a flathail.

Patrick n Pàdraig m.

patrimony n dualchas m, oighreachd f shinnsireil.

patriot n tìr-ghràdhaiche m.

patriotism n gràdh m dùthcha.

patrol n freiceadan m sràide.

patron n fear-taice m.

patronage n dìon m, taic f.

patronize v thoir taic.

patronymic n ainm m sinnsireil, stoidhle f.

patter *n* goileam m; fuaim *m*, *f*.
pattern *n* pàtran *m*, ball-sampaill *m*.
paucity *n* gainne *f*.
Paul *n* Pòl *m*.
paunch *n* maodal *f*.
pauper *n* bochd *m*, diol-dèirce *m*.
pause *n* stad *m*, anail *f*.
pause *v* fuirich, stad.
pave *v* leag ùrlar/cabhsair.
pavement *n* cabhsair *m*.
pavilion *n* pàillean *m*.
paw *n* spòg *f*, màg *f*.
pawn *n* (*in chess etc.*) pàn *m*.
pawn *v* thoir/cuir an geall.
pay *n* pàigheadh *m*, tuarasdal *m*.
pay *v* pàigh, dìol, ìoc.
payable *a* ri dhìoladh.
payee *n* ìocaidh *m*.
payment *n* pàigheadh *m*, dìoladh *m*.
pea *n* peasair *f*, *pl*.
peace *n* sìth *f*, fois *f*, tàmh *m*.
peace-offering *n* sìth-thabhartas *m*.
peaceable *a* sìothchail, socair.
peaceful *a* sìothchail, ciùin.
peacefulness *n* sìothchaint *f*.
peach *n* pèitseag *f*.
peacock *n* peucag *f*, coileach-peucaig *m*.
peak *n* stùc *f*, binnean *m*.
peal *n* torrann *m*, bualadh *m*.
pear *n* peur *f*.
pearl *n* neamhnaid *f*.
peasantry *n* tuath-cheatharn *f*.
peat *n* (*coll.*) mòinc *f*; (*individual*) fàd *m*.
peat-bog *n* poll-mònach *m*.
peat-stack *n* cruach-mhònach *f*.
pebble *n* dèideag *f*.
pebbly *a* dèideagach.
peccadillo *n* meanbh-choire *f*.
peck *n* (*measure*) peic *m*; (*of bird etc.*) piocadh *m*.
peck *v* pioc.
pectoral *a* uchdail.
peculation *n* meirle *f*.
peculiar *a* àraid.
peculiarity *n* buaidh *f* air leth.

pecuniary *a* airgeadach.
pedagogic(al) *a* teagaisg.
pedagogy *n* teagasg *m*.
pedal *n* troighean *m*.
pedant *n* rag-fhoghlamaiche *m*.
pedantic *a* rag-fhoghlamach.
pedantry *n* rag-fhoghlam *m*.
peddle *v* reic, thoir seachad.
pedestal *n* bun-carraigh *m*.
pedestrian *n* coisiche *m*.
pedestrian *a* coise, coisiche.
pedigree *n* sinnsireachd *f*.
pedlar *n* ceannaiche-siubhail *m*.
pee *n* mùn *m*.
pee *v* dèan mùn.
peel *n* rùsg *m*, plaosg *m*.
peel *v* rùisg, plaoisg.
peep *n* caogadh *m*, sealladh *m* bradach.
peep *v* caog, gabh sealladh bradach.
peer *n* (*equal*) seisc *m*; (*of realm*) morair *m*.
peerage *n* moraireachd *f*.
peerless *a* gun choimeas.
peevish *a* dranndanach, crosda.
peewit *n* curracag *f*.
peg *n* cnag *f*, ealchainn *f*.
Peggy *n* Peigi *f*.
pelf *n* maoin *f*.
pellet *n* peileir *m*; gràinean *m*.
pellucid *a* trìd-shoilleir.
pelt *n* pealaid *f*, bian *m*, seiche *f*.
pelt *v* caith air, buail.
pelvis *n* peilbhis *f*.
pen *n* (*writing*) peann *m*; (*fold*) crò *m*, buaile *f*.
pen-name *n* ainm-pinn *m*.
penal *a* dìoghaltach.
penalty *n* peanas *m*.
penance *n* aithridh *f*.
pence *n* sgillinnean *pl*.
pencil *n* peansail *m*.
pendant *n* crochadan *m*.
pending *a* a' feitheamh, ri thighinn.
pendulum *n* cudrom-siùdain *m*.
penetrable *a* so-drùidheadh.
penetrate *v* drùidh, faigh troimh.

155

penetration *n* drùidheadh *m*, deargadh *m*.
penetrative *a* drùidhteach, geurchuiseach.
penicillin *n* penisilion *m*.
peninsula *n* leth-eilean *m*.
penis *n* bod *m*.
penitence *n* aithreachas *m*.
penitent *a* aithreachail.
penknife *n* sgian-pòcaid *f*.
penmanship *n* ealain *m* sgrìobhaidh.
pennant, pennon *n* bratach *f* chorrach.
penniless *a* gun sgillinn.
penny *n* sgillinn *f*, peighinn *f*.
pension *n* peinnsean *m*.
pensionable *a* ion-pheinnsean.
pensioner *n* fear-peinnsein *m*.
pensive *a* smaointeach.
pensiveness *n* smaointinneachd *f*.
pentagon *n* còig-cheàrnach *m*.
Pentateuch *n* còig leabhraichean *pl* Mhaois.
Pentecost *n* A' Chaingis *f*.
penthouse *n* taigh-sgàile *m*.
penultimate *a* leth-dheireannach.
penurious *a* bochd, falamh.
penury *n* bochdainn *f*.
people *n* sluagh *m*, poball *m*.
people *v* lìon le sluagh.
pepper *n* piobar *m*.
pepper *v* piobraich.
peppermint *n* mionnt *m*.
peptic *a* cnàmhach.
perambulate *v* cuairt-imich.
perambulator *n* pram *m*.
perceivable *a* so-fhaicsinn.
perceive *v* tuig, mothaich, thoir fa-near.
per cent sa' cheud.
percentage *n* ceudad *m*.
percentage *a* ceudadach.
perception *n* tuigse *f*, toirt *f* fa-near.
perceptive *a* tuigseach, lèirsinneach.
perch *n* spiris *f*, spàrr *m*.
perch *v* cuir/rach air spiris.
perchance *adv* dh'fhaoite, theagamh.
percipient *a* geur-bheachdach.

percolate *v* sìolaidh.
percolation *n* sìoladh *m*.
percolator *n* sìolachan *m*.
percussion *n* bualadh *m*, faram *m*.
perdition *n* sgrios *m*.
peremptory *a* smachdail.
perennial *a* maireannach.
perfect *a* foirfe, coileanta.
perfect *v* dèan foirfe/coileanta.
perfection *n* foirfeachd *f*, coileantachd *f*.
perfidious *a* foilleil.
perforate *v* toll, cuir tuill ann.
perforation *n* tolladh *m*.
perforce *adv* a dh'aindeoin, air èiginn.
perform *v* coimhlion.
performance *n* coimhlionadh *m*, gnìomh *m*.
performer *n* fear *m*/bean *f* seinn/cluiche *etc*.
perfume *n* cùbhrachd *f*.
perfume *v* dèan cùbhraidh.
perfunctory *a* neo-aireach.
perhaps *adv* is dòcha, ma dh'fhaoite/is mathaid (gu(n)).
peril *n* gàbhadh *m*.
perilous *a* gàbhaidh.
perimeter *n* cuairt-thomhas *m*.
period *n* cuairt *f*, ùine *f*; crìoch *f*, deireadh *m*; (*punctuation*) pong *m*, stad *m*.
periodic *a* bho àm gu àm.
periodical *n* ràitheachan *m*, iris *f*.
periodical *a* ùineach.
periphery *n* iomall *m*.
periphrasis *n* iom-labhairt *f*.
periphrastic *a* iom-labhrach.
periscope *n* peireascop *m*.
perish *v* rach a dhìth, faigh bàs.
perishable *a* neo-sheasmhach, so-mhilleadh.
perjure *v* thoir mionnan-eithich.
perjurer *n* fear-eithich *m*.
perjury *n* eitheach *m*; *he committed p.*, thug e mionnan-eithich/fianais bhrèige.

156

perm *n* pearm *m*.
permanence *n* maireannachd *f*.
permanent *a* buan, maireannach.
permeate *v* rach air feadh.
permissible *a* ceadaichte.
permission *n* cead *m*.
permissive *a* ceadachail.
permit *n* bileag-cead *f*.
permit *v* ceadaich.
permutation *n* mùthadh *m*.
pernicious *a* millteach.
peroration *n* co-dhùnadh *m* òraid.
perpendicular *a* dìreach.
perpetrate *v* dèan.
perpetual *a* sìor-mhaireannach.
perpetuate *v* cùm an gnàth chleachdadh.
perpetuity *n* sìor-mhaireannachd *f*.
perplex *v* cuir an imcheist.
perplexed *a* imcheisteach.
perplexity *n* imcheist *f*.
perquisite *n* frith-bhuannachd *f*.
persecute *v* geur-lean, dèan geur-leanmhainn air.
persecution *n* geur-leanmhainn *m*.
perseverance *n* buan-leanaltas *m*.
persevere *v* lean air, buanaich.
persist *v* lean air/ri.
persistent *a* leanailteach.
person *n* neach *m* (frequent in compounds, e.g. *chair-person*, neach-cathrach *m*), urra *f*, pearsa *m*.
personable *a* tlachdmhor.
personage *a* urra *f*, neach *m* fiùghail.
personal *a* pearsanta.
personality *n* (*abstr.*) pearsantachd *f*; a p., neach *m* iomraiteach.
personate *v* rach an riochd duine eile.
personification *n* pearsanachadh *m*, riochd-shamhlachadh *m*.
personify *v* riochd-shamhlaich.
personnel *n* luchd-obrach *f*, sgioba *m, f*.
perspective *n* ceart fhradharc *m*, ceart *m*.
perspicacious *a* geurchuiseach.
perspicacity *n* geurchuis *f*.

perspicuous *a* soilleir, so-thuigsinn.
perspiration *n* fallas *m*.
perspire *v* cuir fallas de; *I was perspiring*, bha fallas orm/bha mi a' cur fallas dhìom.
persuade *v* cuir ìmpidh air, thoir a thaobh.
persuasion *n* toirt *m* a thaobh; barail *f*, creideamh *m*.
persuasive *a* ìmpidheach.
pert *a* beadaidh.
pertain *v* buin do.
pertinacious *a* danarra, rag.
pertinent *a* iomchuidh.
pertness *n* beadaidheachd *f*.
perturb *v* buair, cuir dragh air.
Peru *n* Peru *f*.
peruse *v* leugh; rannsaich/seall gu cùramach.
pervade *v* lìon, rach air feadh.
perverse *a* claon, crosta.
perversion *n* claonadh *m*.
pervert *n* claonair *m*.
pervert *v* claon, truaill.
pessimism *n* eu-dòchas *m*.
pessimist *n* fear *m* gun dòchas.
pessimistic *a* eu-dòchasach.
pest *n* plàigh *f*.
pester *v* cuir dragh air.
pestiferous *a* plàigheach.
pestilence *n* plàigh *f*, sgrios-ghalar *m*.
pestle *n* plocan *m*.
pet *n* peata *m*.
petal *n* flùr-bhileag *f*.
Peter *n* Peadair *m*, Pàdraig *m*.
petition *n* iarrtas *m*, guidhe *m, f*.
petition *v* guidh, aslaich.
petitioner *n* fear-aslachaidh *m*.
petrel *n* stormy *p.*, eun *m* fionn.
petrify *v* tionndaidh gu cloich; cuir dearg eagal air.
petrol *n* peatroil *m*.
petrol-pump *n* pump *m* peatroil.
petticoat *n* còta-bàn *m*.
pettiness *n* bige *f*.
petty *a* beag, suarach.

petty-cash *n* beag-airgead *m*.
petulant *a* bleideil.
pew *n* suidheachan *m*.
pewter *n* feòdar *m*.
phallic *a* bodail.
phantom *n* faileas *m*, sgleò-shealladh *m*.
Pharisaical *a* nam Pharasach, Pharasach.
pharmacy *n* eòlas-leigheasan *m*.
phase *n* ìre *f*; cruth *m*.
pheasant *n* easag *f*.
phenomenon *n* iongantas *m*, rud *m* air leth.
phial *n* meanbh-bhotal *m*.
philanthropy *n* gràdh-daonna *m*.
Philistine *n* Philisteach *m*.
philologist *n* cànanaich *m*.
philology *n* eòlas *m* chànan.
philosopher *n* feallsanach *m*.
philosophical *a* feallsanachail.
philosophy *n* feallsanachd *f*.
phlegm *n* ronn *m*; lionn-cuirp *m*.
phlegmatic *a* ronnach; trom.
phoenix *n* tearc-eun *m*.
phone *n* fòn *m*.
phone *v* fòn, fònaig.
phonetic *a* fogharach.
phonetics *n* eòlas *m* fogharachd.
phonology *n* fuaimneachadh *m*.
phosphate *n* fosfat *m*.
phosphorescence *n* coinnle-Brianain *pl*, teine-ghealan *m*.
phosphorous *a* fosforail.
phosphorus *n* fosfor *m*.
photo-copier *n* leth-bhreacadair *m*.
photograph *n* dealbh *m*, *f*.
photograph *v* tog dealbh.
photographer *n* fear-togail-dhealbh *m*.
photography *n* dealbh-thogail *f*.
photosynthesis *n* foto-cho-chur *m*.
photosynthetic *a* foto-cho-churte.
photostat *n* fotostat *m*.
phrase *n* abairt *f*, facal *m*.
physic *n* eòlas *m* leighis; (*medicine*) fisic *f*.
physical *a* fisiceach; (*bodily*) corporra.

physician *n* lèigh *m*, lighiche *m*.
physicist *n* nàdur-fheallsanach *m*.
physics *n* nàdur-fheallsanachd *f*.
physiognomy *n* dreach-eòlas *m*; dreach *m*.
physiology *n* beò-eòlas *m*.
physique *n* dèanamh *m*.
piano *n* piàno *m*.
pianist *n* cluicheadair *m* piàno.
pibroch *n* pìobaireachd *f*, ceòl-mòr *m*.
pick *n* taghadh *m*; (*implement*) pic *m*.
pick *v* tagh, cuir air leth; tog, tionail; (*of meat off bones*) spiol.
pick-up *n* (*for record-player etc.*) glacaire *m*.
picket *n* piceid *m*.
pickle *n* picil *f*.
pickle *v* saill, cuir ann am picil.
pickpocket *n* frith-mheirleach *m*.
picnic *n* picnic *m*, cuirm-chnuic *f*.
Pict *n* Cruithneach *m*.
Pictish (language) *n* Cruithnis *f*.
picture *n* dealbh *m*, *f*, pioctair *m*; mac-samhail *m*.
picturesque *a* àillidh.
pie *n* pai *m*.
piece *n* mìr *m*, bloigh *f*, pìos *m*, earrann *f*, bìdeag *f*.
piecemeal *adv* mean air mhean, 'na phìosan.
pier *n* ceadha/cidhe *m*, lamraig *f*.
pierce *v* toll, lot.
piety *n* cràbhadh *m*.
pig *n* muc *f*.
pigeon *n* calman *m*.
pigheaded *a* ceann-dàna, rag.
pigment *n* dath *m*, stuth-dhath *m*.
pigmy *n* luchraban *m*.
pigsty *n* fail *f* muice.
pike *n* geadas *m*.
pile *n* meall *m*, dùn *m*.
pile *v* cruach, càrn.
piles *n* ruith-fola *m*.
pilfer *v* dèan braide.
pilferer *n* frith-mheirleach *m*.
pilgrim *n* eilthireach *m*.

pilgrimage n eilthireachd f.
piling (up) n càrnadh m.
pill n pile f.
pillage n creach f.
pillar n carragh f, colbh m; (of person) cùl-taic m.
pillar-box n bocsa-litrichean m.
pillion n pillean m.
pillory n brangas m.
pillow n cluasag f.
pillow-case n cuibhrig f cluasaig.
pilot n fear-iùil m, pìleat m.
pilot v treòraich, stiùir.
pilot-scheme n seòl m dearbhaidh.
pimple n guirean m, plucan m.
pin n dealg f, prìne m; (of wood) cnag f; (knitting p.) bior m.
pin-up n bràmair m.
pincers n teanchair m.
pinch n (nip) gòmag f; (small quantity) bloigh f, gràinnean m.
pinch v fàisg, brùth; goirtich, claoidh.
pincushion n prìneachan m.
pine n giuthas m.
pine v searg, meath, caith ás.
pineapple n anann m.
pinion v ceangail (sgiathan), cuibhrich.
pink a pinc.
pinnacle n binnean m.
pins and needles n cadal-deilgneach m.
pint n pinnt m.
pioneer n tùsaire m.
pious a cràbhaidh, cràbhach.
pipe n pìob f, feadan m.
pipe v dèan pìobaireachd.
piper n pìobaire m.
piping n pìobaireachd f.
pique n farran m.
pirate n spùinneadair m mara.
pirn n piorna m.
piss n mùn m, fual m.
piss v mùin.
pistol n daga m.
piston n loinid f.
pit n toll m, sloc m.

pitch n (tar) bìth f; (mus.) àirde f; (playing) raon-cluiche m.
pitch v tilg; suidhich.
pitcher n soitheach m, pigidh m.
piteous a truagh, muladach.
pitfall n sloc-thuislidh m.
pith n glaodhan m; (metaph.) spionnadh m, brìgh f.
pithless a fann.
pitiful a truacanta, teò-chridheach, muladach.
pitiless a neo-thruacanta, aniochdmhor.
pittance n suarachas m, rud m beag truagh.
pity n truas m, iochd f, truacantas m; what a pity! is mòr am beud!
pity v gabh truas de, cuir truas air.
pivot n maighdeag f.
pizza n piotsa m.
placard n cairt-shanas m.
placate v sàsaich, suaimhnich.
place n àite m, ionad m.
place v suidhich, socraich; p. in order, còirich.
place-name n ainm-àite m.
placenta n plaseanta m.
placid a ciùin.
placidity n ciùineachd f.
plagiarism n meirle-sgrìobhaidh f.
plague n plàigh f.
plague v plàighich, leamhaich.
plaice n leabag-mhòr f, leòbag-mhòr f.
plaid n breacan m.
plain n còmhnard m, faiche f.
plain a rèidh, còmhnard; soilleir, soirbh.
plaintive a tiamhaidh.
plaintiff n fear-agairt m.
plait n filleadh m, dual m; (of hair) figheachan m.
plan n innleachd f, plana f.
plan v deilbh, innlich.
plane n locar m, locair f; (aeroplane) pleuna m, itealan m; (abstr.) raon m.
plane v locair, locraich.
planet n planaid f.

planetary *a* planaideach.
plank *n* clàr *m*, dèile *f*.
planner *n* fear-planaigidh *m*.
plant *n* luibh *m, f*, lus *m*.
plant *v* cuir; suidhich, socraich.
plantation *n* àiteachadh *m*; cur-chraobhan *m*.
planter *n* fear-àiteachaidh *m*.
plaster *n* sglàib *f*; (*med.*) plàsd *m*.
plaster *v* sglàibrich.
plasterer *n* sglàibeadair *m*.
plastic *n* plastaic *f*.
plastic *a* coineallach, so-dheilbhe; plastaic.
plastic surgery *n* làmh-leigheas *m* plastaiceach.
plate *n* truinnsear *m*; (*of steel etc.*) lann *f*, pleit *f*.
plate *v* lannaich, airgeadaich.
plateau *n* àrdchlàr *m*.
platform *n* còmhnard *m*, àrd-ùrlar *m;* (= *policies*), clàr *m*.
platitude *n* abairt-gun-smuain *f*.
Platonic *a* Platonach.
platter *n* mias *f*.
plausible *a* beulchar, beulach.
play *n* cluich(e) *m*, cleas *m*; (*stage p.*) dealbh-chluich *m*.
play *v* cluich, dèan cluich le; iomair; *Stein played him*, chuir Stein a chluich e.
playground *n* raon *m* cluiche.
playgroup *n* cròileagan *m*.
player *n* fear-cluiche *m*, cleasaiche *m*.
playful *a* beadrach, sùgrach.
playhouse *n* taigh-cluiche *m*.
playing-field *n* raon *m* cluiche.
playwright *n* sgrìobhaiche *m* dràma, dràmaire *m*.
plea *n* cùis-thagraidh *f*; leisgeul *m*.
plead *v* tagair.
pleader *n* fear-tagraidh *m*.
pleading *n* tagradh *m*.
pleasant *a* taitneach, ciatach.
please *v* toilich, riaraich, taitinn, còrd; *p. come in*, nach tig thu steach; *pass the bread p.*, cuir a-null an t-aran,

mas e do thoil e.
pleasing *a* tlachdmhor.
pleasure *n* tlachd *f*, toileachadh *m*.
pleat *n* figheachan *m*.
pleat *v* figh, cuachaich.
plebeian *a* dhen t-sluagh.
plebiscite *n* poball-bhreith *f*.
pledge *n* geall *m*, barrantas *m*.
pledge *v* cuir an geall.
Pleiades *n* An Grioglachan *m*.
plenary *a* làn, iomlan.
plenipotentiary *n* teachdair-le-cumhachd *m*.
plenitude *n* lànachd *f*.
plentiful *a* lìonmhor.
plenty *n* pailteas *m*.
plenty *adv* gu leòr.
pleurisy *n* an grèim *m* mòr.
pliable *a* sùbailte, maoth.
pliant *a* so-lùbadh.
pliers *n* greimire *m*.
plight *n* cor *m*, càradh *m*.
plod *v* saothraich, imich gu trom.
plot *n* (*of ground*) goirtean *m*; (*plan*) innleachd *f*, cuilbheart *f*.
plot *v* dèan foill, tionnsgain.
plough *n* crann *m*.
plough *v* treabh.
ploughman *n* treabhaiche *m*.
ploughshare *n* soc *m*.
plover *n* feadag *f*.
ploy *n* plòidh *f*.
pluck *v* spìon, buain.
plucky *a* misneachail.
plug *n* plucan *m*, cnag *f*; (*in boat*) tùc *m*.
plug *v* dùin, plucaich.
plum *n* plumas *m*.
plumage *n* iteach *m*.
plumb *v* feuch doimhneachd.
plumb *a* dìreach.
plumb *adv* ceart, dìreach.
plumber *n* plumair *m*.
plume *n* ite *f*, dos *m*.
plump *a* sultmhor, reamhar.
plumpness *n* sultmhorachd *f*.
plunder *n* cobhartach *m, f*, creach *f*.

plunder v spùinn, creach.
plunderer n spùinneadair m.
plunge v tum; sàth.
plunge n tumadh m; ruathar m.
plural n and a iolra m.
plus prep agus, le, a thuilleadh air.
ply n aomadh m, filleadh m.
ply v saothraich, iomair, cùm ri; he plied him with questions, chùm e ceistean ris.
pneumatic a gaothach.
pneumonia n niumòinia f.
poach v poidsig; (of an egg etc.) slaop.
poacher n poidsear m.
pock n (mark) blàth m na brice; (bag) poca m.
pocket n pòcaid f, pòca m.
pocket v cuir sa' phòcaid.
pocket-book n leabhar-pòcaid m.
pocket-money n airgead-pòcaid m.
pod n plaosg m.
poem n dàn m, duan m.
poet n bàrd m, bana-bhàrd f, filidh m.
poetic a bàrdail.
poetry n bàrdachd f.
poignant a geur, searbh.
point n (on pencil) rinn f; (of hill) binnean m; (of land) rubha m; (in argument) puing f, cuspair m, nì m; seagh m, brìgh f.
point v comharraich, seall.
pointed a biorach; (of argument) pongail, eagnaidh.
poise n cothrom m.
poised n socair; . to ——, deiseil gu ——.
poison n puinnsean m, n(e)imh m.
poison v puinnseanaich.
poisonous a puinnseanach, nimheil.
poke n poca m.
poke v brodaich, rùraich.
poker n bioran-grìosaich m.
Poland n A' Phòlainn f.
polarize v pòlaraich.
pole n cabar m, pòla m; the North P., Am Pòla a Tuath.
Pole n Pòlainneach m.

polecat n taghan m.
polemics n connspaid f.
police n poileas m.
policeman n poileas m, poileasman m.
policy n steòrnadh m, poileasaidh m.
polish n lìomh f, lìomhadh m.
polish v lìomhaich, cuir lìomh air.
Polish a Pòlach.
polite a modhail.
politeness n modhalachd f.
politic a glic.
political a poileataiceach, poiliticeach.
politician n fear-poileataics/poilitics m.
politics n poileataics/poilitics pl.
polity n modh-riaghlaidh f; stàit f.
poll n ainm-chlàr m; ceann m.
poll v gabh ainmean; beàrr, geàrr, sgath.
poll tax n cìs f coimhearsnachd.
pollen n poilean m.
pollinate v poileanaich.
polling n bhòtadh m; p. booth, bùth-bhòtaidh f.
pollute v truaill, salaich.
polluted a truaillte.
pollution n truailleadh m, salchadh m.
polyanthus n sòbhrach-gheamhraidh f.
polygamy n ioma-phòsadh m.
polyglot n and a ioma-chainnteach m.
polygon n ioma-cheàrnag f.
polysyllabic a ioma-shiollach, ioma-lideach.
pomegranate n gràn-ubhal m.
pomp n greadhnachas m.
pompous a mòrchuiseach.
pond n linne f.
ponder v beachd-smuainich, cnuasaich.
ponderous a trom.
pontiff n àrd-shagart m; am Pàpa m.
pontificate v àrd-bheachdaich.
pontoon n pontùn m.
pony n pònaidh m.
pool n linne f, glumag f.
poor a bochd; truagh; a p. memory, droch chuimhne.
pop n brag m; (music) pop m.

Pope *n* am Pàpa *m*.
Popedom *n* Pàpachd *f*.
Popery *n* Pàpanachd *f*.
Popish *a* Pàpanach.
poplar *n* critheann *m*.
poppy *n* crom-lus *m*.
populace *n* an sluagh *m*.
popular *a* coiteanta; mòr-chòrdte.
popularity *n* sluagh-chòrdadh *m*.
populate *v* sìolaich, lìon le sluagh.
population *n* sluagh *m* (tìre *etc*.).
populous *a* sluaghmhor.
porcelain *n* porsalain *m*.
porch *n* sgàil-thaigh *m*.
pore *n* pòr *m*.
pore *v* geur-sgrùd.
pork *n* muicfheoil *f*.
pornography *n* drùiseantachd *f*.
porosity *n* còsachd *f*.
porous *a* pòrach, còsach.
porpoise *n* pèileag *f*.
porridge *n* lite *f*.
port *m* port *m*, cala *m*; geata *m*; (*wine*)
   fìon-poirt *m*; (*naut*.) clì *m*, bòrd *m*
   clì.
port-hole *n* uinneag *f* bàta.
portable *a* so-ghiùlan.
portent *n* comharradh *m*, tuar *m*.
portentous *a* tuarach.
porter *n* dorsair *m*, portair *m*; (*drink*)
   portair *m*.
portfolio *n* màileid *f*; cùram *m*.
portion *n* earrann *f*, roinn *f*, cuid *f*.
portion *v* roinn.
portly *a* toirteil, tiugh.
portrait *n* dealbh *m*, *f* (duine).
portray *v* tarraing dealbh.
Portugal *n* A' Phortagail *f*.
Portuguese *n* (*lang*.) Portagaileis *f*;
   (*person*) Portagaileach *m*.
Portuguese *a* Portagaileach.
pose *v* p. *a question*, cuir ceist; (*art*.)
   suidhich (fhèin); *he was merely
   posing*, cha robh e ach ga chur fhèin
   ann an cruth.
position *n* suidheachadh *m*.

positive *n* dearbhachd *f*; (*phot*.) dearbh-
   chlò *m*; (*gram*.) bun-ìre *f*.
positive *a* deimhinn, cinnteach, dearbh-
   chinnteach; dìreach, sònraichte.
positiveness *n* cinnteachd *f*, dearbh-
   tachd *f*.
possess *v* sealbhaich, gabh seilbh.
possession *n* seilbh, *f* sealbhachadh *m*.
possessive *a* seilbheach, seilbheachail.
possessor *n* sealbhadair *m*.
possibility *n* comas *m*, comasachd *f*.
possible *a* comasach; eudar, feudar; *it is
   not p. to do that*, cha ghabh sin
   dèanamh, tha sin do-dhèanta; *it is p.
   that* ——, 's fheudar gu ——.
possibly *adv* is dòcha, math dh'fhaoite.
post *n* (*position*) dreuchd *f*, àite *m*;
   (*postman*) posta *m*; (*fence p*.) post *m*.
post *v* (*a letter*) cuir air falbh.
post-date *v* iar-chomharraich.
post-free *a* saor troimhn phost.
post-graduate *n* iar-cheumaiche *m*.
post-office *n* oifis/oifig *f* a' phuist.
post-war *a* an dèidh a' chogaidh.
postage *n* postachd *f*.
postal *a* puist.
postal-order *n* òrdugh-puist *m*.
poster *n* postair *m*.
posterior *a* deireannach.
posterity *n* na linntean *pl* ri teachd.
posthaste *n* cabhag *f*, mòr-chabhag *f*.
posthumous *a* an dèidh bàis.
postcard *n* cairt-phostachd *f*.
postman *n* posta *m*.
postmark *n* comharradh-postachd *m*.
postmaster *n* maighistir-postachd *m*.
postpone *v* cuir dàil ann.
postscript *n* fo-sgrìobhadh *m*.
postulate *v* agair, feum.
posture *n* suidheachadh *m*, staid *f*.
pot *n* poit *f*, prais *f*.
potash *n* pòtais *m*.
potassium *n* potaisidheam *m*.
potato *n* buntàta *m*.
potato-skin *n* rùsg *m* buntàta.
potbellied *a* bronnach.

potent *a* cumhachdach, treun, làidir; comasach.

potentate *n* àrd-uachdaran *m*.

potential *n* comas *m*.

potentiality *n* comasachd *f*.

potion *n* deoch *f*.

potter *n* crèadhadair *m*.

pottery *n* crèadhadaireachd *f*.

pouch *n* pòcaid *f*; *tobacco p.*, spliuchan *m*.

poultice *n* fuarlit *f*.

poultry *n* cearcan *pl*.

pounce *v* leum.

pound *n* pùnnd *m*; (*money*) pùnnd (Sasannach) *m*, nota *m*.

pound *v* pronn; cuir ann am pùnnd.

poundage *n* airgead-pùinnd *m*.

pour *v* (*trans., intrans.*) dòirt, taom; (*of rain, intrans.*) sil.

pout *v* cuir bus/gnoig air.

poverty *n* bochdainn *f*, ainnis *f*.

powder *n* fùdar *m*, pùdar *m*.

powder *v* mìn-phronn; cuir fùdar air.

powder-horn *n* adharc-fhùdair *f*.

powdery *a* mìn.

power *n* cumhachd *m*, *f*, comas *m*.

powerful *a* cumhachdach.

powerless *a* lag, gun chumhachd.

pox *n* breac *f*; a' bhreac Fhrangach.

practicable *a* so-dhèanamh, ion-dhèanta.

practical *a* ion-fheuma, seaghach.

practicality *n* ion-dhèantachd *f*.

practice *n* cleachdadh *m*, àbhaist *f*; gnàth *m*, dòigh *f*; (*doctor's p.*) raon (-dèiligidh) *m*.

practise *v* cleachd, gnàthaich.

practitioner *n* fear-cleachdaidh *m*.

pragmatic *a* pragmatach.

prairie *n* prèiridh *m*.

praise *n* cliù *m*, moladh *m*.

praise *v* mol.

praiseworthiness *n* ion-mholtachd *f*.

praiseworthy *a* ion-mholta, ionmholta.

pram *n* pram *m*.

prance *v* leum, geàrr sùrdag.

prancing *n* buiceil *f*.

prancing *a* sùrdagach.

prank *n* cleas *m*.

prating *n* goileam *m*.

prattle *n* gobaireachd *f*.

prattle *v* dèan gobaireachd.

prawn *n* muasgan-caol *m*.

pray *v* dèan ùrnaigh, guidh.

prayer *n* ùrnaigh *f*, guidhe *m*, *f*.

prayer-book *n* leabhar-ùrnaigh *m*.

prayer-meeting *n* coinneamh-ùrnaigh *f*.

pre- *pref* roi-.

pre-eminent *a* sònraichte.

pre-existence *n* roi-bhith *f*.

pre-existent *a* roi-bhitheach.

pre-ordain *v* roi-òrdaich.

pre-payment *n* roi-phàigheadh *m*.

pre-war *a* roi'n chogadh.

preach *v* searmonaich.

preacher *n* searmonaiche *m*, teachdaire *m*.

preaching *n* searmonachadh *m*.

preamble *n* roi-ràdh *m*.

precarious *a* cugallach.

preaspiration *n* roi-analachadh *m*.

precaution *n* roi-chùram *m*.

precede *v* rach roi.

precedence *n* roi-imeachd *f*, inbhe *f*.

precedent *n* eisimpleir *m*.

precentor *n* fear *m* togail fuinn.

precept *n* àithne *f*, reachd *m*.

precinct *n* crìoch(an) *f/pl*.

precious *a* luachmhor, prìseil.

precipice *n* creag *f*, aill *f*.

precipitate *v* cuir/tilg sìos; cabhagaich.

precipitate *a* cabhagach.

precipitation *n* tuiteam *m*, sìoladh *m*.

precipitous *a* cas.

precise *a* pongail.

precision *n* pongalachd *f*.

preclude *v* dùin a-mach, bac.

precocious *a* roi-abaich.

precociousness *n* roi-abaichead *m*.

precognition *n* roi-fhiosrachadh *m*.

preconceive *v* roi-bheachdaich.

preconception *n* roi-bheachd *m*.

precursor *n* roi-ruithear *m*.
precursory *a* roi-ruitheach.
predatory *a* creachach.
predecessor *n* roi-theachdaiche *m*.
predestination *n* roi-òrdachadh *m*.
predetermine *v* roi-rùinich.
predicament *n* cor *m*, càs *m*.
predicate *v* abair, aithris, cuir an cèill.
predict *v* roi-innis.
prediction *n* roi-innse *f*, fàisneachd *f*.
predigest *v* roi-mheirbhich.
predilection *n* iarraidh *m*, claonadh *m*.
predispose *v* roi-uidhimich.
predisposition *n* roi-uidheamachadh *m*.
predominance *n* barrachd *f*, làmh-an-uachdair *f*, buaidh *f*.
predominant *a* buadhach.
predominate *v* buadhaich.
prefabricate *v* roi-thog.
preface *n* roi-ràdh *m*.
preface *v* roi-abair.
prefatory *a* roi-ràdhach.
prefer *v* roghnaich; àrdaich; *I p*., 's fheàrr leam.
preferable *a* nas fheàrr, ion-roghnaichte.
preference *n* roghainn *m*.
preferential *a* fàbharach.
preferment *n* àrdachadh *m*.
prefix *n* roi-fhacal *m*, roi-leasachan *m*.
pregnancy *n* leatrom *m*.
pregnant *a* trom, torrach, leatromach; tarbhach.
prehistoric *a* roi-eachdraidheil.
prejudge *v* roi-bhreithnich.
prejudgment *n* roi-bhreith *f*.
prejudice *n* claon-bhàigh *f*; *without p. to*, gun bheum do.
prejudice *v* claon-bharailich; dochann, mill.
preliminary *n* toiseach *m*, tùs-obair *f*.
preliminary *a* tòiseachail.
prelude *n* roi-chùis *f*; deuchainn-ghleusta *f*.
premature *a* an-abaich, roi-abaich, roi 'n mhithich.

premeditate *v* roi-bheachdaich.
premeditation *n* roi-bheachdachadh *m*.
premier *n* prìomhaire *m*.
premier *a* prìomh.
premiere *n* prìomh-thaisbeanadh *m*.
premise *n* tùs-abairt *f*.
premises *n* aitreabh *f*, fàrdach *f*.
premium *n* duais-barrachd *f*.
premonition *n* roi-fhiosrachadh *m*.
prenatal *a* roi bhreith.
preoccupation *n* cùram *n*.
preparation *n* uidheamachadh *m*.
preparatory *a* ullachail.
prepare *v* ullaich, deasaich.
preponderance *n* barrachd *f*, tromalach *f*.
preposition *n* roi-bhriathar *m*, roimhear *m*.
prepositional pronoun *n* roi-riochdair *m*.
preposterous *a* mì-reusanta.
prerequisite *n* riatanas *m*.
prerogative *n* còir-dhlighe *f*.
presage *n* manadh *m*.
presage *v* roi-thaisbein.
Presbyterial *a* clèireachail.
Presbyterian *n* Clèireach *m*.
presbytery *n* clèir *f*.
prescient *a* roi-fhiosrach.
prescribe *v* cuir a-mach, òrdaich.
prescription *n* òrdugh *m*, riaghailt (-lèigh) *f*.
presence *n* làthaireachd *f*; aogas *m*.
present *n* an t-àm *m* tha làthair; (*gift*) tiodhlac *m*.
present *a* an làthair; làthaireach.
present *v* nochd, taisbein; thoir do, thoir seachad do.
presentation *n* tabhartas *m*; òrdachadh *m*.
presently *adv* an ceart uair, a dh'aithghearr.
preservable *a* so-ghlèidhte.
preservation *n* gleidheadh *m*.
preservative *n* cungaidh-gleidhidh *f*.

preserve v glèidh, teasraig; (dom.) grèidh.
preserver n fear m teasraiginn.
preside v bi an ceann.
president n ceann-suidhe m.
press n (printing) clò m; (papers) na pàipearan pl; (cupboard) preas m.
press v fàisg, brùth; co-èignich; spàrr.
pressing a dian, làidir.
pressman n fear-naidheachd m.
pressure n bruthadh m, teannachadh m; èiginn f.
prestige n cliù m.
presumably adv is dòcha, a-rèir coltais.
presume v gabh air, roi-bheachdaich.
presumption n roi-bheachd m, ladarnas m.
presumptive a roi-bheachdail.
presumptuous a ladarna, dalma.
presuppose v roi-bharalaich.
pretence n leisgeul m, leigcil m air.
pretend v leig air.
pretention n faoin-choltas m.
preternatural a mì-nàdurrach.
pretext n leisgeul m.
prettify v brèaghaich.
prettiness n brèaghachd f, grinneas m.
pretty a brèagha, grinn.
pretty adv an ìre mhath.
prevail v buadhaich.
prevailing a buadhach, àbhaisteach.
prevalent a buadhach, cumanta.
prevaricate v dèan breug.
prevarication n breugnachadh m.
prevent v bac, caisg.
prevention n bacadh m, grabadh m.
preventive a bacach, dìdeanach.
preventive n cungaidh-tillidh f.
preview n roi-shealladh m.
previous a roimh-; p. experience, roimh-fhiosrachadh m.
previously adv roimh làimh.
prey n creach f, cobhartach m, f.
prey v spùinn, creach.
price n prìs f.
price v meas, cuir luach air.

priceless a gun phrìs.
prick n bior m, dealg f; gonadh m, brodadh m.
prick v stuig; faigh bior ann.
prickle n bior m, dealg f, calg m.
prickly a biorach.
pride n àrdan m, uabhar m, pròis f, moit f.
pride v dèan uaill á.
priest n sagart m.
priestess n ban-sagart f,
priesthood n sagartachd f.
priestly a sagartail.
prim a frionasach, sgeilmeil.
primary a ciad, prìomh; p. school, bun-sgoil f.
primate n prìomh shagart m; (biol.) prìomhaid m.
prime n trèine f (a neart), ùr-fhàs m, lànachd f.
prime a prìomh, tùs, sònraichte.
prime v cuir air ghleus.
primer n tùs-leabhar m.
primeval a àrsaidh.
primitive a tùsach, neo-adhartach.
primogeniture n tùs-ghinteachd f.
primrose n s(e)òbhrach f.
prince n prionnsa m, flath m.
princedom n prionnsachd f.
princelike a prionnsail.
princliness n prionnsalachd f.
princess n bana-phrionnsa f.
principal n ceann m, ceannard m.
principal a ciad, prìomh.
principality n prionnsachd f.
principally adv gu sònraichte.
principle n prionnsabal m, bun m, stèidh f.
print n clò m; lorg f.
print v clò-bhuail.
printed a clò-bhuailte.
printer n clò-bhualadair m.
printing n clò-bhualadh m.
prior n àrd-mhanach m.
prior a roimh-, air tùs.

165

priority *n* tùs-chothrom *m*, toiseach *m*, toiseachd *f*.

prism *n* prism *m*.

prison *n* prìosan *m*.

prisoner *n* prìosanach *m*.

pristine *a* prìomh.

privacy *n* uaigneachd *f*, cleith *f*.

private *n* saighdear *m* cumanta.

private *a* uaigneach, dìomhair, pearsanta.

private enterprise *n* iomairt *f* phrìobhaideach.

privately *adv* gu h-uaigneach, gu dìomhair.

privation *n* dìth *m*, uireasbhaidh *f*.

privative *a* a' toirt air falbh.

privilege *n* sochair *f*.

privy *n* taigh-beag *m*.

privy *a* uaigneach.

Privy Council *n* Comhairle *f* Dhìomhair.

prize *n* duais *f*, geall *m*.

prize *v* meas, cuir luach air.

pro *prep* ás leth.

probability *n* coltachd *f*.

probable *a* coltach.

probably *adv* is dòcha (gu/gun/gum); *Are you going? Probably.* A bheil thu dol? 'S dòcha; *p. I will go,* 's dòcha gun tèid mi.

probate *n* dearbhadh *m*.

probation *n* feuchainn *f*.

probationary *a* deuchainneach.

probationer *n* deuchainniche *m*.

probe *n* bior-tomhais *m*.

probe *v* sir, rannsaich.

probity *n* treibhdhireas *m*.

problem *n* ceist *f*, dùbhlan *m*.

problematical *a* ceisteach.

procedure *n* modh *m, f*, dòigh *f*.

proceed *v* imich, rach, gluais, lean.

proceeding *n* imeachd *f*.

proceeds *n* toradh *m*.

process *n* cùrsa *m*, obair *f*, dol *m* air aghaidh.

procession *n* mòr-shiubhal *m*.

proclaim *v* èigh, glaodh.

proclamation *n* èigheachd *f*, glaodhadh *m*; *p. of banns*, gairm-pòsaidh *f*.

proclivity *n* claonadh *m*, togradh *m*.

procrastinate *v* dèan maille, cuir dàil.

procrastination *n* dàil *f*, maille *f*.

procreate *v* gin, sìolaich, dèan.

procreation *n* gineamhain *m*.

procreative *a* gineamhainneach.

procreator *n* gineadair *m*.

procurable *a* so-fhaotainn.

procurator *n* procadair *m*.

procure *v* faigh, coisinn.

procurer *n* fear-solair *m*.

procuress *n* bean-sholair *f*.

prod *v* stob, brosnaich.

prodigal *n* struidhear *m*; *the p. son*, am mac *m* stròdhail.

prodigal *a* strùidheil.

prodigality *n* stròdhalachd *f*.

prodigious *a* uabhasach, anabarrach.

prodigy *n* iongantas *m*.

produce *n* toradh *m*, cinneas *m*.

produce *v* thoir gu cinneas; nochd, taisbein.

producer *n* (*radio etc.*) riochdaire *m*.

production *n* toradh *m*, obair *f*; riochdachadh *m*.

productive *a* torach, tarbhach.

profane *a* mì-naomha.

profane *v* mì-naomhaich.

profess *v* cuir an cèill, aidich.

profession *n* dreuchd *f*, obair *f*; cur *m* an cèill.

professional *a* dreuchdail.

professor *n* àrd-ollamh *m*, proifeasair *m*.

proffer *v* tairg, thoir ionnsaigh.

proficiency *n* comas *m*, èifeachd *f*.

proficient *a* comasach, èifeachdach.

profile *n* leth-aghaidh *f*, slios-amharc *m*; (*journ.*) cùnntas *m*.

profit *n* buannachd *f*, tairbhe *f*, prothaid *f*.

profit *v* tairbhich, tha 'na thairbhe do; is fheàirrde.

166

profitable *a* buannachdail, tarbhach.
profitless *a* neo-tharbhach, gun tairbhe.
profligacy *n* mì-stuamachd *f*.
profligate *n* strùidhear *m*.
profligate *a* mì-stuama.
profound *a* domhainn, dubh-.
profundity *n* doimhneachd *f*.
profuse *a* pailt, sgaoilteach.
profusion *n* pailteas *m*.
progenitor *n* gineadair *m*, athair *m*.
progeny *n* sìol *m*, gineal *m*, *f*, sliochd *m*, clann *f*.
prognosis *n* roi-innse *f*, roi-fhiosrachadh *m*.
prognostication *n* roi-innse *f*.
programme *n* prògram *m*.
progress *n* imeachd *f*; adhartas *m*.
progression *n* gluasad *m*.
progressive *a* adhartach.
prohibit *v* toirmisg.
prohibition *n* toirmeasg *m*.
prohibitive *a* toirmeasgach.
project *n* ionnsaigh *f*, tionnsgnadh *m*.
project *v* seas a-mach; tionnsgain; (*p. a film*) tilg.
projectile *n* urchair *f*.
projection *n* cnap *m*, prugan *m*; tionnsgnadh *m*; tilgeil *f*.
projector *n* (*film*) tilgeadair *m*.
proletarian *a* mòr-shluaghach.
proletariat *n* mòr-shluagh *m*.
proliferate *v* sìolaich, fàs lìonmhor.
prolific *a* torrach, lìonmhor.
prolix *a* fad-labhrach, liosda.
prologue *n* roi-labhairt *f*.
prolong *v* sìn a-mach, cuir dàil ann.
prolongation *n* sìneadh *m* a-mach.
promenade *n* mòr-shràid *f*.
prominent *a* follaiseach, faicsinneach; allail.
promiscuous *a* measgach.
promise *n* gealladh *m*.
promise *v* geall, thoir gealladh.
promising *a* gealltanach.
promissory *a* gealltanach.
promontory *n* rubha *m*, sròn *f*, maol *m*.

promote *v* àrdaich; cuir air adhart.
promotion *n* àrdachadh *m*; (*comm.*) cur *m* air adhart.
prompt *a* deas, èasgaidh, clis.
prompt *v* stuig; innis; cuir an cuimhne.
promptness *n* graide *f*.
promulgate *v* craobh-sgaoil.
promulgation *n* craobh-sgaoileadh *m*.
prone *a* dual.
prong *n* bior *m*.
pronoun *n* riochd-ainmear *m*, riochdair *m*; *personal p.*, r. pearsantach; *relative p.*, r. dàimheach; *interrogative p.*, r. ceisteach; *indefinite p.*, r. neo-chinnteach.
pronounce *v* fuaimnich; labhair.
pronunciation *n* dòigh-labhairt *f*.
proof *n* dearbhadh *m*.
proof *a* dìonach; làidir.
prop *n* taic *f*, cùl-taic *f*.
prop *v* cùm suas.
propaganda *n* propaganda *m*.
propagate *v* leudaich, craobh-sgaoil.
propagation *n* leudachadh *m*, craobh-sgaoileadh *m*.
propel *v* cuir air adhart, spàrr.
propeller *n* propeilear *m*.
propensity *n* aomadh *m*.
proper *a* iomchuidh, cubhaidh, ceart; sònraichte.
properly *adv* gu cubhaidh.
property *n* seilbh *f*, cuid *f*; buaidh *f*, nàdur *m*.
prophecy *n* fàisneachd *f*.
prophesy *v* fàisnich.
prophet *n* fàidh *m*, fiosaiche *m*.
prophetic *a* fàisneachail.
propitiate *v* rèitich, ciùinich.
propitious *a* fàbharach.
proponent *n* fear-tairgse *m*.
proportion *n* pàirt *f*; coi-rèir *m*, co-roinn *f*; *in p. to*, a-rèir.
proportional *a* co-ionnan; *p. representation*, riochdachadh co-ionnan.
proposal *n* tairgse *f*, tagradh *m*; beairt *f*.
propose *v* tairg.
proposer *n* fear-tairgse *m*.

proposition *n* tairgse *f.*
proprietor *n* sealbhadair *m.*
propriety *n* freagarrachd *f.*
propulsion *n* sparradh *m.*
prosaic *a* rosgail.
proscribe *v* fògair, caisg.
prose *n* rosg *m.*
prosecute *v* lean, dlù-lean.
prosecution *n* leantainn *m*, tagradh *m.*
proselyte *n* iompaidheach *m.*
prosody *n* ranntachd *f.*
prospect *n* sealladh *m*, fradharc *m*; dùil *f.*
prospective *a* ri teachd, dòchasach.
prospectus *n* roi-shealladh *m.*
prosper *v* soirbhich.
prosperity *n* soirbheachadh *m.*
prosperous *a* soirbheachail.
prostitute *n* strìopach *f*, siùrsach *f.*
prostitute *v* truaill, mì-bhuilich.
prostitution *n* strìopachas *m*; mì-bhuileachadh *m.*
prostrate *a* sleuchdte, sìnte.
prostrate *v* sleuchd, tilg sìos.
prostration n sleuchdadh *m*, tuiteam *m* sìos.
protect *v* dìon, teasraig.
protection *n* dìon *m*, tèarmann *m.*
protective *a* tèarmannach.
protector *n* fear-tèarmainn *m.*
protein *n* pròtain *m.*
protest *n* casaid *f.*
protest *v* cuir/tog fianais an aghaidh.
Protestant *n* and *a* Pròsdanach *m.*
protestation *n* gearan *m*, casaid *f.*
protoplasm *n* protoplasma *f.*
prototype *n* roi-shamhla *m.*
protract *v* maillich, cuir dàil.
protrude *v* sàth a-mach, bi faicsinneach.
protuberance *n* meall *m*, at *m.*
proud *a* uaibhreach, pròiseil.
provable *a* so-dhearbhadh.
prove *v* dearbh; feuch; seall *e.g.* he proved himself to be right, sheall e gun robh e ceart.
provender *n* biadh *m*, fodar *m.*

proverb *n* seanfhacal *m.*
proverbial *a* gnàth-fhaclach.
provide *v* solair; ullaich.
providence *n* freasdal *m.*
provident *a* freasdalach, solarach.
providing *n* solarachadh *m*, ullachadh *m.*
province *n* roinn *f.*
provincial *a* roinneil.
provision *n* ullachadh *m*, solar *m*; provisions, lòn *m.*
provisional *a* sealadach.
proviso *n* cùmhnant *m*, coingheall *m.*
provocation *n* buaireadh *m*; cùis *f* feirge.
provoke *v* buair, feargaich.
provoking *a* buaireasach.
provost *n* pròbhaist *m.*
prow *n* toiseach *m.*
prowess *n* treuntas *m.*
prowl *v* èalaidh.
prowler *n* èaladair *m.*
proximity *n* fagasachd *f.*
proxy *n* fear-ionaid *m*, fear a ghabhas àite.
prude *n* leòmag *f.*
prudence *n* gliocas *m.*
prudent *a* glic, crìonna.
prudential *a* faicilleach, cùramach.
prune *n* prùn *m.*
prune *v* sgath, beàrr.
pruning-knife *n* sgian-sgathaidh *f.*
prurient *a* draosda.
Prussia *n* Pruisia *f.*
Prussian *a* Pruisianach.
pry *v* lorgaich; (*open*) cuir o chèile.
psalm *n* salm *m*, *f.*
psalmist *n* salmaire *m.*
psalmody *n* salmadaireachd *f.*
psalter *n* salmadair *m.*
proverb *n* seanfhacal *m*, gnàth-fhacal *m.*
pseudo *a* feallsa.
pseudonym *n* ainm-brèige *m.*
psychiatrist *n* lighiche-inntinn *m.*
psychiatry *n* leigheas-inntinn *m.*

psychic *a* anamanta.
psychology *n* eòlas-inntinn *m*.
psychologist *n* inntinn-eòlaiche *m*.
psychosis *n* troimhe-chèile (inntinn) *f*.
ptarmigan *n* tàrmachan *m*.
pub *n* taigh-seinnse *m*.
puberty *n* inbhidheachd *f*.
public *n* sluagh *m*, mòr-shluagh *m*.
public *a* follaiseach, coitcheann.
public enquiry *n* rannsachadh *m* poballach.
public house *n* taigh-seinnse *m*.
publican *n* òsdair *m*.
publication *n* foillseachadh *m*, craobh-sgaoileadh *m*.
publicity *n* follaiseadh *m*.
publish *v* foillsich, cuir a-mach.
publisher *n* foillsichear *m*.
pudding *n* marag *f*; *black p.*, marag dhubh; (*sweet*) mìlsean *m*.
puddle *n* lòn *m*.
puerile *a* leanabail.
puerility *n* leanabachd *f*.
puff *n* osag *f*, oiteag *f*.
puff *v* sèid suas, bòc.
puffin *n* buthaid *f*.
pugilist *n* bocsair *m*.
pugnacious *a* trodach.
puissance *n* cumhachd *m*.
puke *v* sgeith.
pull *n* tarraing *f*, slaodadh *m*.
pull *v* tarraing, slaod, dragh.
pullet *n* circag *f*.
pulley *n* ulag *f*.
pulmonary *a* sgamhanach.
pulp *n* glaodhan *m*, taois *f*, pronnach *f*.
pulpit *n* cùbaid *f*, crannag *f*.
pulpy *a* glaodhanach, bog.
pulse *n* cuisle *f*, buille *f* cuisle.
pulverize *v* mìn-phronn.
pumice *n* sligeart *m*.
pump *n* pumpa *m*, taosgair *m*; bròg-dannsa *f*.
pump *v* tarraing.
pun *n* geàrr-fhacal *m*, cainnt-mhire *f*.

punch *n* (*tool*) tolladair *m*; (*drink*) puinnse *m*; (*of fist*) dòrn *m*, buille *f*.
punctilious *a* modhail.
punctual *a* pongail, tràthail.
punctuality *n* pongalachd *f*.
punctuation *n* puingeachadh *m*.
puncture *n* toll *m*, tolladh *m*.
pungent *a* geur, guineach.
punish *v* peanasaich, smachdaich.
punishment *n* dìoghaltas *m*, peanas-achadh *m*.
puny *a* crìon, beag.
pup *n* cuilean *m*.
pupil *n* sgoilear *m*; (*of eye*) clach *f* (na sùla).
puppet *n* fear-brèige *m*.
purchase *n* ceannach *m*.
purchase *v* ceannaich.
purchaser *n* fear-ceannach *m*.
pure *a* fìorghlan, neo-thruaillichte; macanta, neochoireach.
pureness *n* fìor-ghloine *f*; neochiontas *m*.
purgation *n* glanadh *m*.
purgative *n* purgaid *f*.
purgative *a* purgaideach.
Purgatory *n* Purgadair *m*.
purge *v* glan, cairt.
purification *n* glanadh *m*.
purifier *n* fear-glanaidh *m*.
purify *v* glan, ùraich.
purist *n* glan-chainntear *m*.
Puritan *n* and *a* Puritanach *m*.
purity *n* glaine *f*, gloine *f*, fìor-ghloine *f*.
purl *n* fiaradh *m*.
purl *v* dèan crònan.
purloin *v* goid.
purple *a* còrcair, purpaidh.
purport *n* ciall *f*, brìgh *f*.
purpose *n* rùn *m*, deòin *f*, togradh *m*.
purposely *adv* a dh'aon ghnotha(i)ch.
purr *v* dèan crònan.
purring *n* crònan *m*.
purse *n* sporan *m*.
purser *n* gille-sporain *m*.
pursue *v* lean, tòirich.

pursuer *n* fear-tòire *m*.
pursuit *n* tòir *f*, ruaig *f*.
purvey *v* solair.
pus *n* brachadh *m*, iongar *m*.
push *n* bruthadh *m*, putadh *m*, sàthadh *m*.
push *v* brùth, put, sàth.
pushing *a* adhartach, oidhirpeach.
pusillanimous *a* gealtach.
puss *n* piseag *f*.
pustule *n* guirean *m*.
put *v* cuir, suidhich; meas.
putative *a* smuainichte.
putrefaction *n* brèine *f*.
putrefy *v* lobh, grod.

putrid *a* grod, malcte.
putridness *n* breuntas *m*.
putt *v* (*golf*) amas.
putting-stone *n* clach-neart *f*, dòrnag *f*.
putty *n* potaidh *m*.
puzzle *n* imcheist *f*, tòimhseachan *m*, dubh-fhacal *m*.
puzzle *v* cuir/bi an imcheist.
pygmy *n* luchraban *m*, troich *m*, *f*.
pyjamas *n* aodach-leapa *m*.
pylon *n* paidhleon *m*.
pyramid *n* biorramaid *f*.
pyre *n* cairbh-theine *m*.
pyrotechnics *n* gleus-theine *m*.

Q

quack *n* gàgail *f*; *q. doctor*, feall-lèigh *m*.

quack *v* dèan gàgail.

quadrangle *n* ceithir-cheàrnag *f*.

quadrant *n* ceathramh *m*; (*instrument*) ceathramhan *m*.

quadratic *a* ceàrnach.

quadrennial *a* ceithir-bhliannachail.

quadrilateral *n* and *a* ceithir-shliosach *m*.

quadrille *n* cuadrail *m*.

quadruped *n* ceithir-chasach *m*.

quadruple *a* ceithir-fillte.

quadruple *v* ceathraich.

quadruplets *n* ceathrar *m*.

quaff *v* òl, sguab ás.

quagmire *n* boglach *m*, sùil-chritheach *f*.

quaint *a* neònach, sean-fhasanta.

quake *n* crith *f*.

quake *v* crith, criothnaich.

Quaker *n* Cuaigear *m*.

qualification *n* feart *m*, uidheamachadh *m*; lùghdachadh *m*, maolachadh *m*.

qualify *v* dèan freagarrach, ullaich; lùghdaich, maolaich.

quality *n* gnè *f*, deagh-ghnè *f*.

qualm *n* amharas *m*; *he had no qualms about* ——, cha robh leisg air ——.

quandry *n* sgailc *f*.

quango *n* cuàngo *m*.

quantify *v* àirmhich.

quantity *n* meud *m*, uiread *m*, tomad *m*.

quantum *n* an t-iomlan *m*, quantum *m*.

quarantine *n* cuarantain *m*.

quarrel *n* còmhstri *f*, aimhreit *f*, tuasaid *f*.

quarrel *v* connsaich, dean trod, troid.

quarrelsome *a* connspaideach, tuasaideach.

quarrelsomeness *n* tuasaideachd *f*.

quarry *n* cuaraidh *m*; (*storehouse*) stòr *m*; (*in hunting*) creach *f*.

quarry *v* cladhaich, tochail.

quart *n* cart *f*, cairteal *m*.

quarter *n* ceathramh *m*; (*of year*) ràith *f*; (*place etc.*) ceàrn *m*, ionad *m*; (*mercy*) tròcair *f*; cairteal *m*; *q. to three o' clock*, c. gu trì.

quarter *v* roinn 'na cheithir.

quarterly *n* ràitheachan *m*.

quarterly *adv* ràitheil, gach ràithe, uair san ràithe.

quarters *n* àite-fuirich *m*, cairtealan *pl*.

quartette *n* ceathrar *m*; ceathrar-cheòl *m*.

quarto *n* ceithir-fillteach *m*.

quarto *a* ceithir-fillte.

quartz *n* èiteag *f*.

quash *v* mùch, caisg.

quasi- *pref* letheach, ma b'fhìor.

quatrain *n* ceathramh *m*, rann *m*.

quaver *n* crith *f*; (*mus.*) caman *m*.

quaver *v* crith.

quay *n* cidhe *m*, lamraig/laimhrig *f*.

queasy *a* sleogach.

queen *n* ban-rìgh *f*, bànrigh *f*.

queer *a* neònach.

queerness *n* neònachas *m*.

quell *v* smachdaich, ceannsaich, mùch.

quench *v* bàth, cuir ás.

quenchless *a* do-mhùchadh.

quern *n* brà *f*.

querulous *a* gearanach.

query *n* ceist *f*.

quest *n* tòir *f*, iarraidh *m*, sireadh *m*.

question *n* ceist *f*; amharas *m*; *q. mark*, comharradh *m* ceiste.

question *v* faighnich, feòraich, ceasnaich, (*doubt*) cuir an teagamh.

question-mark *n* comharradh *m* ceiste.

questionable *a* teagmhach.

questioning *n* ceasnachadh *m*.

questionnaire *n* ceisteachan *m*.

queue *n* ciudha *f*.

quibble *n* car-fhacal *m*.

quibble *v* car-fhaclaich.

quibbler *n* car-fhaclaiche *m*.

quick *n* beò *m*, beò-fheòil *f*.

quick *a* grad, ealamh, deas, luath, clis.

quicken *v* beothaich, greas.

quicklime *n* aol-beò *m*.

quickness *n* luas *m*, graide *f*.

quicksands *n* beò-ghainmheach *f*.

quicksilver *n* airgead-beò *m*.

quickstep *n* mear-cheum *m*.

quid *n* nota *m*.

quiescent *a* sàmhach, tosdach.

quiet *a* sàmhach, tosdach; *be q.*, isd, eist.

quiet *n* sàmhchair *f*, ciùineas *m*, tosd *m*.

quieten *v* sàmhaich, ciùinich.

quietness *n* sàmhchair *f*, ciùineas *m*.

quill *n* cleite *f*.

quilt *n* cuibhrig *m*.

quince *n* cuinnse *f*.

quinquennial *a* còig-bhliannail.

quinsy *n* at *m* bràghad.

quintessence *n* ceart-bhrìgh *f*.

quintuple *a* còig-fillte.

quip *n* beum *m*, sgeig *f*.

quire *n* cuair *f*.

quirk *n* car *m*, cuilbheart *f*.

quit *a* saor.

quit *v* fàg, trèig, dealaich ri.

quite *adv* gu tur, gu lèir, gu h-iomlan; buileach; air fad; (*somewhat*) gu math, car, rudeigin; *q. so*, dìreach sin.

quits *pred a* cuidhteas a chèile.

quittance *n* cuidhteas *m*.

quiver *n* balg-shaighead *m*.

quiver *v* crith; dèan ball-chrith.

quixotic *a* ciochòiteach.

quiz *n* ceasnachadh *m*.

quizzical *a* ceasnachail, teagmhach.

quoit *n* peileastair *m*.

quorum *n* àireamh-riaghailteach *f*, quorum *m*.

quota *n* cuid *f*.

quotation *n* (lit.) luaidh *m*, ás-aithris *f*; (*comm.*) luach *m*, meas *m*.

quote *v* luaidh, aithris; thoir mar ùghdarras.

quotient *n* roinn *f*.

R

rabbit *n* coineanach *m*, rabaid *f*.
rabble *n* gràisg *f*, pràbar *m*.
rabid *a* cuthachail, dearg-.
race *n* (*running*) rèis *f*; gineal *f*, cinneadh *m*.
racer *n* steud-each *m*.
racial *a* cinneadail.
racialist *a* cinneadh-chlaoidhteach.
racism *n* cinneadachd *f*.
rack *n* inneal *m* pianaidh; (*for storage*) ealchainn *f*.
rack *v* claoidh, pian.
racket *n* gleadhraich *f*; (*sport*) racaid *f*.
racy *a* siùbhlach, brìoghor.
radar *n* reudar *m*.
radiance *n* lainnir *f*, deàlradh *m*.
radiant *a* lainnireach, boillsgeach.
radiate *v* deàlraich.
radiator *n* rèididheator *m*.
radical *a* gnèitheil, bunasach.
radio *n* rèidio *m*, radio *m*.
radio-active *a* rèidio-bheò.
radiography *n* rèidiografaidh *m*.
radiology *n* rèidi-eòlas *m*.
radish *n* meacan-ruadh *m*.
radium *n* rèidium *m*.
radius *n* roth *m*, spòg *f*.
raffle *n* crannchur-gill *m*.
raft *n* ràth *m*.
rafter *n* taobhan *m*, tarsannan *m*.
rag *n* luideag *f*, clùd *m*.
ragamuffin *n* giobal *m*.
rage *n* boile *f*, cuthach *m*.
ragged *a* luideagach, clùdach.
raging *a* fraochail, air bhoile.
ragwort *n* buaghallan *m*.
raid *n* ruaig *f*.
raid *v* ruag, thoir ruaig air/gu.
raider *n* ruagaire *m*.
rail *n* iadh-lann *f*, rèile *f*.
railing *n* callaid *f*, rèile *f*.
raillery *n* sgallais *f*.
railway *n* rathad-iarainn *m*.
raiment *n* aodach *m*, earradh *m*.

rain *n* uisge *m*, frasachd *f*; *fine r.*, drizzle, ciùthran *m*.
rain *v* sil, dòirt, fras.
rainbow *n* bogha-frois *m*.
raincoat *n* còta-frois *m*.
rainy *a* frasach, silteach.
raise *v* tog, àrdaich, dùisg.
raisin *n* rèasan *m*.
rake *n* ràcan *m*; ràcaire *m*.
rake *v* ràc; sgrùd.
rally *n* cruinneachadh *m*.
rally *v* ath-bhrosnaich, brosnaich.
ram *n* reithe *m*, rùda *m*.
ram *v* spàrr, stàrr.
ramble *n* cuairt *f*, fàrsan *m*.
ramble *v* gabh cuairt.
rambler *n* fear-fàrsain *m*.
rambling *a* seachranach, fàrsanach.
ramification *n* ioma-sgaoileadh *m*.
ramify *v* sgaoil.
ramp *n* aomadh *m*.
rampant *a* sùrdagach.
rampart *n* bàbhan *m*.
ranch *n* rains *f*.
rancid *a* breun.
rancorous *a* gamhlasach.
rancour *n* gamhlas *m*.
random *n* tuaiream *f*; *at r.*, air thuaiream.
random *a* tuaireamach.
randy *a* drùiseil.
range *n* sreath *m*, raon *m*, òrdugh *m*; comasachd *f*; *within r.*, ann an raon bualaidh *etc.*; *a r. of choice*, taghadh *m* de roghainnean.
range *v* cuir an òrdugh; siubhail.
rank *n* inbhe *f*; sreath *m*, *f*.
rank *a* garbh; breun.
rank *v* sreathaich, cuir an òrdugh.
rankle *v* feargaich.
ransack *v* rannsaich.
ransom *n* èirig *f*.
ransom *v* fuasgail, saor.
ranting *n* blaomadaich *f*.

rap *n* buille *f*, pailleart *m*.
rap *v* buail, sgailc.
rapacious *a* gionach, craosach.
rapacity *n* gionachas *m*, sannt *m*.
rape *n* toirt *f* air èiginn, truailleadh *m*.
rapid *a* bras, grad, clis.
rapidity *n* braise *f*, graide *f*.
rapport *n* co-chomann *m*, càirdeas *m*.
rapture *n* mòr-aoibhneas *m*.
rapturous *a* aoibhneach.
rare *a* tearc, ainmig; (*of cooking meat*)
    leth-amh.
rarify *v* tanaich.
rarity *n* annas *m*.
rascal *n* slaoightear *m*, rascail *m*.
rase *v* mill, dubh ás, leag.
rash *n* broth *m*.
rash *a* dàna, cas.
rasher *n* sliseag *f*.
rashness *n* dànadas *m*, braisead *m*.
rasp *n* eighe *f*.
raspberry *n* subh-craoibh *m*.
rat *n* radan *m*.
ratable *a* ràtachail.
ratchet *n* bac-fhiacail *f*.
rate *n* luach *m*, fiach *m*; ràta *f*; **rates**,
    ràtaichean *pl*.
rate *v* meas.
rather *adv* (*somewhat*) rudeigin; (*prefer
    to*) docha, feàrr; (*in phr. rather than*)
    an àite, ach; is feàrr — na.
ratification *n* daingneachadh *m*.
ratify *v* daingnich.
ratio *n* coi-mheas *m*.
ration *n* cuid *f*.
rational *a* reusanta.
rationality *n* reusantachd *f*.
rationalize *v* reusantaich.
rattle *n* gleadhraich *f*, glag *m*, stàirn *f*.
rattle *v* dèan gleadhraich.
ravage *v* sgrios, creach, fàsaich.
rave *v* bi air bhoile.
raven *n* fitheach *m*.
ravenous *a* cìocrach.
ravish *v* thoir air èiginn, truaill.

ravishment *n* èigneachadh *m*, truaill-
    eadh *m*.
raw *a* amh, neo-abaich; *r. material n*
    bun-stuth *m*.
rawness *n* amhachd *f*; aineolas *m*.
ray *n* gath-solais *m*, leus *m*.
razor *n* ealtainn *f*.
re- *pref* ath-.
re-election *n* ath-thaghadh *m*.
re-enter *v* ath-inntrig.
re-examine *v* ath-sgrùd.
reach *n* ruigheachd *f*, comas *m*.
reach *v* ruig, sìn.
react *v* frith-ghluais.
reaction *n* frith-ghluasad *m*; (*chem.*)
    iom-oibreachadh *m*.
reactionary *a* frith-ghluasadach.
reactor *n* frith-ghluaistear *m*.
read *v* leugh.
reader *n* leughadair *m*.
readily *adv* gu toileach, gu rèidh.
readiness *n* ullamhachd *f*, deise *f*.
reading *n* leughadh *m*.
readmission *n* ath-leigeil *m* a-steach.
readmit *v* ath-ghabh a-steach.
ready *a* ullamh, deiseil.
reaffirm *v* ath-chòmhdaich.
reafforestation *n* ath-choilltearachd *f*.
real *a* fìor.
realism *n* fìorachas *m*.
reality *n* fìrinn *f*.
realize *v* tuig; thoir gu buil; reic.
really *adv* gu dearbh, gu fìor; seadh?.
realm *n* rìoghachd *f*.
ream *n* buinnseal *m*.
reanimate *v* ath-bheothaich.
reap *v* buain.
reaper *n* buanaiche *m*.
reappraisal *n* ath-sgrùdadh *m*.
reappraise *v* ath-sgrùd.
rear *n* deireadh *m*.
rear *v* tog, àraich, altraim, èirich.
rearmament *n* ath-armadh *m*.
reason *n* reusan *m*, ciall *f*; adhbhar *m*,
    fàth *m*.
reason *v* reusanaich.

reasonable *a* reusanta, cothromach.

reasoning *n* reusanachadh *m*.

reassemble *v* ath-chruinnich.

reassert *v* ath-dhearbh.

reassure *v* cuir inntinn aig fois.

rebate *n* lùghdachadh *m*.

rebel *n* reubalach *m*.

rebel *v* dèan ar-a-mach.

rebellion *n* ar-a-mach *m*.

rebellious *a* ceannairceach.

rebind *v* ath-chòmhdaich.

rebound *v* leum air ais.

rebuff *n* diùltadh *m*.

rebuild *v* ath-thog.

rebuke *n* achmhasan *m*.

rebuke *v* thoir achmhasan.

recall *v* gairm air ais; cuimhnich air.

recantation *n* àicheadh *m*.

recapitulate *v* ath-innis.

recede *v* rach air ais.

receipt *n* cuidhteas *m*.

receive *v* gabh, gabh ri, faigh.

recent *a* ùr, o chionn ghoirid.

recently *adv* a chianaibh.

receptacle *n* ionad-tasgaidh *m*.

reception *n* fàilteachadh *m*, gabhail *m*, *f* ri, gabhail a-steach; cuirm *f*.

receptionist *n* fàiltiche *m*.

receptive *a* so-ghabhail.

recess *n* cùil *f*, uaigneas *m*; (*vacation*) tàmh *m*.

recession *n* tilleadh *m*, dol *m* air ais, ìsleachadh *m*.

recessive *a* teicheach.

recipe *n* modh *m*, *f*, dòigh *f* (dèanamh).

recipient *n* fear-gabhail *m*.

reciprocal *a* malairteach, air gach taobh.

reciprocate *v* malairtich, dèan ga rèir.

recital *n* aithris *f*; (*mus*.) ceadal *m*.

recite *v* (ath-) aithris.

reckless *a* neo-chùramach, coma.

reckon *v* cùnnt; meas.

reckoning *n* cùnntadh *m*; meas *m*.

reclaim *v* thoir air ais; saothraich, ath-leasaich.

recline *v* sìn.

recluse *n* aonaranach *m*.

recognize *v* aithnich; (*admit*) aidich.

recognition *n* aithneachadh *m*; aideachadh *m*.

recoil *v* leum air ais, frith-leum.

recollect *v* cuimhnich.

recollection *n* cuimhne *f*.

recommend *v* mol, cliùthaich.

recommendation *n* moladh *m*.

recompense *n* ath-dhìoladh *m*; èirig *f*; in r. *for*, an èirig.

reconcile *v* rèitich.

reconciliation *n* rèite *f*, sìth *f*.

recondite *a* dìomhair, domhainn.

reconnoitre *v* rannsaich, feuch.

reconquer *v* ath-cheannsaich.

reconsider *v* ath-bheachdaich.

reconstruct *v* ath-thog, ath-chùm.

record *n* cùnntas *m*, clàrachadh *m*; (*disc*) clàr *m*.

record *v* sgrìobh, clàraich.

recorder *n* clàradair *m*; (*mus*.) reacòrdair *m*, cusail-bhinn *f*.

recount *v* innis; ath-chùnnt.

recover *v* faigh air ais; (*e.g. of health*) fàs nas fheàrr.

recovery *n* faotainn *f* air ais; (*of health*) fàs *m* nas fheàrr.

recreate *v* ath-bheothaich, ath-chum, ath-chruthaich.

recreation *n* cur-seachad *m*.

recrimination *n* coireachadh *m*.

recruit *v* (*soldiers etc.*) tog; solair.

rectangle *n* ceart-cheàrnag *f*.

rectangular *a* ceart-cheàrnach.

rectification *n* ceartachadh *m*.

rectify *v* ceartaich, cuir air dòigh.

rectitude *n* ceart-ghnìomhachas *m*.

rector *n* ceannard *m*; reactor *m*.

recuperate *v* slànaich, rach am feabhas.

recur *v* tachair a-rithist, thig (an cuimhne).

red *a* dearg; (*of hair*) ruadh.

redbreast *n* brù-dhearg *m*.

redden v (*tans.*) deargaich; (*intrans.*) fàs dearg.

redeem v saor; ath-cheannaich.

redeemer n fear-saoraidh m.

redemption n saorsa f, sàbhaladh m.

redirect v ath-sheòl.

redness n deirge f, ruaidhe f.

redolent a cùbhraidh.

redouble v dùblaich.

redoubtable a gaisgeil.

redress n dìoladh m, furtachd f.

reduce v lùghdaich, ìslich.

reducible a so-lùghdachadh.

reduction n lùghdachadh m, beagachadh m.

redundancy n anbharra m; call m oibre/dreuchd.

redundant a anbharra.

reduplicate v ath-dhùblaich.

reed n cuilc f; slinn m; (*mus.*) ribheid f.

reef n sgeir f.

reek n deathach f, toit f.

reek v cuir smùid/toit dhe.

reel n (*dance*) ridhil m, ruidhle m; (*of thread*) piorna f.

refectory n biadhlann f.

refer v thoir iomradh air; cuir gu; till air ais.

referee n reaf m.

reference n iomradh m, tuairisgeul m, teisteanas m, brath m; with r. to, a thaobh.

referendum n baraill-fhuasgladh m.

refill v ath-lìon.

refine v glan; ath-leagh; lìomh, grinnich.

refinement n glaine f; grinneas m.

refit v ath-chàirich.

reflect v tilg air ais; smaoinich, cnuasaich.

reflection n ath-ìomhaigh f, sgàile m; smuain f.

reflective a smaointeachail.

reflector n sgàthan m; frith-thilgear m.

reflex a ath-bhuailte.

reform n leasachadh m, ath-chòireachadh m.

reform v ath-leasaich.

reformation n ath-leasachadh m, leasachadh m.

reformer n fear-leasachaidh m.

refraction n ath-raonadh m.

refrain n luinneag f.

refrain v cùm air ais, tionndaidh (o).

refresh v ùraich.

refreshment n ùrachadh m; (biadh is) deoch f.

refrigerate v fionnaraich.

refrigeration n fionnarachadh m.

refrigerator n inneal-fionnarachaidh m, frids m.

refuel v ath-chonnaich.

refuge n tèarmann m, dìdean m, sgàile m.

refugee n fògarrach m.

refund n ath-dhìoladh m.

refund v ath-dhìol, aisig air ais.

refusal n diùltadh m.

refuse n fuidheall m, sprùilleach m.

refuse v diùlt, ob.

refutation n breugnachadh m.

refute v breugnaich.

regain v ath-choisinn, ath-shealbhaich.

regal a rìoghail.

regale v dèan subhachas; thoir ròic de.

regalia n suaicheantas m rìoghail.

regard n sùim f, meas m, urram m; aire f.

regard v gabh sùim de/ann; thoir aire do; gabh ri(s) mar; thoir urram do.

regardless a neo-chùramach, dearmadach.

regatta n rèis f shoithichean.

regenerate v ath-nuadhaich; cuir am feabhas.

regeneration n ath-ghineamhainn m, ath-nuadhachadh m.

regent n tàinistear m.

regicide n rìgh-mhort m; rìgh-mhortair m.

regiment n rèiseamaid f.

region n roinn f, ceàrn f.

regional a roinne, roinneil.

register n clàr m.

register v sgrìobh (sìos), clàraich; seall; rach 'na ionad.

registrar n fear-clàraidh m.

registry n taigh-clàraidh m.

regress v rach air ais.

regret n duilchinn f, aithreachas m.

regret v bi duilich, gabh aithreachas.

regular a riaghailteach.

regularity n riaghailt f.

regulate v riaghlaich, seòl.

regulation n riaghailt f, reachd m.

regulator n treòraiche m.

rehear v ath-chluinn, thoir ath-èisdeachd do.

rehearsal n ath-aithris f.

rehearse v ath-aithris.

rehouse v thoir/faigh taigh ùr do.

reign n rìoghachadh m.

reign v rìoghaich.

reimburse v ath-phàigh.

reimbursement n ath-phàigheadh m.

rein n srian f.

rein v cùm srian air, smachdaich.

reincarnation n ath-cholainneadh m.

reindeer n rein-fhiadh m.

reinforce v ath-neartaich.

reinforcement n ath-neartachadh m.

reissue n ath-chur-a-mach m.

reiterate v ath-aithris.

reiteration n ath-aithris f.

reject v diùlt.

rejection n diùltadh m.

rejoice v dèan gàirdeachas/aoibhneas.

rejoin v cuir/tarraing ri chèile (rithist).

rejoinder n freagairt f.

rekindle v ath-bheothaich.

relapse n tuiteam m air ais, ath-thilleadh m tinneis.

relate v innis, aithris, cuir an cèill.

related (to) a càirdeach.

relation n (telling) aithris f; (relative) caraid m, ban-charaid f.

relationship n càirdeas m; r. by marriage, cleamhnas m.

relative n caraid m, ban-charaid f.

relative a dàimheach; ri choimeas; r. particle, mion-fhacal m dàimheach.

relativity n dàimhealas m.

relax v lasaich, socraich, fuasgail.

relaxation v lasachadh m, socair f, fois f.

relay n sealaidheachd f.

release v fuasgail, cuir/leig ma sgaoil.

relegate v fògair, ìslich.

relegation n fògradh m, ìsleachadh m.

relent v taisich, gabh truas.

relentless a neo-thruacanta.

relevance n buinteanas m.

relevant a a' buntainn ri; all r. information, gach fiosrachadh a tha a' buntainn ris a' chùis.

reliable a earbsach.

reliance n earbsa f, muinghinn f.

relic n fuidheall m, iarmad m.

relief n furtachd f, faochadh m, cobhair f, cuideachadh m.

relieve v cuidich, furtaich.

religion n diadhachd f, creideamh m.

religious a diadhaidh, cràbhach.

relinquish v trèig.

relish n blas m, tlachd f.

relish v gabh tlachd de/ann.

reluctance n ain-deònachd f.

reluctant a aindeonach.

rely v earb, cuir muinghinn.

remain v fuirich, fan.

remainder n fuidheall m.

remains n (corpse) duslach m; fuidh-leach m.

remand v cuir air ais.

remark n ràdh m, facal m.

remark v thoir fa-near.

remarkable a sònraichte, suaicheanta.

remarry v pòs a-rithist.

remedial a leasachail.

remedy n leigheas m, ìocshlaint f.

remedy v leighis, slànaich.

remember v cuimhnich.

remembrance n cuimhneachan m.

remind v cuimhnich do.

reminiscence n cuimhneachadh m.

remiss *a* dearmadach, neo-shuimeil.
remission *n* mathadh *m*.
remit *v* math; cuir air ais.
remittance *n* pàigheadh *m*; suim *f* airgid.
remnant *n* fuidheall *m*, iarmad *m*.
remonstrance *n* cur *m* an aghaidh.
remonstrate *v* cuir an aghaidh, earalaich.
remorse *n* agartas-cogais *m*.
remorseful *a* cogaiseach, doilgheasach.
remote *a* iomallach, cian.
remoteness *n* iomallachd *f*.
remount *v* ath-dhìrich.
removable *a* so-ghluasad.
removal *n* gluasad *m*, imrich *f*.
remove *n* at a r., aig astar.
remove *v* cuir air falbh/imrich; gluais.
remunerate *v* ìoc, pàigh.
remuneration *n* pàigheadh *m*, dìoladh *m*.
renaissance *n* ath-bheothachadh *m*.
renal *a* àirneach.
rend *v* srac, reub.
render *v* ìoc, dìol, thoir, liubhair.
rendezvous *n* ionad-coinneachaidh *m*.
renegade *n* trèigear *m*.
renew *v* (ath-) nuadhaich.
renewal *n* ath-nuadhachadh *m*.
rennet *n* binid *f*.
renovate *v* ùraich, nuadhaich.
renovation *n* nuadhachadh *m*, ùrsgeadachadh *m*.
renounce *v* diùlt, ob.
renoun *n* cliù *m*, alladh *m*.
renouned *a* cliùiteach, iomraiteach.
rent *n* sracadh *m*, reubadh *m*; (*money r.*) màl *m*.
rent *v* gabh air mhàl.
rent *part a* sracte, reubte.
rental *n* màl *m*.
renunciation *n* diùltadh *m*, trèigeadh *m*.
reopen *v* ath-fhosgail.
reordain *v* ath-òrdaich.
reorganization *n* ath-chòireachadh *m*.
repaid *part a* pàighte, ath-dhìolte.

repair *n* càireadh *m*.
repair *v* càirich; (*go*) tog air.
repairable *a* so-chàireadh.
reparation *n* dìoladh *m*.
repartee *n* gearradaireachd *f*, deaschainnt *f*.
repast *n* biadh *m*, lòn *m*.
repatriate *v* ath-dhùchaich.
repay *v* ath-dhìol, pàigh.
repeal *n* ais-ghairm *f*.
repeal *v* cuir air ais.
repeat *v* aithris, ath-aithris.
repeatedly *adv* gu tric.
repel *v* tilg air ais.
repent *v* gabh aithreachas.
repentance *n* aithreachas *m*.
repentant *a* aithreachail.
repercussion *n* frith-bhualadh *m*.
repertoire *n* comas *m*, seilbh *f*.
repertory *n* ionad-tasgaidh *m*; comas *m*.
repetition *n* ath-aithris *f*.
replace *v* cuir an àite.
replay *n and v* ath-chluich *f*.
replenish *v* lìon, àirneisich.
replete *a* làn, iomlan.
replica *n* mac-samhail *f*.
reply *n* freagairt *f*.
reply *v* freagair, thoir freagairt.
report *n* aithris *f*, iomradh *m*, aithisg *f*.
report *v* thoir iomradh.
reporter *n* fear-naidheachd *m*.
repose *n* fois *f*, tàmh *m*.
repose *v* gabh tàmh.
repository *n* ionad-tasgaidh *m*, stòr *m*.
repossess *v* ath-shealbhaich.
repossession *n* ath-shealbhachadh *m*.
reprehensible *a* ion-choireachadh.
represent *v* riochdaich; taisbein, cuir an cèill.
representation *n* riochdachadh *m*, taisbeanadh *m*.
representative *n* riochdaire *m*.
repress *v* caisg, ceannsaich, mùch.
repression *n* mùchadh *m*, ceannsachadh *m*.
repressive *a* smachdail.

reprieve *n* stad-bhreith *f*.
reprimand *n* casaid *f*, achmhasan *m*.
reprint *v* ath-chlò-bhuail.
reprint *n* ath-bhualadh *m*.
reprisal *n* èirig *f*.
reproach *n* cronachadh *m*; masladh *m*.
reproach *v* cronaich, tilg air.
reproachful *a* tailceasach, beumail.
reprobation *n* dìteadh *m*, dìmeas *m*.
reproduce *v* gin; mac-samhlaich.
reproduction *n* gintinn *m*; mac-samhlachadh *m*.
reprove *v* coirich.
reptile *n* pèist *f*.
republic *n* co-fhlaitheachd *f*, poblachd *f*.
republican *a* co-fhlaitheachdail, poblachail.
repudiate *v* trèig, cuir an aghaidh.
repulse *n* and *a* ruaig *f*.
repurchase *v* ath-cheannaich.
reputable *a* cliùiteach.
reputation *n* cliù *m*.
request *n* iarrtas *m*.
request *v* iarr, sir.
require *v* feum; iarr.
requirement *n* riatanas *m*.
requisite *n* nì *m* feumail.
requisite *a* feumail, riatanach.
requisition *n* òrdugh *m*.
requital *n* dìol *m*, èirig *f*.
requite *v* ath-dhìol.
resale *n* ath-reic *m*.
rescind *v* geàrr, till.
rescue *n* fuasgladh *m*, saoradh *m*.
rescue *v* fuasgail, saor.
research *n* rannsachadh *m*, sgrùdadh *m*.
research *v* rannsaich.
researcher *n* neach-rannsachaidh *m*.
resemblance *n* samhail *m*, coltas *m*.
resemble *v* bi coltach ri.
resent *v* gabh tàmailt dhe, gabh san t-sròin.
resentful *a* feargach.
resentment *n* doicheall *m*, fearg *f*.
reservation *n* roi-chlàradh *m*.

reserve *n* tasgadh *m*, cùl-earalas *m*.
reserve *v* caomhain, taisg.
reserved *a* stuama, dùinte; (*of seat etc.*) glèite.
reservoir *n* tasgadh *m*, ionad-tasgaidh *m*, tasgadh-uisge *m*.
resettlement *n* ath-àiteachadh *m*.
reside *v* fuirich, gabh còmhnaidh.
residence *n* ionad-còmhnaidh *m*, fàrd-ach *f*.
resident *n* fear/bean a tha a' còmhnaidh.
resident *a* a' fuireach.
residential *a* còmhnaidhe.
residue *n* fuidheall *m*, iarmad *m*.
resign *v* thoir suas, gèill.
resignation *n* toirt *f* suas, gèilleadh *m*.
resilience *n* ath-leumachd *f*.
resin *n* ròiseid *f*.
resinous *a* ròiseideach.
resist *v* cuir an aghaidh.
resistance *n* strì *f*, cur *m* an aghaidh.
resolute *a* gramail, seasmhach.
resolution *n* misneach *f*; fuasgladh *m*; rùn *m*.
resolve *n* rùn *m* suidhichte.
resolve *v* cuir roimh; fuasgail.
resonant *a* glòrach, ath-fhuaimneach.
resort *n* àite *m* cruinneachaidh; dòigh *f*; dol *m*.
resource treuntas *m*; seòl *m*, dòigh *f*.
respect *n* urram *m*, spèis *f*; *with r. to*, a thaobh.
respect *v* thoir urram/meas do.
respectable *a* measail.
respectful *a* modhail.
respective *a* àraidh.
respectively *adv* fa leth.
respiration *n* analachadh *m*.
respite *n* anail *f*, fois *f*, faochadh *m*.
respond *v* ath-fhreagair.
respondent *n* fear-freagairt *m*.
response *n* freagairt *f*.
responsibility *n* cùram *m*.
responsible *a* cùramach.
responsive *a* freagairteach.

rest *n* fois *f*, tàmh *m*, sgur *m*; (*mus.*) clos *m*; (*pause*) tosd *m*; (*the rest*) càch.
rest *v* gabh fois, leig anail; stad.
restaurant *n* taigh-bidhe *m*.
restful *a* sàmhach, ciùin.
restitution *n* dìoladh *m*.
restless *a* mì-fhois(t)neach, an-fhoiseil, mì-stòlda.
restoration *n* ath-aiseag *m*.
restore *v* thoir/aisig air ais, leighis.
restrain *v* bac, caisg, smachdaich.
restraint *n* bacadh *m*, casg *m*; smachd *m*.
restrict *v* grab, cùm srian air.
restriction *n* grabadh *m*, bacadh *m*.
restrictive *a* grabach.
result *n* buil *f*, crìoch *f*, toradh *m*.
resultant *a* co-thorrach.
resume *v* tòisich ás ùr; ath-ghabh.
resurgence *n* ath-bheothachadh *m*.
resurrection *n* aiseirigh *f*.
resuscitate *v* ath-dhùisg.
retail *v* mion-reic.
retail *a* bùtha.
retail price *n* prìs *f* reic.
retailer *n* mion-cheannaiche *m*.
retain *v* cùm, glèidh.
retake *v* ath-ghabh.
retaliate *v* thoir buille air a' bhuille.
retard *v* bac, cùm air ais.
retch *v* sgeith, tilg.
retention *n* cumail *f*.
retentive *a* cumailteach, dìonach.
reticent *a* tosdach, diùid.
retina *n* reitine *f*.
retinue *n* luchd-coimhideachd *coll.*
retire *v* rach a thaobh, rach air chluainidh, leig dreuchd dhe; *he retired*, leig e dheth a dhreuchd.
retirement *n* cluaineas *m*.
retort *n* freagairt *f*.
retort *v* tilg air ais.
retrace *v* ath-lorgaich.
retract *v* tarraing air ais.
retraction *n* ais-tharraing *f*.

retreat *n* ionad *m* dìomhair; tèarmann *m*.
retreat *v* teich.
retrenchment *n* lùghdachadh *m*.
retribution *n* ath-dhìoladh *m*.
retrieve *v* faigh air ais, ath-bhuidhinn.
retrograde *a* ais-cheumach.
retrospect *n* sealltainn *m* air ais, sùil *f* air ais.
retrospection *n* ais-amharc *m*.
return *n* tilleadh *m*, dìoladh *m*; *r. fare n* faradh *m* dùbailte.
return *v* till, thoir air ais.
returning officer *n* oifigear *m* taghaidh.
reunion *n* ath-aonadh *m*.
reveal *v* nochd, taisbein.
revel *v* dèan ròic.
revelation *n* taisbeanadh *m*; *Book of Revelations*, Leabhar an Taisbeanaidh.
revelry *n* ròic *m*.
revenge *n* dìoghaltas *m*.
revengeful *a* dìoghaltach.
revenue *n* teachd *m* a-steach.
reverberation *n* ath-ghairm *f*.
revere *v* thoir àrd urram do.
reverence *n* urram *m*, ùmhlachd *f*.
reverend *a* urramach.
reverent *a* iriosal, umhail.
reversal *n* tilleadh *m*.
reverse *v* till.
reversion *n* ath-shealbhachadh *m*.
revert *v* till.
review *n* ath-bheachdachadh *m*; sgrùdadh *m*, lèirmheas *m*.
review *v* ath-bheachdaich, sgrùd.
reviewer *n* fear-sgrùdaidh *m*.
revile *v* càin.
revise *v* ath-sgrùd.
reviser *n* sgrùdaire *m*.
revision *n* ath-sgrùdadh *m*.
revisit *v* ath-thathaich.
revival *n* dùsgadh *m*, ath-bheothachadh *m*.
revive *v* ùraich, dùisg, ath-bheothaich.

revoke *v* tarraing air ais.
revolt *n* ar-a-mach *m*.
revolve *v* iom-chuartaich.
revolution *n* iom-chuartachadh *m*; bun-os-cionn *m*.
revolver *n* daga-cuairt *m*.
revulsion *n* sgàig *f*.
reward *n* duais *f*, dìoladh *m*.
reward *v* dìol, thoir duais.
rewrite *v* ath-sgrìobh.
rhetoric *n* ur-labhradh *m*.
rhetorical *a* ur-labhrach.
rheum *n* ronn(an) *m*.
rheumatic *a* lòinidheach; *r.-fever*, fiabhras *m* rheumatas/lòinidh.
rheumatism *n* lòinidh *m*, *f*.
rheumy *a* ronnach, sreamshuileach.
Rhine *n* An Reinn *f*.
rhinoceros *n* sròn-adharcach *m*.
rhododendron *n* rodaideandran *m*.
rhubarb *n* rùbrab *m*.
rhyme *n* comhardadh *m*; co-fhuaim *f*; rann *f*; *internal r.*, uaithne *m*.
rhyme *v* dèan rann.
rhythm *n* ruithim *m*, rithim *m*, ruith *f*.
rib *n* aisean *f*.
ribald *a* drabasda.
ribaldry *n* drabasdachd *f*.
ribbon *n* rioban *m*.
ribonucleic acid *n* searbhag *f* rioboniùclasach.
rice *n* rus *m*.
rich *a* beairteach, saidhbhir.
Richard *n* Risteard *m*.
riches *n* beairteas *m*, saidhbhreas *m*.
rick *n* cruach *f*.
rid *v* saor, fuasgail.
riddance *n* saoradh *m*, fuasgladh *m*.
riddle *n* tòimhseachan *m*; (*agric.*) ruideal *m*, criathar-garbh *m*.
riddle *v* ruidealaich.
ride *v* marcaich.
rider *n* marcaiche *m*.
ridge *n* druim *m*, mullach *m*.
ridicule *n* sgeig *f*, fanaid *f*.
ridicule *v* dèan sgeig.

ridiculous *a* gòrach, amaideach.
riding *n* marcachd *f*.
rife *a* pailt, lìonmhor.
rifle *n* isneach *f*, raidhfil *f*.
rift *n* sgoltadh *m*; (*belch*), brùchd *m*.
rig *n* reige *f*; (ridge of ground), feannag *f*.
rig *v* uidheamaich, sgeadaich.
rigging *n* buill *pl* is acainn *f* luinge.
right *n* ceartas *m*; còir *f*; dlighe *f*.
right *a* ccart, freagarrach; (*r. hand etc.*) deas.
right *v* cuir ceart.
righteous *a* ionraic, fìreantach.
righteousness *n* fìreantachd *f*.
rightful *a* dìreach, ceart.
rigid *a* rag, doirbh, dùr, do-lùbtha.
rigidity *n* raige *f*.
rigmarole *n* ròlaist *m*.
rigour *n* cruas *m*, dèine *f*.
rigorous *a* cruaidh, mion.
rim *n* oir *m*, bil *f*, iomall *m*.
rime *n* liath-reothadh *m*.
rind *n* rùsg *m*, cairt *f*.
ring *n* fàinne *m*, *f*; cearcall *m*.
ring *v* seirm, buail.
ringdove *n* smùdan *m*.
ringleader *n* ceann-gràisge *m*.
ringlet *n* bachlag *f*, fàinne *m*, *f*, cuach *f*.
ring-road *n* cuairt-rathad *m*.
rink *n* rinc *m*.
rinse *v* sgol.
riot *n* aimhreit *f*.
riotous *a* aimhreiteach.
rip *v* srac, reub; leig le.
ripe *a* abaich.
ripen *v* abaich.
ripeness *n* abaichead *m*.
ripple *n* crith *f*, luasgan *m*, caitean *m*.
rise *v* èirich; dèan ar-a-mach.
rising *n* èirigh *f*; *early r.*, mocheirigh *f*.
risk *n* cunnart *m*.
risk *v* feuch; cuir an cunnart.
risky *a* cunnartach.
rite *n* deas-ghnàth *m*.
ritual *n* deas-ghnàth *m*.

rival *n* co-dheuchainniche *m*.
rival *a* còistritheach.
rivalry *n* còmhstri, còistri *f*.
river *n* abhainn *f*.
rivet *n* calpa *m*.
rivet *v* calpaich, teannaich.
rivulet *n* sruthan *m*.
road *n* rathad *m*, slighe *f*; ròd *m*.
roam *v* rach air fàrsan.
roan *a* grìsfhionn.
roar *n* beuc *m*, glaodh *m*, burral *m*.
roar *v* beuc, glaodh.
roast *n* ròsta *f*; r. *beef*, mairtfheòil *f* ròsta.
roast *v* ròist.
rob *v* spùill, spùinn, creach.
robber *n* spùilleadair *m*, creachadair *m*.
robbery *n* goid *f*, spùilleadh *m*.
robe *n* fallaing *f*, trusgan *m*.
Robert *n* Raibeart *m*.
robin *n* brù-dhearg *m*.
robust *a* calma, làidir.
rock *n* carraig *f*, carragh *f*, creag *f*.
rock *v* luaisg, tulg.
rockery *n* gàrradh-chreag *m*.
rocket *n* rocaid *f*.
rocky *a* creagach.
rod *n* slat *f*, sgiùrsair *m*.
rodent *n* creimeach *m*.
Roderick *n* Ruairidh *m*, Ruaraidh *m*.
roe *n* earb(a) *f*, ruadhag *f*.
roe (of fish) *n* glasag *f*.
roebuck *n* boc-earba *m*.
rogue *n* slaoightear *m*.
role *n* pàirt *f*, dreuchd *f*.
roll *n* rolla *f*.
roll *v* fill, cuir car air char, strìl, roilig.
roller *n* roilear *m*.
Roman *n* and *a* Ròmanach *m*.
Roman Catholic *n* and *a* Caitligeach *m*, Pàpanach *m*.
romance *n* romansachd *f*; (*story*) ròlaist *m*; (*love r.*) suirghe *f*.
Romance *a* Romansach.
Romania *n* Romàinia *f*.
romantic *a* romansach.

Romanticism *n* Romansachas *m*.
Rome *n* An Ròimh *f*.
romp *v* dèan cleasachd.
rone *n* guitear *m*.
rood *n* ròd *m*; crois *f*.
roof *n* mullach *m*, uachdar *m*.
roof *v* cuir mullach air.
rook *n* ròcas *m*, ròcais *f*.
room *n* seòmar *m*, rùm *m*; àite *m*. *Common in compounds, e.g. bedroom* seòmar-cadail *m*.
roomy *a* farsaing.
roost *n* spàrr *m*, spiris *f*.
root *n* freumh *m*, bun *m*.
root *v* freumhaich; spìon ás a bhun.
rooted *a* freumhaichte.
rope *n* ròpa *m*, ball *m*.
rosary *n* a' chonaire *f*, paidirean *m*.
rose *n* ròs *m*.
Ross *n* Ros *m*, Rosach *m*.
rosy *a* ruiteach.
rot *n* grodadh *m*, lobhadh *m*, malcadh *m*.
rot *v* grod, lobh, breòth.
rota *n* clàr *m* seirbheis.
rotary *a* rothach.
rotation *n* dol *m* mun cuairt.
rotten *a* grod, lobhte, malcte, breun.
rotter *n* trusdar *m*.
rotund *a* cruinn.
rouge *n* dath *m* dearg.
rough *a* garbh, molach; gailbheach, garg.
roughage *n* gairbhseach *f*.
roughen *v* dèan/fàs garbh/gailbheach.
roughness *n* gairbhead *m*, gairge *f*.
Roumania *n* Romàinia *f*.
round *n* cuairt *f*, car *m*.
round *a* cruinn; crom.
round *adv* mun cuairt, timcheall.
roundabout *n* cuairtealan *m*.
roundness *n* cruinnead *m*.
rouse *v* dùisg, brosnaich.
rousing *a* brosnachail.
rout *n* ruaig *f*.
rout *v* ruag, sgap.

182

route *n* rathad *m*, slighe *f.*
routine *n* gnàth-chùrsa *m.*
rove *v* bi air fàrsan.
rover *n* fear *m* fàrsain.
roving *a* fàrsanach.
row *n* sreath *m, f.*
row (*fight*) *n* sabaid *f*, gleò *m.*
row *v* (*of a boat*) iomair.
rowan *n* caorann *f.*
rowdy *a* gleadhrach.
rower *n* ràmhaiche *m.*
rowlock *n* bac *m.*
royal *a* rìoghail.
royalties *n* dleasadh *m* ùghdair.
royalty *n* rìoghalachd *f*; (*persons*) rioghaltachd *f.*
rub *n* suathadh *m.*
rub *v* suath, sgrìob.
rubber *n* rubair *m.*
rubbish *n* salchar *m*, brusgar *m*, sgudal *m.*
ruby *n* dearg-sheud *m*, rùbaidh *f.*
rucksack *n* màla-droma *f.*
rudder *n* stiùir *f.*
ruddiness *n* ruthadh *m*, deirge *f.*
ruddy *a* ruiteach, dearg.
rude *a* mì-mhodhail, borb.
rudeness *n* mì-mhodh *m*, buirbe *f.*
rudiment *n* ciad thoiseach *m.*
rue *v* crean, gabh aithreachas.
rueful *a* dubhach, brònach.
ruffian *n* brùid *f.*
ruffle *v* tog greann air, cuir á òrdugh.
rug *n* brat-ùrlair *m.*
rugby *n* rugbaidh *m.*
rugged *a* garbh, creagach.
ruggedness *n* gairbhe *f.*
ruin *n* sgrios *m*, lom-sgrios *m*; (*of building*) làrach *f*, tobhta *f.*
ruin *v* sgrios, creach.
ruinous *a* sgriosail, mìllteach.
rule *n* riaghailt *f*, àithne *f*, reachd *f*; ceannas *m.*
rule *v* riaghail, stiùir, smachdaich.

ruler *n* riaghladair *m*; *rulers*, luchd-riaghlaidh; (*measuring*), rùilear *m.*
rum *n* ruma *m.*
rumble *v* dèan rùcail.
ruminant *a* a chnàmhas cìr.
ruminate *v* cnuasaich; cnàmh cìr.
rummage *v* rannsaich.
rumour *n* fathann *m.*
rump *n* dronn *f*, rumpall *m.*
rumple *v* preas.
run *n* ruith *f*; sligh *f*; raon *m.*
run *v* ruith; teich; leagh.
rung *n* rong *f*, rongas *m.*
runic *a* rùnach.
runnel *n* srùlag *f.*
runner *n* fear-ruith *m.*
running *n* ruith *f.*
runway *n* raon-itealan *m.*
rupture *n* màm-sic *m*; sgaradh *m*, eas-còrdadh *m.*
rupture *v* bris, sgàin, sgaoil.
rural *a* dù(th)chail.
ruse *n* innleachd *f.*
rush *n* dian-ruith *f.*
rush *v* ruith, brùchd.
rushes *n* luachair *f.*
rushy *a* luachrach.
russet *a* donn.
Russia *n* Ruisia *f.*
Russian *n* and *a* Ruiseanach *m*; (*language*) Ruiseanais *f.*
rust *n* meirg *f.*
rust *v* meirg, meirgich.
rustic *a* dùthchail/dùchail.
rusticate *v* fuadaich (don dùthaich).
rustling *n* siosarnaich *f.*
rustproof *a* meirg-dhìonach.
rusty *a* meirgeach.
rut *n* clais *f*; (*of deer*) dàmhair *f* (nam fiadh).
ruth *n* truas *m*, bàigh *f.*
ruthless *a* cruaidh, neo-thruacanta.
rye *n* seagal *m.*

S

Sabbath *n* Sàbaid *f.*
Sabbath Day *n* Là *m* na Sàbaid, Di-Dòmhnaich *m.*
Sabbatical *a* Sàbaideach.
sable *a* dorcha, ciar.
sabotage *n* sabotàis *f.*
saccharine *n* siùcairinn *m.*
sack *n* poca *m*, sac *m.*
sack *v* sgrios, creach; cuir á obair.
sack-race *n* rèis *f* a' phoca.
sackcloth *n* saic-aodach *m.*
sacrament *n* sàcramaid *f.*
sacred *a* naomh, coisrigte.
sacrifice *n* ìobairt *f.*
sacrifice *v* ìobair.
sacrilege *n* ceall-shlad *m*, aircealladh *m.*
sad *a* brònach, dubhach, muladach; truagh.
sadden *v* dèan brònach/dubhach.
saddle *n* dìollaid *f*, pillean *m.*
sadness *n* bròn *m*, mulad *m.*
safe *a* sàbhailte, tèarainte.
safe *n* ciste-tasgaidh *f.*
safeguard *n* dìdean *m*, tèarmann *m.*
safety *n* tèarainteachd *f.*
safety-belt *n* crios-sàbhailteachd *m.*
safety-pin *n* prìne *m* banaltraim.
saffron *n* cròch *m.*
sag *v* thoir gèill, tuit.
sagacious *a* geurchuiseach.
sagacity *n* geurchuis *f.*
sage *n* (*plant*) slàn-lus *m*; (*person*) saoi *m.*
sage *a* glic.
sago *n* sàgo *m.*
sail *n* seòl *m.*
sail *v* seòl, bi a' seòladh.
sailing-boat *n* bàta-siùil *m.*
sailor *n* seòladair *m*, maraiche *m.*
saint *n* naomh *m.*
saint *v* naomhaich.

saithe *n* saoithean *m.*
sake *n* sgàth *m*; *for the s. of*, air sgàth; *for his s.*, air a sgàth.
salad *n* sailead *m.*
salamander *n* corra-chagailte *f.*
salary *n* tuarsadal *m* blianna.
sale *n* reic *m*, dìol *m*; (*sale at reduced prices*) saor-reic *m.*
saleable *a* so-reic.
salesman *n* fear-reic *m.*
saliva *n* seile *m.*
salivate *v* seilich.
sallow *a* lachdann.
sally *n* ionnsaigh *f.*
salmon *n* bradan *m.*
salmon-trout *n* bànag *f.*
salon *n* seòmar *m.*
saloon *n* sailiùn *m.*
salt *n* salann *m.*
saltcellar *n* saillear *m.*
saltire *n* bratach *f* na croise, crann *m.*
saltness *n* saillteachd *f.*
saltpetre *n* mear-shalann *m.*
salutary *a* slàinteil.
salutation *n* fàilte *f.*
salute *v* fàiltich, cuir fàilte air.
salvage *n* tàrrsainn *m.*
salvation *n* saoradh *m*; slàinte *f*; *Salvation Army*, Arm *m* an t-Saoraidh.
salve *n* sàbh-leigheis *m*, ungadh *m.*
same *a* ionann/ionnan, ceudna, ceart, aon.
sameness *n* co-ionnanachd *f.*
sample *n* samhla *m*, eisimpleir *m.*
Samuel *n* Somhairle *m.*
sanatorium *n* sanaidh *m.*
sanctification *n* naomhachadh *m.*
sanctify *v* naomhaich.
sanctimonious *a* cràbhach.
sanction *n* aontachadh *m*, ùghdarras *m;* reachd *m*, òrdugh *m.*
sanctuary *n* comraich *f*, tèarmann *m.*

sand n gainmheach f.
sandal n cuaran m.
sandpaper n pàipear-gainmhich m.
sandstone n clach-ghainmhich f.
sandwich n ceapaire m.
sandy a gainmheil.
sane a ciallach.
sanguinary a fuilteach.
sanguine a dòchasach.
sanitary a slàinteil.
sanitation n slàintealachd f.
sanity n ciall f.
Santa Claus n Bodach m na Nollaige, Santa m.
sap n snodhach m, sùgh m.
sap v mill.
sapling n faillean m, ògan m.
sapphire n gorm-leug f.
sappy a sùghor.
sarcasm n gearradh m, searbhas m.
sarcastic a searbh, beumnach.
sardine n sàrdain m.
sash n crios m, bann m.
Sassenach n Sasannach m.
Satan n Sàtan m, an Donas m, an t-Abharsair m, Dòmhnall Dubh etc.
satanic a diabhlaidh, deamhnaidh.
satchel n màileid f.
sate v sàthaich.
satellite n saideal m, dreagaire m.
satiate v sàsaich.
satiety n sàth m, leòr f.
satin n sròl m.
satire n aoir f.
satirical a aoireil.
satirist n èisg f.
satirize v aoir, dèan aoireadh.
satisfaction n sàsachadh m, toileachadh m.
satisfactory a taitneach, dòigheil.
satisfied a sàsaichte, toilichte.
satisfy v sàsaich, toilich, riaraich.
saturate v tuilich, bàth.
Saturday n Disathairne m, Sathairne f.
saturnine a gruamach.
sauce n sabhs m, leannra m.

saucepan n sgeileid f.
saucer n sàsar m, flat m.
saucy a beadaidh.
sausage n ìsbean m.
savage a allaidh, borb.
savageness n buirbe f.
savant n saoi m.
save v sàbhail, glèidh, caomhainn.
saved a saorte, tèarainnte; air a shàbhaladh.
saving(s) n sàbhaladh m.
Saviour n Slànaighear m.
savour n blas m.
savour v feuch blas.
savoury a blasda.
saw n sàbh m, tuireasg m.
saw v sàbh, sàbhaig.
sawdust n min-sàibh f.
sawmill n muileann-shàbhaidh m, f.
saxifrage n lus m nan cluas.
saxophone n sacsafon m.
say v abair, labhair, can.
saying n ràdh m, facal m.
scab n sgreab f, càrr f.
scabbard n truaill f, duille f.
scabby a sgreabach, carrach.
scaffold n sgalan m, sgafall m.
scald v sgàld; plod.
scalding n sgàldadh m.
scale n (weighing) cothrom m, meidh f; (fish s.) lann f; (degree etc.) meud m, tomhas m; (mus.) sgàla f.
scale v streap.
scaled a lannach.
scallop n slige f chreachain.
scalp n craiceann m a' chinn.
scalpel n sgian f lèigh.
scamper v ruith, thoir ruaig.
scampi n muasgan m caol.
scan v sgrùd; (metr.) bi a-rèir meadaireachd, meadairich.
scandal n sgainneal m, tuaileas m.
scandalize v sgainnealaich.
scandalous a maslach, tàmailteach.
Scandinavia n Lochlann m.
Scandinavian n and a Lochlannach m.

scant *a* gann, tearc.

scantiness *n* gainnead *m*.

scanty *a* gann, geàrr.

scar *n* leòn *m*, làrach *f*.

scarce *a* gann, tearc, ainneamh.

scarcely *adv* air èiginn, is gann, ach gann.

scarcity *n* gainnead *m*, teirce *f*.

scare *v* cuir eagal air.

scarecrow *n* bodach-ròcais *m*.

scarf *n* stoc *m*, guailleachan *m*.

scarify *v* sgor.

scarlet *n* sgàrlaid *f*.

scarlet fever *n* teasach *f* sgàrlaid.

scatter *v* sgap, sgaoil.

scattering *n* sgapadh *m*, sgaoileadh *m*.

scenario *n* cnàmh-sgeul *m*.

scene *n* sealladh *m*; ionad *m*; *make a s.*, tog buaireadh *m*; (*dram.*) sealladh, roinn *f*.

scenery *n* dealbh-choltas *m*.

scent *n* fàileadh *m*, boladh *m*, cùbhras *m*.

scented *a* cùbhraidh.

sceptic *n* and *a* ás-creideach *m*.

sceptical *a* ás-creideach.

scepticism *n* ás-creideamh *m*.

sceptre *n* slat-rìoghail *f*.

schedule *n* clàr *m*.

scheme *n* innleachd *f*, dòigh *f*.

schism *n* eas-aontachd *f* (eaglais).

schizophrenia *n* sgoltadh *m* inntinn.

scholar *n* sgoilear *m*.

scholarship *n* sgoilearachd *f*, foghlam *m*.

scholastic *a* sgoilearach.

school *n* sgoil *f*.

school-house *n* taigh-sgoile *m*.

schoolmaster *n* maighstir-sgoile *m*.

schoolmistress *n* ban-mhaighstir-sgoile *f*.

sciatica *n* siataig *f*.

science *n* saidheans *m*.

scientific *a* saidheansail; *s. experiment*, deuchainn *f* ealdhain, deuchainn saidheans.

scintillating *a* caoireach.

scion *n* faillean *m*, fiùran *m*.

scissors *n* siosar *f*.

sclerosis *n* sglearòis *f*.

scoff *v* mag, dèan fanaid.

scold *v* troid, cronaich.

scone *n* bonnach *m*, sgona *f*.

Scone *n* Sgàin *m*; *the Stone of Scone/ Destiny*, Clach Sgàin.

scoop *n* liagh *f*, ladar *m*.

scoop *v* cladhaich, tog.

scope *n* rùm *m*, àite *m*, comas *m*.

scorch *v* dadh, gread.

score *n* sgrìob *f*; (*20*) fichead *m*; cùnntas *m*; (*sport*) cùnntas *m*, sgòr *m*; (*mus.*) sgòr.

score *v* cuir, faigh.

scorn *n* tàir *f*.

scorn *v* dèan tàir.

scornful *a* tàireil, dìmeasach.

scorpion *n* nathair-nimhe *f*, sgairp *f*.

Scot *n* Albanach *m*.

Scotland *n* Alba *f*.

Scots *n* (*language*) Beurla *f* Ghallda, Albais *f*.

Scotswoman *n* ban-Albanach *f*.

Scottish *a* Albannach; *Scottish Secretary*, Rùnaire *m* na Stàite airson Alba.

Scottish National Party *n* Pàrtaidh Nàiseanta na h-Alba.

scot-free *a* saor, gun phàigheadh.

scoundrel *n* slaoightire *m*.

scour *v* nigh, sgànraich, sgùr.

scourge *n* sgiùrsair *m*, sgiùrsadh *m*.

scourge *v* sgiùrs.

scout *n* fear-coimhid *m*, beachdair *m*.

scowl *n* gruaim *f*, drèin *f*.

scowl *v* bi fo ghruaim, cuir mùig air.

scraggy *a* blian.

scramble *v* streap, dèan sporghail.

scrap *n* criomag *f*, mìr *f*; (*fight*) sabaid *f*, tuasaid *f*.

scrape *n* sgrìob *f*, dragh *m*.

scrape *v* sgrìob, trus.

scratch n sgròbadh m, sgrìob f, sgrìoch f.

scratch v sgròb, sgrìob, tachais.

scrawl n sgròbaireachd f.

scream n and v sgreuch m, sgread m.

scree n sgàirneach f.

screech n and v sgread m, sgreuch m.

screed n sriutan m.

screen n sgàilean m.

screen v dìon, sgàilich; (test) feuch.

screw n sgriubha f.

screwdriver n sgriubhaire m.

scribble n sgròbail m.

scribe n sgrìobhaiche m.

script n sgrìobhadh m; làmh-sgrìobhadh m.

scriptural a sgriobtarail.

scripture n sgriobtar m.

scrofula n tinneas-an-rìgh m.

scroll n rolla f.

scrotum n clach-bhalg m.

scrub v nigh, sgrubaig.

scruple n teagamh m, imcheist f; tomhas m lèigh.

scrupulous a teagmhach, cùramach.

scrutinize v sgrùd.

scrutiny n sgrùdadh m.

scud v ruith roimh 'n ghaoith.

scuffle n tuasaid f.

scullery n cùlaist f, frith-chidsin m.

sculptor n deilbhear m, gràbhalaiche m.

sculpture n deilbheadh m, gràbhaladh m.

scum n cobhar m, sgùm m.

scurrilous a sgainnealach.

scurvy n an tachas-tioram m.

scut n feaman m.

scuttle n sgùil f.

scythe n speal f, fàladair m.

scythe v speal.

sea n muir m, f, cuan m, fairge f.

sea-bed n aigeal m.

sea-fish n iasg m mara.

sea-level n àirde-mara f.

sea-trout n bànag f.

seabeach n tràigh f, cladach m.

seafarer n maraiche m, seòladair m.

seagull f faoileag f.

seal n (animal) ròn m; (of document) seula m; comharradh m.

seal v seulaich; (close) dùin.

sealing-wax n cèir-sheulachaidh f.

seam n fuaigheal m, uaim f.

seam v fuaigh.

seaman n maraiche m, seòladair m.

seaport n longphort m, port m mara.

sear v crannaich, loisg.

search n lorg m, sireadh m.

search v lorg, rannsaich.

searchlight n solas m lorgaidh.

seashore n cladach m.

seasickness n tinneas m na mara, cur m na mara.

season n aimsir f, tràth m, ràith f, sèasan m.

season v grèidh; dèan blasda.

seasonable a tràthail.

seat n suidheachan m, cathair f, àite-suidhe m; àros m.

seaweed n feamainn f.

seaworthy a acfhainneach.

secede v teich.

Seceder n Seaseudair m.

seclude v dùin a-mach, dealaich.

second n tiota m; fear-còmhnaidh m.

second a dara.

second v cuidich, thoir cobhair.

secondary a dàrnach; s. education, foghlam àrd-sgoile; a s. matter, cùis nas lugha brìgh.

seconder n fear-taice m.

secondhand a ath-dhìolta.

secondly adv anns an dara h-àite.

secrecy n cleith f.

secret n rùn m, rùn-dìomhair m, sgeul-rùin m.

secret a dìomhair, falaichte.

secretariat n rùnaireachd f.

secretary n rùnaire m, ban-rùnaire f; S. of State, Rùnaire (na) Stàite.

secrete v falaich; àraich, dealaich.

secretion n falachadh m; dealachadh m.

secretive *a* ceilteach.

secretly *adv* gun fhiosda.

secretness *n* dìomhaireachd *f.*

secretory *a* dealachaidh.

sect *n* dream *m.*

sectarian *a* buidheannach.

section *n* roinn *f*, earrann *f*; gearradh *m.*

sector *n* roinn *f.*

secular *a* saoghalta.

secure *a* tèarainte, seasgair, bunaiteach; gun chùram.

secure *v* dèan cinnteach; glais, glac.

security *n* dìon *m*, tèarainteachd *f.*

sedate *a* ciùin, stòlda.

sedative *n* cungaidh *f* stòlaidh.

sedentary *a* suidheach.

sederunt *n* na tha làthair.

sedge *n* seileasdair *m.*

sediment *n* grùid *f.*

sedition *n* buaireas *m.*

seditious *a* buaireanta.

seduce *v* thoir a thaobh, truaill.

seduction *n* truailleadh *m*, toirt *f* a thaobh.

sedulous *a* dùrachdach.

see *n* roinn *f* easbaig.

see *v* faic, seall, amhairc.

see-saw *n* làir-mhaide *f.*

seed *n* sìol *m*, fras *f*; iarmad *m*, gineal *m*, sliochd *m.*

seed *v* sìolaich, cuir fras dhe.

seedling *n* faillean *m*, ògan *m.*

seedtime *n* àm *m* cur an t-sìl.

seeing *n* lèirsinn *f*, fradharc (*older* radharc) *m.*

seeing *adv* a chionn, do bhrìgh.

seek *v* iarr, sir, rannsaich.

seem *v* bi mar, leig/gabh air.

seemly *a* eireachdail, maiseach; iom-chaidh.

seep *v* sìolaidh.

seer *n* fiosaiche *m*, fàidh *m.*

seethe *v* earra-bhruich.

segment *n* gearradh-cuairteig *m*, roinn *f.*

segregate *v* dealaich, sgar.

segregation *n* dealachadh *m*, sgaradh *m.*

seine net *n* balg-lìon *m.*

seize *v* glac, cuir làmh ann, greimich air.

seizure *n* glacadh *m*, grèim *m.*

seldom *adv* gu tearc, gu h-ainmig.

select *v* tagh.

selection *n* taghadh *m.*

selective *a* roghnach.

self *pron* fèin, fhèin.

self-conceit *n* fèin-spèis *f.*

self-denial *n* fèin-àicheadh *m.*

self-evident *a* làn-shoilleir.

self-governing *a* fèin-riaghlach.

self-government *n* fèin-riaghladh *m.*

self-interest *n* fèin-bhuannachd *f.*

self-service *n* fèin-fhrithealadh *m.*

self-respect *n* fèin-mheas *m.*

self-sacrifice *n* fèin-ìobairt *f.*

self-same *a* ceart, ionnan.

selfish *a* fèineil, fèin-chùiseach.

selfishness *n* fèinealachd *f.*

sell *v* reic.

seller *n* reiceadair *m*, fear-reic *m.*

selvage, selvedge *n* balt *m.*

semantic *a* ciallachail.

semantics *n* eòlas *m* ciallachais.

semblance *n* samhla *m*, coltas *m*, suaip *f.*

semi- *pref* leth-.

semi-detached *a* leth-dhealaichte.

semicircle *n* leth-chearcall *m.*

semicircular *a* leth-chearclach.

semicolon *n* leth-phunc *m*, leth-stad *m.*

seminal *a* sìolach.

seminary *n* sgoil *f*; colaisde *f* chlèireachail.

semination *n* sìolchur *m.*

semiquaver *n* leth-chaman *m.*

semitone *n* leth-phong *m.*

semivowel *n* leth-fhoghair *m.*

semolina *n* seamoilìna *f.*

senate *n* seanadh *m.*

senator *n* seanadhair *m.*

send *v* cuir.

senile *a* seantaidh.

senior *a* as sine, nas sine.

seniority n sinead m.
sensation n mothachadh m, faireach-dainn m.
sense n ciall f, toinisg f; brìgh f; seagh m; mothachadh m, faireachdainn m.
senseless a neo-mhothachail, gun chiall.
sensibility n mothachas m.
sensible a ciallach, tùrail; mothachail.
sensitive a mothachail; fìnealta.
sensory a mothachail.
sensual a feòlmhor, collaidh.
sensuality n feòlmhorachd f, coll-aidheachd f.
sensuous a ceudfaidheach.
sentence n rosg-rann m, seantans f; (jud.) binn f, breith f.
sentence v thoir binn, dìt.
sentient a mothachail.
sentiment n smuain f, rùn m.
sentimental a maoth-inntinneach.
sentinel v freiceadan m.
separable a so-dhealachadh.
separate v dealaich, sgar, tearb, roinn.
separate a dealaichte, toinnte, leis fhèin.
separation n dealachadh m, sgaradh m.
separatist a sgarachdach.
sept n fine f.
September n September m, An t-Sul-tuine f.
septennial a seachd-bhliannach.
septic a seaptaic.
sepulchral a tuamach.
sepulchre n tuam m.
sequel n na leanas.
sequence n leanmhainn m; ruith f; ruith-dhàn m.
sequester v cuir air leth, cuir gu taobh.
sere a seargte, seacte.
serenade n ceòl-leannanachd m.
serene a soinneanta, ciùin.
serenity n soinneantachd f, ciùineas m.
serge n cùrainn f.
sergeant n seàirdeant m, lannsair m.
serial n leansgeul m, sreath-sgeul m.
seriatim adv 'na shreath.

series n sreath m.
serious suidhichte, stòlda; cudromach.
sermon n searmon m.
sermonize v searmonaich.
serpent n nathair f.
serrated a eagach.
serum n meug m fala.
servant n seirbheiseach m, sgalag f.
serve v dèan seirbheis, riaraich, fritheil.
service n seirbheis f, muinntireas m; obair f, dleasnas m.
service-station n stèisean-frithealaidh m.
serviceable a feumail, iomchaidh.
servile a tràilleil.
servility n tràillealachd f.
servitor n seirbhiseach m.
servitude n daorsa f, tràillealachd f.
session n seisean m.
set n buidheann f, pannal m.
set v suidhich, socraich, sònraich, cuir; set fire to, cuir 'na theine, cuir teine ri; set up, cuir air bhonn.
set a suidhichte; gnàthach.
setter n cù-eunaich m, cù-luirg m.
setting n suidheachadh m; (of sun) dol m fodha.
settle v socraich, sìolaidh; suidhich, àitich.
settlement n suidheachadh m, soc-rachadh m; còrdadh m; tuineachadh m.
seven a seachd.
seven n s. people, seachdnar m.
sevenfold a seachd-fillte.
seventeen n seachd-deug.
seventeenth a seachdamh-deug.
seventh a seachdamh.
seventhly adv anns an t-seachdamh àite.
seventy a trì fichead 's a deich, seachdad m.
sever v sgar, dealaich.
several n and a iomadh m.
severance n dealachadh m, sgaradh m.
severe a cruaidh, teann, neo-thruacanta; gàbhaidh.

severity *n* cruas *m*, teinne *f*, neo-thruacantas *m*.

sew *v* fuaigh, fuaigheil.

sewage *n* giodar *m*.

sewer *n* sàibhear *m*.

sewing *n* fuaigheal *m*; *s. machine*, beairt-fuaigheil *f*.

sex *n* gnè *f*, sex *m*; cineal *m*; *the female s.*, an cineal boireann; *sex-appeal n* 'an t-inneal *m* tarraing'.

sexagonal *a* sia-shliosach.

sextet *n* ceòl-sianar *m*.

sexual *a* gnètheasach.

sexual intercourse *n* feis *f*.

shabby *a* luideach; suarach.

shackle *v* geimhlich, cuingealaich.

shackles *n* geimhlean *pl*, ceanglaichean *pl*.

shade *n* sgàil *f*, dubhar *m*; tannasg *m*.

shade *v* sgàil, cuir sgàil air, duibhrich.

shadiness *n* duibhre *f*.

shadow *n* faileas *m*, dubhar *m*.

shadowy *a* faileasach, sgàileach.

shady *a* dubharach.

shaft *n* (*of tool*) cas *f*, samhach *f*; (*mech.*) crann *m*; (*arrow*) saighead *f*; (*pits s.*) toll *m*.

shaggy *a* molach, ròmach.

shake *n* crathadh *m*, crith *f*.

shake *v* crath, luaisg; crith; *s. hands with*, beir air làimh air.

shall *v aux Expressed normally by future of v.*; *he s.* put it there, cuiridh e ann an sin e; *but 'thou shalt not kill'*, na dèan marbhadh; *you should not do it*, cha bu chòir dhut a dhèanamh.

shallow *a* tana, eu-domhainn; faoin.

shallowness *n* tainead *m*, eu-doimhne *f*.

sham *n* mealladh *m*.

sham *a* mealltach, fallsail.

shame *n* nàire *f*, masladh *m*, tàmailt *f*.

shame *v* nàraich, maslaich.

shameful *a* nàr, maslach.

shameless *a* beag-nàrach, ladarna.

shampoo *n* siampù *f*.

shamrock *n* seamrag *f*.

shank *n* lurga *f*, cas *f*.

Shannon *n* Sionann *f*.

shape *n* cumadh *m*, cumachd *f*.

shape *v* cum, dealbh.

shapeless *a* neo-chuimir, mì-dhealbhach.

shapely *a* cuimir, cumadail.

share *n* roinn *f*, cuid *f*, cuibhreann *m*, earrann *f*.

share *v* roinn, pàirtich, riaraich; gabh pàirt.

share-capital *n* roinn-chalpa *m*.

shareholder *n* roinn-sheilbhiche *m*.

shark *n* siorc *m*; basking shark *n* cearban *m*.

sharp *a* geur, faobharach, biorach; deas; guineach.

sharpen *v* geuraich, faobharaich.

sharpness *n* gèire *f*, gèiread *m*; guineachas *m*.

sharpwitted *a* geur.

shatter *v* bris 'na mhìrean, bloighdich.

shave *n* bearradh *m*, lomadh *m*.

shave *v* beàrr, lom.

shaving *n* bearradh *m*.

shawl *n* seàla *f*.

she *pron* i, ise.

sheaf *n* sguab *m*.

shear *v* rùsg, lom, lomair; beàrr.

shearing *n* rùsgadh *m*, lomadh *m*, bearradh *m*.

shears *n* deamhais *m*.

sheath *n* truaill *f*, duille *f*.

sheathe *v* cuir an truaill.

shed *n* bothan *m*, seada *m*, *f*.

shed *v* dòirt, sil; leig dhe, cuir air falbh.

sheen *n* loinne *f*.

sheep *n* caora *f*; *pl* caoraich.

sheep-dog *n* cù-chaorach *m*.

sheepfold *n* crò-chaorach *m*.

sheer *a* glan, fìor; cas.

sheet *n* duilleag *f*; brat *m*, lìon-anart *m*; *bed-sheet n* anart *m* leapa sgòd-siùil *m*; (*of ice etc.*) leac *f*, clàr *f*.

sheiling *n* àirigh *f*.

shelf *n* sgeilp *f*; (*of rock*) sgeir *f*.

shell *n* slige *f*, plaosg *m*.

shell *v* plaoisg.

shellfish *n* maorach *m.*
shelly *a* sligeach.
shelter *n* dìon *m*, tèarmann *m.*
sheltered *a* fasgach.
shepherd *n* cìobair *m.*
sherd *n* pigean *m.*
sheriff *n* siorraidh *m*, siorram *m.*
sherry *n* seiridh *m.*
Shetland *n* Sealtainn *m.*
shield *n* sgiath *f*; dìdean *m.*
shield *v* dìon, glèidh.
shift *n* seòl *m*, modh *m, f*, cleas *m*; lèine *f.*
shift *v* caraich, glidich.
shifting *n* carachadh *m.*
shilling *n* tasdan *m.*
shin *n* faobhar *m* na lurgann.
shine *v* deàlraich, soillsich, deàrrs.
shine *n* deàlradh *m.*
shingle *n* mol *m.*
shingles *n* deir *f.*
shining *a* boillsgeach, deàlrach.
shinty *n* iomain *f*; *s. stick*, caman *m.*
shiny *a* deàlrach.
ship *n* long *f*, soitheach *f.*
ship *v* cuir air bòrd luinge.
shipbuilding *n* togail *f* shoithichean.
shipping *n* luingeas *m.*
shipwreck *n* long-bhriseadh *m.*
shipwright *n* saor-luinge *m.*
shipyard *n* gàrradh *m* shoithichean.
shire *n* siorrachd *f*, siorramachd *f.*
shirk *v* seachainn.
shirt *n* lèine *f.*
shirt-sleeve *n* muinchill *m* lèine.
shiver *v* crith, bi air chrith.
shivering *n* crith *f*, ball-chrith *f*; spealgadh *m.*
shoal *n* bogha *m*, tanalach *m*; sgaoth *m.*
shock *n* sgannradh *m*, ionnsaigh *f*; oillt *f*, dèisinn *f*; (*of hair*) cnuaic *f*; (*of corn*) adag *f.*
shock *v* criothnaich.
shoddy *a* bochd, suarach.
shoe *n* bròg *f*; (*of horse*) crudha *m.*
shoe *v* crudhaich.

shoe-lace *n* barrall (*older* barr-iall) *f.*
shoemaker *n* greusaiche *m.*
shoot *n* faillean *m*, ògan *m.*
shoot *v* tilg, loisg; (*of growth*) fàs.
shop *n* bùth *f.*
shopkeeper *n* fear-bùtha *m.*
shore *n* tràigh *f*, cladach *m.*
shorn *a* lomairte, beàrrte.
short *a* goirid, geàrr; (*of temper*) cas.
short-cut *n* ath-ghoirid *f.*
shortage *n* dìth *m.*
shortbread *n* aran *m* goirid.
shorten *v* giorraich.
shortening *n* giorrachadh *m.*
shorthand *n* geàrr-sgrìobhadh *m.*
shorthand typist *n* geàrr-chlò-sgrìobhaiche *m.*
shortlived *a* geàrr-shaoghlach, diombuan.
shortly *adv* a dh'aithghearr.
shortness *n* giorrad *m.*
short-sighted *a* geàrr-sheallach.
shorts *n* briogais *f* ghoirid.
shot *n* urchair *f*, spraidheadh *m.*
shoulder *n* gualainn *f*, slinnean *m.*
shoulderblade *n* cnàimh-slinnein *f.*
shout *n* glaodh *m*, iolach *f.*
shout *v* glaodh, tog/dèan iolach.
shove *n* putadh *m.*
shove *v* put.
shovel *n* sluasaid *f.*
show *n* sealladh *m*, taisbeanadh *m.*
show *v* seall, nochd, foillsich.
shower *n* fras *f*; (*for bathing*) frasionnlaid *f*, frasair *m.*
shower *v* fras, dòirt, sil.
showery *a* frasach.
showroom *n* seòmar-taisbeanaidh *m.*
showy *a* greadhnach, faicheil, basdalach.
shred *n* mìr *m*, bìdeag *f.*
shrew *n* dallag-an-fhraoich *f.*
shrewd *a* glic, seòlta.
shriek *n* sgread *m*, glaodh *m.*
shrill *a* sgalanta, geur.
shrimp *n* carran *m.*

shrine *n* cùmhdach *m*.

shrink *v* seac; geiltich, liùg air falbh (o).

shrivel *v* crìon, searg.

shrivelled *a* seargte.

shroud *n* (*death s.*) marbhfhaisg *f*; (*naut.*) anart *m*.

shroud *v* cuir marbhfhaisg air; còmhdaich; falaich.

Shrovetide *n* Inid *f*.

shrub *n* preas *m*.

shrug *n* crathadh *m* guaille, crathadh *m*.

shrunken *a* seacte.

shudder *n* ball-chrith *f*, criothnachadh *m*.

shudder *v* criothnaich.

shuffle *v* (*of gait*) tarraing; (*of cards*) measgaich; *s. off*, crath dhe.

shun *v* seachainn.

shunt *v* tionndaidh.

shut *v* dùin, druid.

shut *a* dùinte.

shutter *n* còmhla *f* (uinneige).

shuttle *n* spàl *m*; *space-shuttle n* spàl *m* fànais *s. service*, iomairt *f*.

shuttlecock *n* spàl-ite *f*.

shy *a* sochaireach.

shy *v* tilg, feuch.

shyness *n* sochair *f*.

sick *n* luchd tinn/tinneis.

sick *a* tinn, bochd.

sicken *v* fàs tinn, gabh tinneas; (*trans.*) dèan tinn.

sickle *n* corran *m*.

sickly *a* euslainteach.

sickness *n* tinneas *m*.

side *n* taobh *m*, cliathach *f*.

side *v* aon; *s. with*, gabh taobh.

sideboard *n* taobh-chlàr *m*.

side-lamp *n* taobh-sholas *m*.

sidelong *a* air fhiaradh.

side-street *n* frìth-shràid *f*.

side-track *v* thoir a thaobh.

sideways *adv* an comhair a thaoibh.

sidle *v* siolp.

siege *n* sèisd *m, f*.

sieve *n* criathar *m*.

sift *v* criathraich.

sifter *n* criathradair *m*.

sigh *n* osna *f*.

sigh *v* leig osna, osnaich.

sighing *n* osnaich *f*.

sight *n* sealladh *m*, fradharc *m*; *in sight*, anns an amharc; *out of s.*, ás an t-sealladh; *second s.*, an dà shealladh.

sightless *a* gun sealladh, dall.

sightly *a* taitneach, maiseach.

sign *n* comharradh *m*, samhla *m*.

sign *v* comharraich; (*a letter*) cuir ainm ri.

sign-board *n* clàr(-bùtha) *m*.

sign-post *n* post-seòlaidh *m*, colbh-seòlaidh *m*.

signal *n* comharradh *m*, sanas *m*.

signature *n* ainm *m*; *he added his s.*, chuir e ainm ri.

signet *n* fàinne *f* seula.

significance *n* brìgh *f*, ciall *f*.

significant *a* brìgheil, èifeachdach.

signify *v* comharraich, ciallaich.

Sikh *n* Sikh *m*.

silage *n* feur *m* tìoraidh.

silence *n* sàmhchair *f*, tosd *m*.

silence *interj* tosd!, bi sàmhach!

silencer *n* ciùineadair *m*.

silent *a* sàmhach, tosdach.

silhouette *m* sgàil-dhealbh *m, f*.

silica *n* silice *f*.

silicon *n* sileacon *m*.

silk *n* and *a* sìoda *m*.

silky *a* sìodach, mìn.

sill *n* sòl *f*.

silliness *n* faoineachd *f*, gòraich *f*.

silly *a* gòrach, faoin.

silo *n* taigh *m* tìoraidh (feòir).

silt *n* eabar *m*.

silver *n* airgead *m*.

silver(y) *a* airgid, airgeadach.

silver-plated *a* airgeadaichte.

silversmith *n* ceàrd *m* airgid.

similar *a* coltach, co-ionnan.

similarity *n* coltas *m*, co-ionnanachd *f*.

simile *n* samhla *m*.

simmer v earr-bhruich.

Simon n Sìomon m.

simper n ciorasail m, snodha-gàire m.

simper v dèan ciorasail/snodha-gàire.

simple a sìmplidh, aon-fhillte; baoth.

simplicity n sìmplidheachd f.

simplify v sìmplich, dèan so-thuigsinn.

simply adv dìreach.

simulate v leig air, coltaich (ri).

simulation n leigeil m air, coltachadh m (ri).

simultaneous a còmhla, a dh'aon àm.

sin n peacadh m, cionta m.

sin v peacaich, ciontaich.

since adv, conj a chionn gu(n), o, bho.

since prep o, bho, o chionn.

sincere a onorach, treibhdhireach.

sincerity n treibhdhireas m.

sinecure n oifig f dhìomhain.

sinew n fèith f.

sinewy a fèitheach.

sinful a peacach.

sing v seinn, gabh (òran) s. sweetly, ceileir.

sing-song n hòro-gheallaidh m.

singe v dadh.

singer n seinneadair m, ban-sheinneadair f.

single a singilte, aon-fhillte; (not married) gun phòsadh.

single-handed a gun chobhair, leis fhèin.

singleness n aon-fhillteachd f.

singular a sònraichte; neònach, àraid; aonanach.

sinister a clì; droch-thuarach.

sink n since f.

sink v (trans.) cuir fodha; (intrans.) rach fodha.

sinner n peacach m.

sinning n peacachadh m.

sinuous a lùbach.

sip n balgam m.

sip v gabh balgam.

siphon n pìob-èalaidh f.

sir n sir m, ridire m.

sire n athair m.

sire v cuir sliochd air, bi mar athair air.

siren n (hooter) dùdach f.

sirloin n caoldruim m.

sister n piuthar f.

sister-in-law n piuthar-chèile f.

sit v suidh, dèan suidhe.

site n suidheachadh m, làrach f.

sitting n suidhe m.

sitting-room n seòmar-suidhe m.

situated a suidhichte, air a shuidheachadh.

situation n àite m, suidheachadh m.

six n and a sia; s. persons, sianar.

sixfold a sia-fillte.

sixteen n and a sia-deug m.

sixteenth a siathamh-deug.

sixth a siathamh.

sixth n an siathamh cuid f.

sixty n and a trì-fichead m, seasgad m.

sizable a meadhanach mòr, meudmhor.

size n meud m, tomhas m.

size v s. up, gabh beachd air.

skate n (fish) sgait f; (ice-s.) spèil f, bròg-spèilidh f.

skate v spèil.

skating n spèileadh m, spèileireachd f.

skater n spèiliche m.

skein n iarna f.

skeleton n cnàimhneach m, creatlach m.

skelp n sgailc f, sglais f.

skep n sgeap f.

skerry n sgeir f.

sketch n (drawing) tarraing f.

skewer n bior m, dealg f.

ski n sgi f (pl sgithean).

ski v sgithich.

skid v sleamhnaich.

skiff n sgoth m.

skiing n sgitheadh m.

skilful a sgileil, ealanta.

skill n sgil m.

skim n sgùm m.

skim v thoir uachdar dhe.

skimp v (of materials, food etc.) fàg gann; (of work) dèan ann an cabhaig.

skin *n* craiceann *m*; (*of animals*) bian *m*, seiche *f*; *by the s. of one's teeth*, air èiginn.

skin *v* feann, thoir an craiceann de.

skinflint *n* spìocaire *m*.

skinned *a* air fheannadh.

skinner *n* sginneire *m*.

skinny *a* caol, tana.

skip *n* leum *m*, sùrdag *f*.

skip *v* leum, dèan sùrdag.

skipper *n* sgiobair *m*.

skirmish *n* arrabhaig *f*.

skirt *n* sgiort *f*, sgùird *f*.

skit *n* sgeig *f*.

skulk *v* dèan cùilteireachd.

skulking *n* cùilteireachd *f*.

skull *n* claigeann *m*.

sky *n* adhar *m*, speur *m*.

Skye *n* An t-Eilean *m* Sgitheanach.

Skyeman *n* Sgitheanach *m*.

Skyewoman *n* ban-Sgitheanach *f*.

skylark *n* uiseag *f*.

skylight *n* fàirleus *fm*.

skyline *n* bun-sgòth *m*.

slab *n* leac *f*.

slack *a* (*of a rope*) sgaoilte, gun a bhith teann; (*of work*) dìomhain.

slacken *v* lasaich.

slake *v* caisg.

slam *n* slàr *m*.

slam *v* thoir slàr do.

slander *n* sgainneal *m*.

slander *v* cùl-chàin.

slanderous *a* sgainnealach.

slant *n* claonadh *m*, fiaradh *m*.

slant *v* claon, fiar.

slap *n* sgailc *f*, pailleart *m*.

slash *v* geàrr, sgath.

slate *n* sglèat *m*.

slate *v* sglèataich.

slater *n* sglèatair *m*; (*beetle*) corra-chòsag *f*.

slatey *a* sglèatach.

slattern *n* sgliùrach *f*.

slaughter *n* marbhadh *m*, casgairt *f*.

slaughterhouse *n* taigh-spadaidh *m*; (*slang*) Taigh nan Guts.

Slav *n* Slàbhach *m*.

slave *n* tràill *f*.

slaver *v* sil ronnan.

slavery *n* tràillealachd *f*.

slavish *a* tràilleil.

Slavonic *a* Slàbhach.

slay *v* marbh.

sledge *n* càrn-slaoid *m*.

sleek *a* slìom, mìn.

sleep *n* cadal *m*; *short s.*, norrag *f*.

sleeping-pill *n* pile *m* cadail.

sleepless *a* gun chadal.

sleepy *a* cadalach.

sleet *n* flin *m*, glìb *f*.

sleeve *n* muinchill *m*, muilcheann *m*.

sleight *n* cleas *m*.

slender *a* tana, seang; beag.

slew *v* tionndaidh.

slice *n* slisinn *f*, sliseag *f*.

slice *v* slisnich.

slick *a* sgiobalta.

slide *v* sleamhnaich.

slight *n* dìmeas *m*, tàire *f*.

slight *a* beag, aotrom.

slim *a* tana, seang.

slime *n* làthach *m*, clàbar *m*.

sling *n* crann-tabhaill *m*.

sling *v* tilg, sad.

slink *v* siap.

slip *n* tuisleadh *m*; mearachd *f*.

slip *v* tuislich, sleamhnaich; *s. in*, siolp a-steach.

slipper *n* bròg-sheòmair *f*, slapag *f*.

slipperiness *n* sleamhnachd *f*.

slippery *a* sleamhainn.

slipstream *n* cùlshruth *m*.

slit *n* sgoltadh *m*.

slit *v* sgoilt, geàrr.

sliver *n* sliobhag *f*, spealtag *f*.

sliver *v* sgoilt.

sloe *n* àirne *f*, àirneag *f*.

slogan *n* sluagh-ghairm *f*.

sloop *n* slup *f*.

slop *v* dòirt.

slope n leathad m.
slope v claon.
sloppy a bog-fliuch, bog.
slot n sliotan m.
sloth n leisge f.
slouching n dabhdail m.
slough n sloc m, clàbar m.
sloven n luid f, rapaire m.
slovenly a luideach, rapach.
slow a slaodach, màirnealach.
slowness n slaodachd f, maille f.
sludge n eabar m, làthach f.
slug n seilcheag f.
sluggard n leisgire m.
sluggish a leisg, slaodach, trom.
sluice n tuil-dhoras m.
slum n slum m.
slumber n suain f, dùsal m.
slump v tuit ('na chlod).
slur n tàir f; (of speech) slugadh m, mabladh m.
slur v dèan tàir; (of speech) slug.
slush n sneachda m bog.
slut n luid f, breunag f.
sly a carach, slìogach.
smack n sgleog f, sglais f.
small a beag, meanbh.
smallpox n a' bhreac f.
smart n pian f, cràdh m.
smart a tapaidh, smiorail.
smartness n tapadh m.
smash n briseadh m, bloigheadh m.
smattering n bloigh m eòlais.
smear v smiùr.
smearing n liacradh m.
smell n fàileadh m, boladh m.
smell v feuch fàileadh; it smells, tha fàileadh dheth.
smelt v leagh.
smelter n leaghadair m.
smile n snodha-gàire m, faite-gàire f.
smile v dèan snodha/faite-gàire.
smirk n plìon(as) m.
smite v buail.
smith n gobha m.
smithy n ceàrdach f.

smock n lèine f.
smoke n ceò m, f, toit f.
smoke v (of tobacco) gabh ceò, smocaig; the chimney is smoking, tha ceò ás an t-simileir; peat-s., ceò na mònach.
smoke-screen n ceò-bhrat m.
smokeless a gun toit; s. zone, ceàrn f gun toit.
smoky a ceòthach.
smooth a mìn, còmhnard, rèidh.
smoothe v mìnich, dèan rèidh.
smoothness n mìnead m.
smother v mùch, tachd.
smoulder v cnàmh-loisg.
smudge n smal m.
smudge v smalaich.
smug a toilichte (leis fhèin etc.).
smuggle v dèan cùl-mhùtaireachd.
smuggler n cùl-mhùtaire m.
smuggling n cùl-mhùtaireachd f.
smut n salchar m; (moral) draosdachd f.
snack n blasad m bìdh.
snag n duilgheadas m.
snail n seilcheag f.
snake n nathair f.
snap v bris; (bite) dèan glamhadh.
snappy a (angry) dranndanach; (quick) deas.
snapshot n dealbh m, f.
snare n ribe f.
snare v rib.
snarl n dranndan m.
snarl v dèan dranndan.
snatch v glac, beir (air).
sneak n lìogaire m.
sneak v snàig.
sneck n sneic m.
sneer n fanaid f.
sneer v dèan fanaid, cuir an neo-shuim.
sneeze n sreothart m.
sneeze v dèan sreothart.
sniff n boladh m.
sniff v gabh boladh; s. at, dèan tarcais air.
snigger n siot-ghàire f.

snip *v* geàrr le siosair.
snipe *n* naosg *m*.
snivel *v* smùch.
snob *n* sodalan *m*.
snobbery *n* sodalachd *f*.
snobbish *a* sodalach.
snood *n* stìom *f*.
snooze *v* dèan dùsal.
snore *n* srann *f*.
snore *v* dèan srann.
snort *n* srannartaich *f*.
snout *n* soc *m*, sròn *f*.
snow *n* sneachd *m*.
snow *v* cuir, cuir sneachd.
snow-plough *n* crann-sneachda *m*.
snowdrift *n* cith *m*.
snowdrop *n* gealag-làir *f*.
snowflake *n* bleideag *f*, pleòdag *f*.
snowman *n* bodach-sneachda *m*.
snowstorm *n* stoirm *f* shneachda.
snowy *a* sneachdach.
snuff *n* snaoisean *m*.
snuff-box *n* bocsa/bucas *m* snaoisein.
snug *a* còsach, seasgair.
snuggle *v* laigh dlùth ri.
so *adv* (*so, as*) cho; (*like this*) mar seo; (*therefore*) mar sin, air an dòigh seo/sin; *s. long as*, cho fad 's a; *so-and-so*, a leithid seo a dhuine; *so much*, uimhir.
so *interj* seadh.
so-so *a* and *adv* ma làimh.
soak *v* (*s. to skin*) drùidh; (*of setting clothes to soak*) cuir am bogadh; *s. away*, sùigh ás.
soap *n* siabann *m; TV soap*, siabann telebhisean.
soapy *a* làn siabainn.
soar *v* itealaich gu h-àrd, èirich don adhar.
sob *n* glug *m* caoinidh.
sober *a* stuama, measarra, sòbair, sòbarra.
sober *v* dèan/fàs stuama/sòbair.
sobriety *n* stuaim *f*, stuamachd *f*.
soccer *n* ball-coise *m*.

sociable *a* cuideachdail, càirdeil.
social *a* caidreamhach, comannach, sòisealta.
Social Democrat *n* Deamocratach *m* Sòisealta.
social security *n* tèarainteachd *f* shòisealta.
socialism *n* sòisealachd *f*.
socialist *n* sòisealach *m*.
socialistic *a* sòisealach.
society *n* comann *m*, cuideachd *f*, coluadair *m*.
sociology *n* eòlas *m* comainn.
sock *n* socais *f*; (*blow*) sgailc *f*.
socket *n* toll *m*, lag *m; electrical s.*, bundealain *m*.
sod *n* fòid *f*, sgrath.
soda *n* sòda *f*.
sodden *a* bog-fliuch.
sodium *n* sòidium *m*.
sofa *n* langasaid *f*, sòfa *f*.
soft *a* bog; (*s. and moist*) tais; (*s. in texture, character*) maoth; (*of the voice*) ciùin.
soft-boiled *a* maoth-bhruich.
soften *v* bogaich; taisich; maothaich; ciùinich.
softness *n* buige *f*; taise *f*; maothachd *f*; ciùineas *m*.
soggy *a* bog-fliuch.
soil *n* ùir *f*, talamh *m*.
soil *v* salaich, truaill.
sojourn *n* còmhnaidh *f*; cuairt *f*.
sol-fa *n* sol-fa *m*.
solace *n* sòlas *m*.
solace *v* thoir sòlas.
solan goose *n* sùlaire *m; young of s.*, guga *m*.
solar *a* na grèine.
solar system *n* còras-grèine *m*.
sold *a* air a reic.
solder *n* sobhdair *m*.
solder *v* sobhdraich.
soldier *n* saighdear *m*.
sole *n* (*of foot*) bonn *m* na coise; (*fish*) lèabag/leòbag-cheàrr *f*.
sole *v* cuir bonn air.

sole *a* (*before noun*) aon; (*after noun*) a-mhàin.

solecism *n* droch-dhearmad *m*, -mhearachd *f*.

solely *adv* a-mhàin.

solemn *a* sòlaimte.

solemnity *n* sòlaimteachd *f*.

solemnize *v* sòlaimich.

solicit *v* aslaich.

solicitation *n* aslachadh *m*.

solicitor *n* fear-lagha *m*, fear-tagairt *m*.

solicitous *a* iomgaineach, cùramach.

solid *n* teann-stuth *m*, stuth *m* tàthte.

solid *a* teann, tàthte, daingeann, cruaidh.

solidarity *n* dlùthachd *f*.

solidify *v* cruadhaich.

solidity *n* teinne *f*, taicealachd *f*.

soliloquize *v* bruidhinn/labhair ris fhèin *etc*.

solitary *a* aonranach, uaigneach.

solitude *n* uaigneas *m*.

solo *n* òran *m*/cluich *f* aon-neach.

soloist *n* òranaiche *m*, fear-ciùil *m*/bean-ciùil *f* aonar.

Solomon *n* Solamh *m*.

solstice *n* grian-stad *m*.

soluble *a* so-sgaoilte.

solubility *n* eadar-sgaoileachd *f*.

solute *n* stuth-sgaoilidh *m*.

solution *n* (*mixture of solute and solvent*) eadar-sgaoileadh *m*; (*of argument etc*.) fuasgladh *m*.

solve *v* fuasgail.

solvency *n* comas *m* pàighidh.

solvent *n* sgaoil-lionn *m*.

solvent *a* comasach air pàigheadh.

somatic *a* corporra, bodhaigeil.

sombre *a* dorcha, gruamach.

some *pron* cuid, roinn, pàirt, feadhainn.

somebody *n* and *pron* cuideigin *m*, neacheigin *m*.

somehow *adv* air dòigh air choreigin.

somersault *n* car *m* a' mhuiltein.

something *n* rudeigin *m*.

sometime *adv* uaireigin.

sometimes *adv* air uairibh, uaireannan.

somewhat *adv* rudeigin, beagan, car.

somewhere *adv* an àiteigin.

son-in-law *n* cliamhainn *m*.

sonata *n* sonàta *f*.

song *n* òran *m*, amhran *m*.

sonnet *n* sonaid *f*.

sonorous *a* àrd-ghlòrach.

soon *adv* a dh'aithghearr, gu grad, an ùine gheàrr.

soot *n* sùithe *m*.

sooth *v* ciùinich, tàlaidh.

soothsayer *n* fiosaiche *m*.

sooty *a* làn sùithe, sùitheach.

sop *n* saplaisg *f*.

sophisticated *a* ionnsaichte, neo-shìmplidh, soifiostaiceach.

soprano *n* sopràno *f*.

sorcerer *n* draoidh *m*.

sorceress *n* ban-draoidh *f*.

sorcery *n* draoidheachd *f*.

sordid *a* suarach, salach.

sore *n* creuchd *f*, lot *m*.

sore *a* goirt, cràiteach.

sorely *adv* trom-; *sorely wounded*, trom-ghonta.

sorrel *n* sealbhag *f*.

sorrow *n* bròn *m*, tùirse *f*, mulad *m*.

sorrowful *a* brònach, tùrsach, muladach.

sorry *a* duilich.

sort *n* seòrsa *m*, gnè *f*.

sort *v* cuir an òrdugh, cuir air dòigh, seòrsaich.

sorter *n* roinneadair *m*.

sot *n* misgear *m*.

soul *n* anam *m*; *not a s. was present*, cha robh duine beò an làthair.

soulless *a* gun anam.

sound *n* fuaim *m*; (*narrow sea channel*) caolas *m*.

sound *a* slàn, fallain; (*deep*) trom; (*of advice*) glic.

sound *v* (*blow*) dèan fuaim air, sèid; (*take depth*) tomhais doimhneachd; (*metaph*.) sgrùd, rannsaich.

sound-proof *a* fuaim-dhìonach.
sound-track *n* fuaim-lorg *f*.
sound-wave *n* fuaim-thonn *m, f*.
soundness *n* fallaineachd *f*.
soup *n* eanraich *f*, brot *m*.
sour *a* goirt, geur, searbh; (*of character*) dùr, gruamach.
sour *v* dèan goirt/searbh.
source *n* màthair *f*, màthair-adhbhar *m*, bun *m*.
souse *v* cuir am picil.
south *n* and *a* deas *f*; (*point of compass*) an àird *f* a deas; *s.-east*, an ear-dheas; *s.-west*, an iar-dheas.
South Africa *n* Afraca *f* a Deas.
southerly *a* and *adv* deas, á deas.
souvenir *n* cuimhneachan *m*.
sovereign *n* rìgh *m*; (*£1.00*) sòbhran *m*.
sovereign *a* rìoghail, còrr.
sovereignty *n* uachdaranachd *f*.
Soviet *a* Sobhietach.
sow *n* muc *f*, cràin *f*.
sow *v* cuir, sìol-chuir.
sowens *n* làgan *m*, làghan *m*.
spa *n* spatha *f*.
space *n* rùm *m*, farsaingeachd *f*, fànas *m*; (*of time*) greis *f*.
space-shuttle *n* spàl-fànais *m*.
spaceman *n* speurair *m*.
spaceship *n* fànas-long *f*.
spacious *a* farsaing, mòr.
spaciousness *n* farsaingeachd *f*.
spade *n* spaid *f*, caibe *m*.
spaghetti *n* spaghetti *f*.
Spain *n* An Spàinn *f*.
span *n* (*9 inches*) rèis *f*; (*lifetime*) rèis *f*, saoghal *m*.
spangle *n* spang *f*.
Spaniard *n* Spàinnteach *m*.
spaniel *n* cù-eunaich *m*.
Spanish *n* Spàinnis *f*.
Spanish *a* Spàinnteach.
spanner *n* spanair *m*.
spar *n* tarsannan *m*.
spar *v* spàraig.
spare *a* a chòrr; (*scanty*) gann.

spare *v* caomhain, sàbhail.
sparing *a* spìocach.
spark *n* sradag *f*, rong *m*; (*of person*) lasgaire *m*.
spark *v* leig sradagan.
sparking-plug *n* rong-phlug *m*.
sparkle *n* lainnir *f*, deàlradh *m*.
sparkle *v* lainnrich, deàlraich.
sparkling *a* deàlrach, drìlseach.
sparrow *n* gealbhonn *m*.
sparrow-hawk *n* speireag *f*.
sparse *a* gann.
spasm *n* fèith-chrùbadh *m*.
spasmodic *a* an dràsda 's a-rithist.
spastic *n* and *a* spastach *m*.
spat *n* spat *f*, maoirneag *f*.
spate *n* lighe *f*.
spatter *v* spriotraich.
spawn *n* sìol *m*, cladh *m*.
spawn *v* sìolaich, claidh.
speak *v* abair, bruidhinn, labhair, dèan còmhradh.
speaker *n* fear-labhairt *m*.
speaking *n* bruidhinn *f*, labhairt *f*.
spear *n* sleagh *f*, gath *m*.
special *a* àraidh, sònraichte.
specialist *n* fìor-eòlaiche *m*.
specialization *n* speisealachadh *m*.
specialized *a* àraidhichte.
specie *n* cùinneadh *m*.
species *n* seòrsa *m*, gnè *f*.
specific *a* àraid, sònraichte.
specification *n* mion-chomharrachadh *m*.
specify *v* comharraich.
specimen *n* sampall *m*.
specious *a* mealltach.
speck *n* sal *m*, smal *m*.
speckled *a* breac, ballach.
spectacle *n* sealladh *m*.
spectacles *n* speuclairean *pl*, glainn-eachan *pl*.
spectator *n* fear-amhairc *m*.
spectre *n* tannasg *m*.
spectrum *n* speactram *m*.

speculate v beachdaich; (financial) cuir airgead sa' mhargaid.
speculation n beachdachadh m.
speculative a beachdachail.
speculator n beachdair m.
speech n cainnt f; (oration) òraid f.
speechless a gun chainnt, balbh.
speed n luas m, astar m.
speed v luathaich, greas.
speed-limit n astar-chrìoch f.
speedometer n astar-chleoc m.
speedy a luath, astarach.
spell n (of work) greis f, greiseag f; (charm) seun m.
spell v litrich, speilig.
spelling n litreachadh m, speiligeadh m.
spend v caith, coisg.
spendthrift n strùidhear m.
sperm sìol m.
sperm-cell n cealla-sìl f.
spew v sgeith, tilg.
sphere n cruinne f; (of work etc.) ionad m.
spherical a cruinn.
spice n spìosradh m.
spice v spìosraich.
spick and span sgiobalta, grinn.
spicy a spìosrach.
spider n damhan-allaidh m.
spike n spìc f, bior m.
spike v sàth, sàth spìc ann.
spill n sliobhag f.
spill v dòirt.
spin v (of wool) snìomh; (of a wheel) cuir charan.
spin-drier n tiormadair m aodaich.
spinach n bloinigean-gàrraidh m.
spindle n dealgan m, fearsaid f.
spindrift n cathadh-mara m.
spine n cnàimh-droma f.
spinner n bean-shnìomh f.
spinning-mill n muileann-shnìomh m, f.
spinning-wheel n cuibhle-shnìomh f.
spinster n (old maid) seana mhaigh-deann f.
spiral n snìomhan m.

spiral a snìomhanach.
spire n stìopall m, binnean m.
spirit n spiorad m; misneach f; (ghost) tannasg m.
spirited a misneachail; sgairteil.
spiritless a neo-smiorail, neo-sgairteil.
spiritual a spioradail.
spirituality n spioradalachd f.
spiritualism n spioradachd f.
spirituous a làidir (mar dheoch).
spit n (for roasting) bior m; (of lund) tanga f; (of saliva) smugaid f.
spit v tilg smugaid.
spite n gamhlas m, miosgainn f; in s. of, a dh'aindeoin.
spiteful a gamhlasach.
spittle n seile m, ronn m.
splash n steall m, stealladh m; plub m.
splay v cuir ás an alt, leathnaich.
splay-footed a pliutach, spleadhach.
spleen n (anat.) an dubh-chlèin f; (spite) gamhlas m.
splendid a greadhnach, loinnreach, gasda.
splendour n greadhnachas m.
splenetic a frionasach, crosda.
splice v tàth, splaidhs.
splint n cleithean m.
splinter n sgealb f, spealg f.
split v sgoilt, sgealb.
splutter v dèan plubraich.
spoil n creach f, cobhartach m, f.
spoil v mill, cuir a dholaidh.
spoke n spòg f, tarsanan m.
spokesman n fear-labhairt m.
sponge n spong m; throw in the s., strìochd.
sponge-cake n spuinnse f.
sponsor n urras m, goistidh m.
spontaneity n deòntas m.
spontaneous a saor-thoileach, deònach.
spool n iteachan m; (photographic) dealbh-bhann m.
spoon n spàin f.
spoonful n làn m spàine.
spoor n lorg f.

sporadic *a* tearc, an dràsda 's a-rithist.

sporran *n* sporan *m*.

sport *n* spòrs *f*, fealla-dhà *f*; *sports*, lùth-chleasan *pl*, geamachan *pl*.

sporting *a* spòrsail.

sportive *a* mear, aighearach.

sports *n* lùth-chleasan *pl*.

sportsman *n* lùth-chleasaiche *m*, fear-spòrs *m*; sealgair *m*.

spot *n* ball *m*, àite *m*, ionad *m*; (*stain*) smal *m*.

spot *v* salaich; ballaich.

spotless *a* gun smal.

spotted *a* ballach; guireanach.

spouse *n* cèile *m*.

spout *v* srùb, spùt, steall; (*of whale*) sèid.

sprain *n* snìomh *m*, sgochadh *m*.

sprawl *v* sìn.

spray *n* cathadh-mara *m*; (*device*) steallaire *m*; (*of a tree*) fleasg *f*.

spread *v* sgaoil, sgap, sìn a-mach.

spree *n* daorach *f*.

sprig *n* faillean *m*.

sprightly *a* mear, suilbhear.

spring *n* (*season*) Earrach *m*; (*water*) fuaran *m*; (*leap*) leum *m*; (*in a car etc.*) spring *f*, cuairteag *f*.

spring *v* sruth a-mach, spùt; leum; fàs, cinn.

spring-tide *n* reobhart *m*.

sprinkle *v* crath, sgaoil, uisgich.

sprinkling *n* craiteachan *m*.

sprint *n* luath-ruith *f*, deann-ruith *f*.

sprout *n* bachlag *f*, buinneag *f*; *Brussels sprouts*, buinneagan *pl* Bruisealach.

spruce *n* giuthas *m* Lochlannach.

spruce *a* deas, speiseanta.

spume *n* cathadh-mara *m*.

spur *n* spor *m*, sporadh *m*.

spur *v* spor, greas.

spurious *a* mealltach.

spurn *v* cuir an dìmeas, diùlt le tàir.

spurt *n* briosgadh *m*, cabhag *f*; (*of liquid*) stealladh *m*.

spy *n* beachdair *m*, fear-brathaidh *m*.

spying-glass *n* prosbaig *m*.

squabble *n* connsachadh *m*, tuasaid *f*.

squad *n* sguad *m*.

squadron *n* sguadron *m*.

squalid *a* sgreamhail, salach.

squall *n* sgal *m* (gaoithe).

squander *v* caith, sgap, dèan ana-caitheamh air.

square *n* ceàrnag *f*.

square *a* ceithir-cheàrnach, ceàrnach.

square bracket *n* camag *f* cheàrnach.

squash *v* brùth.

squat *a* crùbte, cutach.

squaw *n* ban-Innseanach *f*.

squeak *n* sgiamh *m*, bìog *m*.

squeamish *a* òrraiseach.

squeeze *v* teannaich, fàisg, brùth.

squint *n* claonadh *m*, fiaradh *m*.

squint *a* claon, fiar, fiar-shuileach.

squint *v* seall claon.

squire *n* ridire *m* beag.

squirrel *n* feòrag *f*.

squirt *v* steall, spùt.

stab *n* sàthadh *m*.

stab *v* sàth.

stability *n* bunailteachd *f*.

stabilize *v* cùm air bhunailt.

stable *a* bunailteach, seasmhach.

stable *n* stàball *m*.

stack *n* cruach *f*, tudan *m*.

stack *v* cruach, cruinnich.

stadium *n* lann-cluiche *f*.

staff *n* bata *m*, bachall *m*; (*e.g. of office staff*) foireann *m*, còmhlan *m*, buidheann *f*.

stag *n* damh *m*.

stage *n* àrd-ùrlar *m*; (*of development etc.*) ìre *f*.

stagger *v* bi san ¡uainealaich; (*amaze*) cuir fìor iongnadh air.

stagnant *a* marbh, neo-ghluasadach.

staid *a* stòlda, suidhichte.

stain *n* sal *m*, spot *m*.

stain *v* salaich, cuir/fàg spot air.

stained glass *n* glainne *f* dhathte.

stair *n* staidhre *f*.

stake *n* post *m*; (*wager*) geall *m*.

stalactite *n* caisean-snighe *m*.

stale *a* sean, goirt; (*of bread*) cruaidh.

stalemate *n* clos-cluiche *m*.

stalk *n* gas *f*.

stalk *v* (*of deer*) dèan stalcaireachd.

stalking *n* stalcaireachd *f*.

stall *n* (*for cows*) buabhall *m*; (*in theatre*) stàile *f*.

stall *v* (*of engine*) stad.

stallion *n* àigeach *m*.

stalwart *a* calma, làidir.

stamen *n* stamain *m*.

stamina *n* cùl *m*, smior *m*.

stammer *n* gagachd *f*.

stammer *v* bruidhinn gagach; *he stammers*, tha gagaiche ann.

stammerer *n* gagaire *m*.

stammering *n* gagadaich *f*.

stamp *n* (*postage s.*) stampa *f*; (*for pressing inscription on*) stàmpa *f*; (*fig.*) comharradh *m*.

stamp *v* stàmp; (*of letters*) cuir stampa air.

stance *n* stans *m*.

stanch *v* caisg.

stand *n* seasamh *m*; stad *m*; ionad-foillseachaidh *m*.

stand *v* seas, stad; (*endure*) fuiling; (*for Parliament etc.*) feuch; *s. for*, seas ás leth; *he stood up to him*, sheas e àite fhèin 'na aghaidh.

stand-by *n* cùl-taic *m*.

standard *n* (*flag*) meirghe *f*; (*of values etc.*) bun-tomhas *m*.

standardize *v* thoir gu bun-tomhas, cunbhalaich.

standing *n* (*rank etc.*) inbhe *f*.

standing *a* suidhichte; *s. orders*, gnàth-riaghailtean *pl*; *s. stones*, tursachan *pl*.

standing *n* inbhe *f*.

standpoint *n* sealladh *m*.

standstill *n* fois *f*, stad *m*.

stanza *n* rann *m*.

staple *n* (*nail*) stìnleag *f*.

staple *a* prìomh.

stapler *n* steiplear *m*.

star *n* rionnag *f*, reul *f*; (*dramatic s.*) prìomh actair *m*.

star *v* comharraich le reul; (*of acting*) gabh prìomh phàirt.

starboard *n* deasbhòrd *m*.

starch *n* stalc *m*, stuthaigeadh *m*.

starch *v* stalcaich, stuthaig.

stare *v* spleuchd, geur-amhairc.

starfish *n* crosgan *m*.

stark *a* rag; (*absolute*) tur, fìor; *s. naked*, dearg lomnochd.

starlight *n* solas *m* nan rionnag.

starling *n* druid *f*.

starry *a* làn rionnagan, rionnagach.

start *n* clisgeadh *m*; (*beginning*) toiseach *m*.

start *v* clisg; (*begin*) tòisich; (*of engine*) cuir a dhol.

starter *n* fear-tòiseachaidh *m*; (*engine s.*) inneal-spreagaidh *m*.

startle *v* clisg, cuir clisgeadh air.

starvation *n* goirt *f*.

starve *v* leig goirt air; *s. to death*, cuir gu bàs leis a' ghoirt.

state *n* staid *f*, inbhe *f*; (*country etc.*) stàit *f*, rìoghachd *f*; *USA.*, Na Stàit-ean Aonaichte, Stàitean Aonaichte Ameireagaidh.

state *v* cuir an cèill.

stateliness *n* stàitealachd *f*.

stately *a* stàiteil.

statement *n* cùnntas *m*.

statesman *n* stàitire *m*.

statesmanship *n* stàitireachd *f*.

static *a* 'na stad, gun ghluasad.

station *n* stèisean *m*; staid *f*, inbhe *f*.

stationary *a* 'na stad, gun ghluasad.

stationed *a* air a shuidheachadh.

stationery *n* stuthan *pl* sgrìobhaidh.

statistical *a* staitisteil, àireamhail.

statistician *n* staitistear *m*.

statistics *n* staitistic *f*.

statue *n* ìomhaigh *f*.

statuesque *a* mar ìomhaigh.

stature *n* àirde *f*.

status *n* inbhe *f*.

statute *n* reachd *m*.

statutory *a* rèir an lagha.

staunch *a* daingeann, dìleas.

staunching *n* casgadh *m*.

stave *n* clàr *m*; (*of music*) earrann *f*; (*the five lines on which music is written*) cliath *f*.

stave *v* (*s. in*) bris, cuir 'na chlàraibh; *s. off*, cùm air falbh.

stay *n* stad *m*, fantainn *f*; (*of ship's rigging*) stagh *m*; (*support*) cùl-taic *m*; *make a long stay*, fuirich ùine fhada.

stay *v* fuirich, fan.

stead *n* àite *m*, ionad *m*.

steadfast *a* daingeann, dìleas.

steadiness *n* seasmhachd *f*.

steady *a* seasmhach, daingeann, bunailteach.

steady *v* socraich, daingnich.

steak *n* staoig *f*.

steal *v* goid, dèan meirle.

stealing *n* goid *f*, meirle *f*.

stealth *n* by *s.*, gu fàillidh.

steam *n* toit *f*, smùid *f*.

steam-boat *n* bàta-smùide *m*.

steamy *a* smùideach.

steed *n* steud *f*, steud-each *m*.

steel *n* cruaidh *f*, stàilinn *f*.

steel *a* den chruaidh, den stàilinn.

steel-plated *a* cruaidh-chlàrte.

steely *a* mar a' chruaidh, mar stàilinn.

steelyard *n* (*for weighing*) steilleard *m*, biorsamaid *f*.

steep *a* cas; (*of price*) anabarrach daor.

steep *v* bog, cuir am bogadh.

steeple *n* stìopall *m*.

steer *v* stiùir, treòraich; *s. clear of*, cùm air falbh o.

steering *n* stiùireadh *m*.

steering *a* stiùiridh.

steersman *n* stiùireadair *m*.

stem *n* (*bot.*) gas *f*; (*of boat*) toiseach *m*.

stench *n* boladh *m*, breuntas *m*.

stencil *n* steansail *m*.

stencil *v* steansailich.

step *n* ceum *m*; *take steps*, cuir ma dheighinn.

step *v* thoir ceum; *s. down*, teich; lùghdaich; *s. up*, tog.

step *a* leth-; *s. brother*, leth-bhràthair; *s.-daughter*, nighean cèile; *s.-father*, oide *m*; *s.*-son, dalta *m*; *s.-mother*, muime *f*.

stereotyped *a* a-rèir an nòis.

sterile *a* seasg, aimrid.

sterility *n* seasgachd *f*.

sterilize *v* seasgaich.

sterling *a* fìor.

stern *n* deireadh *m*.

stern *a* cruaidh, gruamach.

stethoscope *n* steatascop *m*.

stevedore *n* docair *m*.

stew *n* stiudha *f*.

stew *v* eàrr-bhruich, stiudhaig.

steward *n* stiùbhard *m*.

stewardess *n* ban-stiùbhard *f*.

stick *n* maide *m*, bioran *m*; bata *m*.

stick *v* sàth; cuir an sàs; (*of a stamp etc.*) cuir; (*adhere to*) lean; (*endure*) fuiling; *s. up your hands*, cuir suas do làmhan.

stickler *n* duine *m* daingeann.

sticky *a* leanailteach; (*of problem*) righinn.

stiff *a* rag, dùr.

stiffen *v* ragaich.

stiffness *n* raige *f*.

stifle *v* mùch.

stigma *n* comharradh *m* maslaidh.

stigmatize *v* cuir fo thàmailt.

still *n* (*whisky s.*) poit-dhubh *f*.

still *a* ciùin, sàmhach.

still *v* ciùinich, caisg.

still *adv* an dèidh sin, a dh'aindeoin sin; (*of time*) fhathast.

stillness *n* ciùineachd *f*.

stilt *n* trosdan *m*.

stimulate *v* brosnaich, spreag.

stimulus *n* brosnachadh *m*, spreagadh *m*.

sting *n* gath *m*, guin *m*.

sting *v* guin, cuir gath ann.

stinginess *n* spìocaireachd *f*.

stingy *a* spìocach.

stink *n* tòchd *m*.

stint *n* bacadh *m*; cuid *f*, earrann *f*.

stipend *n* tuarasdal *m*.

stipulate *v* sònraich, cùmhnantaich.

stipulation *n* sònrachadh *m*, cùmhnant *m*.

stir *n* ùinich *f*, othail *f*.

stir *v* gluais, glidich; brosnaich, beothaich; (*of vegetables, soup etc.*), cuir mun cuairt.

stirk *n* gamhainn *m*.

stirrup *n* stiorap *m*.

stitch *n* grèim *m*.

stitch *v* fuaigh, fuaigheil.

stock *n* stoc *m*; post *m*; pòr *m*.

stock *v* lìon, stocaich.

stock-exchange *n* stoc-mhargaid *f*.

stocking *n* stocainn *f*, osan *m*.

stocks *n* ceap *m*.

stodgy *a* trom.

stoic *a* stòthach.

stoke *v* cùm connadh ri.

stolid *a* dùr.

stomach *n* stamag *f*, maodal *f*; goile *f*.

stone *n* clach *f*.

stone *a* cloiche.

stone *v* clach, tilg clachan air.

stonemason *n* clachair *m*.

stony *a* clachach.

stool *n* stòl *m*.

stoop *n* cromadh *m*, crùbadh *m*.

stoop *v* crom, lùb, crùb.

stop *n* stad *m*; toirmeasg *m*.

stop *v* stad, cuir stad air, sguir.

stop-cock *n* goc *m*.

stop-watch *n* stad-uaireadair *m*.

stoppage *n* stad *m*, grabadh *m*.

stopper *n* stopadh *m*, àrc *f*.

stopping-place *n* àite-stad *m*.

storage *n* tasgadh *m*, stòradh *m*.

store *n* stòr *m*, stòras *m*.

store *v* stòir, taisg.

storehouse *n* taigh-stòir *m*.

storey *n* lobht *m*, làr *m*; one-storey *a* aon-làir.

stork *n* còrr/corra *f* bhàn.

storm *n* doineann *f*, gailleann *f*, stoirm *f*.

storm *v* thoir ionnsaigh air, cuir sèisd ri.

stormy *a* doineannach, stoirmeil.

story *n* sgeul *m*, sgeulachd *f*, naidheachd *f*.

story-teller *n* sgeulaiche *f*, seanchaidh *m*.

stot *n* damh *m*.

stoup *n* stòp *m*.

stout *a* garbh, tiugh; calma.

stout *n* leann-dubh *m*.

stoutness *n* gairbhe *f*, tighead *m*.

stove *n* stòbha *f*.

stow *v* taisg.

straddle *v* rach gobhlachan air.

straggler *n* fear-fuadain *m*.

straight *a* dìreach.

straightaway *adv* gu grad, sa' mhionaid.

straighten *v* dìrich.

strain *n* teannachadh *m*, dochann *m*, snìomh *m*.

strain *v* (*e.g. a liquid*) sìolaidh; (*make painful, difficult etc.*) teannaich, leòn, dochann, snìomh.

strainer *n* sìolachan *m*; (*for fence*) teannaire *m*.

straiten *v* ceartaich, lìnich.

strait(s) *n* caolas *m*.

strand *n* dual *m*; (*shore*) tràigh *f*.

strange *a* iongantach, neònach.

stranger *n* coigreach *m*, farbhalach *m*.

strangle *v* tachd, mùch.

strap *n* iall *f*, giort *f*; stràic *m*.

strapping *a* mòr, calma.

stratagem *n* cuilbheart *f*.

strategic *a* roimh-innleachdail.

strategy *n* roimh-innleachd *f*.

strath *n* srath *m*.

stratification *n* filleadaireachd *f*, sreathachadh *m*.

stratosphere *n* strataispeur *m*.

straw *n* connlach *f*, fodar *m*.

strawberry *n* subh-làir *m*.

stray *n* ainmhidh *m* seacharain.

stray *v* rach air seacharan.

streak *n* stiall *f.*
streaky *a* stiallach.
stream *n* sruth *m.*
stream *v* sruth, dòirt.
stream-lined *a* sruth-chruthach.
streamlet *n* sruthan *m.*
street *n* sràid *f.*
strength *n* neart *m*, spionnadh *m.*
strengthen *v* neartaich.
strenuous *a* dian, saothrachail.
stress *n* spàirn *f*; *lay s. on*, leig cudthrom *m* air.
stretch *n* sìneadh *m.*
stretch *v* sìn, sgaoil, leudaich.
stretcher *n* sìneadair *m.*
strew *v* sgaoil, sgap.
stricken *a* buailte.
strict *a* teann, cruaidh.
stride *n* sìnteag *f.*
stride *v* thoir sìnteag(an).
strife *n* strì *f*, còimhstri *f.*
strike *n* stailc *f.*
strike *v* buail; (*go on strike*) rach air stailc, *strike a chord*, dùisg smuain/ cuimhne.
striker *n* fear-bualaidh *m.*
striking *a* neònach, neo-àbhaisteach.
string *n* sreang *f*; (*mus.*) teud *m.*
string *v* sreangaich; teudaich.
stringed *a* teudaichte; *s. instrument*, inneal-theud *m.*
stringent *a* teann.
stringy *a* sreangach.
strip *n* stiall *f.*
strip *v* rùisg, lom.
stripe *n* stiall *f*, strianag *f.*
striped *a* strianach.
stripling *n* òganach *m.*
strive *v* dèan spàirn/strì.
striving *n* strì *f*, còimhstri *f.*
stroke *n* buille *f*, stràc *m*; (*med.*) stròc *m.*
stroke *v* slìog, slìob.
stroking *n* slìobadh *m.*
stroll *v* siubhail, gabh cuairt.
strong *a* làidir, treun, calma.

structure *n* dèanamh *m*, togail *f*, structair *m.*
struggle *n* gleac *m*, spàirn *f.*
struggle *v* gleac, dèan spàirn.
strumpet *n* strìopach *f.*
strut *v* imich gu stràiceil.
Stuart *n* Stiùbhard *m.*
stub *n* bun *m.*
stubble *n* asbhuain *f.*
stubborn *a* rag, rag-mhuinealach.
stubbornness *n* ragaireachd *f*, rag-mhuinealas *m.*
stubby *a* cutach, bunach.
stud *n* tarrag *f*, tacaid *f*; (*for shirt*) stud *f*; (horse s.) greigh *f.*
student *n* oileanach *m.*
studio *n* stiùideo *f.*
studious *a* dèidheil air ionnsachadh.
study *n* rannsachadh *m*, sgrùdadh *m*; seòmar-rannsachaidh *m*, seòmar-leughaidh *m.*
study *v* beachdaich, rannsaich.
stuff *n* stuth *m.*
stuff *v* lìon, spàrr, dinn.
stuffing *n* lìonadh *m*, dinneadh *m.*
stumble, stumbling *n* tuisleadh *m.*
stumble *v* tuislich.
stumbler *n* fear-tuislidh *m.*
stumbling-block *n* ceap-tuislidh *f*, cnap-starra *m.*
stump *n* bun *m*, stoc *m.*
stumpy *a* bunach, cutach.
stun *v* cuir 'na thuaineal.
stunt *n* cleas *m.*
stunt *v* cùm bho fhàs.
stupendous *a* anabarrach.
stupid *a* baoghalta, gòrach.
stupidity *n* baoghaltachd *f.*
stupify *v* cuir tuaineal.
stupor *n* tuaineal *m.*
sturdy *a* bunanta, gramail.
sturgeon *n* stirean *m.*
stutter *v* bi manntach/liotach.
stutterer *n* fear manntach/liotach *m*, glugaire *m.*
sty *n* fail *f* (mhuc).

sty(e) *n* leamhnagan *m*, sleamhnagan *m*.

style *n* modh *m*, *f* (-labhairt/ sgrìobhaidh), stoidhle *f*; tiotal *m*.

stylish *a* baganta, fasanta.

stylistics *n* stoidhl-sgrùdadh *m*.

styptic *a* fuil-chasgach.

sub- *pref* fo-.

sub-title *n* fo-thiotal *m*.

subacid *a* letheach-searbh.

subcommittee *n* fo-chomataidh *f*.

subconscious *a* fo-mhothachail.

subdivide *f* fo-roinn.

subdue *v* ceannsaich, cìosnaich.

subject *n* ìochdaran *m*; ceann (-teagaisg) *m*; cuspair *m*, subsaig *f*.

subject *a* umhal, fo smachd.

subject *v* ceannsaich, cuir fo smachd.

subjection *n* ceannsachadh *m*.

subjective *a* subsaigeach, pearsanta.

subjugate *v* ceannsaich.

subjunctive *a* claon.

sublimate *v* rach os cionn.

sublime *a* òirdheirc.

sublimity *n* òirdheirceas *m*.

sublunar *a* tìmeil.

submarine *n* long-fo-mhuir *f*.

submerge *v* tum, bàth.

submission *n* ùmhlachd *f*, gèill *f*.

submissive *a* umhal.

submit *v* gèill, strìochd.

subordinate *a* ìochdarach.

subscribe *v* fo-sgrìobh.

subscriber *n* fo-sgrìobhair *m*.

subscription *n* fo-sgrìobhadh *m*.

subsequent *a* an dèidh làimh, a leanas.

subservient *a* fritheilteach.

subside *v* traogh, tràigh, ciùinich, sìolaidh.

subsidence *n* dol *m* sìos, tràigheadh *m*.

subsidiary *a* cuideachail.

subsidy *n* còmhnadh *m*, subsadaidh *m*.

subsistence *n* bith-beò *f*.

subsoil *n* fo-ùir *f*.

substance *n* brìgh *f*, tairbhe *f*.

substantial *a* fìor, làidir, tàbhachdach.

substantiate *v* fìrinnich.

substantive *n* ainm *m*.

substitute *n* (an) ionad *m*, stuth-ionaid *m*; (*person*) fear-ionaid *m*.

substitute *v* cuir an ionad/àite.

subterfuge *n* cleas *m*.

subterranean *a* fo-thìreach, fon talamh.

subtle *a* seòlta, sligheach.

subtlety *n* seòltachd *f*.

subtract *v* thoir (air falbh) o.

subtraction *n* toirt *f* air falbh.

suburb *n* iomall *m* baile.

subversive *a* millteach.

subvert *v* cuir bun-os-cionn.

succeed *v* soirbhich; (*follow*) lean.

success *n* soirbheachadh *m*, buaidh *f*.

successful *a* soirbheachail.

succession *n* leantainn *m*, còir-sheilbh *f*.

successive *a* leantainneach, an dèidh a chèile.

successor *n* fear-ionaid *m*, fear *m* a thig an àite ——.

succinct *a* cuimir, geàrr.

succour *v* cuidich, fòir (air).

succulent *a* brìoghmhor, blasda.

succumb *v* gèill, strìochd.

such *a* and *pron* (a) leithid, mar, den t-seòrsa; *s. is his strength*, tha de neart ann; (*exclam.*) cho; *as s.*, ann(ta) fhèin.

suck *v* deoghail, sùigh.

sucking *n* sùghadh *m*.

suckle *v* thoir cìoch.

suckling *n* cìochran *m*.

suction *n* sùghadh *m*, deoghal *m*.

Sudan *n* An t-Sudan *f*.

sudden *a* grad, obann.

suddenly *adv* gu h-obann, a chlisgeadh.

suds *n* cobhar *m* siabainn.

sue *v* lean, tagair, thoir gu lagh.

suet *n* geir *f*.

suffer *v* fuiling; ceadaich.

sufferer *n* fulangaiche *m*.

suffering *n* fulangas *m*.

suffice *v* foghainn.

sufficiency n fòghnadh m, pailteas m, gu
  leòr f.
sufficient a leòr, cuibheasach.
suffix n iar-mhìr f, leasachan m.
suffocate v mùch.
suffrage n guth m taghaidh/vòtaidh.
suffuse v sgaoil air.
sugar n siùcar m.
sugar-beet n biotas m siùcair.
sugar-bowl n bobhla m siùcair.
sugary a siùcarach, milis.
suggest v mol, comhairlich, cuir an aire,
  cuir an inntinn.
suggestion n moladh m, cur m air
  shùilibh.
suicide n fèin-mhort m; fèin-mhortair
  m.
suit n (clothes) deise f; (law) cùis f, cùis-
  lagha f; iarrtas m; (wooing) suirghe f.
suit v freagair, còird.
suit-case n màileid f, baga m.
suitable a freagarrach, iomchuidh.
suite n (of rooms) sreath m; (furniture)
  suidht f; (mus.) sreath m.
suitor n suirghiche m; fear-aslachaidh
  m.
sulkiness n gruaim f, mùig m.
sulky a gruamach, mùgach.
sullen a dùr, gnù.
sullenness n dùiread m, mùgalachd f.
sully v salaich, truaill.
sulphur n pronnasg m.
sulphuric a pronnasgach.
sulphurous a pronnasgail.
sultry a bruthainneach.
sum n àireamh f, sùim f.
summarize v giorraich, thoir geàrr-
  chùnntas air.
summary n giorrachadh m, geàrr-
  chùnntas m.
summary a aithghearr, geàrr.
summer n samhradh m.
summer-house n taigh-samhraidh m.
summit n mullach m, bàrr m.
summon v gairm.
summons n gairm f, bàirlinn f.

sumptuous a sòghail.
sun n grian f.
sunbathe v blian.
sunbeam n gath-grèine f, deò-grèine f.
sunburnt a grian-loisgte.
Sunday n Là m na Sàbaid, An t-Sàbaid
  f, Di-Dòmhnaich m.
sunder v dealaich, sgar.
sundial n uaireadair-grèine m.
sundry a iomadaidh.
sunflower n neòinean-grèine m.
sunk a bàthte.
sunless a gun ghrian.
sunny a grianach.
sunrise n èirigh f na grèine.
sunset n laighe m, f na grèine.
sunshine n deàrrsadh m na grèine.
sup v òl, gabh balgam, gabh suipear.
super- pref os-, an(a)-.
superabundant a anabarrach pailt.
supperannuation n peinnseanachadh m.
superb a barraichte.
supercilious a àrdanach.
superficial a ao-domhainn, uachdarach.
superfluity n anabharra m, cus m.
superfluous a iomarcach.
superhuman a os-daonna.
superintend v stiùir.
superintendent n stiùireadair m.
superior a uachdarach, àrd.
superiority n uachdarachd f, ceum m air
  thoiseach.
superlative a còrr, barraichte; (gram.)
  sàr-cheumach.
supermarket n mòr-bhùth f, sàr-
  mhargaid f.
supernatural a os-nàdurrach.
supersede v cuir ás àite.
superstition n saobh-chràbhadh m.
superstitious a saobh-chràbhach.
superstructure n os-thogail f.
supervise v cùm sùil air, stiùir.
supervisor n stiùiriche m.
supine a air a dhruim-dìreach, neo-
  adhartach.
supper n suipear f.

supplant v cuir ás àite.
supple a sùbailte.
supplement n leasachadh m.
supplementary a leasachail.
suppleness n sùbailteachd f.
suppliant n fear-aslachaidh m.
supplicate v aslaich.
supplication n aslachadh m.
supply n leasachadh m, còmhnadh m.
supply v cùm ri, rach an àite.
support n taic f.
support v cùm taic ri, cuidich.
supporter n fear-taice m.
suppose v saoil.
suppress v cùm fodha, mùch.
suppression n cumail f fodha, mùchadh m.
suppurate v iongraich.
supremacy n ceannasachd f.
supreme a àrd, sàr.
surcharge n for-chosgas m, cosgas a bharrachd.
sure a cinnteach.
surely adv is cinnteach, gu fìrinneach.
surety n geall m.
surface n uachdar m, leth m a-muigh.
surfeit n sàth m, cus m.
surge v at, bòc.
surgeon n làmh-lèigh m.
surgery n làmh-leigheas m; (doctor's s.) lèigh-lann f.
surly a iargalta, gnù; a surly man, burraidh m.
surmise n barail f.
surmount v rach/faigh os cionn.
surname n sloinneadh m, cinneadh m.
surpass v thoir bàrr air.
surplus n còrr m.
surprise n iongnadh m, clisgeadh m.
surprise v cuir iongnadh/clisgeadh air; thig gun fhios air.
surprising a iongantach, neònach.
surrealism n os-fhìreachas m.
surrender n strìochdadh m, gèilleadh m.
surrender v strìochd, gèill.

surreptitious a os ìseal.
surround v cuartaich, iadh mu thimcheall.
surtax n for-chàin f.
survey n sealladh m, beachd m; tomhas m.
survey v gabh beachd; tomhais, meas.
surveyor n fear-tomhais m, fear-meas m.
survive v mair beò.
survivor n fear-tàrrsainn m.
susceptible a mothachail, claonte.
suspect v cuir an amharas; I s., tha amharas agam.
suspected a fo amharas.
suspend v croch, cuir dàil ann, cuir á dreuchd.
suspense n teagamh m, feitheamh m.
suspension n bacadh m, cur m o dhreuchd, cuir ás obair, crochadh m; s. bridge, drochaid crochaidh.
suspicion n amharas m.
suspicious a amharasach.
sustain v cùm suas, fuiling.
sustenance n lòn m, beathachadh m.
swaddle v suain.
swagger v dèan spaglainn.
swallow n gòbhlan-gaoithe m.
swallow v sluig.
swallowed a sluigte, air a shlugadh.
swamp n fèith f.
swan n eala f.
swarm n sgaoth m.
swarm v sgaothaich.
swarthy a ciar, lachdann.
swathe n ràth m.
sway n riaghladh m, seòladh m.
sway n òrdaich, seòl; luaisg.
swear v mionnaich, thoir mionnan.
swearing n mionnachadh m.
sweat n fallas m.
sweat v cuir fallas dhe.
sweaty a fallasach.
swede (turnip) n snèip f.
Swede n Suaineach m.
Sweden n An t-Suain f.

Swedish *a* Suaineach.
sweep *v* sguab.
sweet *n* mìlse *f*, mìlsean *m*; *sweets*, siùcairean *pl*.
sweet *a* milis; (*of scent*) cùbhraidh; (*of sound*) binn; grinn.
sweetbread *n* aran-milis *m*.
sweeten *v* mìlsich.
sweetheart *n* leannan *m*, eudail *f*.
sweetness *n* mìlseachd *f*.
swell *n* (*of sea*) sumainn *f*.
swell *v* at, sèid, bòc.
swelling *n* at *m*, cnap *m*, bòcadh *m*.
swelter *v* bi am brothall.
sweltry *a* bruthainneach.
swerve *v* claon, lùb, rach a thaobh.
swift *n* gobhlan-gainmhich *m*.
swift *a* luath, siùbhlach, grad, ealamh.
swiftness *n* luas *m*.
swill *v* bogaich, fliuch.
swim *n* and *v* snàmh *m*.
swimmer *n* snàmhaiche *m*.
swimming *n* snàmh *m*.
swimming-pool *n* amar-snàimh *m*.
swindle *v* meall, thoir an car á.
swindler *n* mealltair *m*.
swindling *n* mealltaireachd *f*.
swine *n* muc *f*; mucan *pl*.
swing *n* dreallag *f*; siùdan *m*, luasgadh *m*.
swing *v* luaisg, tulg, dèan siùdan, gabh dreallag.
swipe *n* buille *f*.
Swiss *a* Eilbheiseach.
switch *n* suidse *f*; (*wand*) slat *f*.
switchboard *n* suids-chlàr *m*.
Switzerland *n* An Eilbheis *f*.
swivel *n* udalan *m*.
swollen *a* tòcte.
swoon *v* rach an neul.

swoop *v* thig le ruathar.
sword *n* claidheamh *m*.
sword-dance *n* danns *m* a' chlaidheimh.
swot *v* ionnsaich gu dian.
sycophant *n* sodalaiche *m*.
sycophantic *a* sodalach.
syllabic *a* lideachail.
syllable *n* lide *m*.
syllabus *n* clàr *m*, clàr-eagair *m*.
sylvan *a* coillteach.
symbol *n* samhla *m*.
symbolical *a* samhlachail.
symbolize *v* samhlaich, riochdaich.
symmetrical *a* ceart-chumadail.
symmetry *n* cumadalachd *f*.
sympathetic *a* co-mhothachail, co-fhulangach.
sympathize *v* co-mhothaich, co-fhuiling.
sympathy *n* co-mhothachadh *m*, co-fhulangas *m*.
symphony *n* siansadh *m*, simphnidh *f*.
symptom *n* comharradh *m*.
synagogue *n* sinagog *f*.
synchronize *v* co-thìmich.
syncopation *n* ana-bhuille *f*.
syncope *n* giorrachadh *m*.
syndicate *n* buidheann-gnothaich *f*.
synod *n* seanadh *m*.
synonym *n* co-chiallaire *m*, co-fhacal *m*.
synonymous *a* co-chiallach.
synopsis *n* giorrachadh *m*.
syntax *n* co-rèir *m*, òrdugh *m* nam facal.
synthesis *n* co-chur *m*.
syphilis *n* sifilis *f*.
syringe *n* steallaire *m*.
syrup *n* siorap *f*.
system *n* riaghailt *f*, seòl *m*.
systematical *a* riaghailteach.

T

tabernacle *n* pàilliun *m*.

table *n* bòrd *m*, clàr *m*; (*statistical t. etc.*) clàr.

tablecloth *n* anart-bùird *m*.

tablet *n* (*pill*) pile *f*; (*block*) pìos *m*, clàr *m*.

tabular *a* clàrach.

tabulated *a* clàraichte.

tacit *a* gun bhruidhinn.

taciturn *a* dùinte, tosdach.

tack *n* (*nail*) tacaid *f*; (*naut.*) taca *f*.

tack *v* tacaidich; fuaigh; dèan taca.

tackle *n* acainn *f*, uidheam *f*; (*in sport*) ionnsaigh *f*.

tactic *n* luim *m*, seòl (-obrachaidh) *m*.

tadpole *n* ceann-pholan *m*, ceann-simid *m*.

tag *n* aigilean *m*; (*lit.*) ràdh *m*.

tail *n* earball *m*, eàrr *m*, *f*, feaman *m*.

tail-light *n* cùl-sholas *m*.

tailor *n* tàillear *m*.

taint *n* truailleadh *m*, gaoid *f*.

taint *v* truaill, mill.

take *v* gabh, thoir; *t. from/out of*, thoir o/á(s), falbh le; *t. up*, tog; *t. an examination*, feuch deuchainn; *it takes a long time*, tha e a' toirt ùine mhòr; *t. fire*, rach 'na theine; *t. a photograph*, tog dealbh; *the plane takes off at 4 p.m.*, tha am pleuna a' falbh aig ceithir uairean; *t. over*, gabh seilbh air; *he took to drink*, chaidh e ris an deoch.

taking *n* gabhail *m*, toirt *f*, togail *f*.

takings *n* teachd-a-steach *m*.

tale *n* sgeulachd *f*, sgeul *m*.

talent *n* tàlann *m*, comas *m*.

talk *v* labhair, bruidhinn, dèan còmhradh.

talk *n* còmhradh *m*, bruidhinn *f*.

talkative *a* bruidhneach, còmhraideach.

talker *n* fear-còmhraidh *m*.

talking *n* còmhradh *m*.

tall *a* àrd, mòr, fada.

tallness *n* àirde *f*.

tallow *n* geir *f*, blonag *f*.

tally *n* cùnntas *m*, àireamh *f*.

tally *v* freagair.

talon *n* spuir *m*, ionga *f*.

tame *a* calla, callda, ciùin, ceannsaichte.

tame *v* callaich, ceannsaich.

taming *n* callachadh *m*.

tameness *n* callaidheachd *f*.

tamper *v* bean ri, mill.

tan *n* dubhadh (-grèine) *m*.

tan *v* cairt.

tanning *n* cairteadh *m*.

tang *n* blas *m* geur.

tangent *n* tadhlair *m*.

tangible *a* so-làimhseachadh.

tangle *n* (*seaweed*) stamh *m*; sàs *m*, troimhe-chèile *f*.

tangle *v* cuir/rach an sàs.

tango *n* tango *f*.

tanist *n* tànaiste *m*.

tank *n* (*for liquid*) amar *m*; (*mil.*) tanca *f*.

tanker *n* tancair *m*.

tanner *n* fear-cairtidh *m*.

tannic acid *n* searbhag *f* cairt.

tansy *n* lus-na-Frainge *m*.

tantalize *v* tog dòchas.

tantamount *a* ionnan, co-ionnan.

tap *n* goc *m*, tap *f*.

tap *v* tarraing á; (*knock*) cnag.

tape *n* teip *f*, stiall *f*.

tape-recorder *n* teip-chlàraidhear *m*.

taper *v* fàs barra-chaol, dèan caol.

taper *n* cainnean *m*.

tapestry *n* grèis-bhrat *m*.

tapping (of fingers) *n* ducadaich *f*.

tar *n* bìth *f*, teàrr *f*.

Tara *n* Teamhair *f*.

tardy *a* athaiseach.

tare(s) *n* cogall *f.*

target *n* targaid *f.*

tariff *n* càin *f*, clàr-phrìsean *m.*

tarmac *n* tarmac *m.*

tarnish *v* smalaich, dubhaich.

tarpaulin *n* cainb-thearra *f.*

tarry *a* tearrach.

tarry *v* fuirich, dèan maille.

tart *n* pithean *m.*

tart *a* searbh, geur.

tartan *n* breacan *m*, cadadh *m.*

tartness *n* seirbhe *f.*

task *n* obair *f*, gnìomh *m.*

tassel *n* cluigean *m*, babaid *f.*

taste *n* blas *m*; (*artistic t.*) ciall *f*, tuigse *f.*

taste *v* blais, feuch.

tastless *a* neo-bhlasta.

tastelessness *n* neo-bhlastachd *f.*

taster *n* (*small portion of food*) blasad *m.*

tasty *a* blasta.

tatter *n* luideag *f*, stròic *f.*

tatter *v* reub, stròic.

tattle *v* dèan goileam.

tattle *n* goileam *m.*

tattler *n* goileamaiche *m.*

tattoo *n* tatù *m.*

taunt *n* beumadh *m*, magadh *m.*

taunt *v* beum, mag.

taut *a* teann.

tauten *v* teannaich.

tautology *n* dà-aithris *f.*

tavern *n* taigh-thàbhairn *m*, taigh-òsda *m.*

tawdry *a* suarach.

tawny *a* lachdann, ciar.

tawse *n* stràic *m.*

tax *n* cìs *f*, càin *f*; *income t.*, cìs air teachd-a-steach; *community t.*, cìs coimhearsnachd.

tax *v* leag cìs; *t. with* cuir ás leth.

taxable *a* cìs-bhuailteach.

taxation *n* cìs-leagadh *m.*

taxi *n* tacsaidh *m.*

taxman *n* cìs-fhear *m.*

tea *n* teatha *f*, tì *f.*

tea-cup *n* cupan *m* teatha.

tea-pot *n* poit-teatha *f.*

tea-spoon *n* spàin-teatha *f.*

teach *v* teagaisg, ionnsaich.

teachable *a* so-theagasg.

teacher *n* fear *m*/bean-teagaisg *f.*

teaching *n* teagasg *m.*

teal *n* crann-lach *f.*

team *n* sgioba *m*, *f*; (*of horses*) seisreach *f.*

tear *n* (*from eye*) deur *m*; (*tearing*) sracadh *m.*

tear *v* srac, reub.

tearful *a* deurach.

tease *v* tarraing á, farranaich; cìr.

teat *n* sine *f.*

technical *a* teicneolach.

technician *n* teicneòlach *m.*

technique *n* ceàird-eòlas *m*, dòigh *f.*

technology *n* teicneolas *m.*

tedious *a* liosda, màirnealach.

teem *v* bi làn, bi a' cur thairis.

teenager *n* deugaire *m.*

teens *n* deugan *pl.*

telecommunications *n* teile-fhios *m.*

telegram *n* teileagram *m.*

telegraph *n* teileagraf *m.*

telepathy *n* teile-fhaireachdainn *f.*

telephone *n* teilefon *m*, fòn *m*, *f*; *t. directory*, leabhar a/na fòn.

telephonist *n* fònaiche *m.*

teleprinter *n* teile-chlòthair *m.*

telescope *n* gloinne-amhairc *f*, prosbaig *m.*

television *n* teilebhisean *m.*

tell *v* innis, abair; cùnnt.

teller *n* fear-innse *m*; fear-cùnntaidh *m.*

temerity *n* dànadas *m.*

temper *n* nàdur *m*, gnè *f*; (*of steel*) faghairt *f*; *he has a bad t.*, tha droch nàdur ann, tha e droch-nàdurach.

temperament *n* càil *f*, càileachd *f*, nàdur *m.*

temperance *n* measarrachd *f*, stuamachd *f.*

temperate *a* measarra, stuama.
temperature *n* teodhachd *f*.
tempest *n* doineann *f*, gailleann *f*.
tempestuous *a* gailbheach.
temple *n* teampall *m*.
tempo *n* luas *m*.
temporal *a* aimsireil.
temporary *a* sealach, neo-bhuan, rè seal.
temporize *v* cuir dàil, imich a-rèir na h-aimsir.
tempt *v* buair, tàlaidh.
temptation *n* buaireadh *m*.
tempter *n* buaireadair *m*.
ten *n* and *a* (a) deich; (*t. persons*) deichnear.
tenable *a* so-ghleidheadh, reusanta.
tenacious *a* leanailteach.
tenacity *n* leanailteachd *f*.
tenancy *n* gabhaltas *m*.
tenant *n* fear-aonta *m*.
tenantry *n* tuath-cheathairn *f*.
tend *v* glèidh, àraich, aom.
tendency *n* aomadh *m*.
tender *n* tairgse *f*.
tender *v* tairg.
tender *a* maoth, caoin.
tenderness *n* maothalachd *f*, caomhalachd *f*.
tendon *n* fèith-lùthaidh *f*.
tendril *n* faillean *m*.
tenement *n* gabhail *f*; teanamant *m*.
tenet *n* beachd *m*.
tennis *n* cluich-cneutaig *f*.
tenor *n* brìgh *f*, seagh *m*; aomadh *m*; (*mus.*) teanor *m*.
tense *n* aimsir *f*, tràth *m*; *present/future/past t.*, tràth làthaireach/teachdail/coileanta.
tense *a* teann, rag.
tension *n* teannachadh *m*, ragachadh *m*.
tent *n* teanta *f*, pàillean *m*.
tentacle *n* greimiche *m*.
tentative *a* teagmhach.
tenth *n* an deicheamh earrann *f*.
tenth *a* deicheamh.

tenuous *a* tana.
tenure *n* còir-fearainn *f*, gabhaltas *m*.
tepid *a* meagh-bhlàth.
term *n* teirm *f*, tìm *f*; crìoch *f*, ceann *m*; (*expression*) facal *m*, briathar *m*.
terminable *a* so-chrìochnachadh.
terminal *a* (*med.*) crìche.
terminate *v* crìochnaich.
termination *n* crìochnachadh *m*.
terminology *n* briathrachas *m*.
terminus *n* uidhe *f*, ceann-uidhe *m*, ceann *m*.
tern *n* steàrnan *m*.
terrestrial *a* talmhaidh.
terrible *a* eagalach, uabhasach.
terrier *n* abhag *f*.
terrify *v* oilltich.
territory *n* tìr *f*, fonn *m*.
terror *n* eagal *m*, oillt *f*; cùis-eagail *f*.
terrorism *n* oillteachas *m*.
terse *a* cuimir.
test *n* deuchainn *f*.
testament *n* tiomnadh *m*; *The Old T.*, An Seann Tiomnadh; *The New T.*, An T. Nuadh.
testator *n* fear-tiomnaidh *m*.
testicle *n* magairle *m*, *f*, magairlean *m*, clach *f*.
testify *v* thoir fianais.
testimonial, testimony *n* teisteanas *m*.
testiness *n* crosdachd *f*.
testy *a* frionasach, crosda.
tetchy *a* frionasach.
tether *n* teadhair *f*, feist(e) *f*.
Teutonic *adj* Tiutonach.
text *n* teacs *m*; (*Bib.*) ceann-teagaisg *m*.
text-book *n* teacs-leabhar *m*.
textile *n* aodach *m* fighte.
textual *a* teacsail.
texture *n* dèanamh *m*, inneach *m*.
textured *a* inneachail.
than *conj* na; *more t. ten*, barrachd agus/air deich; *other t.*, ach, a thuilleadh air.
thank *v* thoir taing/buidheachas.
thanks *v* tapadh leat/leibh.

thanks *n* taing *f*.

thankful *a* taingeil, buidheach.

thankfulness *n* taingealachd *f*.

thankless *a* neo-ar-thaingeil.

thankoffering *n* ìobairt *f* bhuidheachais.

that *demon pron* and *a* sin, ud, siud.

that *rel pron* a; *t. which*, na.

that *conj* gu, gum, gun, gur, chum; *so — that* (*not*), cho —'s gu(nach): *it was so warm that I could not sleep*, bha e cho blàth 's nach b'urrainn dhomh cadal.

that *adv* a chionn, do bhrìgh.

thatch *n* tughadh *m*.

thatch *v* tugh.

thatcher *n* tughadair *m*.

thaw *n* aiteamh *m*.

thaw *v* dèan aiteamh, leagh.

the *def art* an, am, a', 'n; *with pl* na.

theatre *n* taigh-cluiche *m*.

thee *pers pron* thu, thusa.

theft *n* meirle *f*, goid *f*, braid *f*.

their *poss pron* an, am.

them *pers pron* iad, iadsan.

theme *n* cùis *f*, tèama *f*.

themselves *pron* iad fhèin.

then *adv* (*at that time*) an sin, an uair sin; (*afterwards*) an dèidh sin; (*therefore*) uime sin; (*in that case*) a-rèist.

thence *adv* ás a sin, ás an àite sin, o sin.

thenceforth *adv* on àm sin.

thenceforward *adv* o sin suas/a-mach.

theodolite *n* teodolait *m*.

theologian *n* diadhaire *m*.

theological *a* diadhaireach.

theology *n* diadhachd *f*.

theorem *n* teoirim *m*.

theoretical *a* beachdail.

theorist *n* beachdair *m*.

theory *n* beachd *m*, beachd-smuain *m*, teoiric *f*.

therapy *n* leigheas *m*.

there *adv* an sin/siud, san àite sin.

thereabout *adv* mu thimcheall sin.

thereafter *adv* an dèidh sin.

thereby *adv* le sin, leis a sin.

therefore *adv* uime sin, le sin, air an adhbhar sin.

therefrom *adv* o sin, uaithe sin.

therein *adv* an sin.

therewith *adv* leis a sin.

therm *n* tearm *m*.

thermal *a* tearmach.

thermometer *n* teas-mheidh *f*.

thermos *n* tearmas *m*.

thermostat *n* tearmastad *m*.

these *pron* iad seo.

thesis *n* tràchdas *m*.

they *pers pron* iad, iadsan.

thick tiugh, garbh.

thicken *v* tiughaich, dòmhlaich, fàs tiugh.

thicket *n* doire *m*.

thickness *n* tiughad *m*, dòmhlachd *f*.

thief *n* meirleach *m*, gadaiche *m*.

thieve *v* goid, dèan meirle.

thievish *a* bradach.

thigh *n* sliasaid *f*, leis *f*.

thimble *n* meuran *m*.

thin *a* tana, caol; gann.

thin *v* tanaich.

thine *poss pron* do, leatsa.

thing *n* nì *m*, rud *m*; cùis *f*, gnothach *m*.

think *v* smaoinich, saoil, meas; thoir fanear.

thinker *n* fear-smaoin *m*.

thinking *n* smaoineachadh *m*, saoilsinn *f*.

thinness *n* tainead *m*, caoilead *m*; teircead *m*.

thinning *n* tanachadh *m*.

third *n* trian *m*, treas cuid *f*.

third *a* treas.

thirdly *adv* anns an treas àite.

thirst *n* pathadh *m*, tart *m*, ìota *m*.

thirst *v* bi pàiteach/tartmhor.

thirstiness *n* pàiteachd *f*, tartmhorachd *f*.

thirsty *a* pàiteach, tartmhor, ìotmhor.

thirteenth *a* treas-deug.

thirteen *n* and *a* trìdeug.

thirty *n* and *a* deich ar fhichead, trìthead *m*.

this *demon pron* seo, an nì seo.

thistle *n* cluaran *m*, fòghnan *m*.

thither *adv* chun a sin, don àite sin.

thitherto *adv* chun na crìche sin.

Thomas *n* Tòmas *m*.

thong *n* iall *f*.

thorn *n* dris *f*, droigheann *m*.

thorny *a* driseach, droighneach.

thorough *a* iomlan, domhainn; (*complete*) dearg; *a t. fool*, dearg amadan.

those *demon pron* iad sin/siud.

thou *pers pron* tu, thu; *are you going?*, a bheil thu dol?; *is it you who* —? an tu tha —?

though *conj* ge, ged; *as t.*, mar gu(m/n); *as t. you were to say*, mar gun canadh tu.

thought *n* smaoin *f*, smuain *f*; aire *f*, cùram *m*; dùil *f*.

thoughtful *a* smaointeachail, cùramach.

thoughtless *a* neo-smaointeachail.

thousand *n* and *a* mìle.

thrall *n* tràill *m, f*.

thrash *v* slaic, sgiùrs; (*of grain*) buail.

thread *n* snàthainn *m*, snàithlean *m*.

thread *v* cuir snàthainn/snàithlean troimh.

threadbare *a* lom.

threat *n* bagairt *f*, maoidheadh *m*.

threaten *v* bagair, maoidh.

threatening *n* bagradh *m*.

three *n* and *a* trì; (*of persons*) triùir.

three-legged *a* trì-chasach.

three-ply *a* trì-dhualach.

three-quarters *n* trì chairtealan *pl*.

threefold *a* trì-fillte.

threescore *n* trì fichead.

thresh *v* buail.

threshing-machine *n* muileann-bhualaidh *m, f*.

threshold *n* stairs(n)each *f*.

thrice *adv* trì uairean.

thrift *n* cùmhntachd *f*.

thrifty *a* glèidhteach, cùramach.

thrill *n* gaoir *f*.

thrill *v* cuir gaoir ann.

thriller *n* gaoir-sgeul *m*.

thrilling *a* gaoireil.

thrive *v* soirbhich, cinn.

throat *n* amhach *f*, sgòrnan *m*.

throb *n* plosgadh *m*.

throb *v* dèan plosgartaich.

throe *n* èiginn *f*, saothair *f*.

thrombosis *n* trombòis *f*.

throne *n* rìgh-chathair *f*.

throng *n* mòr-shluagh *m*, dòmhladas *m*.

throng *v* dòmhlaich.

throttle *v* tachd, mùch.

through *prep* tre, troimh, trìd; *t. me etc.*, tromham *etc.*

throughout *adv* o cheann gu ceann, feadh gach àite.

throw *n* tilgeadh *m*.

throw *v* tilg, sad; leag.

thrum *n* fuidheag *f*.

thrush *n* smeòrach *f*.

thrust *n* sàthadh *m*, sparradh *m*.

thrust *v* sàth, spàrr.

thumb *n* òrdag *f*.

thumb *v* làimhsich.

thump *n* buille *f*, slaic *f*.

thump *v* buail, thoir slaic do.

thunder *n* tàirneanach *m*.

thunderbolt *n* beithir *m*.

thunderous *a* torrannach.

Thursday *n* Diardaoin *m*.

thus *adv* mar seo, air an dòigh seo.

thwart *n* tobhta *m*.

thwart *v* cuir/bi an aghaidh, cuir bacadh air.

thy *poss pron* do, d', t'.

tiara *n* coron *m*.

tick *n* (*of clock*) buille *f*, diog *m*; (*moment*) diog; (*mark on paper*) strìochag *f*; (*sheep t.*) mial-chaorach *f*.

ticket *n* bileag *f*, ticeard *f*.

ticket-collector *n* fear *m* togail bhileagan/thiceardan.

ticking *n* (*of watch etc.*) diogadaich *f*.

tickle v diogail.

tide n seòl-mara m, tìde-mhara f; high t., làn(-mara) m.

tidings n naidheachd f.

tidy a sgiobalta, cuimir.

tidy v sgioblaich.

tie n bann m.

tie v ceangail.

tier n sreath m.

tiger n tìgeir m.

tight a teann.

tighten v teannaich.

tightness n teinnead m.

tights n stocainnean-àrda pl.

tile n crèadh-leac f.

till n cobhan m.

till prep gu, gus, gu ruig.

till v àitich, treabh.

tillage n treabhadh m, àr m.

tiller n (of soil) treabhaiche m; (naut.) ailm/failm f.

tilt v aom; cathaich.

timber n fiodh m.

timbered a fiodha.

time n ùine f, àm m, aimsir f, uair f, tìm f, tràth m; what's the t.?, dè 'n uair a tha e?; there is plenty of t., tha ùine/tìde gu leòr ann; it's high time you ——, tha làn thìde agad ——; there is a t. for rejoicing, tha aimsir ann airson subhachais; meal-time, tràth bidhe; behind the times, air chùl an t-seanchais; for a long t., o chionn fhada; from t. to t., bho àm gu àm.

time v tomhais tìm.

time-exposure n nochdadh-seala m.

timeless a neo-thìmeil.

timely adv an deagh àm.

timid a gealtach, diùid.

timidity n gealtachd f, athadh m.

timorous a eagalach, sgàthach.

tin n staoin f; (t. can) canastair m.

tin-opener n fosglair m chanastair.

tincture n dath m, lìth m.

tinder n spong m.

tinge v dath.

tingle v fairich gaoir.

tinker n ceàrd m.

tinkle v dèan/thoir gliong.

tinsel n tinsil f, staoinseil f.

tint n dath m, tuar m.

tiny a crìon, meanbh, bìodach.

tip n bàrr m; (of money) duais f.

tipple v dèan pòit.

tippler n misgear m, pòitear m.

tipsy a air leth-mhisg, froganach.

tiptoe n corra-biod m.

tire v sgìthich, sàraich; fàs sgìth.

Tiree n Tiriodh f.

Tiree person n Tirisdeach m ban-Tirisdeach f.

tired a sgìth.

tiresome a sgìtheachail.

tissue n eadar-fhighe m, stuth m; nerve t., stuth-nearbhaichean m.

tit n sine f; (orn.) gocan m, smutag f.

tit-bit n annlan m.

tithe n deachamh m, deicheamh m.

titillation n diogladh m.

title n tiotal m, ainm m; (leg.) còir f, dligh f.

title-page n clàr-ainme m.

titular a san ainm.

to prep do, gu, chun, ri, aig, an aghaidh, a; he gave a shilling to the boy, thug e tasdan don bhalach; they went to a ceilidh, chaidh iad gu cèilidh; up to the knees in sand, chun nan glùinean ann an gainmhich; he said to him, thuirt e ris; physician to the King, lèigh aig an Rìgh; three to one, triùir an aghaidh aoin; he came to see me, thàinig e a shealltainn orm; to me etc., dhomh/thugam etc.

to adv to and fro, a-null 's a-nall.

toad n muile-mhàg f.

toast n tost m; (drink) deoch-slàinte f.

toast v caoinich, tostaig; òl deoch-slàinte.

tobacco n tombaca m.

today adv an-diugh.

toe n òrdag f.

toffee n toifidh m.

together *adv* le chèile, còmhla, maraon; *t. with*, maille ri.

toil *n* saothair *f.*

toil *v* saothraich.

toilet *n* taigh-beag *m*; sgeadachadh *m*; *he went to the t.*, chaidh e don taigh-bheag; *she is attending to her t.*, tha i ga sgeadachadh fhèin.

toilsome *a* saothrachail.

token *n* comharradh *m.*

tolerable *a* so-fhulang; meadhanach (math).

tolerance *n* fulangas *m*; ceadachas *m.*

tolerant *a* ceadach.

tolerate *v* ceadaich.

toleration *n* ceadachas *m.*

toll *n* càin *f.*

toll *v* buail clag.

tomato *n* tomàto *m.*

tomb *n* tuam *m.*

tomboy *n* caile-bhalach *m.*

tombstone *n* leac *f* uaghach.

tomcat *n* cat *m* fireann.

tome *n* leabhar *m* mòr.

tomorrow *adv* a-màireach.

ton *n* tonna *f.*

tonal *a* tònail.

tone *n* fonn *m*, fuaim *m*, gleus *m, f*; tòna *f.*

tone-deaf *a* ceòl-bhodhar.

tongs *n* clobha *m.*

tongue *n* teanga *m*; cainnt *f.*

tongue-twister *n* amalladh-cainnte *m.*

tonic *n* deoch *f* bhrìgheach; togail *f.*

tonight *adv* a-nochd.

tonnage *n* tonnachas *m.*

tonsil *n* tonsail *f.*

tonsure *n* bearradh *m.*

too *adv* cuideachd, mar an ceudna; *with adjs.*, ro; *he went there t.*, chaidh e ann cuideachd; *too black*, ro dhubh; *too much*, cus, tuilleadh 's a' chòir.

tool *n* inneal *m*, ball-acainn *m.*

tooth *n* fiacail *f; back tooth*, fiacail-cùil *f.*

toothache *n* an dèideadh *m.*

toothbrush *n* bruis-fhiaclan *f.*

toothpaste *n* uachdar-fhiaclan *m.*

top *n* mullach *m*, bàrr *m*, uachdar *m*; (*spinning t.*) gille-mirein *m*; *on top*, air muin; *spinning t.*, dotaman *m.*

top *v* thoir bàrr air; còmhdaich mullach.

top-heavy *a* bàrr-throm.

toper *n* pòitear *m*, misgear *m.*

topic *n* ceann *m*, cuspair *m*, adhbhar *m*, ceann-còmhraidh *m.*

topical *a* co-aimsireil.

topmost *a* uachdrach.

topography *n* tìr-chùnntas *m.*

topsy-turvy *a and adv* bun-os-cionn.

torch *n* leus *m.*

torment *n* cràdh *m*, pian *m.*

torment *v* cràidh, pian.

tormentor *n* fear-pianaidh *m*, fear-lèiridh *m.*

torpedo *n* toirpead *m.*

torpid *a* gun chlì.

torpor *n* marbhantachd *f.*

torrent *n* bras-shruth *m*, beum-slèibhe *m.*

torrid *a* loisgeach.

torso *n* colann *f.*

tortoise *n* sligeanach *m.*

tortuous *a* snìomhach, lùbach.

torture *n* cràdh *m*, pianadh *m.*

torture *v* cràidh, cuir an cràdh.

Tory *n* Tòraidh *m.*

toss *v* luaisg; tilg; (*of a coin*) cuir croinn.

total *a* iomlan, uile.

totalitarian *a* tur-smachdach.

totally *adv* gu lèir.

totter *v* thoir ceum critheanach.

touch *n* beantainn *m*, suathadh *m*; beagan *m*, rudeigin *m.*

touch *v* bean do, suath ann, buin ri; làimhsich; drùidh air.

touching *a* drùidhteach.

touchstone *n* clach-dhearbhaidh *f.*

touchy *a* frithearra.

tough *a* righinn; buan.

toughen *v* rìghnich.

toughness *n* rìghnead *m.*

tour *n* turas *m*, cuairt *f.*

tourism *n* turasachd *f.*

tourist *n* fear-turais *n*; *pl* luchd-t.

tourniquet *n* casg-fala *m.*

tow *n* slaod *m.*

towards *prep* a chum, a dh'ionnsaigh; mu thimcheall, faisg air.

towel *n* tubhailte *f*, sear(bh)adair *m.*

tower *n* tùr *m*, turaid *f.*

town *n* baile *m*, baile-mòr *m.*

town-council *n* comhairle *f* a' bhaile.

town-hall *n* talla *m* a' bhaile.

townclerk *n* clèireach *m* baile.

toy *n* dèideag *f.*

toy *v* cluich, dèan sùgradh.

trace *n* lorg *f.*

trace *v* lorg, comharraich.

track *n* lorg *f*, frith-rathad *m.*

trackless *a* gun slighe.

tract *n* (*of country*) clàr *m*; (*pamphlet*) leabhran *m*; (*anat.*) bealach *m.*

tractable *a* soitheamh, aontachail.

traction *n* tarraing *f.*

tractor *n* tractor *m.*

trade *n* ceàird *n*; malairt *f.*

trade *v* dèan malairt/ceannachd.

trade-mark *n* comharradh *m* malairt.

trade-union *n* aonadh-ceirde *m*, ceàrd-chomann *m.*

trader *n* fear-malairt *m.*

tradesman *n* fear-ceàirde *m.*

tradition *n* beul-aithris *m*; tradisean *m.*

traditional *a* beul-aithriseach, tradiseanta.

traduce *v* cùl-chàin.

traffic *n* trafaic *f.*

tragedy *n* bròn-chluich *f*; cùis-mhulaid *f.*

trail *n* lorg *f*, slighe *f.*

trail *v* slaod; rach air lorg.

trailer *n* slaodair *m.*

train *n* (*railway t.*) trèana *f*; (*company etc.*) muinntir *f*, cuideachd *f.*

train *v* àraich, teagaisg, ionnsaich.

trainee *n* ionnsaichear *m.*

training *n* ionnsachadh *m*, oilean *m*, cleachdadh *m.*

trait *n* trèithe *f.*

traitor *n* fear-brathaidh *m.*

traitorous *a* brathach, fealltach.

trammel *v* rib, grab.

tramp *n* cas-cheuman *pl* troma; (*of person*) fear-siubhail *m.*

trample *v* saltair.

trance *n* neul *m.*

tranquil *a* ciùin, sìochail.

tranquillity *n* ciùineas *m.*

tranquillizer *n* ciùineadair *m.*

transact *v* dèan gnothach, cuir air dòigh.

transaction *n* gnothach *m*; *transactions*, cùisean *pl.*

transcend *v* rach thairis air, thoir bàrr air.

transcendent *a* tar-dhìreadhail.

transcribe *v* ath-sgrìobh.

transcriber *n* ath-sgrìobhair *m.*

transcript, transcription *n* ath-sgrìobhadh *m*, tair-sgrìobhadh *m.*

transfer *n* malairt *f*, toirt *f* thairis.

transfer *v* thoir/cuir thairis.

transfiguration *n* cruth-atharrachadh *m.*

transfigure *v* cruth-atharraich.

transfix *v* troimh-lot, sàth ann.

transform *v* cruth-atharraich.

transformer *n* tar-chruthair *m*; tionndaire *m.*

transfuse *v* coimeasg.

transgress *v* rach thairis.

transgression *n* cionta *m.*

transient *a* diombuan, neo-mhaireann.

transit *n* trasnadh *m.*

transition *n* imeachd *f.*

transitional *a* trasdach.

transitive *a* (*gram.*) aistreach.

translate *v* eadar-theangaich; atharraich.

translation *n* eadar-theangachadh *m.*

translator *n* eadar-theangair *m.*

translucent *a* tre-shoillseach.

transmigration *n* cian-imrich *f.*

transmission *n* tar-chur *m.*

transmit *v* tar-chuir.

transmitter n tar-chuirear m, crann-sgaoilidh m, uidheam-sgaoilidh m.
transmute v tar-chaochail.
transparent a trìd-shoilleir.
transpire v thig am follais.
transplant n ath-chur m.
transplant v ath-chuir.
transport n giùlan m.
transport v giùlain, iomchair.
transpose v atharraich; (mus.) gleus-atharraich.
trap n ribe f.
trap v rib, glac.
trash n nì m gun fheum, truileis f.
trashy a suarach, gun fhiù.
travail n saothair f, claoidheadh m.
travail v sàraich.
travel n taisdeal m, siubhal m.
travel v triall, siubhail.
traveller n fear-siubhail m, taisdealaiche m.
travelling n siubhal m.
traverse a tarsainn.
traverse v triall.
trawl v sgrìob.
trawler n bàta-sgrìobaidh m, tràlair m.
tray n sgàl m.
treacherous a mealltach.
treachery n ceilg f.
treacle n trèicil f.
tread n ceum m; (of tyre) corrachas m.
tread v saltair; (copulate) cliath.
treadle n cas f.
treason n brathadh m.
treasure n ionmhas m, ulaidh f.
treasure v taisg.
treasurer n ionmhasair m.
treasury n ciste f an ionmhais.
treat n cuirm f, fleagh m.
treat v thoir aoigheachd do, riaraich; (discuss) labhair air, làimhsich.
treatise n tràchdas m.
treatment n làimhseachadh m.
treaty n cùmhnant m, còrdadh m.
treble a trì-fillte; (of voice) àrd.
tree n craobh f, crann m.

trefoil n trì-bhileach m.
trellis n obair-chliath f.
tremble v criothnaich, bi air chrith.
trembling n criothnachadh m, crith f.
trembling a critheanach.
tremendous a uabhasach, eagalach.
tremor n crith f, ball-chrith f.
tremulous a critheanach.
trench n clais f.
trench v cladhaich.
trenchant a geur, cumhachdach.
trencher n truinnsear m.
trend n claonadh m.
trepidation n geilt-chrith f.
trespass n cionta m, peacadh m; briseadh-chrìochan m.
trespass v peacaich; rach thar chrìochan.
tress n ciabh f, bachlag f.
trestle n sorchan m.
trews n triubhas m.
triad n trithear m.
trial n deuchainn f, dearbhadh m.
triangle n trì-cheàrnag f.
triangular a trì-cheàrnach.
tribe n treubh f, sliochd m, seòrsa m.
tribulation n trioblaid f, àmhghar f.
tribunal n mòd-ceartais m.
tributary n leas-abhainn f.
tribute n càin f; ùmhlachd f.
trick n car m, cleas m, cuilbheart f.
trick v meall, thoir an car á.
trickle n beag-shilcadh m, beag-shruth m.
trickle v sil, sruth.
tricycle n trì-rothach m.
triennial a trì-bhliannail.
trifle n faoineas m; (sweet) mìlsean-measgaichte m.
trifling a beag, suarach.
trigger n iarunn-leigidh m.
trigonometry n tomhas m trì-cheàrnach.
trilateral a trì-shliosach.
trill n coireall m.
trim n gleus m, f, òrdugh m.
trim a sgiobalta, cuimir.

trim v uidheamaich, snasaich.

Trinity n Trianaid f; T. College, Colaisde f na Trianaid.

trinket n seud m.

trio n triùir; (mus.) ceòl-triùir m.

trip n turas m, cuairt f; tuisleadh m.

trip v tuislich.

tripartite a trì-earrannach.

tripe n maodal f.

triphthong n trì-fhoghar m.

triple a trì-fillte.

triplets n triùir.

triplicate v trìthich.

tripod n trì-chasach m.

trisyllabic a trì-shiollach.

trite a sean-ràite.

triumph n gàirdeachas m, buaidh-chaithream m.

triumph v thoir buaidh, dèan buaidh-chaithream.

triumphant a caithreamach.

trivial a suarach, gun fhiù.

Trojan n and a Traoidheanach m.

trolley n troilidh f.

trollop n sgliùrach f.

troop n buidheann f, cuideachd f, trùp m; t. of horses, greigh f.

troop v triall.

trooper n trùpair m.

trophy n duais f.

trombone n trombòn m.

tropic n tropaig f, cearcall m grian-stad.

tropical a tropaigeach.

trot n trotan m.

trot v dèan trotan.

trotter n cas f caorach.

trouble n dragh f, saothair f, trioblaid f; buaireas m.

trouble v cuir dragh air, buair; he is troubled with sciatica, tha e a' gearain air siataig.

troublesome a draghail, buaireasach.

trough n amar m.

trounce v lunndrainn.

trousers n briogais f; triubhas m.

trout n breac m; sea t., bànag f.

trowel n sgreadhail f.

truant a èalaidheach.

truce n fosadh m.

truck n truca f.

truck v dèan malairt.

truculent a cogail, garg.

trudge v triall air èiginn.

true a fior, firinneach; dìleas; ceart.

truly adv firinneach, gu dearbh, gu deimhinn; yours t., le dùrachd.

trump n (cards) buadh-chairt f, trumpa f; (mus.) trombaid f.

trumpet n trombaid f.

truncheon n plocan m.

trundle v cuir car ma char.

trunk n stoc m, bun-craoibhe m; (box) ciste f; (animal's t.) sròn f, gnos m.

truss n crios m trusaidh.

truss v trus, ceangail.

trust n earbsa f, creideas m.

trust v earb á, cuir muinghinn ann, thoir creideas do.

trustee n cileadair m, urrasair m.

trusteeship n urrasachd f.

truth n firinn f.

try v feuch; dearbh; cuir gu deuchainn.

tryst n dàil f.

tub n ballan m, cùdainn f, tuba f.

tube n pìob f, pìoban m, feadan m.

tubercular a eitigeach.

tuberculosis n a' chaitheamh f.

tubular a pìobach, pìobanach.

tubule n pìobag f.

tuck v trus.

Tuesday n Dimàirt m.

tuft n dos m, babag f, badan m.

tufty a dosach, badanach.

tug v tarraing, dragh, spìon.

tug n tarraing f, draghadh m; (naut.) tuga f.

tuition n teagasg m, ionnsachadh m.

tulip n tiuilip f.

tumble n tuiteam m, leagadh m.

tumble v tuit, leag; tilg sìos.

tumbler n còrn m.

tumorous a fluthach.

tumour *n* at *m*, màm *m*, meall *m*, fluth *m*.

tumult *n* iorghail *f*.

tumultuous *a* iorghaileach.

tun *n* tunna *f*.

tune *n* fonn *m*, port *m*.

tune *v* gleus.

tuneful *a* fonnmhor.

tuneless *a* neo-fhonnmhor.

tuner *n* fear-gleusaidh *m*.

tungsten *n* tungstan *m*.

tunic *n* casag *f*.

tuning-fork *n* gobhal-gleusaidh *m*.

tunnel *n* tunail *f*.

tup *n* reithe *m*.

turban *n* turban *m*.

turbid *a* ruaimleach.

turbine *n* roth-uidheam *f*.

turbo-generator *n* roth-ghineadair *m*.

turbot *n* bradan-leathann *m*.

turbulence *n* buaireas *m*, luaisgeachd *f*.

turbulent *a* buaireasach, luaisgeach.

turf *n* sgrath *f*, fàl *m*, fòd *f*.

turgid *a* air at; trom, iom-fhaclach.

Turk *n* Turcach *m*.

turkey *n* eun-Frangach *m*.

Turkey *n* An Tuirc *f*.

Turkish *a* Turcach.

turmoil *n* troimhe-chèile *f*.

turn *n* tionndadh *m*, car *m*, lùb *f*; tilleadh *m*; tùrn *m*, gnìomh *m*; cuairt *f*.

turn *v* tionndaidh, cuir mun cuairt; till, cuir air falbh; fàs, cinn.

turn-out *n* àireamh-vòtaidh *f*.

turn-over *n* bathar-luach *m*.

turn-table *n* clàr-tionndaidh *m*.

turner *n* tuairnear *m*.

turning *n* tionndadh *m*; car *m*, lùb *f*.

turnip *n* snèap *f*.

turpentine *n* turpantain *m*.

turquoise *n* and *a* tuirc-ghorm *m*.

turret *n* turaid *f*.

turtle *n* turtur *f*.

tusk *n* sgor-fhiacail *f*.

tussle *n* tuasaid *f*.

tut! *interj* thud!

tutelage *n* oideas *m*.

tutor *n* oid-ionnsaich *m*; (*in clan polity*) taoitear *m*.

tutorial *n* and *a* buidheann-teagaisg *f*; teagasgach.

twain *n* dithis *m*, càraid *f*.

twang *n* srann *f*.

twang *v* dèan srann.

tweak *v* teannaich, cuir car de.

tweed *n* clò *m*, clò-mòr *m*.

tweezers *n* greimiche *m*.

twelfth *a* dara-deug.

twelve *n* and *a* d(h)à-dheug; *t. men*, dà-fhear-dheug.

twentieth *a* ficheadamh.

twenty *n* and *a* fichead.

twenty-first *a* aona — ar fhichead.

twice *adv* dà uair.

twig *n* faillean *m*, slat *f*.

twilight *n* eadar-sholas *m*, camhanaich *f*.

twin *n* leth-aon *m*.

twin-engined *a* dà-einnseanach.

twin-screw *a* dà-sgriubhach.

twine *n* toinntean *m*.

twine *v* toinn.

twinge *n* biorgadh *m*.

twinkle, twinkling *n* priobadh *m*.

twinkle *v* priob.

twirl *v* ruidhil mun cuairt.

twist, twisting *n* toinneamh *m*, car *m*, snìomh *m*, fiaradh *m*.

twister *n* snìomhaire *m*, snìomhadair *m*.

twist *v* toinn, toinneamh, snìomh.

twit *v* mag, dèan fochaid.

twitch *n* priobadh *m*, biorgadh *m*.

twitter *n* ceilear *m*.

two *n* and *a* dà, (a) dhà; (*of persons*) dithis, càraid.

two-dimensional *a* dà-mheudach.

two-edged *a* dà-fhaobharach.

two-faced *a* beulach, leam-leat.

two-fold *a* dà-fhillte.

two-handed *a* dà-làmhach.

two-legged *a* dà-chasach.

two-ply *a* dà-dhualach.
two-stroke *n* and *a* dà-bhuilleach *m*.
tycoon *n* taidh-cùn *m*, fear-gnothaich *m* mòr.
type *n* seòrsa *m*; (*typog.*) clò *m*.
type *v* clò-sgrìobh.
typescript *n* clò-sgrìobhadh *m*.
typesetter *n* clò-shuidhiche *m*.
typewriter *n* clò-sgrìobhadair *m*.
typhoid *n* fiabhras *m* breac.
typhus *n* fiabhras *m* ballach.
typical *a* coltach, dualach.

typify *v* dualaich.
typist *n* clò-sgrìobhaiche *m*.
typographer *n* clò-bhuailtear *m*.
typographical *a* clò-bhuailteach.
typography *n* clò-bhualadh *m*.
tyrannical *a* aintighearnail.
tyranny *n* aintighearnas *m*.
tyrant *n* aintighearn(a) *m*.
tyre *n* taidhr *f*.
tyro *n* foghlamaiche *m*.
Tyrone *n* Tìr *f* Eòghainn.

U

ubiquitous *a* uile-làthaireach.
udder *n* ùth *m*.
ugliness *n* grànndachd *f*.
ugly *a* grànnda.
Uist *n* Uibhist *f*.
Uist person *n* Uibhisteach *m*, ban-Uibhisteach *f*.
ulcer *n* neasgaid *f*, lot-iongarach *m*.
ulcerate *v* iongraich.
ulceration *n* iongrachadh *m*.
ulcerous *a* iongarach, neasgaideach.
Ulster *n* Ulaidh *f*.
ulterior *a* ìochdarach, falaich.
ultimate *a* deireannach, deiridh.
ultimatum *n* fògradh *m* deiridh.
ultra- *pref* ro-, sàr.
ultra-violet *n* ultra-violait *f*.
umber *a* òmair.
umbilical *a* imleagach.
umbrage *n* corraich *f*, fearg *f*; mìothlachd *f*.
umbrella *n* sgàilean *m*.
umpire *n* breitheamh *m*.
un- *pref* neo-, mì-, an-, às-, do-, eu-, gun.
unable *a* neo-chomasach, eu-comasach; *he is u. to do it*, tha e neo-chomasach/ eu-comasach dha a dhèanamh.
unaccompanied *a* gun chompàirt.
unaccountable *a* do-innse, do-chur-ancèill.
unaccustomed *a* neo-chleachdte, neoghnàthach.
unacquainted *a* aineolach.
unadorned *a* neo-sgeadaichte.
unadulterated *a* neo-thruaillichte.
unaffected *a* còir, sìmplidh.
unaided *a* gun chuideachadh.
unalterable *a* neo-chaochlaideach.
unanimity *n* aon-inntinn *f*.
unanimous *a* aon-inntinneach.
unanswerable *a* do-fhreagairt.
unappetizing *a* neo-bhlasda.
unarmed *a* neo-armaichte.
unasked *a* gun iarraidh.

unassuming *a* iriosal, diùid.
unattainable *a* do-ruigsinn.
unattended *a* gun chuideachd.
unauthorised *a* gun ùghdarras.
unavailing *a* gun stàth.
unavoidable *a* do-sheachanta.
unaware *a* gun fhios/fhaireachadh.
unbalanced *a* air mhì-chothrom, corrach.
unbeatable *a* do-shàraichte.
unbeaten *a* neo-chìosnaichte.
unbefitting *a* neo-fhreagarrach.
unbelief *n* ana-creideamh *m*.
unbeliever *n* ana-creideach *m*.
unbend *v* maothaich.
unbiased *a* neo-leatromach.
unbidden *a* gun iarraidh.
unbind *v* fuasgail.
unbolt *v* thoir an crann de.
unborn *a* gun bhreith.
unbounded *a* neo-chrìochnach.
unbreakable *a* do-bhriste.
unceasing *a* gun sgur.
uncertain *a* neo-chinnteach.
uncertainty *n* neo-chinnteachd *f*.
unchanging *a* neo-chaochlaideach.
uncharitable *a* neo-charthannach.
unchaste *a* neo-gheanmnaidh.
unchristian *a* ana-crìosdail.
uncircumcised *a* neo-thimchcallgheàrrte.
uncivil *a* borb.
uncivilized *a* neo-shìobhalta, borb.
uncle *n* bràthair *m* athar/màthar.
unclean *a* neòghlan.
uncleanliness *n* neòghloine *f*.
unclouded *a* gun neul.
uncollected *a* neo-chruinnichte.
uncoloured *a* neo-dhaite.
uncombed *a* neo-chìrte.
uncomely *a* mì-chiatach.
uncomfortable *a* anshocrach.
uncommon *a* neo-ghnàthach, ainneamh, neo-chumanta.
unconcealed *a* gun cheilt.

unconcerned *a* neo-chùramach.
unconditional *a* gun chùmhnantan.
unconfirmed *a* neo-dhaingnichte.
uncongealed *a* neo-reòta.
uncongenial *a* neo-bhàigheil.
unconquerable *a* do-cheannsachadh.
unconscious *a* neo-fhiosrach.
unconstitutional *a* neo-reachdail.
uncontested *a* gun chòmhstri.
uncontrollable *a* do-smachdaichte.
unconventional *a* neo-ghnàthach.
unconvinced *a* neo-dheimhinnte.
uncooked *a* amh.
uncork *v* ás-àrcaich.
uncorrected *a* neo-cheartaichte.
uncourteous *a* mì-shuairce.
uncouth *a* aineolach.
uncrossed *a* gun chrosadh.
unction *n* ungadh *m*.
uncultivated *a* neo-àitichte, fiadhaich.
uncultured *a* neo-chulturach.
uncut *a* neo-gheàrrte.
undated *a* gun cheann-latha.
undaunted *a* neo-ghealtach.
undeceived *a* neo-mheallta.
undecided *a* neo-chinnteach.
undefiled *a* neo-thruaillte.
undefined *a* neo-mhìnichte.
undelivered *a* neo-lìrichte.
undeniable *a* do-àicheadh.
under *prep* fo.
under-secretary *n* fo-rùnaire *m*.
underclothes *n* fo-aodach *m*.
undercurrent *n* fo-shruth *m*.
underdeveloped *a* neo-leasaichte.
underfed *a* neo-bheathaichte.
undergo *v* fuiling, giùlain, faigh.
undergraduate *n* fo-cheumaiche *m*.
underground *a* fo thalamh, fon talamh.
underhand *a* cealgach.
underline *v* cuir loidhne fo, neartaich.
undermanned *a* aotrom (a thaobh luchd-obrach).
undermine *v* cladhaich fo, thoir an stèidh air falbh o.
underneath *prep* fo.
underneath *adv* fodha.
underrate *v* dì-mheas.

under-skirt *n* fo-sgiorta *f*.
understand *v* tuig.
understanding *n* tuigse *f*, ciall *f*.
understanding *a* tuigseach.
undertake *v* gabh os làimh.
undertaker *n* fear-adhlacaidh *m*.
undertaking *n* gnothach *m*, obair *f*.
undervalue *v* dì-mheas.
underwear *n* fo-aodach *m*.
underwrite *v* fo-sgrìobh.
undeserved *a* neo-thoillteanach.
undeserving *a* neo-airidh.
undigested *a* neo-mheirbhte.
undiminished *a* neo-lùghdaichte.
undiscernible *a* neo-fhaicsinneach.
undiscerning *a* neo-thuigseach.
undisciplined *a* neo-smachdte.
undiscovered *a* gun lorg air.
undisguised *a* nochdte.
undistinguished *a* neo-chomharraichte.
undisturbed *a* neo-bhuairte.
undivided *a* neo-roinnte.
undo *v* mill; fuasgail.
undone *a* caillte, sgrioste.
undoubted *a* cinnteach, gun teagamh.
undoubtedly *adv* gu cinnteach, gun teagamh.
undress *v* rùisg.
undressed *a* rùisgte.
undue *a* neo-dhligheach.
undulation *n* tonn-luasgadh *m*.
undutiful *a* mì-dhleasanach.
unearned *a* neo-shaothraichte.
uneasiness *n* anshocair *f*.
uneasy *a* anshocrach.
uneconomic *a* neo-eaconomach.
uneducated *a* neo-fhoghlamte.
unemployed *a* dìomhain, gun obair.
unenlightened *a* neo-fhiosrach.
unenterprising *a* neo-adhartach.
unentertaining *a* neo-aighearach.
unequal *a* neo-ionnan.
unequivocal *a* dìreach, gun amharas.
unerring *a* neo-mhearachdach.
uneven *a* neo-chòmhnard, neo-rèidh, corrach.
unevenness *n* neo-chòmhnardachd *f*, neo-rèidhe *f*.

unexpected *a* gun dùil.
unexperienced *a* neo-chleachdte.
unexplored *a* neo-rannsaichte.
unextinguishable *a* do-mhùchadh.
unfailing *a* neo-fhàillinneach.
unfair *a* mì-cheart, eu-còir.
unfaithful *a* neo-dhìleas.
unfashionable *a* neo-fhasanta.
unfathomable *a* do-thomhas.
unfavourable *a* neo-fhàbharrach.
unfed *a* neo-bhiata.
unfeeling *a* neo-fhaireachail.
unfertile *a* neo-thorrach.
unfettered *a* neo-chuibhrichte.
unfinished *a* neo-chrìochnaichte.
unfirm *a* neo-sheasmhach.
unfit *a* neo-iomchaidh; bochd.
unfledged *a* gun itean.
unfold *v* fosgail, foillsich.
unforeseen *a* gun sùil ris.
unforgiving *a* neo-mhathach.
unformed *a* neo-chumadail.
unfortunate *a* mì-shealbhach.
unfounded *a* gun bhunait.
unfrequent *a* ainmig, tearc.
unfriendly *a* neo-chàirdeil.
unfruitful *a* neo-tharbhach.
unfurl *v* sgaoil.
unfurnished *a* gun àirneis.
ungainly *a* neo-eireachdail.
ungenerous *a* neo-fhialaidh.
ungenial *a* neo-bhàigheil.
ungentle *a* neo-shuairce.
ungodliness *n* ain-diadhachd *f*.
ungodly *a* ain-diadhaidh.
ungovernable *a* do-riaghladh.
ungrammatical *a* droch-ghràmarach.
ungrateful *a* mì-thaingeil.
unguarded *a* neo-dhìonta.
unhappiness *n* mì-shonas *m*.
unhappy *a* mì-shona.
unharmonious *a* neo-fhonnmhor.
unhealthy *a* euslainteach.
unheard *a* gun èisdeachd ri.
unheeded *a* gun sùim.
unholy *a* mì-naomha.
unhospitable *a* neo-aoidheil.
unhurt *a* gun dochann/bheud.

unhusk *v* plaoisg.
unicellular *a* aoncheallach.
unification *n* co-aonachadh *m*.
uniform *n* culaidh *f*, èideadh *m* (dreuchdail).
uniform *a* aon-dealbhach, aon-ghnèitheach, cothrom.
uniformity *n* co-ionnanachd *f*.
unilateral *a* aon-taobhach.
unimaginable *a* do-smuaineachadh.
unimpaired *a* neo-mhillte.
unimportant *a* neo-chudromach.
unimproved *a* neo-leasaichte.
uninformed *a* aineolach, gun eòlas.
uninhabitable *a* do-àiteachadh.
uninhabited *a* neo-àitichte.
uninjured *a* gun chiorram.
uninspired *a* neo-bhrosnaichte, gun bhlas.
unintelligent *a* neo-innleachdach.
unintelligible *a* do-thuigsinn.
unintentional *a* do-rùnaichte.
uninterested *a* gun ùidh, gun spèis, coma.
uninvited *a* gun chuireadh.
union *n* aonadh *m*.
Union Jack *n* Seoc *m* an Aonaidh.
unionist *n* aonadair *m*.
unique *a* air leth.
unison *n* seinn *f* aon-ghuthach.
unit *n* aon *m*, aonad *m*.
unite *v* aonaich, ceangail.
United Nations, the Na Dùthchannan Aonaichte.
uniting *n* aonachadh *m*.
unity *n* aonachd *f*, co-chòrdadh *m*.
universal *a* coitcheann.
universality *n* uile-choitcheannas *m*.
universe *n* domhan *m*.
university *n* oilthigh *m*.
unjust *a* mì-cheart, eu-còir.
unkind *a* neo-choibhneil.
unkindness *n* neo-choibhneas *m*.
unknown *a* neo-aithnichte.
unladen *a* neo-luchdaichte.
unlawful *a* mì-laghail.
unlearned *a* neo-fhoghlamaichte.
unleavened *a* neo-ghoirtichte.

unless *conj* mur, mura; nas lugha na gu; ach.
unlicensed *a* neo-cheadaichte.
unlike *a* neo-choltach, ao-coltach.
unlikelihood *n* eu-coltas *m*.
unlikely *a* eu-coltach.
unlimited *a* neo-chrìochach.
unload *v* thoir an luchd dhe, aotromaich.
unlock *v* fosgail (glas).
unlooked-for *a* gun dùil ri.
unloose *v* fuasgail.
unloving *a* neo-ghaolach.
unlucky *a* mì-shealbhach.
unmanageable *a* do-cheannsachadh.
unmanly *a* neo-fhearail.
unmannerly *a* mì-mhodhail.
unmarried *a* gun phòsadh.
unmask *v* rùisg, leig ris.
unmatchable *a* gun choimeas.
unmeasured *a* neo-thomhaiste.
unmelted *a* neo-leaghte.
unmentionable *a* do-luaidh.
unmerciful *a* an-tròcaireach.
unmindful *a* dì-chuimhneach, neo-aireil.
unmixed *a* neo-mheasgte.
unmoved *a* neo-ghluaiste.
unmusical *a* neo-cheòlmhor.
unnamed *a* neo-ainmichte.
unnatural *a* mì-nàdurach.
unnavigable *a* do-sheòladh.
unnecessary *a* neo-fheumail, neo-riatanach.
unneighbourly *a* neo-nàbachail.
unnerve *v* thoir misneach/a mhisneach bho.
unnumbered *a* do-àireamh.
unobservant *a* neo-shuimeil.
unobtainable *a* do-fhaotainn.
unoccupied *a* bàn.
unoffending *a* neochoireach.
unofficial *a* neo-oifigeach.
unopposed *a* neo-bhacte.
unorderly *a* mì-riaghailteach.
unorthodox *a* neo-ghnàthach.
unpack *v* fosgail.
unpaid *a* neo-phàighte, gun phàigheadh/tuarasdal.
unpalatable *a* neo-bhlasda.
unparalleled *a* gun choimeas.
unpardonable *a* gun leisgeul.
unpardoned *a* neo-mhathte.
unparliamentary *a* neo-phàrlamaideach.
unpatriotic *a* gun ghràdh dùthcha.
unpensioned *a* gun pheinnsean.
unperceived *a* gun fhios.
unphilosophical *a* neo-fheallsanta.
unpitying *a* neo-thruacanta.
unplayable *a* do-iomairt; do-chluiche.
unpleasant *a* mì-thaitneach, mì-chàilear.
unpleased *a* mì-thoilichte.
unpleasing *a* mì-thaitneach.
unpoetical *a* neo-fhileanta.
unpolished *a* neo-lìomhte.
unpopular *a* neo-ionmhainn.
unpractised *a* neo-chleachdte.
unprecedented *a* gun choimeas.
unprejudiced *a* neo-leth-bhreitheach.
unpremeditated *a* gun roi-smuain.
unprepared *a* neo-ullamh.
unprincipled *a* neo-chogaiseach.
unproclaimed *a* neo-ghairmte.
unproductive *a* neo-thorrach.
unprofessional *a* neo-ghairmeil.
unprofitable *a* neo-tharbhach.
unpropitious *a* mì-shealbhach.
unprosperous *a* neo-shealbhar.
unprotected *a* gun dìon.
unpublished *a* neo-fhoillsichte.
unqualified *a* neo-uidheamaichte.
unquestionable *a* gun cheist.
unravel *v* fuasgail, rèitich.
unreal *a* neo-fhìor.
unreasonable *a* mì-reusanta.
unrecorded *a* neo-sgrìobhte.
unreformed *a* neo-leasaichte.
unrehearsed *a* gun ullachadh.
unrelated *a* gun bhuntainn; gun chàird-eas.
unreliable *a* neo-mhuinghinneach.
unreserved *a* neo-ghlèite.
unrest *n* mì-shuaimhneas *m*, aimhreit *f*.
unrestricted *a* gun bhacadh.

unrewarded *a* neo-dhuaisichte.
unrighteous *a* neo-ionraic.
unrightful *a* neo-dhligheach.
unripe *a* an-abaich.
unrivalled *a* gun choimeas.
unruly *a* aimhreiteach.
unsafe *a* mì-shàbhailte.
unsalted *a* neo-shaillte.
unsatisfactory *a* mì-shàsail.
unsavoury *a* mì-bhlasda.
unscholarly *a* neo-sgoileireil.
unscientific *a* neo-shaidheansail.
unseal *v* fosgail.
unseasonable *a* neo-thràthail.
unseat *v* cuir ás àite.
unseaworthy *a* neo-acfhainneach.
unseemly *a* mì-chiatach.
unseen *a* neo-fhaicsinneach.
unselfish *a* neo-fhèineil.
unsettled *a* neo-shuidhichte, guanach, falbhanach.
unshaken *a* neo-ghluasadach, daingeann.
unshapely *a* mì-dhealbhach.
unsheathe *v* rùisg, nochd.
unsheltered *a* gun fhasgadh.
unshorn *a* neo-bheàrrte.
unsightly *a* duaichnidh.
unskilful *a* mì-theòma.
unskilled *a* neo-ionnsaichte.
unsociable *a* neo-chaidreach, neo-chuideachdail.
unsoiled *a* neo-shalaichte.
unsold *a* neo-reicte.
unsophisticated *a* sìmplidh.
unsought *a* gun iarraidh.
unsound *a* mì-fhallain.
unspeakable *a* do-labhairt.
unspecified *a* neo-ainmichte.
unspoiled *a* neo-mhillte.
unspotted *a* gun smal.
unstable *a* neo-sheasmhach.
unstamped *a* gun stampa.
unsteady *a* corrach.
unstinted *a* neo-ghann, pailt.
unsuccessful *a* mì-shealbhar.
unsuitable *a* neo-iomchuidh.
unsullied *a* gun truailleadh.

unsupported *a* neo-chuidichte.
unsuspecting *a* gun amharas.
unsweetened *a* gun mhìlseachadh.
unsympathetic *a* neo-aireachail.
unsystematic *a* gun eagar.
untamed *a* neo-chàllaichte.
untaught *a* neo-ionnsaichte.
untenanted *a* neo-àitichte.
untested *a* gun fheuchainn.
unthankful *a* mì-thaingeil.
unthinking *a* gun smaoineachadh.
unthrifty *a* sgapach.
untidy *a* luideach, troimhe-chèile.
untie *v* fuasgail.
untied *a* fuasgailte.
until *adv* gu, gus, gu ruig.
untilled *a* neo-àitichte.
untimely *a* neo-thràthail.
unto *prep* do, gu, chum, thun, a dh'ionnsaigh, gu ruig.
untouched *a* gun bheantainn ri.
untraced *a* neo-lorgaichte.
untrained *a* neo-ionnsaichte.
untroubled *a* neo-bhuairte.
untrue *a* neo-dhìleas.
untruth *n* breug *f*.
untutored *a* neo-ionnsaichte.
unused *a* neo-chleachdte, gun a chur gu feum.
unusual *a* neo-àbhaisteach.
unvalued *a* gun mheas.
unvanquished *a* neo-cheannsaichte.
unvaried *a* gun atharrachadh.
unveil *v* leig ris, nochd.
unversed *a* neo-eòlach.
unwanted *a* gun iarraidh.
unwary *a* neo-fhaiceallach.
unwashed *a* salach.
unwed *a* gun phòsadh.
unwelcome *a* gun fàilte.
unwholesome *a* mì-fhallain.
unwieldy *a* trom, liobasda.
unwilling *a* aindeònach.
unwind *v* thoir ás an toinneamh.
unwise *a* neo-ghlic.
unwomanly *a* mì-bhanail.
unworldly *a* neo-shaoghalta.
unworthy *a* neo-airidh.

unwrap v fuasgail.

unwritten a neo-sgrìobhte.

unyoke v neo-bheartaich.

up prep suas.

up adv (motion to) suas, an àirde; (motion from below) a-nìos; (rest in) shuas, gu h-àrd; what's up with him?, dè tha ceàrr air?; up to the knees, chun nan glùinean; the time is up, tha an tìde an àirde.

up-to-date a nuadh-aimsireil.

upbraid v troid.

upbringing n togail.

update v nua-dheasaich.

uphill a ri bruthach.

uphold v cùm suas.

upholder n fear-taice m.

upholstery n còmhdachadh m.

upland n aonach m, mullach m.

uplift v tog suas, àrdaich.

upmost a as àirde.

upon prep air, air muin.

upper a uachdrach, shuas, as àirde.

upper part n (of country, body) bràigh m.

uppermost a as uachdraiche.

upraise v àrdaich.

upright a dìreach, onorach.

uprise n èirigh f.

uproar n gleadhar m, othail f.

uproot v spìon á bun.

upset n cur m troimhe-chèile.

upshot n crìoch f, co-dhùnadh m.

upside n uachdar m.

upside down a, adv bun os cionn.

upstairs adv (rest) shuas staidhre; (motion) suas staidhre.

upward adv suas.

uranium n urànium m.

urban a cathaireil.

urbane a furmailteach, suairce.

urchin n gàrlach m.

urge v spàrr, brosnaich, stuig.

urgency n dèine f, cabhag f.

urgent a dian, cabhagach.

urinal n ionad-mùin m.

urine n mùn m, fual m.

urn n poit-tasgaidh f.

us pers pron sinn, sinne.

usage n àbhaist f, nòs m.

use n feum m, math m, stàth m; cleachdadh m, àbhaist f.

use v gnàthaich, cuir gu feum, dèan feum de; he used to do that, b'àbhaist dha sin a dhèanamh.

used a gnàthaichte, cleachdte; caithte.

useful a feumail, freagarrach.

usefulness n feumalachd f.

useless a gun fheum.

usher v thoir a-steach.

usual a àbhaisteach, gnàthach.

usually adv mar as trice, gu minig.

usurer n riadhadair m.

usurious a riadhach.

usurp v gabh/glèidh gun chòir.

usury n riadhadaireachd f.

utensil n ball-acfhainn m.

uterus n machlag f.

utilitarian f feumachail.

utility n feum m, math m.

utilize v dèan feum de.

utmost a as motha, as àirde.

utter v abair, labhair.

utterance n labhairt f.

utterly adv gu tur, gu lèir.

uttermost n a' chuid f as mò.

uvula n cìoch-shlugain f.

uxorious a mùirneach mu mhnaoi.

V

vacancy *n* beàrn *m*, àite *m* falamh; falmhachd *f*.
vacant *a* falamh, fàs.
vacate *v* falmhaich, fàg.
vacation *n* saor-làithean *pl*.
vaccination *n* cur *m* breac-a-chruidh air.
vaccinate *v* cuir breac-a-chruidh air.
vacillate *v* luaisg.
vacuity *n* failmhe *f*.
vacuous *a* fàs, faoin.
vacuum *n* falmhachd *f*.
vacuum-cleaner *n* glanadair *m* falmhaidh, vàcuum *m*.
vacuum-flask *n* buideal-vàcuum *m*.
vagabond *n* fear-fuadain *m*.
vagina *n* faighean *m*.
vagrant *n* fear-siubhail *m*.
vagrant *a* siùbhlach.
vague *a* neo-dheimhinn.
vain *a* dìomhain, faoin; uaibhreach, mòr á(s).
vain-glorious *a* glòir-dhìomhain.
vale *n* srath *m*.
valet *n* gille-coise *m*.
valiant *a* calma, foghainnteach.
valid *a* tàbhachdach, èifeachdach.
validate *v* èifeachdaich.
validity *n* tàbhachd *f*, èifeachd *f*.
valley *n* gleann *m*, srath *m*.
valorous *a* gaisgeanta.
valour *n* gaisge *f*.
valuable *a* luachmhor, prìseil.
valuation *n* meas *m*.
value *n* luach *m*, fiach *m*.
value *v* meas, cuir meas air.
value-added-tax (VAT) *n* cìs *f* luach-leasaichte.
valueless *a* gun luach.
valve *n* pìob-chòmhla *f*, duilleag-dhoras *m*.
van *n* (*motor*) vana *f*; (*front*) toiseach *m*, tùs *m*.
vandal *n* vandal *m*, creachadair *m*.

vanguard *n* tùs-feachda *m*.
vanilla *n* faoineag *f*.
vanish *v* rach ás an t-sealladh.
vanity *a* dìomhanas *m*, faoineas *m*.
vanquish *v* buadhaich, ceannsaich.
vantage *n* cothrom *m*.
vapid *a* neo-bhrìgheil.
vaporous *a* smùideach.
vapour *n* deatach *f*, smùid *f*.
variable *a* caochlaideach.
variableness *n* caochlaideachd *f*.
variant *n* malairt *f*.
variation *n* atharrachadh *m*, diofarachadh *m*.
varicose vein *n* fèith *f* bhorrtha.
variegated *a* breac, ballach, diofaraichte.
variety *n* atharrachadh *m*, caochladh *m*.
various *a* iomadh, iomadach, eugsamhail.
varnish *n* falaid *m*.
varnish *v* falaidich, cuir falaid air.
vary *v* caochail, atharraich.
vase *n* vàsa *f*.
vaseline *n* vasalain *m*.
vassal *n* ìochdaran *m*.
vast *a* ro-mhòr, aibhseach.
vat *n* dabhach *f*.
VAT *see value-added-tax.*
Vatican *n* Am Vatacain *m*.
vaticinate *v* fàisnich.
vault *n* seilear *m*; tuam *m*.
vault *v* leum, geàrr sùrdag.
vaunt *v* dèan bòsd.
veal *n* laoigh-fheòil *f*.
vector *n* veactair *m*.
veer *v* tionndaidh, claon.
vegetable(s) *n* glasraich *f*.
vegetarian *n* feòil-sheachnair *m*.
vegetarianism *n* feòil-sheachnadh *m*.
vegetation *n* fàs *m*.
vehemence *n* dèineas *m*.

vehement *a* dian, dealasach.

vehicle *n* inneal-giùlain *m*, carbad *m*.

veil *n* gnùis-bhrat *m*, sgàile *f*.

veil *v* còmhdaich, ceil.

vein *n* cuisle *f*, fèith *f*; gnè *f*, dòigh *f*, iomairt *f*.

veined *a* cuisleach, fèitheach.

velar *a* vealarach.

vellum *n* craiceann-sgrìobhaidh *m*.

velocity *n* luas *m*.

velvet *n* meileabhaid *f*.

venal *a* so-cheannach.

vend *v* reic.

vender *n* reiceadair *m*.

vendetta *n* faltanas *m*.

veneer *n* fiodh-chraiceann *m*.

veneer *v* fiodh-chraiceannaich.

venerable *a* urramach, measail.

venerate *v* urramaich.

veneration *n* àrd-urram *m*.

venereal *a* drùiseil.

vengeance *n* dìoghaltas *m*.

vengeful *a* dìoghaltach.

venial *a* so-mhathadh.

Venice *n* Veanas *m*.

venison *m* sitheann *f*.

venom *n* nimh *m*, puinnsean *m*.

venomous *a* nimheil.

venous *a* fèitheach.

vent *n* luidhear *m*; fosgladh *m*.

vent *v* leig a-mach, leig ruith le.

ventilate *v* fionnaraich.

ventilation *n* fionnarachadh *m*.

ventilator *n* clais-fionnarachaidh *f*.

ventricle *n* bolgan *m*.

ventriloquist *n* brù-chainntear *m*.

venture *n* tuaiream *m*.

venture *v* dùraig, thoir ionnsaigh.

venturesome *a* misneachail.

venue *n* làthair *f*.

Venus *n* Vènas *f*, Bhènas *f*.

veracity *n* fìreantachd *f*.

verb *n* gnìomhair *m*; *defective v.*, g. neo-iomlan; *auxiliary v.*, g. taiceil.

verbal *a* faclach; *v. noun*, ainmear briathair.

verbatim *adv* facal air an fhacal.

verbose *a* briathrach.

verbosity *n* briathrachas *m*.

verdant *a* gorm, feurach.

verdict *n* breith *f*.

verdigris *n* meirg-umha *f*.

verdure *n* glasradh *m*.

verge *n* oir *f*, iomall *m*.

verge *v* aom, claon, teann ri, thig faisg air.

verification *n* fìreanachadh *m*.

verify *v* dearbh, fìrinnich.

verily *adv* gu deimhinn/cinnteach.

verisimilitude *n* cosmhalachd *f*.

veritable *a* fìor, cinnteach.

verity *n* fìrinn *f* dhearbhte.

vermilion *n* flann-dhearg *m*, bhermilean *m*.

vermin *n* mìolan *pl*.

vermouth *n* burmaid *f*.

vernacular *n* cainnt *f* na dùthcha.

vernacular *a* dùchasach.

vernal *a* earraich.

vers libre *n* vers libre, saor rannaigheachd *f*.

versatility *n* iol-dànachas *m*.

verse *n* rann *m*, earrann *f*; (*poetry*) dàn *m*, dànachd *f*, bàrdachd *f*.

versed *a* eòlach, fiosrach.

versification *n* ranntachd *f*.

versifier *n* bàrd *m*.

versify *v* cuir an dàn.

version *n* innse *f*, seòrsa *m*; eadar-theangachadh *m*.

verso *n* cùl *m*.

versus *prep* an aghaidh.

vertebral *a* druim-altach.

vertebrate *n* druim-altach *m*.

vertex *n* binnean *m*.

vertical *a* dìreach.

vertigo *n* tuaineal *m*.

very *a* fìor, ceudna, ceart, dearbh, anabarrach.

very *adv* fìor, ro-, glè, ceart.

vespers *n* feasgarain *pl*.

vessel *n* soitheach *m*, long *f*.

vest *n* peitean *m*.

vestibule *n* for-dhoras *m*.

vestige *n* lorg *f*, comharradh *m*.

vestment *n* aodach *m*, trusgan *m*.

vestry *n* veastraidh *m*.

vet *n* doctair *m* bheathach, veat *m*.

vetch *n* peasair *f* nan each.

veteran *n* seann-saighdear *m*.

veto *n* crosadh *m*.

vex *v* buair, sàraich.

vexation *n* buaireadh *m*, farran *m*.

vexatious *a* draghail, farranach.

via *prep* taobh, troimh.

viable *a* so-obrachadh.

vial *n* searrag *f* ghloinne.

viand *n* biadh *m*, lòn *m*.

vibrate *v* crith, cuir air chrith, triobhuail.

vibration *n* crith *f*, triobhualadh *m*.

vicar *n* biocair *m*.

vicarious *a* ionadach, tre neach eile.

vice *n* dubhailc *f*, droch-bheart *f*; (*instrument, tool*) teanchair *m*, bithis *f*.

vice- *pref* iar-, leas-; *vice-president*, iar-cheann-suidhe *m*; *vice-chairman*, leas-chathairleach.

viceroy *n* fear-ionaid *m* rìgh.

vicinity *n* coimhearsnachd *f*.

vicious *a* dubhailceach.

vicissitude *n* cor *m*, tuiteamas *m*.

victim *n* ìobairteach *m*.

victor *n* buadhair *m*.

Victoria *n* Bhioctoria *f*, Victoria *f*.

victorious *a* buadhach.

victory *n* buaidh *f*.

victual *n* lòn *m*, biadh *m*.

victuals *n* biotailt *m*.

video *n* video *f*, bhideo *f*.

video-tape *n* teip *f* video.

vie *v* dèan strì/spàirn.

view *n* sealladh *m*; beachd *m*, dùil *f*.

view *v* gabh sealladh, faic; beachdaich, gabh beachd, bi den bheachd.

view-finder *n* lorgan-seallaidh *m*.

viewpoint *n* ionad-beachd *m*.

vigil *n* faire *f*.

vigilance *n* furachras *m*.

vigilant *a* furachail.

vigorous *a* calma, lùthor.

vigour *n* spionnadh *m*, treòir *f*.

vile *a* gràineil, suarach.

vileness *n* gràinealachd *f*.

vilify *v* màb, càin.

villa *n* taigh *m* air leth.

village *n* baile *m*, baile-beag *m*.

villager *n* fear *m* ás a' bhaile.

villain *n* slaoightear *m*.

villanous *a* slaoighteil.

villany *n* slaoightearachd *f*.

vindicate *v* dearbh, fìreanaich.

vindication *n* dearbhadh *m*, fìrcanachadh *m*.

vindictive *a* dìoghaltach.

vine *n* fìonan *m*, crann-fìona *m*.

vinegar *n* fìon-geur *m*.

vineyard *n* fìon-lios *m*.

vine-press *n* fìon-amar *m*.

vinous *a* fìonach.

vintage *n* fìon-fhoghar *m*.

vintner *n* fìon-òsdair *m*.

violate *v* mill, bris.

violation *n* milleadh *m*, briseadh *m*, èigneachadh *m*.

violence *n* fòirneart *m*, ainneart *m*.

violent *a* fòirneartach, ainneartach.

violet *n* sail/dail-chuach *f*.

violin *n* fidheall *f*, fiodhall *f*.

violinist *n* fidhleir *m*.

violoncello *n* beus-fhidheall *f*.

viper *n* nathair-nimhe *f*.

virago *n* bàirseach *f*.

virgin *n* maighdeann *f*, òigh *f*.

virgin *a* maighdeannail, òigheil.

virginal *n* òigh-cheòl *m*.

virginal *a* òigheil, banail.

virginity *n* maighdeannas *m*.

virile *n* fearail, duineil.

virility *n* fearachas *m*.

virtual *a* dha-rìribh.

virtue *n* subhailc *f*, beus *f*, deagh-bheus *f*; buaidh *f*.

virtuoso *n* maighistir *m*.
virtuous *a* beusach, subhailceach.
virulence *n* nimhe *f*, gèire *f*.
virus *n* vìoras *m*.
vis-à-vis *adv* aghaidh ri aghaidh, a thaobh.
virulent *a* nimhneach, geur.
visa *n* vìosa *f*.
visage *n* aghaidh *f*, gnùis *f*.
viscid *a* tiugh.
viscount *n* biocant *m*.
viscous *a* glaodhach.
visibility *n* lèireas *m*.
visible *a* lèir, faicsinneach.
vision *n* fradharc *m*; sealladh *m*; bruadar *m*, aisling *f*; taibhs *f*.
visionary *n* bruadaraiche *m*.
visionary *a* taisbeanach, bruadarach.
visit *n* tadhal *m*, cèilidh *m*.
visit *v* tadhail, dèan cèilidh.
visitant *n* fear-cèilidh *m*.
visitation *n* cuairt *f*, tadhal *m*.
visitor *n* aoigh *m*.
vista *n* sealladh *m*, lèireas *m*.
visual *a* fradharcach, lèirsinneach.
visualize *v* faic, nochd don t-sùil.
vital *a* beò, beathail.
vitality *n* beathalachd *f*.
vitalize *v* beothaich.
vitals *n* buill-beatha *pl*.
vitamin *n* vitimin *f*.
vitiate *v* mill, truaill.
vitreous *a* gloinneach.
vitrify *v* fàs/dèan mar ghloinne.
vitriol *n* searbhag *f* loisgeach.
vituperation *n* aithiseachadh *m*.
vivacious *a* aigeannach, beothail.
vivacity *n* beothalas *m*.
vivisection *n* beò-ghearradh *m*.
vivid *a* beò, boillsgeanta.
vivify *v* beothaich.
vixen *n* sionnach *m* boireann.
viz *adv* is e sin, sin ri ràdh.
vocabulary *n* faclair *m*.
vocal *a* guthach.
vocalic *a* guthach.

vocalist *n* amhranaiche *m*.
vocation *n* gairm *f*, ceàird *f*.
vocational *a* gairmeach, ceàirdeach.
vocative *a* gairmeach; *v. case*, a' chùis ghairmeach.
vociferous *a* sgairteach, glaodhach.
vodka *n* vodca *m*.
vogue *n* fasan *m*.
voice *n* guth *m*; guth-taghaidh *m*; (*gram.*) guth; *active v.*, g. spreigeach; *passive v.*, g. fulangach.
void *n* fàsalachd *f*.
void *a* falamh, fàs.
void *v* falmhaich.
volatile *a* beothail, siùbhlach, caochlaideach.
volatility *n* beothalachd *f*, caochlaideachd *f*.
volcanic *a* bolcànach.
volcano *n* beinn-theine *f*, bolcàno *m*.
volition *n* toil *f*.
volley *n* làdach *m*.
volt *n* volt *m*.
voltage *n* voltachd *f*.
voluble *a* deas-chainnteach.
volume *n* leabhar *m*; tomhas-lìonaidh *m*.
voluminous *a* toirteil.
voluntary *a* toileach, saor-thoileach.
volunteer n (fear) deònach *m*.
voluptuous *a* sòghail.
vomit(ing) *n* sgeith *m*, dìobhairt *m*.
vomit *v* sgeith, dìobhair, cuir a-mach, tilg.
voracious *a* gionach, craosach.
voracity *n* cìocras *m*, gionaiche *m*.
vortex *n* cuairt-shlugan *m*, cuairteag *f*.
votary *n* fear-bòide *m*.
vote *n* guth-taghaidh *m*, vòta *f*.
vote *v* thoir guth-taghaidh, dèan vòtadh, thoir vòta.
voter *n* fear-taghaidh *m*, fear-vòtaidh *m*.
vouch *v* dearbh, thoir fianais.
voucher *n* fianais *f*, teisteanas *m*.
vouchsafe *v* deònaich.

vow *n* bòid *f*, gealladh *m*.

vow *v* bòidich, mionnaich.

vowel *n* fuaimreag *f*.

voyage *n* turas-mara *m*, bhòidse *f*.

voyager *n* taisdealaich *m*.

vulcanize *v* bolcanaich.

vulgar *a* coitcheann, gràisgeil.

vulgarity *n* gràisgealachd *f*.

vulgarization *n* sgaoileadh *m*, craobh-sgaoileadh *m*; truailleadh *m*.

Vulgate *n* Am Bìoball *m* Laidinn.

vulnerable *a* so-leònte.

vulture *n* fang *f*.

W

wad(ding) *n* cuifean *m*.

waddle *v* dèan tunnacail.

wade *v* siubhail troimh, grùnndaich.

wafer *n* abhlan *m*.

waffle *n* baoth-chòmhradh *m*.

waft *v* giùlain.

wag *n* fear *m* an-cheairdeach.

wag *v* crath, bog.

wage(s) *n* tuarasdal *m*, duais *f*; *wages slip*, bileag *f* tuarasdail.

wage *v* dèan, thoir ionnsaigh.

wager *n* geall *m*.

wager *v* cuir geall.

waggish *a* an-cheairdeach.

waggon *n* cairt *f*.

wagtail *n* breac-an-t-sìl *m*, breacan-buidhe *m*.

waif *n* faodalach *m*.

wail(ing) *n* caoineadh *m*, gal *m*.

wail *v* dèan caoineadh.

waist *n* meadhan *m*.

waistcoat *n* peitean *m*, siosacot *m*.

wait *n* feitheamh *m*, stad *m*.

wait *v* feith, fuirich, stad; fritheil.

waiting-room *n* seòmar-feitheamh *m*.

waiter *n* gille-frithealaidh *m*.

waitress *n* caileag-fhrithealaidh *f*.

waive *v* cuir gu taobh.

wake *n* taigh-fhaire *m*.

wake(n) *v* dùisg, mosgail.

wakeful *a* 'na dhùisg *etc.*; furachair.

Wales *n* A' Chuimrigh *f*.

walk *n* cuairt *f*, sràid-imeachd *f*; rathad *m*.

walk *v* coisich, gabh ceum.

walker *n* coisiche *m*.

walking-stick *n* bata *m*.

wall *n* balla *m*.

wall *v* cuartaich le balla.

wall-paper *n* pàipear-balla *m*.

wallet *n* màileid *f*; màileid-pòca *f*.

wallow *v* (dèan) aonagraich.

walnut *n* gall-chnò *f*.

walrus *n* each-mara *m*.

Walter *n* Bhaltair *m*.

waltz *n* vals *f*.

wan *a* glas-neulach.

wand *n* slat *f*, slatag *f*.

wander *v* rach air seachran.

wanderer *n* seachranaiche *m*, fear-allabain *m*.

wandering *n* seacharan *m*, faontradh *m*.

wane *n* (*of moon*) eàrr-dhubh *f*.

wane *v* lùghdaich, crìon, searg.

want *n* uireasbhaidh *f*, dìth *m*; bochd-ainn *f*.

want *v* iarr; bi a dhìth, bi a dh'eas-bhaidh; thig geàrr.

wanton *a* drùiseil, aotrom.

war *n* cogadh *m*.

war *v* cog, cathaich.

war-correspondent *n* tuairisgear-cogaidh *m*.

war-cry *n* gairm-cogaidh *f*.

warble *v* ceileirich.

warbler *n* ceileiriche *m*.

ward *n* dìon *m*; leanabh *m* fo dhìon; (*division*) roinn *f*.

ward *v* dìon; cùm air falbh.

warden *n* fear-gleidhidh *m*.

warder *n* maor-coimhid *m*.

wardrobe *n* preas-aodaich *m*.

warehouse *n* taigh-tasgaidh *m*.

wares *n* bathar *m*.

warfare *n* cogadh *m*, cath *m*.

warily *adv* gu faicilleach.

warlike *a* coganta.

warm *a* blàth; coibhneil.

warm *v* blàthaich, teothaich.

warming *n* garadh *m*.

warmth *n* blàths *m*; dealas *m*.

warn *v* thoir rabhadh.

warning *n* rabhadh *m*, bàirlinn *f*.

warp *n* dlùth *m*.

warp v claon, seac; dlùthaich.
warrant(y) n barrantas m.
warrant v barrantaich, urrasaich.
warrantable a barrantach.
warren n broclach f.
warrior n mìlidh m, laoch m.
warship n long-chogaidh f.
wart n foinne m.
warty a foinneach.
wary a faicilleach, cùramach.
was v bha.
wash n nighe m, glanadh m.
wash v nigh, ionnlaid.
wash-hand-basin n mias f ionnlaid.
wash-house n taigh-nighe m.
washer n nigheadair m; (mech.) cearc-lan m.
washing n nigheadaireachd f.
washing-machine n inneal-nighe m.
washing-powder n fùdar-nighe m.
wasp n speach f, connspeach f.
waspish a speachanta.
wassail n pòit f.
waste n ana-caitheamh m; sgrios m; milleadh m; w. of time, cosg m tìde.
waste a fàs; gun stàth.
waste v cosg, caith; mill.
waste-paper-basket n basgaid f truileis.
wasteful a caithteach, strùidheil.
waster n strùidhear m.
watch n faire f, caithris f; (timekeeper) uaireadair m; keep a w., cùm sùil.
watch v dèan/cùm faire, cùm sùil; glèidh, coimhead; (be careful) bi faicilleach.
watch-dog n cù m faire.
watchful a faicilleach, faireil.
watching n caithris f, faire f; seall-tainn m, cumail f sùil air.
watchmaker n fear-càireadh m uaireadairean.
watchman n fear-faire m, gocaman m.
watchword n facal-faire m.
water n uisge m, bùrn m.
water v uisgich, fliuch.
water-biscuit n briosgaid-uisge f.

water-colours n uisge-dhathan pl.
water-cooled a uisg-fhuaraichte.
water-level n àird f an uisge.
water-lily n duilleag-bhàite f.
water-mill n muileann-uisge m, f.
water-pipe n pìob-uisge f.
water-power n neart-uisge m.
watercress n biolaire f.
waterfall n eas m, leum-uisge m.
Waterford n Port m Làirge.
waterfowl n eun-uisge m.
watering n uisgeachadh m.
watermark n àirde f an làin; comharr-adh-uisge m.
waterproof a uisge-dhìonach.
watershed n uisge-dhruim m.
watertight a dìonach.
watery a fliuch, uisgidh.
watt n watt m.
wattle n slat-chaoil f.
waulk v luaidh.
waulking n luadhadh m.
waulking-song n òran-luadhaidh m.
wave n tonn m, stuadh f.
wave v crath, luaisg; w. (to a person) smèid.
waveband n bann m.
waverer n fear-imcheist m.
wavy a tonnach, stuadhach.
wax n cèir f.
wax v cèirich; (grow) fàs.
waxen a cèireach.
way n slighe f; m, dòigh f; w. of life, seòl beatha.
wayfarer n fear-astair m.
waylay v dèan feall-fhalach.
wayward a frithearra.
we pers pron sinn, sinne.
weak a lag, fann, anfhann, lapach.
weaken v lagaich, fannaich.
weakling n truaghan m.
weakness n laigse f, anfhannachd f.
wealth n beairteas m, saidhbhreas m, ionmhas m.
wealthy a beairteach, saidhbhir.
wean v cuir bhàrr na cìche.

233

weapon *n* ball-airm *m*, ball-deise *m*.

wear *n* caitheamh *m*; (*clothes*) aodach *m*.

wear *v* caith, cosg; sàraich; cuir um.

wearer *n* fear-caitheamh *m*.

wearied *a* sgìth, claoidhte.

weariness *n* sgìos *f*, claoidh(e) *f*.

wearisome *a* sgìtheil.

weary *a* sgìth, claoidhte.

weary *v* sgìthich, claoidh; sàraich.

weasel *n* neas *f*.

weather *n* aimsir *f*, sìde *f*.

weather *v* seas/cùm ri; cùm fuaradh; faigh seachad air; (*of stone etc.*) caoinich.

weather-beaten *a* le dath nan sìon.

weather-forecast *n* roimh-aithris-sìde *f*.

weave *v* figh.

weaver *n* breabadair *m*, figheadair *m*.

web *n* eige *f*, lìon *m*.

webbed *a* eigeil.

wed *v* pòs.

wedded *a* pòsda.

wedder *n* molt *m*.

wedding *n* banais *f*, pòsadh *m*.

wedge *n* geinn *m*.

wedge *v* teannaich le geinn.

wedlock *n* ceangal-pòsaidh *m*.

Wednesday *n* Diciadain *m*.

wee *a* beag.

weed *n* luibh *m*, *f*.

weed *v* glan, priog.

weedkiller *n* luibh-phuinnsean *m*.

week *n* seachdain *f*; *this w. (coming)* an t-s. seo tighinn; *last w.*, an t-s. seo chaidh.

week-end *n* deireadh *m* seachdanach.

weekly *a* gach seachdain, seachdaineil.

weep *v* guil, caoin; dèan gal/caoineadh.

weeping *n* gal *m*, gul *m*, caoineadh *m*.

weeping *a* deurach, galach.

weevil *n* raodan *m*.

weft *n* inneach *m*.

weigh *v* cothromaich; breithnich.

weighted *a* cothromaichte.

weight *n* cudthrom *m*.

weightiness *n* truimead *m*.

weightless *a* aotrom.

weighty *a* trom, cudromach.

weir *n* cairidh *f*.

weird *a* neònach.

welcome *n* fàilte *f*, furan *m*.

welcome, welcoming *a* fàilteach, furanach; *you are w.*, 's e do bheatha.

welcome *v* fàiltich, cuir fàilte air.

weld *v* tàth.

welding *n* tàthadh *m*.

welfare *n* leas *m*, sochair *f*.

well *n* tobar *m*, *f*, fuaran *m*.

well *a* math, gasda, fallain.

well *adv* gu math.

well-dressed *a* spaideil.

well-favoured *a* eireachdail, maiseach.

well-known *a* iomraiteach.

wellbeing *n* soirbheas *m*.

wellbred *a* modhail.

wellington *n* (*boot*) bòtann *m*.

wellwisher *n* fear *m* deagh-rùin.

Welsh *a* Cuimreach.

Welshman *n* Cuimreach *m*.

Welshwoman *n* ban-Chuimreach *f*.

welt *n* balt *m*.

welter *n* troimhe-chèile *f*.

welter-weight *a* trom-chudromach.

wen *n* fluth *m*.

wench *n* caile *f*.

were *v* bha.

wend *v* imich.

west *n* an iar *f*, an àirde *f* an iar; an taobh *m* siar.

west *a* siar, suas.

west *adv* an iar.

westerly *a* on iar, ás an àirde an iar.

western *a* siar; *the W. Isles*, Na h-Eileanan Siar.

westward *adv* chun na h-àirde an iar.

wet *n* fliuiche *f*.

wet *a* fliuch.

wet *v* fliuch.

wether *n* molt *m*.

wetness *n* fliuichead *m*.

wettish *a* meadhanach fliuch.

whale *n* muc-mhara *f.*

whaler *n* sealgair *m* na muice; bàta-seilg *m* na muice.

wharf *n* laimrig *f.*

what *interr pron* ciod?, dè?, *what —* for?, carson?

what *rel pron* an rud a, na.

what (*exclam*) abair!; *w. a crowd*, abair sluagh!

what(so)ever *pron* ciod air bith; as bith, ge be air bith; idir.

wheat *n* cruineachd *m.*

wheaten *a* cruineachd.

wheedle *v* meall le brìodal.

wheel *n* cuibhle *f*, roth *m.*

wheel *v* cuibhil, ruidhil; tionndaidh mun cuairt.

wheel-house *n* taigh-cuibhle *m*, taigh *m* na cuibhle.

wheelbarrow *n* bara *m*, bara-roth *m.*

wheelchair *n* cathair *f* chuibhleach.

wheeze *n* pìochan *m.*

wheeze *v* dèan pìochan.

wheezing *a* pìochanach.

whelk *n* faochag *f.*

whelp *n* cuilean *m.*

when *interr* cuin?

when *conj* nuair, an uair a.

whence *adv* cia/co ás, cia/co uaithe.

whenever *adv* gach uair, ge be uair, àm air bith.

where *interr* càite.

where *rel pron* san àite, far.

whereas *adv* do bhrìgh gu/gum/gun/gur; a chionn 's gu/gum/gun/gur.

whereby *adv* leis, leis am bheil, leis an do.

wherever *adv* ge be ar bith càite.

wherefore *inter* carson? cuige?

wherefore *rel pron* uime sin.

wherein *interr* ce ann?

wherein *rel pron* far an, anns an/am.

whereof *interr* ciod ás?

whereof *rel pron* de, leis.

wheresoever *adv* ge be àite.

whereupon *adv* leis (a) sin, an sin.

whet *v* geuraich, faobharaich.

whether *pron* co aca, co dhiù.

whether *adv* co-dhiù, ge be.

whetstone *n* clach-lìomhaidh *f.*

whey *n* meug *n.*

which *interr pron* cia?, ciod?

which *rel pron* a; (*neg.*) nach.

whichever *pron* cia/ciod air bith.

whiff *n* oiteag *f.*

Whig *n* Cuigse *f.*

Whiggish *a* Cuigseach

while *n* tacan *m*, greis *f; for a w.*, airson greis.

while *v* cuir seachad (an) ùine.

while *adv* am feadh, am fad, fhad 's.

whim *n* neònachas *m*, saobh-smuain *m.*

whimper *n* cnead *m.*

whimsical *a* neònach.

whin *n* (*bush*) conasg *m.*

whine *v* caoin, dèan caoidhearan.

whinny *v* dèan sitrich.

whip *n* cuip *f*, sgiùrsair *m.*

whip *v* sgiùrs.

whiphand *n* làmh *f* an uachdair.

whirl *n* cuairt *f*, cuartag *f.*

whirl *v* cuairtich, ruidhil.

whirligig *n* gille-mirein *m.*

whirlpool *n* cuairt-shlugan *m.*

whirlwind *n* ioma-ghaoth *f.*

whisk *n* sguabag *f*, sgiotag *f.*

whisk *v* sguab, sgiot.

whisker(s) *n* feusag *f.*

whisky *n* uisge-beatha *m.*

whisper *n* cagar *m.*

whisper *v* cagair.

whisperer *n* fear-cagarsaich *m.*

whist *n* whist *f.*

whistle *n* fead *f*; (*instrument*) feadag *f.*

whistle *v* dèan fead/feadarsaich.

whit *n* mìr *m*, dad.

Whit *n* Caingis *f.*

white *a* geal, bàn, fionn.

white of egg *n* gealagan *m.*

whiten *v* gealaich.

whiteness *n* gile *f*, gilead *m*, bàine *f.*

whitewash *n* aol-uisg *m.*

235

whither *interr* càite?, cia 'n taobh?
whiting *n* cùiteag *f*.
Whitsuntide *n* Caingis *f*.
whittle *v* snaigh.
whiz *n* srann *f*.
who *interr pron* cò.
who *rel pron* a; (*neg*) nach.
whoever *pron* cò air bith.
whole *n* an t-iomlan *m*.
whole *a* slàn, iomlan, uile, gu lèir; fallain.
wholesale *n* mòr-dhìol *m*, mòr-reic *m*.
wholesome *a* slàn, fallain.
wholly *adv* gu h-iomlan/lèir/buileach.
whoop *n* glaodh *m*, iolach *f*.
whooping-cough *n* an triuthach *f*.
whore *n* siùrsach *f*.
whoredom *n* strìopachas *m*.
whorish *a* strìopachail.
whose *interr pron* co leis?; *w. house is that?*, co leis tha 'n taigh sin?
whosoever *pron* co air bith.
why *interr* carson?, cuine.
wick *n* buaic *f*, siobhag *f*.
wicked *a* olc, aingidh.
wickedness *n* aingidheachd *f*.
wicker *a* slatach.
wicket *n* caol-dhoras *m*.
wickets *n* (*cricket*) stoban *pl*.
wide *a* farsaing, leathann.
widen *v* leudaich, fàs farsainn.
widespread *a* sgaoilte.
widow *n* banntrach *f*.
widower *n* banntrach *m*.
widowhood *n* banntrachas *m*.
width *n* leud *m*.
wield *v* làimhsich, oibrich.
wife *n* bean *f*, bean-phòsda *f*, cèile *f*.
wig *n* gruag *f*.
wild *a* fiadhaich, allaidh.
wild-cat *n* cat *m* fiadhaich.
wild-goose *n* cadhan *m*.
wilderness *n* fàsach *m*.
wildness *n* fiadh, fiadhaichead *m*.
wile *n* car *m*, cuilbheart *f*.
wilful *a* ceann-làidir.

will *n* toil *f*, rùn *m*, deòin *f*; (*testament*) tiomnadh *m*.
will *v* rùnaich, deònaich, tiomnaich.
will-power *n* neart *m* toile.
will o' the wisp *n* sionnachan *m*.
willing *a* toileach, deònach.
William *n* Uilleam *m*.
willow *n* caol *m*, seileach *m*.
willy-nilly *adv* a dheòin no dh'aindeoin.
wily *a* seòlta, sligheach.
wimble *n* tora *m*.
win *v* coisinn, buidhinn, buannaich.
winch *n* crangaid *f*.
wind *n* gaoth *f*; (*breath*) anail *f*.
wind *v* tionndaidh, toinn, fill.
wind-bag *n* (*of pipes*) màla *f*; (*of a person*) gaothaire *m*.
winder *n* toinneadair *m*.
windfall *n* turchairt *m*.
winding *n* lùbadh *m*, fiaradh *m*.
winding-sheet *n* marbh-fhaisg *f*.
windmill *n* muileann-gaoithe *m, f*.
window *n* uinneag *f*.
window-pane *n* leòsan *m* na h-uinneige.
window-sill *n* sòl *m* na h-uinneige.
windpipe *n* pìob *f* sgòrnain.
windscreen *n* gaothsgàth *m*.
windward *n* fuaradh *m*.
windy *a* gaothach.
wine *n* fìon *m*.
wine-list *n* liosta *f* fìona, clàr *m* fìona.
wine-press *n* fìon-amar *m*.
wing *n* sgiath *f*; (*of house*) leas-thaigh *m*.
wing *v* falbh air iteig.
winged *a* sgiathach.
winger *n* sgiathaire *m*.
wink *n* priobadh *m*, caogadh *m*.
wink *v* caog, priob; leig seachad.
winner *n* fear-buannachaidh *m*.
winning *n* cosnadh *m*, buidhinn *f*.
winning *a* mealltach, ionmhainn.
winnow *v* fasgain.
winnowing *n* fasgnadh *m*.
winter *n* geamhradh *m*.
winter *v* geamhraich.

wintry *a* geamhrachail.
wipe *v* suath, siab, sguab.
wiper *n* suathair *m*.
wire *n* teud *m*, uèir *f*; *barbed w.*, uèir-bhiorach *f*.
wireless *n* rèidio *f*.
wiry *a* seang.
wisdom *n* gliocas *m*, crìonnachd *f*.
wise *a* glic, crìonna.
wish *n* miann *m*, *f*, togradh *m*, dùrachd *f*.
wish *v* miannaich, togair, rùnaich; *I w.*, is miann leam, b'fheàrr leam.
wishful *a* miannach, togarrach.
wisp *n* sop *m*, muillean *m*.
wistful *a* cumhach.
wit *n* toinisg *f*; eirmse *f*, geur-labhairt *f*, geòiread *m*.
witch *n* bana-bhuidseach *f*.
witchcraft *n* buidseachd *f*.
with *prep* le, maille ri, mar ri, cuide ri, còmhla ri; (+*art.*) leis; *w. me*, leam; *part w.*, dealaich ri.
withdraw *v* thoir air ais/falbh; teich.
withdrawal *n* togail *f*, ais-tharraing *f*.
withe *n* gad *m*.
wither *v* searg, seac, crìon.
withered *a* crìon.
withering *n* seargadh *m*, seacadh *m*, crìonadh *m*.
withhold *v* cùm air ais.
within *adv* a-staigh.
without *prep* gun, ás eugmhais.
without *adv* (*outside*) a-muigh.
withstand *v* seas ri.
witless *a* gòrach.
witness *n* fianais *f*.
witness *v* thoir/dèan fianais; *give w.*, tog fianais.
witticism *n* eirmseachd *f*, abhcaid *f*.
witty *a* eirmseach, sgaiteach.
wizard *n* draoidh *m*.
woeful *a* muladach.
wolf madadh-allaidh *m*, faol *m*.
wolfdog *n* faolchu *m*.
woman *n* bean *f*, boireannach *m*.

womanly *a* banail.
womb *n* brù *f*, machlag *f*.
wonder *n* iongnadh *m*; iongantas *m*.
wonder *v* gabh iongantas.
wonderful *a* iongantach.
wondrous *a* neònach.
wont *n* gnàths *m*.
wonted *a* gnàthaichte.
woo *v* dèan suirghe.
wood *n* fiodh *m*; (*trees*) coille *f*.
woodbine *n* iadhshlat *f*.
woodcock *n* crom-nan-duilleag *m*.
wooded *a* coillteach.
wooden *a* fiodha.
woodland *n* fearann *m* coillteach.
woodlouse *n* reudan/raodan *m*.
woodpecker *n* snagan-daraich *m*.
woodpulp *n* glaodhan-fiodha *m*.
woodsorrel *n* feada-coille *f*.
woodwind *n* gaoth-ionnstramaidean *pl*.
woodwork *n* saoirsneachd *f*.
woodworm *n* (*insect*) raodan *m*; (*condition*) raodanas *m*.
woody *a* coillteach.
wooer *n* suirghiche *m*.
woof *n* snàth-cuir *m*.
wool *n* clòimh *f*, olann *f*.
woollen *a* de chlòimh.
word *n* facal *m*, briathar *m*; (*promise*) gealladh *m*.
word-processor *n* facladair *m*.
wording *n* briathran *pl*.
wordy *a* briathrach, faclach.
work *n* obair *f*, saothair *f*; *works*, saothair, sgrìobhaidhean *pl*.
work *v* oibrich, saoithrich.
work-bench *n* being-obrach *f*.
workable *a* so-oibreachadh.
worker *n* oibriche *m*.
working-party *n* buidheann-rannsachaidh *m*, *f*.
workman *n* fear-oibre *m*, oibriche *m*; *pl* luchd obrach.
workmanship *n* ealain *f*.
workshop *n* bùth-oibre *f*.
world *n* saoghal *m*.

worldly *a* saoghalta.

worm *n* cnuimh *f*, durrag *f*, daolag *f*, baoiteag *f*.

worm *v* snìomh.

wormwood *n* burmaid *f*.

worn *a* caithte, breòite.

worried *a* fo iomaguin.

worry *n* dragh *m*, iomaguin *f*.

worry *v* buair, dèan dragh do, cuir imnidh air.

worse *a* nas miosa.

worsen *v* fàs nas miosa.

worship *n* adhradh *m*.

worship *v* dèan adhradh.

worst *a* as miosa.

worsted *n* abhras *m*.

worth *n* fiach *m*, luach *m*.

worth *a* fiù, airidh air.

worthiness *n* toillteanas *m*.

worthless *a* gun fhiù, neo-luachmhor.

worthlessness *n* neo-fhiùghalachd *f*.

worthy *a* airidh, fiùghail, fiachail.

wound *n* lot *m*, creuchd *f*.

wound *v* leòn, lot, creuchd.

wound *a* toinnte.

wounded *a* leònte.

wounded person *n* leòinteach *m*.

woven *a* fighte.

wrangle *n* connsachadh *m*, trod *m*.

wrangle *v* connsaich, troid.

wrap *v* paisg, fill; *w. round*, suain.

wrapper *n* còmhdach *m*, filleag *f*.

wrath *n* corraich *f*, fearg *f*.

wrathful *a* feargach.

wreath *n* blàth-fhleasg *f*; (*of snow*) cuidhe *f*.

wreathe *v* toinn, snìomh.

wreck *n* long-bhriseadh *m*, lèirsgrios *m*; (*of a person or article*) ablach *m*.

wreck *v* sgrios, mill.

wren *n* dreadhan-donn *m*.

wrench *v* spìon.

wrest *v* spìon, èignich.

wrestle *v* gleac.

wrestler *n* gleacadair *m*, caraiche *m*.

wrestling *n* gleac *m*.

wretch *n* truaghan *m*; crochaire *m*.

wretched *a* truagh; doilgheasach.

wretchedness *n* truaighe *f*.

wriggling *n* lùbairnich *m*.

wright *n* saor *m*.

wring *v* fàisg.

wrinkle *n* preas *m*, preasadh *m*, roc *f*.

wrinkle *v* preas, liurc.

wrinkled *a* preasach, liurcach, rocach.

wrist *n* caol *m* an dùirn.

wristband *n* bann-dùirn *m*.

wristlet watch *n* uaireadair *m* làimhe.

writ *n* sgriobtar *m*; reachd *m*.

write *v* sgrìobh; *w. up*, dèan cùnntas air; *w. off*, cuir ás a' chùnntas.

writer *n* sgrìobhadair *m*, sgrìobhaiche *m*.

written *a* sgrìobhte.

writhe *v* snìomh.

writing *n* sgrìobhadh *m*.

writing-paper *n* pàipear-sgrìobhaidh *m*.

wrong *n* eucoir *f*, euceart *m*.

wrong *a* ceàrr; coireach, eucoireach.

wrong *v* dèan eucoir air.

wrongful *a* eucoireach.

wrongheaded *a* baoghalta, rag.

wroth *a* feargach.

wrung *a* fàisgte.

wry *a* càm, fiar, claon.

X

x-ray *n* x-ghath *m.*
x-ray *v* x-ghathaich.

xenophobia *n* gall-ghamhlas *m.*
xylophone *n* sèileafon *m.*

Y

yacht *n* sgoth-long *f.*
yank *v* slaod, srac.
yap *v* dèan comhart; bleadraig.
yard *n* gàrradh *m*, lios *f*; (*measure*) slat *f.*
yardstick *n* slat-tomhais *f.*
yarn *n* (*wool*) snàth *m*, abhras *m*; (*story*) sgeulachd *f*, naidheachd *f.*
yarrow *n* eàrr-thalmhainn *f.*
yawl *n* geòla *f.*
yawn *n* mèanan *m*, mèaran *m.*
yawn *v* dèan mèananaich/mèaranaich.
yawning *n* mèananaich *f*, mèaranaich *f.*
yawning *a* mèananach, mèaranach.
ye *pers pron* sibh, sibhse.
yeanling *n* uan *m*, uanan *m.*
year *n* bliadhna/blianna *f*; *this y.*, am blianna; *next y.*, an ath bhlianna; *last y.*, an uiridh; *the y. before last*, a' bhòn/bhean-uiridh.
yearling *n* bliadhnach/ bliannach *m.*
yearly *adv* gach bliadhna/blianna.
yearn *v* bi air a lèireadh, gabh cianalas, iarr gu làidir.
yearning *n* iarraidh *m, f.*
yeast *n* beirm *f.*
yeasty *a* beirmeach.
yell *n* sgal *m*, glaodh *m*, sgairt *f.*
yell *v* glaodh, dèan sgairt.
yellow *n* and *a* buidhe *m*; *The Y. Pages*, Na Duilleagan Buidhe.
yellowness *n* buidhneachd *f.*
yelp *n* tathann *m.*
yelp *v* dèan tathann.
yen *n* ien *f.*
yeoman *n* tuathanach *m.*
yes *adv* seadh, 'se, tha, *verb repeated in answer*; *yes! right!* ceart ma tha!, aidh!

yes-man *n* seadh-fhear *m.*
yesterday *adv* an-dè; *the day before y.*, a' bhòn-dè.
yet *conj* gidheadh, an dèidh sin, ach.
yet *adv* fhathast; *y. again*, uair eile.
yew *n* iubhar *m.*
Yiddish *a* Iùdhach.
yield *n* toradh *m.*
yield *v* gèill, strìochd.
yoga *n* iòga *f.*
yoghurt *n* iògart *m.*
yoke *n* cuing *f.*
yoke *v* beartaich, cuingich.
yolk (*of egg*) *n* buidheagan *m.*
yoke-fellow *n* co-oibriche *m.*
yon(der) *adv* thall, ud, an siud.
yore *adv of y.*, o chian.
Yorkshire *n* Siorrachd *f* Iorc.
you *pers pron* thu, thusa; (*pl*) sibh, sibhse.
young *n* àl *m* (òg); òigridh *f.*
young *a* òg.
younger *a* nas òige.
youngest *a* as òige.
youngster *n* òganach *m.*
your *poss pron* do, d', t'; (*pl*) bhur, ur.
yours *poss pron* leibh, leibhse.
yourself *pron* thu fhèin.
yourselves *pron* sibh fhèin.
youth *n* (*abstr.*) òige *f*; (*person*) òigear *m*, òganach *m*; (*coll.*) òigridh *f.*
youth-hostel *n* hostail-òigridh *m.*
youthful *a* òg, ògail.
Yugoslavia *n* Iùgoslabhia *f.*
Yule *n* Nollaig *f.*

Z

zany *a* cleasach.
zeal *n* eud *m*, dealas *m*.
zealot *n* fear *m* dealasach.
zealous *a* eudmhor, dealasach.
zebra *n* asal-stiallach *f.*
zenith *n* bàrr *m.*
zephyr *n* tlàth-ghaoth *f.*
zero *n* neoni *f.*
zest *n* fonn *m.*
zigzag *a* lùbach.
zinc *n* sinc *m.*

zincograph *n* sinceagraf *m.*
zip *n* sip *f.*
Zion *n* Sion *f.*
zodiac *n* grian-chrios *m.*
zone *n* crios *m*, cearcall *m*, bann *m.*
zoo *n* sutha *f.*
zoological *a* ainmh-eòlach.
zoologist *n* ainmh-eòlaiche *m.*
zoology *n* ainmh-eòlas *m.*
zoom *n* claon-ruathar *m.*
zoomorphic *a* ainmh-chruthach.